ビジュアル版

経済・戦争・宗教から見る

教養の世界史

NEW PERSPECTIVE ON CHRONICLE

飯田育浩

西東社

ビジュアル版

経済・戦争・宗教から見る

教養の世界史

NEW PERSPECTIVE ON CHRONICLE

1章 古代

Ancient times

8

古代のさくいんMAP …… 10

経済 前26世紀 クフ王のピラミッド建造 …… 12

経済 前1750年頃 ハンムラビ法典 …… 14

戦争 前1286年頃 カデシュの戦い …… 16

宗教 前1000年頃 イスラエル王国の誕生 …… 18

ビジュアル特集 『旧約聖書』とは …… 20

経済 前7世紀 貨幣の誕生 …… 22

宗教 前6世紀頃 仏教の誕生 …… 24

宗教 前5世紀 儒教の誕生 …… 26

戦争 前431年 ペロポネソス戦争 …… 28

ビジュアル特集 世界の貨幣の歴史 …… 30

戦争 前333年 イッソスの戦い …… 32

経済 前221年 秦の中国統一 …… 34

戦争 前3世紀 ポエ二戦争 …… 36

戦争 前49年 ローマ内戦 …… 38

宗教 30年頃 キリスト教の誕生 …… 40

ビジュアル特集 『新約聖書』とは …… 42

宗教 1世紀後半 仏像の誕生 …… 44

経済 135年 ユダヤ人の離散 …… 46

戦争 208年 赤壁の戦い …… 48

宗教 313年 ミラノ勅令 …… 50

宗教 4世紀 ヒンドゥー教の定着……52
経済 476年 西ローマ帝国の滅亡……54

2章 中世 Middle ages 56

中世のさくいんMAP……58
戦争 555年 東ゴート王国の滅亡……60
経済 589年 隋の中国統一……62
宗教 610年頃 イスラム教の誕生……64
ビジュアル特集 聖地・エルサレム……66
宗教 645年 玄奘の帰国……68
経済 661年 ウマイヤ朝の成立……70
戦争 755年 安史の乱……72
宗教 800年 カールの戴冠……74
経済 9世紀 アラビア数字の普及……76
経済 9～11世紀 ノルマン人の移動……78
経済 10世紀後半 開封の発展……80
経済 1023年 紙幣の誕生……82
宗教 1054年 教会の東西分裂……84
宗教 1077年 カノッサの屈辱……86
宗教 11～13世紀 十字軍の派遣……88
ビジュアル特集 教会堂の建築様式……90
経済 1215年 『マグナ・カルタ』……92
戦争 1241年 ワールシュタットの戦い……94
経済 1260年 交鈔の発行……96
経済 13～17世紀 ハンザ同盟……98
経済 14～15世紀 百年戦争……100
戦争 1370年 ティムール帝国の建国……102

戦争 1402年 靖難の役 …… 104
経済 1404年 日明貿易の開始 …… 106
戦争 1429年 オルレアンの解放 …… 108
戦争 1453年 ビザンツ帝国の滅亡 …… 110
ビジュアル特集 騎士と西洋甲冑 …… 112

3章 近世 Early modern period 114

近世のさくいんMAP …… 116
経済 1488年 喜望峰到達 …… 118
宗教 1492年 グラナダ陥落 …… 120
経済 1492年 新大陸の発見 …… 122
戦争 1494年 イタリア戦争 …… 124
宗教 1517年 宗教改革 …… 126
経済 1518年 ターラー銀貨の発行 …… 128
戦争 1521年 アステカ王国の滅亡 …… 130
ビジュアル特集 スペイン・ドイツの歴史 …… 132
戦争 1529年 第1次ウィーン包囲 …… 134
戦争 1533年 インカ帝国の滅亡 …… 136
経済 1534年 イギリス国教会の成立 …… 138
宗教 1541年 「最後の審判」の完成 …… 140
ビジュアル特集 イギリス・フランスの歴史 …… 142
経済 1545年 ポトシ銀山の発見 …… 144
経済 1549年 キリスト教の伝来 …… 146
宗教 1562年 ユグノー戦争 …… 148
宗教 1568年 オランダ独立戦争 …… 150
経済 1570年 ドレークの海賊活動 …… 152

3章つづき

戦争	1571年	レパントの海戦 …154
経済	16世紀後半	スペインの衰退 …156
戦争	1592年	朝鮮出兵 …158
経済	1602年	東インド会社設立 …160
戦争	1618年	三十年戦争 …162
宗教	1633年	ガリレイの宗教裁判 …164
宗教	1637年	島原の乱 …166
戦争	1642年	ピューリタン革命 …168
宗教	1653年	タージ・マハルの完成 …170
経済	1685年	ナントの王令の廃止 …172
経済	17世紀	三角貿易 …174
経済	17～18世紀	保険の誕生 …176
経済	1694年	イングランド銀行の設立 …178
戦争	1700年	北方戦争 …180

4章 近代
Late modern period
近代のさくいんMAP …182

経済	1711年	地丁銀制 …184
戦争	1756年	七年戦争 …186
戦争	18～19世紀	露土戦争 …188
経済	1775年	アメリカ独立戦争 …190
経済	1789年	フランス革命 …192
経済	1795年	アッシニアの暴落 …194
経済	1798年	フランスの徴兵制 …196
戦争	1805年	トラファルガーの海戦 …198
戦争	1815年	ワーテルローの戦い …200
経済	19世紀	ロスチャイルド家の興隆 …202
経済	1816年	金本位制復活 …204

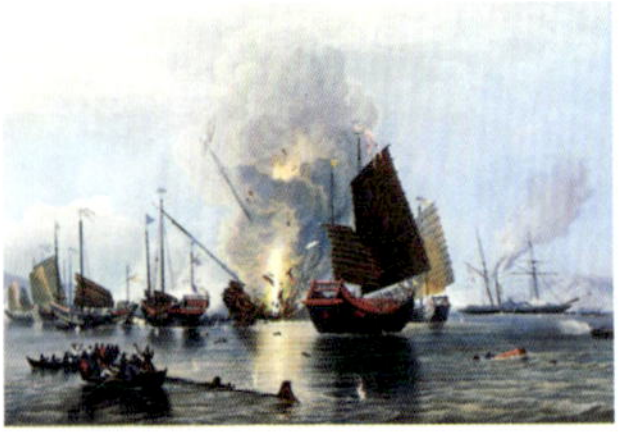

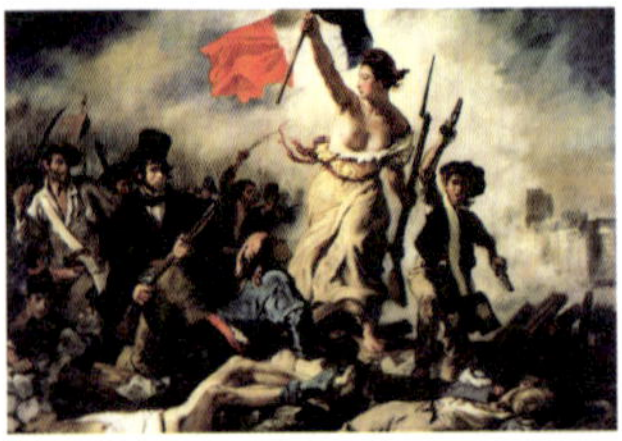

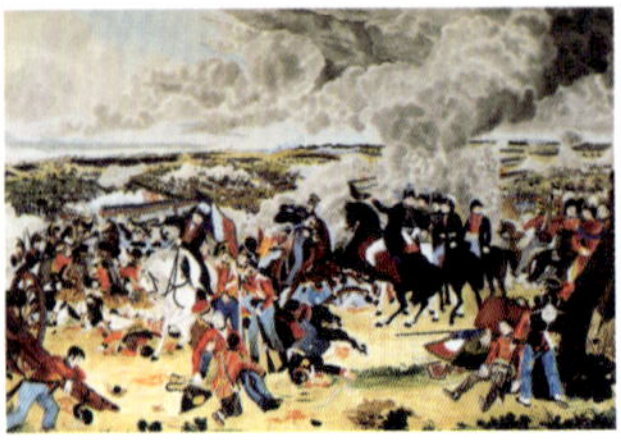

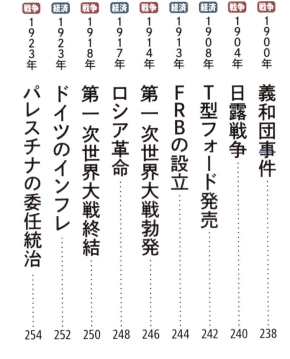

5章 現代
Contemporary period

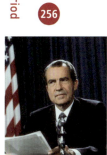

◆本書は特に明記しない限り、2019年10月1日現在の情報に基づいています。
◆歴史的なできごとに関しては諸説あるものもあります。

1章 古代 Ancient times

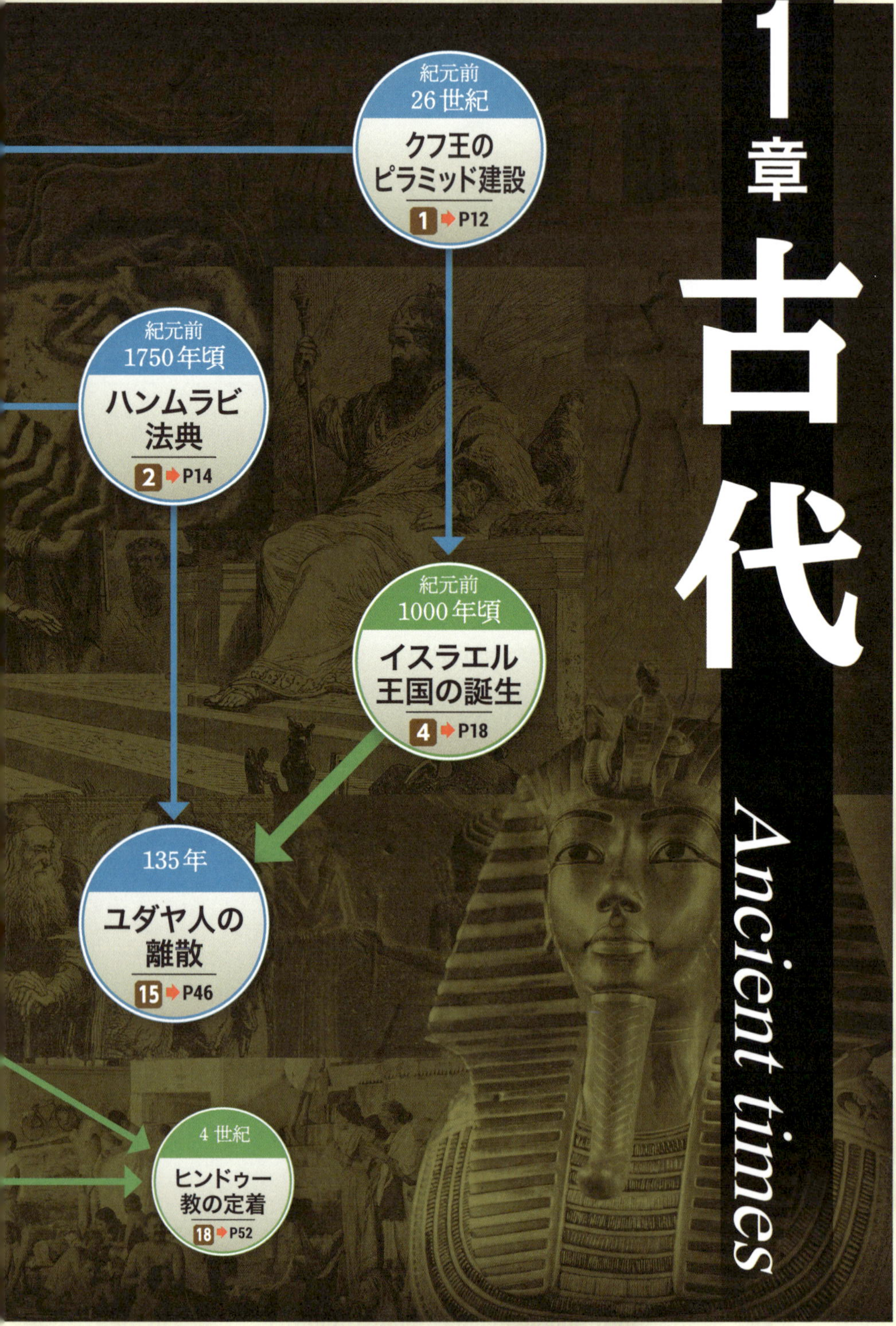

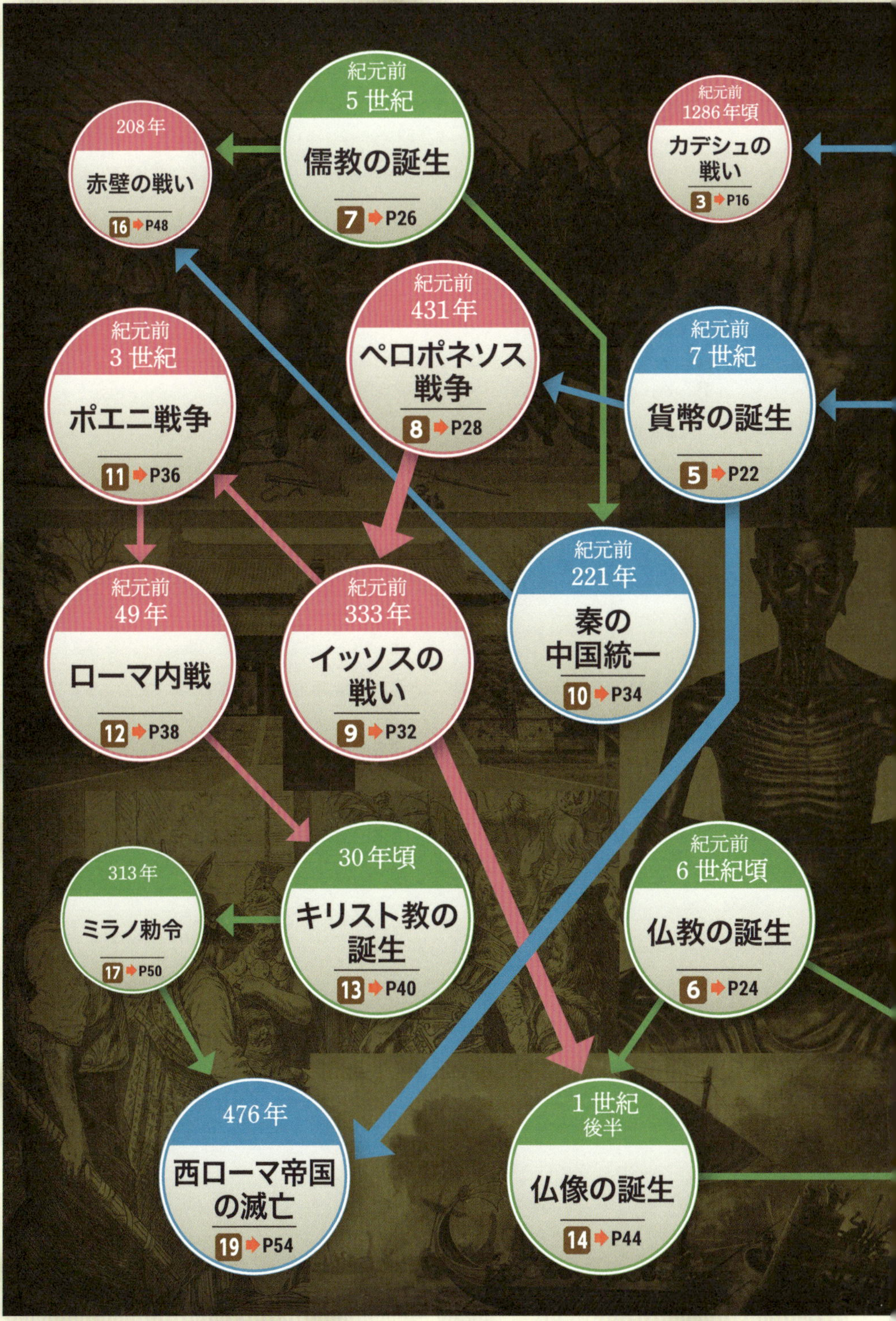

208年
赤壁の戦い
16 P48
紀元前
5世紀
儒教の誕生
7 P26
紀元前
1286年頃
カデシュの戦い
3 P16
紀元前
3世紀
ポエニ戦争
11 P36
紀元前
431年
ペロポネソス戦争
8 P28
紀元前
7世紀
貨幣の誕生
5 P22
紀元前
49年
ローマ内戦
12 P38
紀元前
333年
イッソスの戦い
9 P32
紀元前
221年
秦の中国統一
10 P34
313年
ミラノ勅令
17 P50
30年頃
キリスト教の誕生
13 P40
紀元前
6世紀頃
仏教の誕生
6 P24
476年
西ローマ帝国の滅亡
19 P54
1世紀
後半
仏像の誕生
14 P44

古代のさくいんMAP

※この勢力図は2世紀のもの。

古代の世界では、２世紀前半にヨーロッパでローマ帝国の領土が最大となり、全盛期を迎えた。同時期の東アジアでは、中国王朝「後漢」が周辺国との関係を安定させ、広大な領域を支配していた。東西の大帝国を結ぶ中央アジアには、パルティア王国やクシャーナ朝などが勢力を誇り、ガンダーラ地方では１世紀頃より仏像制作がはじまった。

※この2ページのマップは1章の「さくいん」にもなっています。そのため、この勢力図では2世紀に起きていない「できごと」も紹介しています。

経済

紀元前26世紀

クフ王のピラミッド建造

古代エジプトのピラミッドは失業者対策のために建設された

パンとビールと情熱に支えられた建設現場

古代エジプトを象徴する**ピラミッド**が何の目的で建設されたのか、確かなことは不明であるが、近年、農閑期の**失業対策**であったという説が唱えられている。

古代エジプト文明を育む**ナイル川**は、1年のうち7月から10月まで4カ月間、必ず氾濫を起こす。この氾濫により上流から運ばれた肥沃な土壌が田畑に流れ込み、農作物（主に麦類）を育てることができた。しかし農民たちは氾濫の時期、失業状態にあった。大量の失業者は、暴動を起こす可能性があると考えた**ファラオ**（古代エジプト王朝の君主）は、失業者対策として、ピラミッドを建設したというのである。

ピラミッドの建設に携わった労働者には、仕事後にパンとビールが与えられた。労働者たちの住居跡からは豊富な生活物資が発見されている。

また、ピラミッドの建設現場は、**「交易の場」**であったともいわれる。

古代エジプトでは貨幣経済が発達せず、物々交換が基本であった。エジプト各地から集まった労働者たちは、特産品を交換し合っていたと考えられる。

しかし世界最大のピラミッドとし

historical note

ファラオたちは神聖な金を貨幣にできなかった

ツタンカーメンの黄金のマスク。1922年、イギリス人考古学者ハワード・カーターが発掘し、「世紀の発見」となった。

錆びることなく輝き続ける金は、生命の再生を信じるエジプト人にとって、永遠性の象徴であり、信仰の対象であった。ナイル川上流のヌビア地方で大量に産出された金は、ファラオが独占し、ツタンカーメンの黄金のマスクに代表されるように、宗教的な装飾品に使われた。金を貨幣にするなど、当時のファラオには考えられないことだった。

関連ページ
戦 P16 カデシュの戦い
宗 P18 イスラエル王国の誕生

て有名な**クフ王のピラミッド**は、平均2・5トンの巨石が約230万個も積み上げられており、完成までに20年以上を要したといわれる。この途方もない作業をこなすため、モチベーションを維持するためには、「パンとビール」だけでは難しかったと思われる。

近年、ピラミッドの中から棺やミイラが発見されていないことから、ピラミッドは墓ではなく、**太陽光線を表現**しているという説が有力となっている。古代エジプトでは死後の世界が信じられており、**太陽神ラーの化身**であるファラオは、太陽光線を表現したピラミッドに乗って昇天するという。ファラオが昇天できれば、国土の繁栄は約束される。労働者たちは宗教的な情熱にも支えられていたのである。

◆クフ王像
古代エジプト第4王朝第2代ファラオ。生前から巨大なピラミッド建設を開始した。古代ギリシアの歴史家ヘロドトスは、クフ王は暴君だったと記しているが、実像は不明。

・古代エジプト略年表・

紀元前3000年

初期王朝
メネス王が全エジプトを統一する

古王国
ファラオを頂点とする中央集権国家が完成
前2650年頃
ジョセル王が最初のピラミッドを築く
前2550年頃
クフ王がピラミッドを築く

紀元前2000年

中王国
古王国衰退後、分裂していたエジプトが再統一される
ピラミッドは建設されるが技術が衰退

前1670年頃
ヒクソス(異民族)が侵入し、エジプトに王朝を建設する

紀元前1500年

新王国
ファラオがヒクソスを滅ぼしエジプトを再統一する
前1550年頃
古代エジプトで最後のピラミッドが築かれる
前1347年頃
ツタンカーメン王が即位する
前1286年頃
カデシュの戦い(➡P16)

紀元前1000年

ピラミッド公共事業説

- ピラミッド建設の労働者の住居跡から**豊富な生活物資**が発掘されている
- 労働者に**食料**や**衣服**が支給された記録が残っている
- 労働者の墓から発見された遺体の中には怪我を**治療**した跡が発見された

経済

紀元前1750年頃

ハンムラビ法典

『ハンムラビ法典』により金貸しの際の銀の利息の上限が20％に定められる

農民と遊牧民との交易で銀が流通する

世界で最初に貨幣が使われたのは、**古代メソポタミア**である。メソポタミアは西アジアのチグリス川とユーフラテス川が流れる地域で世界最古の文明が成立した場所である。

メソポタミアでは灌漑《かんがい》設備によって農業が発達したが、灌漑設備のない乾燥地域では**遊牧民**が生活していた。農民と遊牧民は、穀物やナツメヤシ、毛織物、皮革などを物々交換していたが、交換や債券を保証する道具として、**トークン**（代用貨幣）が使われるようになり、やがて貨幣として**「銀」**が使われるようになった。メソポタミアでは銀は産出しなかったが、交易などによって周辺地域から大量にもたらされ、経済の基盤となった。

メソポタミアで発見された古代の**くさび形文字**の粘土版には、銀で支払いを行ったことが記録されている。当時は取引のたびに、銀の地金の重さを天秤で計って価値を決めており、**「シケル」**（約8・3ｇ）が重さの基準となっていた。メソポタミアでは金も貨幣として流通していたが、金の流通量が少なく、主要な貨幣にはならなかった。

こうしてメソポタミアで誕生した

関連ページ
経 P22 貨幣の誕生
経 P46 ユダヤ人の離散

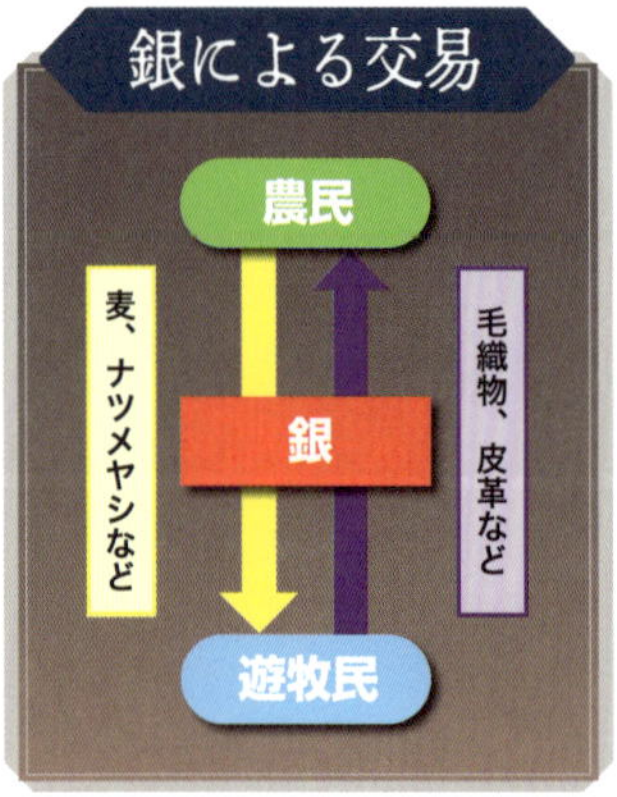

◆**銀の支払記録**
紀元前19〜20世紀の粘土板で、銀で借金を支払ったことが記されている。

◆ウルのジッグラト（復元）

メソポタミア文明の中心は、神殿をもつ都市国家だった。ウルをはじめ、各都市には神が降り立つジッグラト（聖塔）が築かれた。

銀貨幣は、財産として蓄積されるようになり、富める者は金融業者として、**利子**を取って銀を貸し付けるようになった。

　貧富の差は社会不安を招くため、紀元前1750年頃、メソポタミアで繁栄した古バビロニア王国のハンムラビ王が出した**『ハンムラビ法典』**には、銀の利息は20%に制限されていた（大麦を直接貸し付けた場合の利息は33%）。また、『ハンムラビ法典』には、暴行などを受けて被害にあった者が、一般市民や奴隷の場合は、金銭で償うことが示されており、銀貨がメソポタミア社会で普及していたことがわかる。

◆くさび形文字

紀元前3000年頃、古代メソポタミアで発明された文字で、粘土板に棒の先端などで刻みつけて記した。おもに行政、経済に関する記録として用いられた。

◆『ハンムラビ法典』

高さ225cmの石柱に、「他人の目をつぶした者は、目をつぶされる」などの282条の法律がくさび形文字で刻まれている。柱の上部には、太陽神シャマシュから法典を授かるハンムラビ王が表されている。

戦争

紀元前1286年頃

カデシュの戦い

古代エジプトとヒッタイトがカデシュをめぐって戦い世界初の国際条約を締結

好戦的なラムセス2世がシリア北部へ進出する

古代エジプトでは、**中王国**が衰えた時期、**ヒクソス**（アジア系民族の集団）が侵入し、エジプト最初の異民族王朝を成立させた。

ヒクソスは馬と戦車をエジプトに持ち込んだとされ、非常に好戦的であった。ヒクソスを滅ぼした**エジプト新王国**は、領土拡大に努め、第19王朝のファラオ・**セティ1世**は、国力・国威の回復を目指して軍事遠征をくり返した。

当時、アナトリア半島（現在のトルコ）を本拠とする**ヒッタイト**（インド・ヨーロッパ語族）が、シリア・パレスチナ地域に勢力を伸張していた。セティ1世の子で、ファラオを継いだ**ラムセス2世**は、前1286年頃、シリア北部で、ヒッタイトの属国であった**アムル王国**に侵攻を開始し、支配下に置いた。ヒッタイトの王・**ムワタリ2世**は、アムル王国を奪還するため、同盟諸国から軍隊を集めて進撃させた。

これに対し、ラムセス2世は、約2万人の軍勢を組織し、シリアに進出した。進軍の途中で捕虜にしたヒッタイトから、ヒッタイト軍がアレッポに進駐していることを知ったラムセス2世は、アレッポ南部の都市

historical note

ラムセス2世は戦勝を自賛する壁画や記念碑をつくりまくった

ラムセス2世は、カデシュの戦いに勝利したことを自賛するため、アブ・シンベル神殿やルクソール神殿などの壁に、自らが戦車で戦って活躍する姿を描かせた。このほか、ヌビアに遠征して勝利した記念碑を数多く建造した。ラムセス2世が残した記念碑の数は、ファラオの中で最多となっている。

ルクソール神殿の壁に描かれた戦車に乗るラムセス2世。

関連ページ
経 P12 クフ王のピラミッド建造
宗 P18 イスラエル王国の誕生

で、防御の薄い**カデシュ**を占領しようと、自軍を急行させた。

　ところが、捕虜による情報は嘘で、ヒッタイト軍はカデシュの丘に潜んでいた。**ヒッタイトの戦車隊2500両**は一気に攻撃をしかけ、エジプト軍は壊滅寸前に陥った。このときラムセス2世は、自ら戦車に乗って突撃し、軍勢を立て直したというが、このとき海岸部から後続部隊が駆けつけ、危機を脱した。

　戦闘は続いたが、日没とともにヒッタイト軍が撤退。膠着状態になると、ムワタリ2世は休戦を申し出て、ラムセス2世はこれを受け入れた。ラムセス2世は、この戦いの勝利を記念して神殿の壁画に碑文を刻んだが、実際の結果は引き分けであり、アムル王国は再びヒッタイトに帰属した。

　その後、前1269年頃、エジプト新王国とヒッタイトの間で、領土不可侵などを定めた**平和条約**が結ばれた。これは現在知られている**世界最初の国際条約**といわれる。

◆**戦車に乗って戦うラムセス2世（想像図）**

ラムセス2世の奮戦により、危機に陥ったエジプト軍は態勢を立て直したという。

◆**ヒッタイトの戦車**

ヒッタイトの二輪戦車「チャリオット」は機動力に富み、3人の戦士が乗りこめた。

平和条約の内容

- **両国は互いの領土を侵害しないこと**
- **両国のいずれかが第三国から攻撃を受けた場合、要請があれば援軍を派遣すること**
- **政治的亡命者は送還するが、帰国した亡命者を処罰しないこと**

◆**平和条約を記した粘土板**

「我々の平和と友好関係は永久に守られるであろう」と記されている。粘土板のレプリカは、世界初の平和条約として国際連合の本部ビルに飾られている。

紀元前1000年頃
イスラエル王国の誕生

唯一神ヤハウェを信仰する ヘブライ人の国家 イスラエル王国が誕生する

関連ページ
経 P12 クフ王のピラミッド建造
宗 P40 キリスト教の誕生
経 P46 ユダヤ人の離散

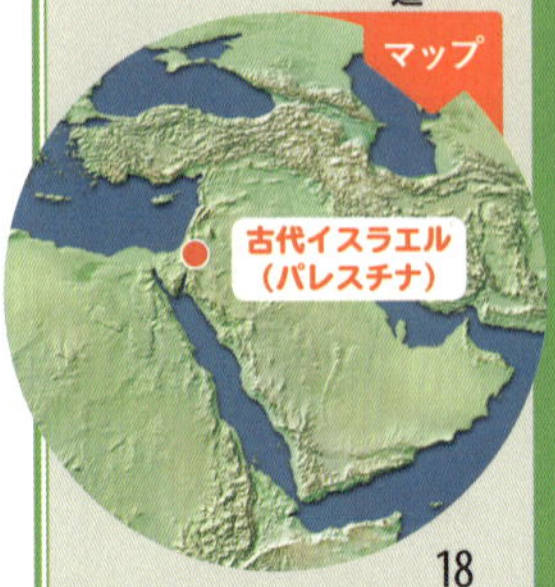

3代王のソロモンが王国の全盛期を築く

地中海とヨルダン川に挟まれた地域は、現在、パレスチナと呼ばれているが、古代は**カナン**と呼ばれ、**ヘブライ人**（イスラエル人）が活動していた。ヘブライ人にとって、カナンの地は、彼らが信じる**唯一神ヤハウェ**から与えられることを約束された土地だった。飢饉など何らかの理由で、ヘブライ人たちは、前17世紀頃、**ヒクソス**（アジア系民族の集団）とともに**エジプト**に入ったと考えられている。

しかしヒクソスがエジプト新王国に撃退されると、ヘブライ人はエジプトで**奴隷**とされ、苦しい時代を過ごすことになった。その後、前13世紀頃、ヘブライ人の指導者**モーセ**が、60万人といわれるヘブライ人たちを率いてエジプトを脱出し、シナイ半島に脱出した。このときモーセは、海をふたつに割って、エジプト軍の追撃を逃れたという奇跡が『旧約聖書』に記されている。

その後、ヘブライ人はカナンに定住したが、ペリシテ人など周辺の諸民族から激しい侵攻を受けていた。ヘブライ人は、複数の部族によって構成された連合体であったが、強力な統率者を求めて王政を選択し、前

現在のパレスチナ（→P66）

南北に分裂したイスラエル王国

『旧約聖書』によると、ソロモンの死後、息子のレハブアムが後を継いだが、レハブアムを支持したのは、イスラエル王国を構成する十二部族のうち、ユダ族とベニヤミン族だけだった。残りの十部族は、人望のあったヤロブアムを王に立てた。こうしてイスラエル王国は、「北イスラエル王国（北王国）」と「ユダ王国」に分裂した。北王国は、部族間の対立により弱体化し、前722年、アッシリア（メソポタミア北部の帝国）によって滅ぼされた。

1000年頃、**イスラエル王国**を建国。2代王の**ダビデ**はペリシテ人を撃破してカナン全域を統一し、**エルサレム**を首都に定め、**ヤハウェ信仰**（ユダヤ教の原型）の中心地とした。

3代王になったダビデの子・**ソロモン**は、周辺国との貿易を積極的に行い、大規模な神殿や宮殿を建造し、イスラエル王国に史上最大の繁栄をもたらした。アラビア半島の王国**シバの女王**がソロモンに謁見したとき、イスラエル王国の繁栄ぶりに感嘆したという。しかし、国民は苦役や重税で疲弊しており、ソロモンが亡くなると、王国は南北に分裂し、弱体化。やがて滅亡した。

故国を失ったヘブライ人たちは、ヤハウェ信仰を**「ユダヤ教」**として確立させ、自分たちは**「ユダヤ人」**であると意識するようになった。

◆栄華を誇るソロモン王

ダビデの子・ソロモンはイスラエル王国の3代王となり、周辺国との貿易によって王国に過去最大の繁栄をもたらした。

ユダヤ教の特徴

成立	紀元前500年頃
神	唯一神ヤハウェ
聖典	『タナハ』（旧約聖書）
聖地	エルサレム
象徴	ダビデの星

historical note

バビロン捕囚によって生まれた「ユダヤ人」の概念

前598年、ユダ王国は新バビロニア（メソポタミア南部の国）の攻撃を受けて降伏。王や政府高官ら約1万人が新バビロニアの首都・バビロンに強制連行された。さらに前586年、再び新バビロニアの攻撃を受けてユダ王国は滅亡。数万人の住民がバビロンに強制移住させられた。この「バビロン捕囚」によって、ユダ王国の住民に、「自分たちはユダヤ人」という意識が生まれたという。

レンブラント作「エルサレムの滅亡を嘆く預言者エレミヤ」。エレミヤは新バビロニアの侵攻を預言したが無視された。預言どおりエルサレムが侵攻されたときの絶望するエレミアの姿が描かれている。

『旧約聖書』とは

「聖書」には、『旧約聖書』と『新約聖書』の2種類があり、『旧約聖書』はキリスト教およびユダヤ教の聖典となっている。

『旧約聖書』の構成

モーセ五書　5巻

預言者モーセが記したとされ、「天地創造」からモーセの死までが記される。

歴史書　12巻

ダビデやソロモンが統治するイスラエル王国➡P18の繁栄などが記される。

知恵文学(諸書)　5巻

神と契約を結んだ人間が生きるための知恵や教訓などが語られる。

預言書　17巻

神の意志を人間に伝える預言者の行動や言葉をまとめたもの。

『旧約聖書』の基本情報

- キリスト教およびユダヤ教の聖典
- 成立は紀元前500年頃
- 原文はヘブライ語
- 全39巻で構成
- 厳しい戒律を重視
- イスラエルの民のみを救済の対象とする

ワード解説

「約」とは「契約」の意味

「旧約」「新約」の「約」は、人間と神との契約・約束を意味する。

ユダヤ教の聖典

ユダヤ教では『旧約聖書』とは呼ばれず、『タナハ』と呼ばれる。『タナハ』は「律法」「預言書」「諸書」に区分される。これに加え、「タルムード」と呼ばれる口伝律法がユダヤ教の聖典とされる。

ヘブライ語による『タナハ(旧約聖書)』の表紙で、最古の完全体による写本。成立は1008年頃とされる。

『新約聖書』➡P42

『旧約聖書』の主要内容

❶ 天地創造

神は世界を創り、男性アダムと女性エバを創造した。

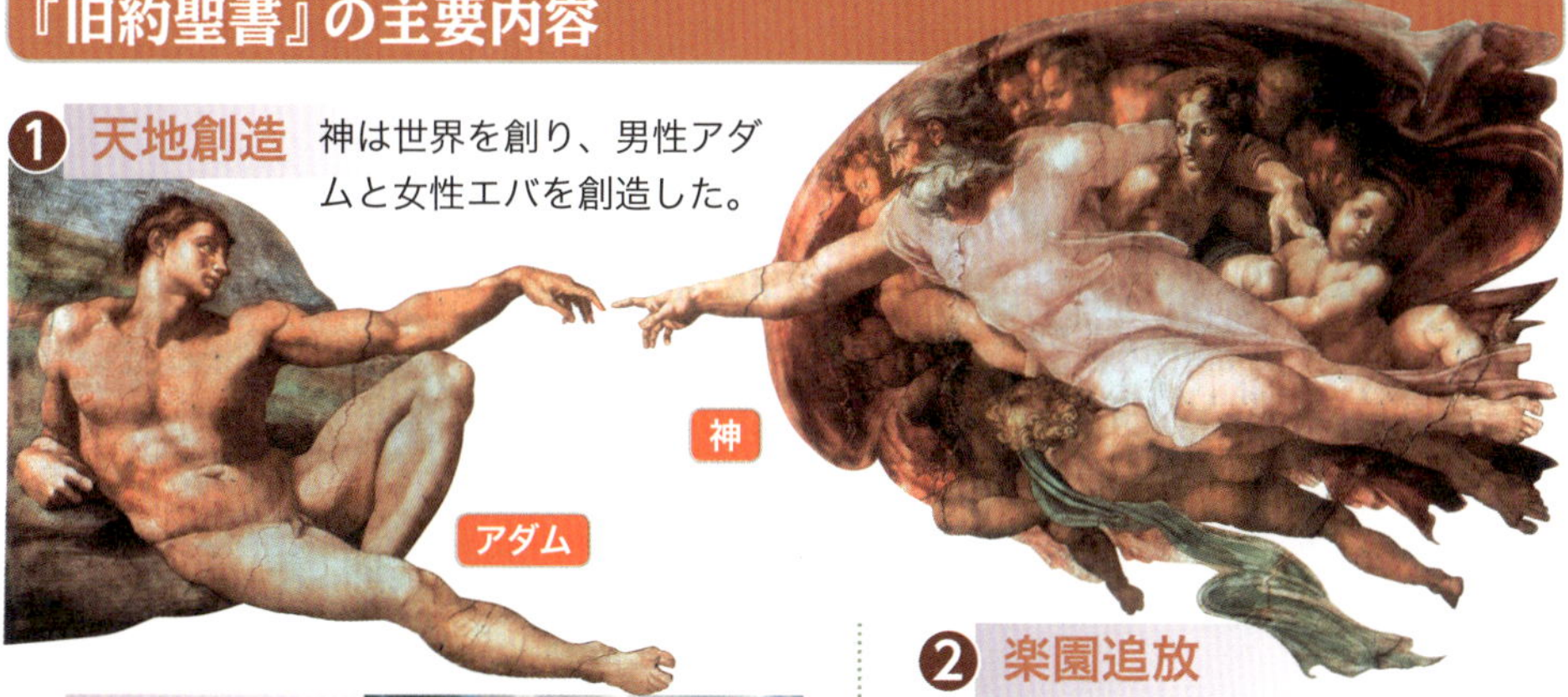

❷ 楽園追放

「エデンの園」に住むアダムとエバは、神から禁止されていた「知識の実」を食べたため、楽園から追放された。

❸ ノアの箱舟

人間の子孫が地上で増えて堕落すると、神は善良なノアに箱船をつくるように命じ、大洪水を起こした。

❹ 出エジプト

預言者モーセは、奴隷にされていたイスラエルの民をエジプトから連れ出し、海をふたつに割って追跡を逃れた。

❺ 十戒

モーセはシナイ山で、イスラエルの民が守るべき10の戒律「十戒」を授かり、神との間に「契約」を結んだ。

❻ ダビデとゴリアテ

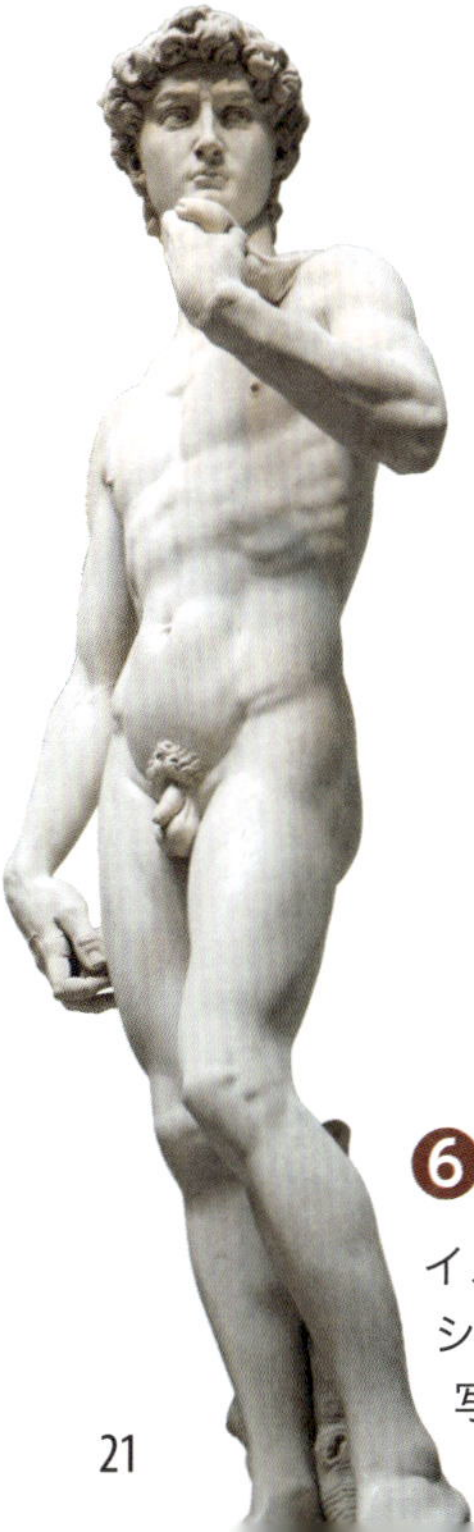

イスラエル王国のダビデは、敵対するペリシテ人の大男ゴリアテを倒し、英雄となる。写真はミケランジェロによる「ダビデ像」。

紀元前7世紀

貨幣の誕生

貨幣の誕生により金と銀の交換がはじまりペルシアとギリシアが対立

取引を効率化する貨幣がまたたく間に普及する

世界で最初に金属を貨幣として使用したのはメソポタミアであった。その後、前7世紀に世界で最初に**国家が発行した貨幣**が誕生した。アナトリア半島（現在のトルコ）の**リディア王国**で鋳造された**エレクトロン貨**である。

エレクトロン貨は金と銀の合金で、重さの異なる硬貨が何種類かつくられていた。単位は**「スタテル」**で、硬貨の重さによって「1スタテル」「6分の1スタテル」「24分の1スタテル」というように、分数単位で硬貨に刻印されていた。それまで取引ごとに金や銀を天秤などで計っていたが、**硬貨の枚数**を数えるだけで取引が可能になったのである。硬貨の導入で、取引は格段に効率化し、経済規模は拡大した。

リディア王国で世界最初の硬貨が出現した理由は、アナトリア半島が**「エーゲ海・地中海交易圏」「オリエント交易圏」「エジプト交易圏」**の三大交易圏の中間地にあり、国際的な商取引が頻繁に行われていたからであった。貨幣の便利さは、またたく間に周辺国に広がっていき、前6世紀には**アケメネス朝ペルシア**（現在のイラン）で**ダレイオス金貨**が、

三大交易圏の中間に位置したリディア王国

アナトリア半島にあったリディア王国は、国際商取引の中継地となっており、貨幣がこの地で誕生したのは必然であった。

関連ページ
戦 P28 ペロポネソス戦争
経 P34 秦の中国統一
経 P54 西ローマ帝国の滅亡

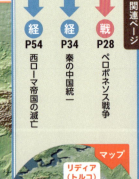

前5世紀には**古代ギリシア**で**ドラクマ銀貨**が製造された。

経済活動のみを考慮すれば、供給量の多い銀貨が有利であったが、アケメネス朝ペルシアでは、希少な金を保有することで国家の信用を高めようとし、**金本位制**をとっていた。一方、**銀本位制**のギリシアでは銀山の組織的な採掘によって、大量の銀貨が製造されていた。ギリシアの銀は価値が下がり続け、ペルシアの金と交換する商人が続出。ペルシアの金はギリシアへ大量に流出した。

前500年、ペルシアはギリシア打倒を目指して**「ペルシア戦争」**をはじめたが、前480年、莫大な金銀を保有するギリシアは、兵士の動員や物資の調達をスムーズに行ってペルシア海軍を撃破し、大勝利を収めた**（サラミスの海戦）**。

表
裏

◆**エレクトロン貨**

紀元前670年頃、リディア王国で製造された世界最初の貨幣。「エレクトロン」とはギリシア語で琥珀を意味する。金と銀の合金で、王を象徴するライオンの紋章などが刻まれた。

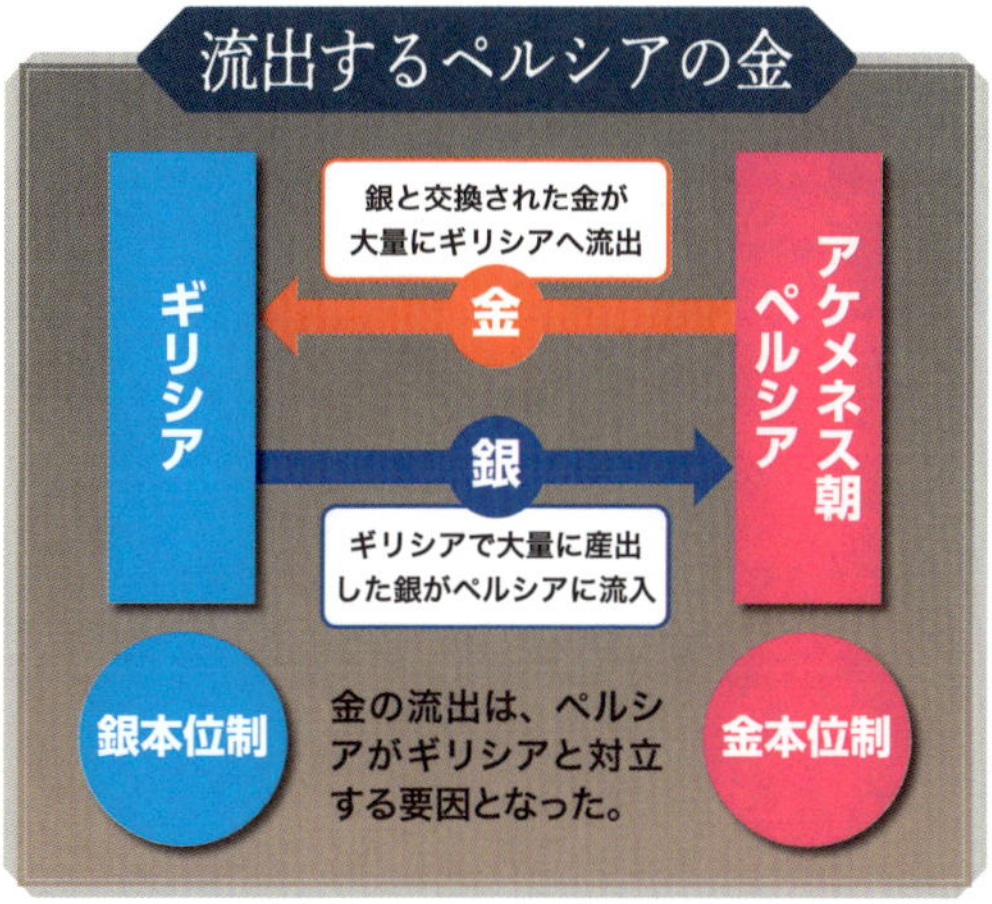
流出するペルシアの金
ギリシア
アケメネス朝ペルシア
銀と交換された金が大量にギリシアへ流出
金
銀
ギリシアで大量に産出した銀がペルシアに流入
銀本位制
金本位制
金の流出は、ペルシアがギリシアと対立する要因となった。

三段櫂船
ギリシアの軍船で、約170人の漕ぎ手が上下3段に並んで櫂を漕いで進んだ。ギリシア軍は最下層の市民も漕ぎ手として動員した。

◆**サラミスの海戦**

紀元前480年、アテネ海軍を中心とするギリシア艦隊が、サラミス湾（ギリシア）にペルシア艦隊を誘い込んで撃破した。

宗教

紀元前6世紀頃

仏教の誕生

「人生は苦しみの連続」だと見抜いたブッダがインドで仏教を開く

バラモン教の祭祀や身分制度を否定する

インドは前2600年頃に**インダス文明**が誕生した古代における先進地帯であった。前1500年頃、インド・ヨーロッパ語族系の遊牧民**アーリア人**がインドへ侵入し、先住民を征服する過程で、インド特有の身分制度が誕生した。

この身分制度は、**バラモン**（司祭）、**クシャトリア**（武士）、**バイシャ**（平民）、**スードラ**（奴隷）の4つの身分に人を分ける制度で、後に**カースト制度**として確立した。バラモンは、経典**「ヴェーダ」**をもとに複雑な祭祀《さいし》を行うことで神の恩恵を受けられるとし、自らを最高の身分とした。バラモンによる宗教を**「バラモン教」**という。

前6世紀頃、インドでは各地に都市国家が誕生し、クシャトリアやバイシャが経済力を背景に勢力を伸ばし、バラモン教に代わる新しい宗教が求められるようになった。こうした状況のなか、北インドのシャカ族の王子であった**ゴータマ・シッダールタ**は、王子の地位を捨てて厳しい修行を開始し、35歳のときに悟りを開いて**「ブッダ（真理に目覚めた人）」**となった。

ブッダは、バラモン教の複雑な祭祀や身分制度を否定し、「権力や地位は、すべてかりそめ」「人生は苦しみの連続である」「悟りを開くこ

「諸行《しょぎょう》無常《むじょう》」と智慧によって見るとき、人は苦しみを厭《いと》い離れる

◆**釈迦《しゃか》苦行像**
断食中に坐禅を組むブッダ（釈迦《しゃか》）の姿を表現した像。ブッダは苦行に意味を見出せなかった。

関連ページ
宗 P44 仏像の誕生
宗 P52 ヒンドゥー教の定着

マップ

ブッダの生涯

❶誕生
シャカ族の王子として生まれたブッダは、誕生してすぐ天と地を指したという。

❷修行
29歳のとき出家し、断食などの厳しい修行を続けた。

❸悟り
35歳のとき菩提樹の下で坐禅を組んでいるとき、悟りを開いた。

❹布教
「この世が無常であることを理解すれば、苦しみから逃れられる」と説き、信者を獲得する。

❺死去
80歳のとき、クシナガラ（インド）の郊外の沙羅双樹の下で、横たわって亡くなった。

仏教の「四法印」

ブッダは、仏教を特徴づける4つの思想を「四法印《しほういん》」として示した。

一切皆苦《いっさいかいく》
誰も病気、老い、死などの苦しみから逃れられない

諸行無常《しょぎょうむじょう》
この世のあらゆる事物や現象は移り変わる

涅槃寂静《ねはんじゃくじょう》
悟りの境地に至ると、心に平安がもたらされる

諸法無我《しょほうむが》
この世に永遠不滅の実体は存在しない

◆**菩提樹《ぼたいじゅ》**
インド東部の都市ブッダガヤには、ブッダが悟りを開いた菩提樹の子孫とされる木があり、仏教最高の聖地とされる。

とで苦しみから解放される」と説き、苦行を否定し、殺生を戒めた。こうして誕生した**「仏教」**を、ブッダはインド各地で布教し、80歳のとき沙羅双樹の下で亡くなったと伝えられる。ブッダの死後、仏教は弟子たちに口伝で継承されていき、信者を獲得していった。

前268年、インドの**マウリヤ朝**で、**アショーカ**が3代の王として即位した。アショーカは好戦的な王で、インドのほぼ全域を征服して統一し、マウリヤ朝の全盛期を築いた。その後、征服戦において多数の犠牲者を出したことを恥じて、仏教に帰依するようになった。

アショーカは、仏典の編纂や布教活動を積極的に行い、インド全土に**ストゥーパ（仏塔）**を建て、**ブッダの遺骨（仏舎利《ぶっしゃり》）**を分納した。アショーカの保護により、仏教はインドで大きく発展した。

宗教

紀元前5世紀

儒教の誕生

社会秩序の安定を求めた 孔子の教えが中国の基本思想に発展する

孔子の死後に発展し漢王朝の国教になる

中国は、前6000年頃までに**黄河や長江流域**で農業が発展し、世界最古の文明が発生した地域である。やがて黄河の中・下流域では王朝国家が成立し、前2000年頃、巨大な宮殿や王墓を建設した**殷《いん》王朝**が誕生した。殷王朝では、現在の漢字の原形である**甲骨《こうこつ》文字**や、複雑な文様で飾った青銅器が使われた。

前11世紀、**周王朝**が殷を滅ぼし、都を鎬京《こうけい》（現在の西安）に置いた。周王は一族や家臣などに封土（領地）を与えて**「諸侯」**とし、その封土を「国」として支配させた**（封建制度）**。周の封建制度は、血縁社会を基盤にしていることが特徴で、諸侯は周王を守ることが求められた。周は勢力の衰えた前770年、異民族の攻撃を受けて首都を東方の洛邑《らくゆう》（現在の洛陽）に移した。これが**東周**である。諸侯たちは周王の権威を認めながら、自らの勢力を拡大、諸国間で激しい争いがくり広げられた。この時期が**「春秋時代」**である。

戦乱が続いた春秋時代には、**諸子百家**と呼ばれる多種多様な思想家が誕生したが、なかでも中国の歴史に最大の影響を与えたのが、**儒教の開祖・孔子**である。

関連ページ

経 P34 秦の中国統一

戦 P48 赤壁の戦い

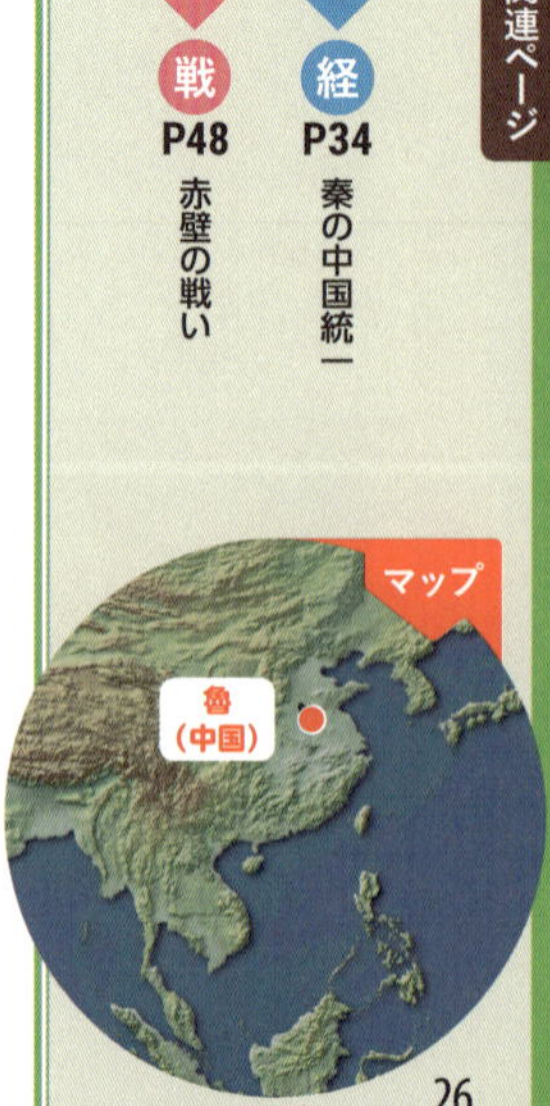

historical note

朱子学が江戸幕府の正統な学問として定めされた

12世紀、宋（中国）の時代、朱熹《しゅき》がつくった新しい儒学「朱子学」は、上下の秩序を特に重視するものだった。日本に伝わった朱子学は、徳川幕府に仕えた儒学者・林羅山によって、封建制度を支える精神的支柱として広められ、江戸幕府の正学（正統な学問）となった。これに対し、朱子学以外の儒学の流派は「異学」とされた。

林羅山（1583〜1657）

魯《ろ》（現在の山東省）で生まれた孔子は、個人の道徳と社会秩序の理想を説き、**仁**（他人を思いやる心）を基本に政治に取り組めば、国はよく治まるとした。孔子の死後、その思想は**『論語』**としてまとめられ、さらに「性善説」を唱える**孟子**《もうし》や、「性悪説」を唱える**荀子**《じゅんし》などにより発展し、前2世紀、**漢王朝**の時代に**国教**となった。以後、儒教は中国の基本思想となり、朝鮮や日本にも伝わって多大な影響を与えた。

国民を法律で導き、刑罰で統制すれば、国民は法や罰を逃れようとする。しかし徳で導き、礼で統制すれば、国民は恥の心を持ち、身を正す

◆**孔子**
（前552～前479）

春秋時代の魯の思想家。弟子とともに諸国をめぐり、諸侯に道徳的な政治の実行を説いた。

儒教の基本思想

儒教では五常（仁、義、礼、智、信）の徳目が重視される。

- 仁 他人を**思いやる**こと
- 義 利害にとらわれず、他人に**尽くす**こと
- 礼 **祭祀儀礼**のこと
- 智 **学問**に励むこと
- 信 **真実**を告げ、誠実であること

古代中国略年表

前6000年頃	黄河・長江文明が誕生
前2000年頃	殷王朝が成立
前11世紀	周王朝が成立
前770年	春秋時代がはじまる 周王の権威のもと諸侯が勢力を拡大
前552年	**孔子が誕生する** **諸子百家が出現**
前403年	戦国時代がはじまる 諸侯が「王」を称し、各地に強国が並び立つ
前247年	秦王・政《せい》が即位
前221年	秦が中国を統一 （➡P34）

◆**孔子廟**
孔子を祀る孔子廟は、中国各地に建てられている。日本では聖堂と呼ばれる。

紀元前431年

ペロポネソス戦争

アテネとスパルタが死闘を尽くした結果ギリシア全土が荒廃する

関連ページ

経 P22 貨幣の誕生
戦 P32 イッソスの戦い

絶え間ない戦乱でギリシア全土が衰退

古代ギリシアでは、前800年頃より各地に**ポリス（都市国家）**が誕生した。ポリスは独立した国家で、市民と奴隷で構成され、中心部の丘**「アクロポリス」**には神殿が建てられた。ポリスはギリシア全土に1000以上あったが、特に有力だったのは**アテネ**と**スパルタ**だった。

前500年、アテネは、オリエントを統一した大帝国**アケメネス朝ペルシア**と対立し、**「ペルシア戦争」**がはじまった。ペルシア軍の侵攻に対し、アテネやスパルタは連合軍を組織して抵抗、前480年には**サラミスの海戦**で、ペルシア軍を撃退して勝利した。その後、ペルシアの再侵攻に備え、ギリシアのポリスは**デロス同盟**を結成し、強力な海軍力をもつアテネが盟主に選ばれた。

前450年頃、アテネでは将軍**ペリクレス**の指導により、成人男性市民のすべてが参加する民会（市民総会）で、国家の政策が多数決で決定されるしくみがつくられ、**民主政**が完成した。アテネの民主政は、世界最初の直接民主政といえるものであった。一方でアテネは、デロス同盟諸国から集めた同盟資金を自国に流用し、脱退を希望するポリスは武力

historical note

ギリシア最強の兵として恐れられたスパルタの戦士

軍事国家スパルタでは、男子は7歳で軍隊に入って共同生活を開始し、厳しい訓練を受けた。12歳になると、皮膚を丈夫にするため、服を着ることを禁止された。戦場で臆病な行動を取ることが許されなかったスパルタ兵は、ギリシア最強の戦士として恐れられた。兵役義務が免除されるのは60歳だったという。

スパルタ軍兵士の再現模型。

アテネとスパルタの比較

アテネ		スパルタ
民主政	政治	貴族政
海軍が中心	軍事	陸軍が中心
商工業中心	経済	農業中心
市民数の約2/3	奴隷	市民数の約10倍

・アテネとスパルタの位置・

ペロポネソス半島の内陸部に位置するスパルタは農業が中心で、エーゲ海に面するアテネは貿易で繁栄した。

アテネ
エーゲ海
ペロポネソス半島
スパルタ

で制圧するなど**帝国化**を進めた。

前6世紀に成立した**ペロポネソス同盟**の盟主であったスパルタは勢力を強めるアテネに脅威を感じ、やがて対立。前431年、スパルタ軍がアテネ領に攻め込んで**「ペロポネソス戦争」**がはじまり、ギリシア世界は、スパルタ側かアテネ側のどちらかに分かれて戦うことになった。

アテネは序盤戦を有利に進めたが、**疫病**の流行により人口の約3分の1が死亡。戦争は長期化し、前404年、アテネはペルシアと結んだスパルタに敗北した。その後、ギリシアの弱体化を目論むペルシアが、有力ポリス間で戦争が続くように介入を続け、敗れたスパルタも衰退。ギリシアは絶え間ない戦乱で荒廃し、ポリスは勢力を失った。

我々の政体は、少数者の独占を排し、多数者の公平を守ることを旨とし、民主政治と呼ばれる

◆**ペリクレス像**
アテネ出身のペリクレスは貴族から政治の実権を奪い、民主政を完成させた。15年連続で将軍職に選ばれ、ペロポネソス戦争を主導したが、戦いの最中に病死した。

◆**スパルタ軍に敗れるアテネ軍**
アテネ軍は序盤から戦いを優位に進めたが、ペリクレスの死後、和平のタイミングを失い、次第に不利な状況に陥った。

世界の貨幣の歴史

紀元前7世紀に誕生した貨幣によって世界の経済規模は拡大。やがて紙幣の発行により金本位制が確立し、20世紀にはドルが世界の基軸通貨となった。

ヨーロッパ

前1世紀

② 皇帝による通貨発行

ローマ帝国では皇帝が通貨発行権を独占

➡P54

イスラム銀貨の流入、手形や小切手が伝来

貨幣経済発達とともに悪貨が増加

1518年

④ ターラー銀貨の誕生

良質なターラー銀貨が基軸通貨に

➡P128

前7世紀

① 貨幣の誕生

リディア王国で世界最初の金貨が登場

➡P22

経済圏の広域化

イスラム経済の発展

イスラム世界

7世紀

③ 金銀複本位制

中東は銀貨

地中海は金貨

➡P70

アラビア数字により経済規模が拡大

中国

前221年

貨幣の統一

秦の始皇帝が統一貨幣を発行

➡P34

中国貨幣は銅銭中心

貨幣経済の発達

1023年

紙幣の誕生

宋で銅銭の代わりに紙幣が発行される

➡P82

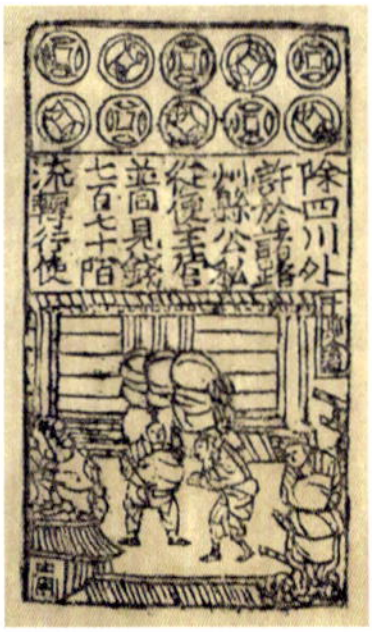

①〜⑧は世界貨幣史の主要な流れを示す。

ドルが世界の基軸通貨になる

アメリカ大陸

1944年
⑧ ブレトン・ウッズ体制
アメリカは金本位制

各国はドルに対して固定相場制 ➡P274

1913年
⑦ アメリカ・ドルの誕生
FRBが金本位制による「連邦準備券(アメリカ・ドル)」を発行 ➡P244

1545年
銀山の発見
アメリカ大陸で大量の銀が採掘される ➡P144

ヨーロッパに流入

金本位制が確立

1694年
⑥ 銀行券(紙幣)の発行
イングランド銀行が国債を買い取り、銀行券を発行する

中央銀行による紙幣の発行 ➡P178

16世紀中頃
⑤ スペイン・ドルの誕生
大量の銀貨が世界中に流通する

最初の世界通貨 ➡P144

ヨーロッパの銀が中国に流入

1711年
銀による税制
清で税を銀納制にする

銀本位制が確立 ➡P186

インフレの続発

戦争

紀元前333年

イッソスの戦い

アレクサンドロス大王はファランクス戦法によって短期間で大帝国を築く

関連ページ
戦 P28 ペロポネソス戦争
宗 P44 仏像の誕生

フィリッポス2世がマケドニア軍を強化する

ペロポネソス戦争以降、アテネやスパルタなどのギリシアの**ポリス**（**都市国家**）は勢力を失っていったが、ギリシア人の一派がギリシア北部に建国した**マケドニア王国**は、前359年に即位した**フィリッポス2世**のもとで強国へと成長した。

フィリッポス2世は、マケドニア軍を強化するため、兵士たちを国王に絶対服従させ、厳しい軍事教練や行軍を課した。また、ギリシアの重装歩兵による**ファランクス**（**長槍密集隊形**）戦術を改良し、長さ6mの長槍「**サリッサ**」を装備させ、弱点である側面には、軽装歩兵や弓兵などを配置して防御を固めた。

フィリッポス2世は地中海最強の軍隊に育てたマケドニア軍を率いて周辺国へ侵攻し、領土を拡大。前338年、「**カイロネイアの戦い**」ではアテネ・テーベ（有力ポリス）の連合軍を破り、翌年、スパルタを除くギリシアの全ポリスを集めて**コリントス同盟**を結成させ、支配下に置いた。しかし翌年、フィリッポス2世はペルシア遠征の準備中に暗殺されてしまう。後継者には、フィリッポス2世の子・**アレクサンドロス大王**が選ばれた。

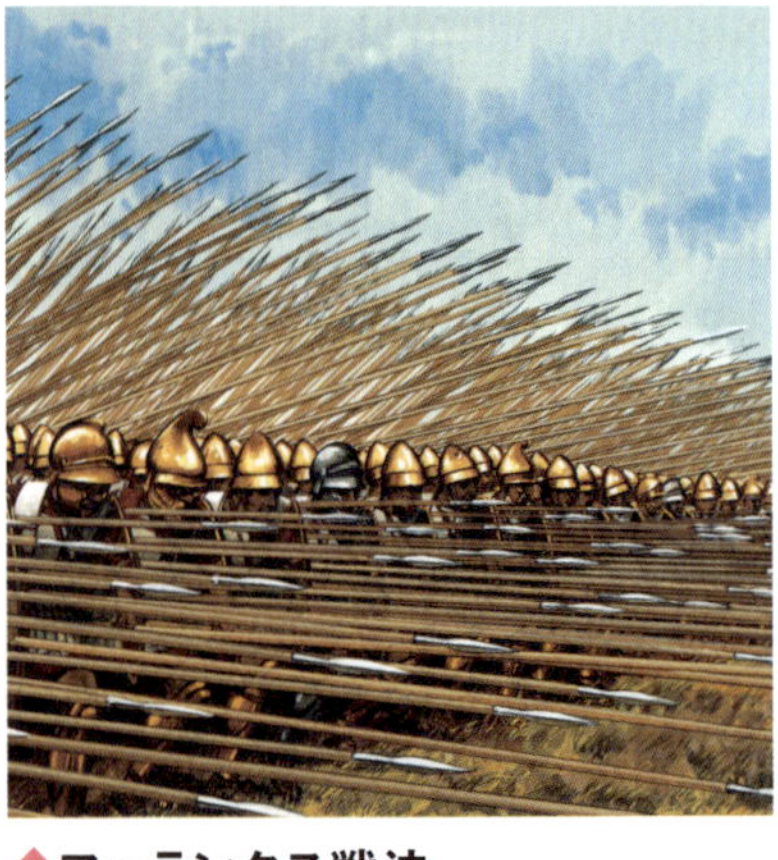

◆**ファランクス戦法**

重装歩兵が集団で密集して攻撃する隊形。マケドニア軍はファランクス戦法を効果的に利用した。

父の遺志を継いでペルシアを攻め滅ぼす

前334年、アレクサンドロス大王は、父の遺志を継ぐべく、マケドニア軍とギリシア連合軍を率いて、ペルシア遠征に出発した（**東方遠**

◆**イッソスの戦い**
アレクサンドロス大王の率いるマケドニア軍が、ダレイオス3世の率いるアケメネス朝ペルシア軍を撃破した。この勝利により、アレクサンドロス大王は小アジア支配を確立した。

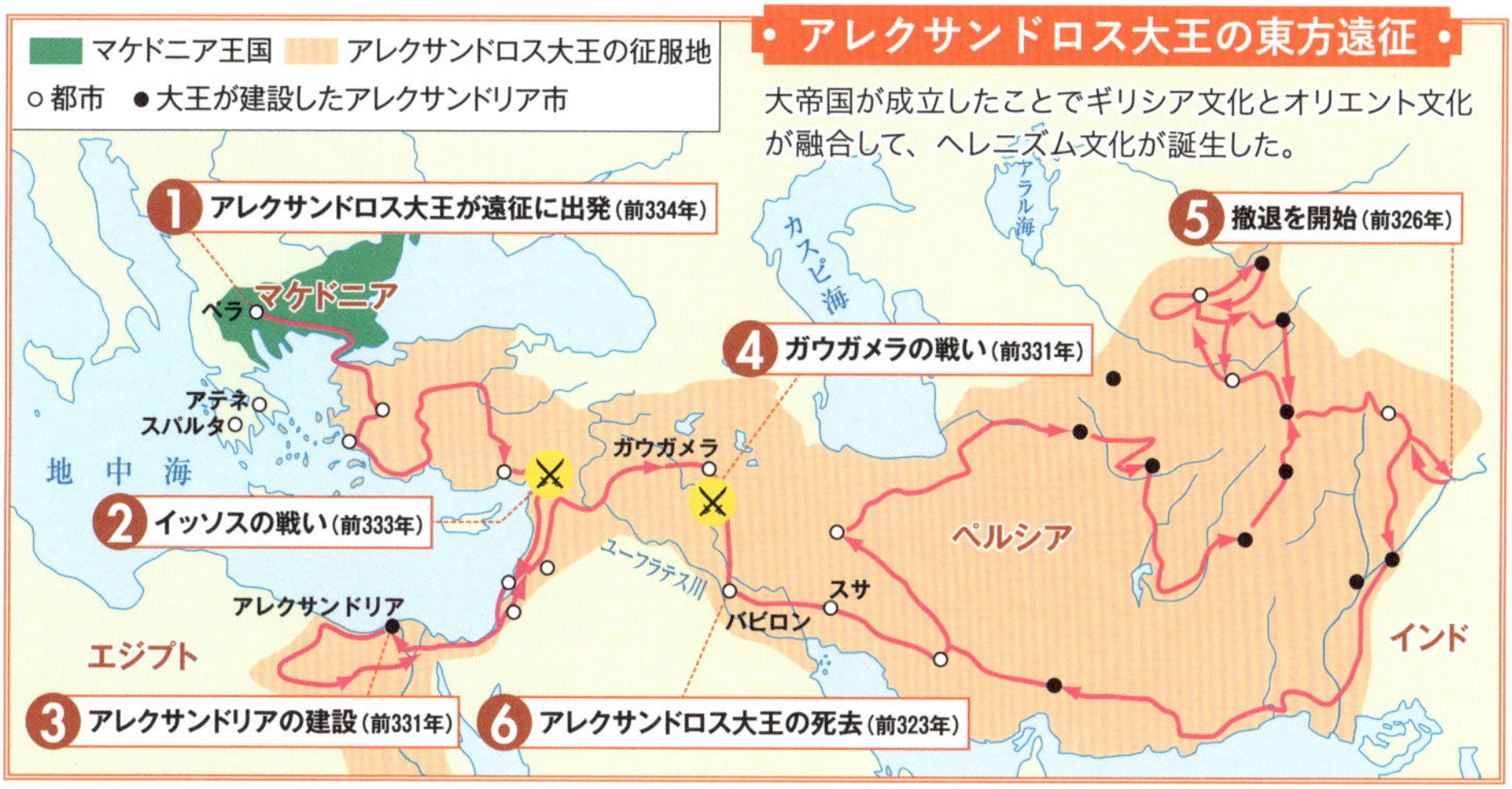

大帝国が成立したことでギリシア文化とオリエント文化が融合して、ヘレニズム文化が誕生した。

征）。無敵のファランクス戦術で進撃する大王軍は、前333年、**「イッソスの戦い」**でアケメネス朝ペルシアのダレイオス3世を撃破。続いてエジプトを征服し、前331年、**「ガウガメラの戦い」**に勝利してペルシアを滅亡させた。

大王はさらにインド北西部まで進出し、短期間で**大帝国**を築いたが、兵士の疲弊により遠征を中断し、撤退を開始。その3年後バビロンに帰還した大王は、突然、熱病で倒れて死去。帝国は配下の武将たちが争って奪い合い、数カ国に分裂した。

◆**アレクサンドロス大王像**
アレクサンドロス大王は32歳で急死した。写真は北マケドニアの首都スコピエに立つ大王像。

経済

紀元前221年

秦の中国統一

秦は貨幣を統一して 強国となり史上初の 中国統一を成し遂げる

関連ページ
経 P22 貨幣の誕生
戦 P48 赤壁の戦い
経 P82 紙幣の誕生

国家が貨幣を製造し経済力を強化する

前403年、古代中国の**春秋時代**の大国だった「晋《しん》」が**「趙《ちょう》」「韓《かん》」「魏《ぎ》」**の三国に分裂し、**戦国時代**がはじまった。周（東周）は残っていたが、勢力も権威も、ほぼ失っていた。分裂して生まれた三国に加えて、**「斉《せい》」「燕《えん》」「楚《そ》」「秦《しん》」**の七国が有力諸侯として**「戦国の七雄」**と呼ばれ、覇権を争っていた。

七雄のうち、最も西方に位置する秦は、中国文明が栄えた東方の諸国から一段下に見られていたが、**アレクサンドロス大王の東方遠征**によって西域に伝わったギリシア文明など、西方の文化や技術を積極的に取り入れ、有能な人材を確保し、急速に勢力を拡大。さらに前336年、貨幣**「半両銭」**の製造を開始した。青銅製の貨幣は、春秋時代に存在していたものの、形状や価値が不統一で、使いにくいものだったが、秦の半両銭は形状や価値が統一されていた。さらに秦の国民に対して使用を強制し、他国の貨幣の使用を禁止した。

貨幣の流通によって、商取引は効率化され、経済は発展。また徴税や軍事物資の調達もスムーズになった。貨幣鋳造によって、経済力と軍事力の強化に成功した秦は、前247

historical note

青銅貨が使われる前 中国の貨幣は「貝貨」だった

中国古代の王朝「殷」や「周」では、貴重なタカラガイの貝殻を貨幣としていた。これは貝貨と呼ばれ、「貨・買・財・貸・費・販・貯」など、貨幣や売買に関する漢字に「貝」が含まれるようになった。紀元前8世紀頃、青銅貨が広まると、貝貨は使われなくなった。

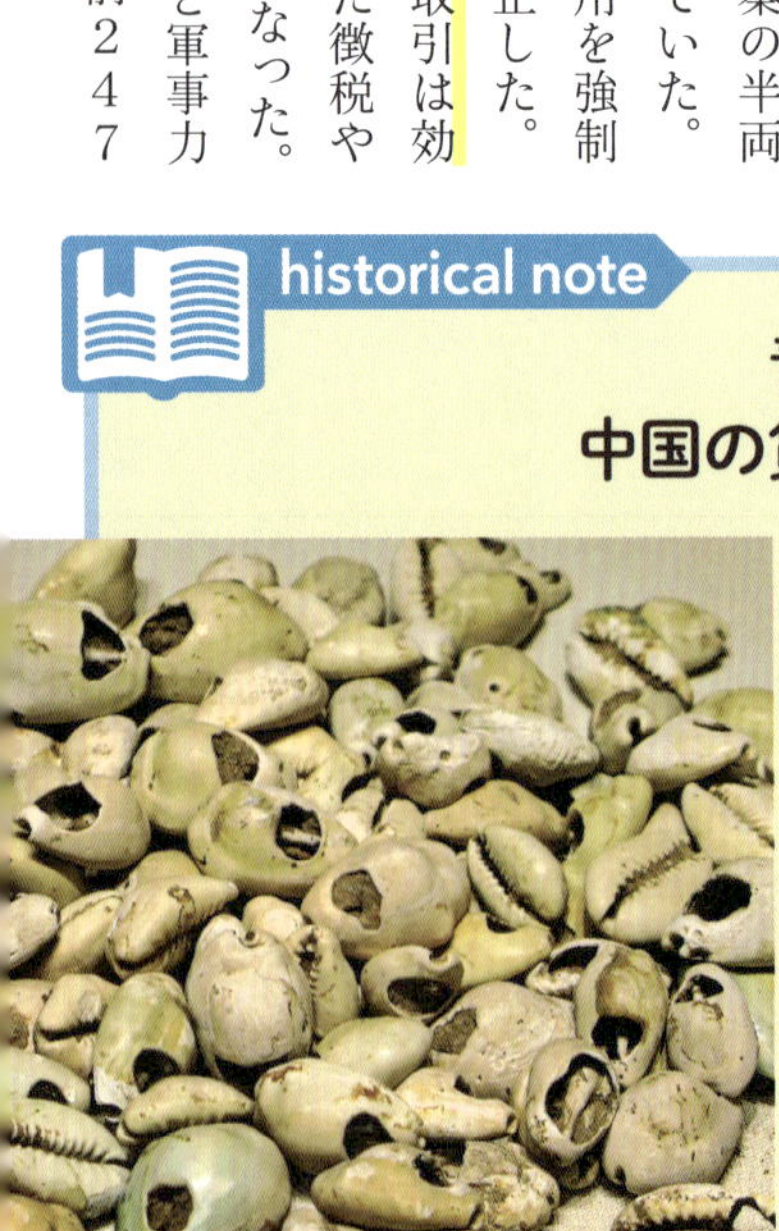

中国古代の貨幣「貝貨」。貝の背面に穴が空いているのが特徴。

年、政《せい》が13歳で**秦王**に即位すると、東方の六国を次々と征服していき、前221年、**中国を統一**した。

歴代王朝に受け継がれた円形で四角い穴の貨幣

秦王・政は、称号を「王」から**「皇帝」**に変え、最初の皇帝という意味で、**「始皇帝」**と自称した。始皇帝は戦乱が起こるのは各地に諸侯がいるためと考え、**郡県制**を採用し、中央から派遣した役人に中国各地を治めさせた。また**度量衡**や**文字**の統一を目指し、その一環として貨幣を半両銭に統一した。「両」は重さの単位で、1両は約16gなので、半両は約8gである。急激な統一政策や、**万里の長城**や**始皇帝陵**などの土木工事によって、人々の負担は増大し、秦への不満は高まった。始皇帝が病死すると、各地で反乱が起こり、中国統一から15年で秦は滅亡した。しかし半両銭は、次の**漢王朝**にも引き継がれ、「円形で穴が四角」という形態は、歴代中国王朝の貨幣の基本となった。

天下に戦がなくならないのは、諸侯がいるからだ

◆始皇帝（前259～前210）
中国の七国が争った戦国時代、13歳で秦王となった。次々と周辺国をほろぼし、史上初めて中国を統一し、初代皇帝となった。

◆半両銭
紀元前336年、秦が製造した青銅製の貨幣。始皇帝が中国を統一すると、半両銭を統一貨幣に定めた。

古代中国の貨幣の特徴

- **材料が青銅**
  ➡金や銀の産出量が少なく、貨幣の材料にするのに不向きだった
- **「鋳造」で製造**
  ➡大量生産が可能で、鉄鉱石を溶鉱炉で溶かす技術があった。当時のヨーロッパでは、ハンマーで叩いてつくる「鍛造」の技術しかなかった
- **円形で四角い穴**
  ➡穴に紐を通して持ち運べるようにしてあった。アジア諸国の貨幣は、これを真似て同じ形態のものが多い（日本の一文銭など）

紀元前３世紀

ポエニ戦争

傭兵に頼っていた交易国家カルタゴが軍事国家ローマに敗北

戦意が低かったカルタゴ軍の傭兵

前１０００年頃、イタリア半島に**都市国家ローマ**が誕生した。当初は王政だったが、前6世紀に王を追放して**共和政**になった。ローマには**貴族（パトリキ）**と中小農民の**平民（プレブス）**の身分があり、実権は貴族から選出される**執政官（コンスル）**や**元老院（貴族会議）**が握っていた。しかし不満を高めた平民は、執政官の決定に拒否権をもつ**護民官**を設け、さらに執政官のうち1名を平民から選べるようにした。

こうして平民は貴族と同等の権利をもつようになった。ローマ軍の重装歩兵の中核であった平民は、政治的な発言権を得たことで士気を高め、国家意識を強めた。高い戦意を保って周辺国に侵攻したローマ軍は、前２７２年、**イタリア半島全域**を制圧した。

当時、地中海では、**カルタゴ**（現在のチュニジア）が制海権を握り、地中海の西方を支配していた。カルタゴはオリエント（→P22）からやってきた**フェニキア人**が建設した植民都市で、アレクサンドロス大王がオリエントを支配したとき、それを嫌う多数のフェニキア人が移住。以後、地中海の中央に位置することから、交易で商業国家として大発展した。

急成長したローマだったが、慢性的な食糧不足に苦しんでいたため、カルタゴ治下にあった肥沃な**シチリア島**への侵攻を狙っていた。前２６４年、両国の対立は避けられなくなり、**第1次ポエニ戦争**が開始された。カルタゴは豊富な資金力で強

◆**ハンニバル（前247〜前183?）**
古代ローマ軍に「最強の敵」と恐れられたカルタゴの将軍。第二次ポエニ戦争でローマ軍を追い詰めたが、最後は敗れた。

関連ページ
戦 P32 イッソスの戦い
戦 P38 ローマ内戦
経 P54 西ローマ帝国の滅亡

力な艦隊をもっていたが、戦争に反対する商人たちが艦隊を解散に追い込んだため、ローマ海軍に敗北。シチリア島はローマに占領された。

シチリア島を失ったカルタゴは、**イベリア半島**へ侵攻し、将軍**ハンニバル**は、イベリア半島での支配を広げた。ローマへの復讐の機会を狙っていたハンニバルは、前218年、カルタゴノウァ（現在のスペイン）を出発すると、**アルプス山脈**を超えてローマの背後から進撃。**カンネーの戦い**でローマ軍を撃破した。

しかし地中海の制海権を握るローマは、大軍をカルタゴ本国に送り込んだ。帰還要請を受けたハンニバルは、カルタゴ郊外の**ザマ**でローマ軍を迎え撃ったが敗れた。カルタゴの陸軍の中核は市民ではなく**傭兵**《ようへい》で、戦意が低かったことが敗北に繋がったといわれる。その後、前146年にローマはカルタゴを攻め滅ぼし、地中海の覇者となった。

ローマ共和政のしくみ

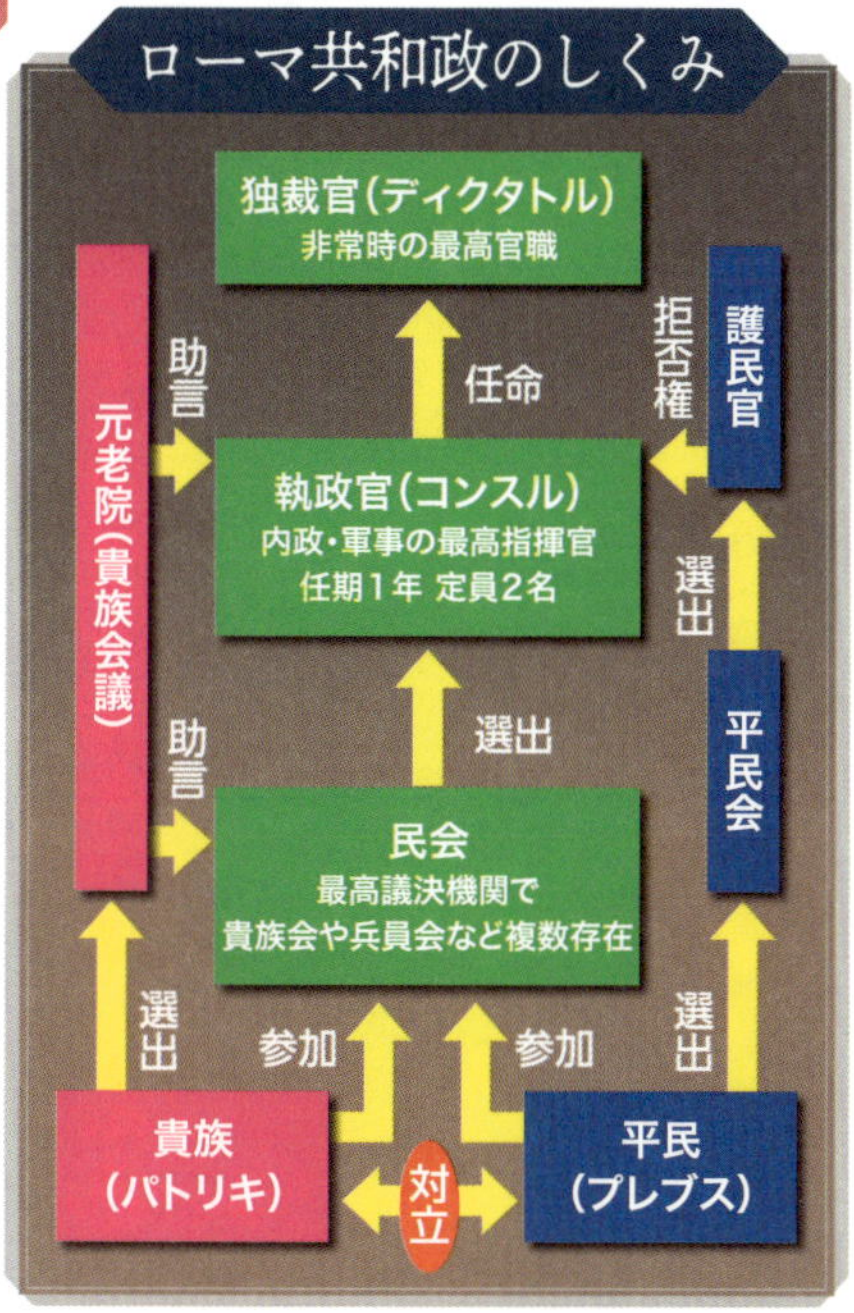

ハンニバルのおもな侵攻路

ポエニ戦争の概要

第1次ポエニ戦争（前264〜前241）

シチリア島が主戦場となり、勝利したローマがシチリア島を属州とした

第2次ポエニ戦争（前218〜前201）

ハンニバルがローマ本土を襲撃するが、ザマの戦いで敗北

第3次ポエニ戦争（前149〜前146）

ローマ軍が北アフリカに上陸して、カルタゴを攻め滅ぼした

◆**アルプスを象で越えるハンニバル**
ハンニバルは4万人の兵と37頭の戦象を率いてアルプス山脈を越え、ローマ領に攻め込んだ。

紀元前49年

ローマ内戦

ガリアを制圧したカエサルがローマに進撃して権力をつかむ

元老院派を武力で倒して権力を握る

カルタゴを征服したローマは、**地中海全域**を制覇した。ローマは征服地に寛大で、服属した住民の一部には**ローマ市民権**を与え、納税の義務を果たせば商人は人種や身分に関係なく、**交易**に参入させた。

ローマ経済は著しく発展したが、貧富の差は拡大し、度重なる戦乱によって農村は荒廃した。その結果、既得権益を守ろうとする**元老院**勢力と、**平民**が支持する勢力の対立が深まり、**内乱**状態に陥った。

こうした状況のなか、裕福な者は私財を投じて貧しい平民を自らの軍団に雇い入れ、武力を蓄えた。内乱を収拾したのは、私兵を率いた実力者であった**カエサル**や**ポンペイウス**、**クラッスス**であった。3人は政治同盟を結んで元老院に対抗し、実権を握った（**第1回三頭政治**）。

その後、カエサルは**ガリア**（現在のフランス一帯）を征服して属州とし、ローマ市民のリーダーとして絶大な人気を得た。カエサルを恐れた元老院は、ポンペイウスを味方に引き入れ、軍を解散してローマに帰還するよう、カエサルに命じた。

軍を率いてガリアとローマの境界である**ルビコン川**を渡ることは、反

historical note

カエサル軍は私兵で構成されていた

紀元前2世紀、兵役により農地から離れる時期が長くなったローマ兵が困窮化。このため徴兵制が廃止された。ローマには貧しい者があふれたが、カエサルなどの裕福な有力者は自己資金で彼らを私兵として雇い入れて軍を組織。外征を成功させて富を獲得すると、さらに軍を巨大化して発言力を強めていった。

ルビコン川を渡るカエサルの軍。

関連ページ
戦 P36 ポエニ戦争
宗 P40 キリスト教の誕生
経 P54 西ローマ帝国の滅亡

逆とみなされたが、カエサルは**「賽《さい》（サイコロ）は投げられた」**と叫んでルビコン川を渡り、ローマに進撃。ポンペイウスを破り、さらに元老院派を武力で倒した。

ローマ市民から熱狂的に迎えられたカエサルは、**終身独裁官**（無期限の最高官職）に就任し、絶対的な権力を握ったが、カエサルを恐れた元老院は暗殺団を組織して、カエサルを葬った。

◆**カエサル（前100〜前44）**
ガリアを制圧したカエサルは、軍を率いて国境を流れるルビコン川を渡り、ローマへ進撃した。

◆**カエサルの暗殺**
終身独裁官として絶対的な権力を握ったカエサルは、紀元前44年、元老院が組織する暗殺団に殺された。暗殺団には腹心のブルータスも加わっていた。カエサルは「ブルータス、お前もか」と叫んだと伝わる。

カエサルの進路とローマ帝国の領土

カエサルはガリアを制圧後、ポンペイウスを追ってエジプトまで行き、エジプト女王クレオパトラを恋人にした。その後、北アフリカやイベリア半島に侵攻した。カエサルの暗殺後は、ローマの最高権力者となったオクタビアヌスが帝政を開始し、ローマ帝国が成立した。以後、約200年間、ローマ帝国は空前の繁栄と平和が続き、2世紀初頭に領土が最大になった。

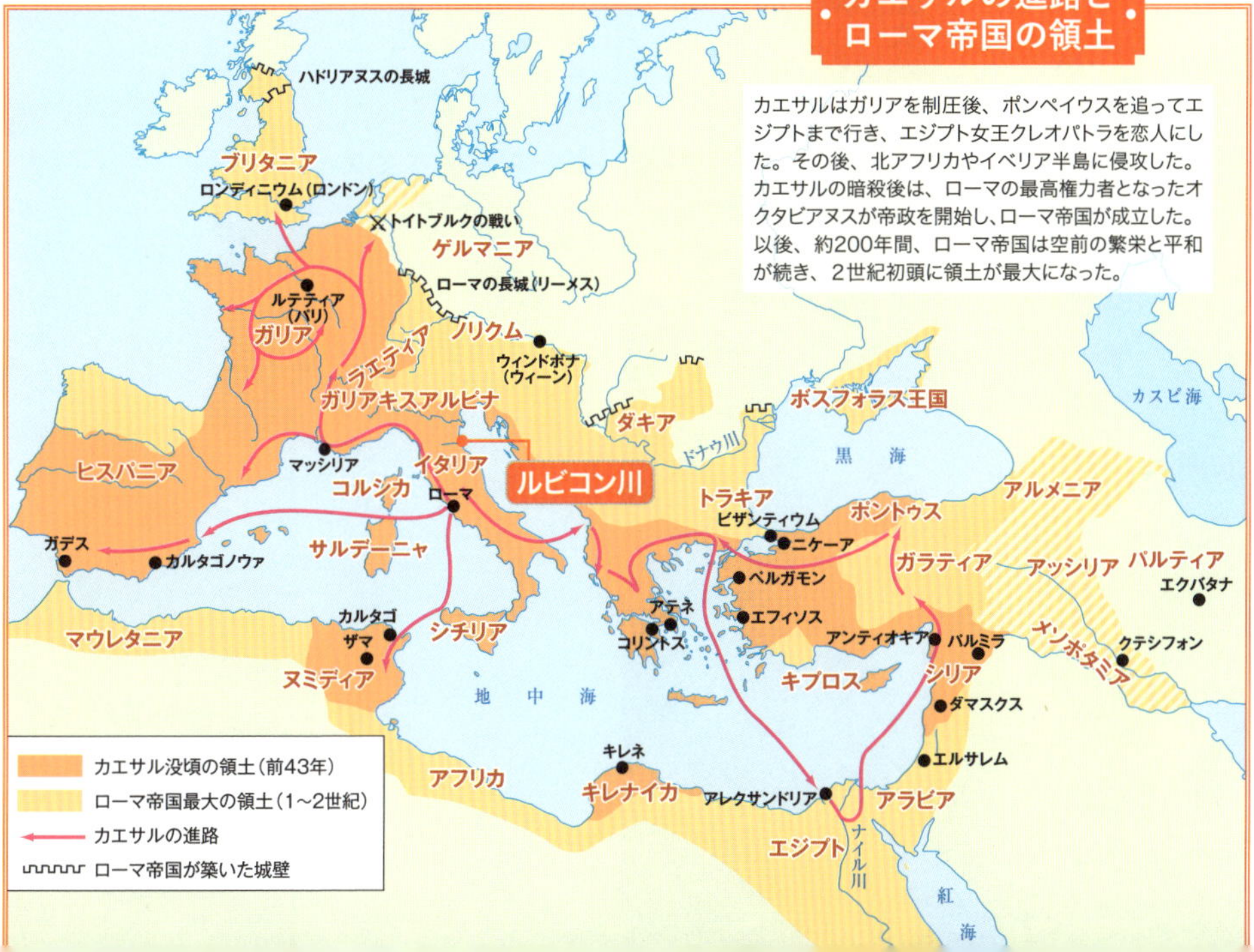

30年頃

キリスト教の誕生

ユダヤ教徒のイエスは 磔で処刑された後に 復活・昇天した

「神の愛」を説いて 多数の信者を獲得する

バビロン捕囚（➡P19）から47年後の前538年、**新バビロニア**は**アケメネス朝ペルシア**に滅ぼされた。翌年、**ユダヤ人**は解放され、パレスチナに帰還し、エルサレムにユダヤ教の神殿を建設。その後、パレスチナはアレクサンドロス大王などに支配されたが、前37年、**ヘロデ王**が**ローマ帝国**（➡P54）と協力関係を築いてユダヤ人統治を開始した。こうしてパレスチナはローマ帝国の**属州**となった。

当時、ユダヤ教を指導する**祭司**や、主流派だった**パリサイ派**は、**律法**を厳格に遵守したが、民衆の苦悩に寄り添うことはなかった。また、ユダヤ教は、「ユダヤ人は神から選ばれた特別な民族である」という**選民思想**を基礎にしているため、ユダヤ人以外の民衆にとって、ユダヤ教は救いにならなかった。

こうした状況のなか、前4年頃、パレスチナのベツレヘムに**イエス**が誕生した。イエスは32歳頃にユダヤ教の洗礼を受け、布教活動を開始。パリサイ派の形式主義を批判し、**「神の愛」「隣人への愛」**を説き、「貧しい人こそ救われる」と語ったが、ユダヤ教を否定しなかった。しかし民

◆十字架のイエス
ユダヤ教の指導者から「神を冒涜した」という罪を着せられたイエスは、磔に処せられた。死の直前、イエスは「父よ、私の霊を御手にゆだねます」「我が神、我が神、なぜ私をお見捨てになったのですか」と大声で叫んだという。

関連ページ
宗 P18 イスラエル王国の誕生
戦 P38 ローマ内戦
宗 P50 ミラノ勅令

衆はイエスこそ**メシア**（救世主を意味するヘブライ語で、ギリシア語で「**キリスト**」と表記）だと信じ、イエスの信者は急速に増えていった。

　イエスの勢いを恐れたユダヤ教の祭司やパリサイ派は、捕らえたイエスを「反逆者である」と**ユダヤ総督**（属州の長官）ピラトに訴え、ピラトはイエスを**十字架**で処刑した。

　処刑から3日後、イエスは**復活**して弟子たちの前に現れ、神の教えを世界に伝えるように命じて昇天したという。

　奇跡を体験した弟子たちは、「イエスの**死と復活**は、**原罪**を償い、救いをもたらした」と信じた。原罪とは、人類の始祖であるアダムとイブが神の命令に背いた罪のことで、人間が生まれながらにして負うとされた。**キリスト教**とは、原罪をひとりであがなったイエスをキリスト（救世主）として信仰する宗教なのである。

◆**復活するイエス**

処刑後、イエスは埋葬されたが、3日後、復活して弟子たちの前に現れたという。

◆**聖墳墓教会**

エルサレムにある教会で、イエスが処刑され、墓があったとされる場所に建つ。

イエスの生涯

0歳	ベツレヘムのナザレ村で誕生する
32歳頃	ユダヤ教の宣教師ヨハネから洗礼を受ける 荒野で修行を積み、布教活動を開始する
34歳頃	弟子のユダの裏切りで捕らえられ、ゴルゴダの丘で処刑される 死から3日後に復活し、昇天する

イエスの教えとユダヤ教の比較

イエスの教え		ユダヤ教
形式的な律法を否定	律法	厳格に遵守
民族に関係なく受容	信者	ユダヤ人のみ神に選ばれた民とする
敵や味方に関係なく隣人として愛す	愛	隣人のみを愛し、敵を憎む
イエスこそメシアである	思想	メシアはまだ現れない

『新約聖書』とは

キリスト教の聖典『新約聖書』は、イエスの生涯と教えが記された「福音書」や、イエスの弟子たちの布教の記録などから成り立っている。

『新約聖書』の構成

福音書 4巻

「福音(神からの喜ばしい知らせ)」をもたらすイエスの生涯と教えが記されている。

使徒言行録 1巻

イエスの弟子たちの伝道の様子が記されている。

パウロの書簡 13巻

伝道中にパウロ➡P50が記した手紙。

公同書簡 8巻

教会全体のために書かれた手紙。

ヨハネの黙示録 1巻

人類の滅亡と「最後の審判」➡P141、キリストの再臨などが記されている。

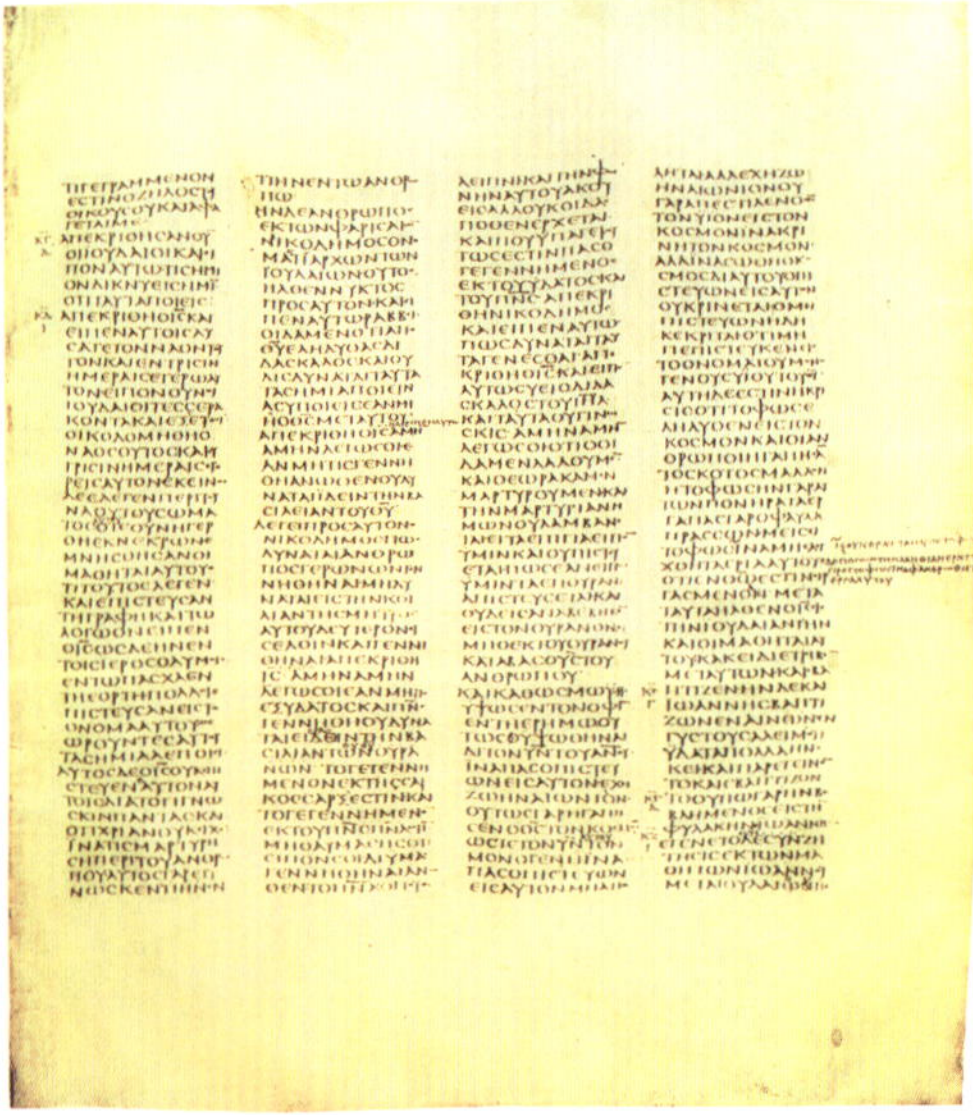

現存する最古の聖書のひとつ「シナイ写本」で、４世紀の成立とされ、『新約聖書』のほとんどが含まれている。

『新約聖書』の基本情報

- キリスト教の聖典
- 成立は1～2世紀
- 原文はギリシア語
- 全27巻で構成
- 「愛」と「赦し」を重視
- キリストを信じるすべての人々を救済の対象とする

『新約聖書』が成立するまで

前500年頃
ユダヤ人が神の言葉を記した『タナハ(旧約聖書)』を聖典とするユダヤ教が成立

30年頃
イエスはユダヤ教の改革を訴えるが、処刑される

50年頃
イエスを神の子と信じるキリスト教が成立

1～2世紀
弟子たちがイエスの教えをまとめた『新約聖書』が成立

●キリスト教はユダヤ教から派生したため、『旧約聖書』も聖典としている。

『旧約聖書』➡P20

『新約聖書』の主要内容

❶ 受胎告知

マリアのもとに天使が訪れ、イエスを懐妊したことを伝える。

❷ イエスの降誕

マリアは旅の途中でイエスを出産し、馬小屋で寝かす。

❸ 奇跡

成人したイエスは伝道を開始し、病人を治療したり、湖の上を歩いたり、死人を復活させるなど、様々な奇跡を起こす。

❹ 最後の晩餐

エルサレムに入ったイエスは弟子たちとの食事中、「裏切り者がいる」と告げる。

❺ 死刑宣告

ユダに裏切られたイエスは、敵対するユダヤ教指導者らに捕らえられ、死刑を宣告される。イエスは十字架を背負わされ、刑場のあるゴルゴダの丘に向かう。

❻ イエスの死

イエスは十字架にかけられ処刑された。しかし死後に復活し、弟子たちの前に現れた。写真は、十字架から降ろされたイエスをマリアが抱く姿を描いたミケランジェロによる『ピエタ』。

宗教

1世紀後半

仏像の誕生

ブッダの死から約500年後 ヘレニズム文化の影響で仏像の製作がはじまる

ガンダーラとマトゥラーでブッダ像が製作される

仏教を開いた**ブッダ（釈迦《しゃか》）**は、前383年頃に亡くなったとされる。ブッダは自らを信仰の対象にするように説かなかったため、ブッダの死後、数百年間は、**ストゥーパ（仏塔）**などの仏教建築にブッダの存在を示すとき、ブッダが悟りを開いた場所に立っていた**菩提樹《ぼだいじゅ》**や、ブッダの教えを象徴する**法輪**などによって、その存在を象徴させていた。

1世紀後半、仏教の中心地となった**ガンダーラ**（現在のパキスタン北部）で、**ヘレニズム**文化の影響を受けて、仏像の製作がはじまった。ヘレニズム文化とは、前4世紀、**アレクサンドロス大王**の東方遠征によって、ギリシア文化とオリエント文化が融合したもので、ガンダーラでは、ギリシア彫刻を模して、仏像が作られるようになったと考えられる。

以後、**クシャナ朝**（中央アジアから北インドを支配したイラン系の王朝）の**カニシカ王**は仏教を積極的に保護し、ガンダーラ美術が栄え、仏像崇拝が広く行われるようになった。また、同時期、インド北部の宗教都市**マトゥラー**でもヘレニズム文化の影響を受けず、インド古来の様式を受け継いだ仏像の製作がはじまった。

historical note

法隆寺金堂壁画に影響を与えたアジャンターの仏教壁画

「蓮華手菩薩像」。

アジャンター石窟群（インド）は、紀元前1世紀から7世紀にかけてつくられた仏教寺院の遺跡で、30以上ある石窟には仏教関係の壁画が多く残されている。特に第1窟の「蓮華手菩薩像」（6世紀）は、仏教絵画の傑作で、仏教美術に大きな影響を与えた。法隆寺金堂の壁画のモデルになったと考えられている。

関連ページ
宗 P24 仏教の誕生
戦 P32 イッソスの戦い
宗 P52 ヒンドゥー教の定着

「大乗仏教」と「上座部仏教」の誕生

仏像製作とともに新しい仏教流派も誕生した。個人の救済のみを目指すのではなく、多くの人々を救うことを目指す**「大乗仏教」**である。救う目的に合わせてブッダ以外にも多種多様な**如来**《にょらい》や**菩薩**《ぼさつ》が誕生。これらの仏像の製作もガンダーラではじまり、大乗仏教は仏像とともに、中国や朝鮮半島、日本へと伝えられていった。しかしガンダーラ美術はクシャナ朝が**ササン朝ペルシア**に征服された3世紀中頃以降、急激に衰退した。

一方、ブッダの教えや、ブッダの定めた**戒律**（僧が守るべき規則）を忠実に守って悟りを目指す**「上座部仏教（南伝仏教）」**は、スリランカなどから東南アジアに伝わった。上座部仏教にはブッダ以外の如来や菩薩などは存在しないため、仏像はすべてブッダを表現している。

◆**菩提樹**
初期の仏教美術では、神聖なブッダを人間の姿で表現することは恐れ多いと考えられ、菩提樹などで表現された。

◆**ガンダーラ仏**
ヘレニズム文化の影響を強く受け、顔立ちは彫りが深く、衣服はギリシア風である。

◆**マトゥラー仏**
インド文化の影響を強く受け、巻貝のような髪型や、右肩を露出した衣服などが特徴。

仏教の広がり

個人の悟りを目指す上座部仏教は東南アジアに広がった。すべての救済を目指す大乗仏教は、ガンダーラなどから中国、日本へと伝わった。

135年

ユダヤ人の離散

パレスチナを追われて故郷を失ったユダヤ人が各地で金融業をはじめる

キリスト教・イスラム教の両方の世界で「異教徒」

パレスチナは、西暦6年に**ローマ帝国の属州**となり、支配を受けた。不満を募らせたユダヤ人たちは、66年に反乱を起こした**（第1次ユダヤ戦争）**。

反乱軍は激しく抵抗したが、ローマ軍を率いる**ティトゥス**（後のローマ皇帝）は**エルサレム**を包囲し、半年以上にわたる攻城戦の末、陥落させた。ユダヤ教の神殿は破壊され、多くの住民が虐殺、また奴隷にされたという。

続いて132年に、再び大規模な反乱が起きたが、3年後に鎮圧された**（第2次ユダヤ戦争）**。この結果、エルサレムは廃墟となり、生き残ったユダヤ人たちは、各地に**離散（ディアスポラ）**した。

ローマ帝国が崩壊後、ヨーロッパは**キリスト教世界**、北アフリカから中東は**イスラム教世界**となったが、どこにいても、ユダヤ人は故郷を失った異教徒として生きなければならなかった。また、ユダヤ人は「イエス・キリストを死に追い詰めた民族」として、キリスト教徒から迫害を受け続けた。

もともとユダヤ教では、富の蓄積を「善」とする考え方があり、**利子**

historical note

ユダヤ人高利貸しのイメージを伝える『ベニスの商人』

16世紀末、シェイクスピアの書いた戯曲『ベニスの商人』には、ユダヤ人高利貸し・シャイロックが登場する。胸の肉1ポンドを抵当に入れさせて金を貸す冷酷なシャイロックは、当時のヨーロッパのキリスト教徒がユダヤ人に対して抱いていた「憎いが、利用せざるを得ない存在」というイメージの典型といえる。

『ベニスの商人』のシャイロック。

関連ページ
宗 P18 イスラエル王国の誕生
経 P204 ロスチャイルド家の興隆
戦 P254 パレスチナの委任統治

マップ

を徴収することは同じユダヤ人に対しては禁止されていたが、ユダヤ人以外に対しては認められていた。ユダヤ教の聖典**『旧約聖書』**の「申命記」には、「外国人には**利息**を取って貸してもよい。ただ兄弟（同胞）には利息を取って貸してはならない」と記されている。

こうした経済的な思想をもつユダヤ人は、迫害を逃れるため、全財産を貴金属に換えて、当時、ヨーロッパで卑しい職業とされた**金融業**を開始した。富を蓄積したユダヤ人は、皇帝や国王などに戦費を貸し付けてさらに資産を増やし、ヨーロッパ経済に強い影響力をもった。

◆**古代イスラエル硬貨**
紀元前40年頃、古代イスラエルを統治したハスモン朝の最後の王・アンティゴノスが発行した貨幣。

◆**エルサレムの陥落**
66年、ユダヤ属州のユダヤ人は、ローマ帝国への反感を高め、戦争を起こしたが敗北。エルサレムは陥落した。写真はエルサレムを攻略した皇帝ティトゥスの凱旋門（ローマ）のレリーフで、ローマ兵が戦利品を運び出す場面。

◆**貴族に金を貸すユダヤ人**
15世紀のストラスブール（フランス）の木版画で、両替商を営むユダヤ人が貴族に金を貸している。

ユダヤ教徒の経済的思想

- 富や財産の獲得を「善」とする
- 私有財産の肯定
- ユダヤ人以外に対して利子の徴収を許可
- 他人の財産を奪う者に対して厳しい罰則を規定

戦争

208年

赤壁の戦い

中国統一を目前にして 曹操は赤壁の戦いに敗れ 三国時代がはじまる

曹操・劉備・孫権が中国を分割支配する

中国では**秦**の滅亡後、**劉邦**《りゅうほう》が**漢王朝（前漢）**を建国し、長安（現在の西安）に都を定め、官僚制による中央集権体制を固めた。前2世紀の**武帝**の時代には、周辺の異民族を征服して領土を広げ、また**儒教**を国教として社会の安定を目指した。前漢が財政難で衰退すると、西暦8年、皇族の**王莽**《おうもう》が皇帝を廃して**「新」**を建国したが、わずか15年で倒された。

混乱のなか、前漢一族の**光武帝**が漢王朝を復活させ、**後漢**が成立した。やがて政権内の権力闘争で後漢が衰退すると、184年、各地で宗教結社と農民を主体とする**「黄巾《こうきん》の乱」**が起きた。これにより後漢の権威は失墜し、各地で有力者が群雄割拠する動乱の時代がはじまった。

このとき頭角を表したのが、後漢の献帝を保護して実権を握った**曹操**《そうそう》だった。200年、曹操は**「官渡の戦い」**で宿敵の**袁紹**《えんしょう》を破って中国北部を支配すると、中国統一を目指し、20万人以上の大軍を率いて南下を開始した。江南（長江下流域）を支配する**孫権**《そんけん》は、曹操と対立していた有力者・**劉備**《りゅうび》と同盟を結び、長江河畔の**赤壁**《せきへき》で迎え撃った。大敗した曹操は中国統一を断念した。

関連ページ
宗 P26 儒教の誕生
経 P34 秦の中国統一
経 P62 隋の中国統一

historical note

邪馬台国と魏は同盟関係にあった

魏・呉・蜀の歴史書『三国志』のうち、「魏志倭人伝」に、邪馬台国の女王・卑弥呼が、魏に使者を送ったことが書かれている。その後、魏は卑弥呼に黄幢《こうどう》(軍の指揮権を示す黄色の旗)を授け、軍事的に支援した。当時、朝鮮半島を支配下に置いたばかりの魏は、新たな版図の維持のため、邪馬台国との同盟を重視したものと考えられる。

卑弥呼復元像。

◆**赤壁の戦い（再現模型）** 曹操は20万人以上の大軍を率いて呉に攻め込もうとしたが、火計により多くの軍船を失い、敗走した。

その後、曹操と孫権が争うすきに、劉備は長江上流域の**益州**（四川地方）に侵攻して占領。中国全土は3人によって分割支配される状態になった。

220年、曹操が病死すると、曹操の子・**曹丕**《そうひ》が献帝から帝位を奪って**魏**《ぎ》を建国。すると翌年、劉備は**蜀**《しょく》を建国し、孫権は229年に**呉**《ご》を建てた。中国は魏・呉・蜀の**「三国時代」**に突入したが、やがて魏の将軍・**司馬炎**が帝位を奪って**晋（西晋）**を建国し、蜀と呉を倒して、280年、中国を統一した。

中国の三国時代は、日本の弥生時代にあたり、239年、邪馬台国の女王・卑弥呼は魏に使いを送り、「親魏倭王」の称号を与えられた。

◆**曹操（155〜220）**
後漢末期に権力をにぎり、216年、魏王となったが、帝位にはつかなかった。能力主義者としても知られ、能力があれば敵であった者でも登用した。

313年

ミラノ勅令

厳しい迫害に耐えた キリスト教徒が 信仰の自由を勝ち取る

キリスト教徒の増大が帝国の存在を揺るがす

「**イエス**は死によって**原罪**を償った**キリスト（救世主）**である」と信じたイエスの弟子たちは、**教会（キリスト教徒の共同体）**を組織し、パレスチナ各地で布教活動を開始した。

ユダヤ教徒は、増加したキリスト教徒と対立し、迫害を加えるようになったが、そんなとき、熱心なユダヤ教徒だった**パウロ**は、神の啓示を受けて**キリスト教に改宗（回心）**した。パウロは「神の愛はユダヤ人以外にも及ぶ」として、エーゲ海沿岸一帯に3回の**伝道旅行**を実行。パウロの布教により、キリスト教はユダヤ人以外の民族が信仰できる**「世界宗教」**となる道が開かれた。

イエスの弟子たちのリーダーであった**ペテロ**も教会の中心的な指導者として活動を続けた。ペテロとパウロは、ローマで布教活動を行ったが、**ネロ帝**がローマで起きた大火災の犯人をキリスト教徒と断定して迫害を行ったとき、ふたりとも処刑されたという。

当時のローマの宗教は**多神教**で、皇帝も神のひとりとして崇拝を強制されていたが、唯一神を信じるキリスト教徒はこれを拒絶したため反社会勢力として厳しい迫害を受けた。

関連ページ
宗 P40 キリスト教の誕生
経 P54 西ローマ帝国の滅亡
宗 P84 教会の東西分裂

◆パウロ（?〜65?）
ユダヤ教の信者としてキリスト教徒を弾圧していたが回心し、キリスト教の布教に努めた。ローマ皇帝ネロのもとで殉教したという。13通の書簡が『新約聖書』（➡P 42）に収められている。

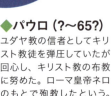

◆迫害されるキリスト教徒

ローマの円形闘技場では、捕らえたキリスト教徒をライオンなどの猛獣に襲わせる見世物が催された。

303年の**ディオクレティアヌス帝**は、キリスト教徒の財産を没収するだけでなく、円形闘技場でライオンに襲わせるといった公開処刑まで行った。それでも、ローマ帝国内では下層市民や奴隷、女性などを中心にキリスト教は拡大を続け、上層市民にも信者が現れはじめた。キリスト教を禁止すれば帝国の維持が困難と判断した**コンスタンティヌス帝**は、313年、**「ミラノ勅令」**を出して、キリスト教を公認した。

その後、キリスト教はローマ皇帝によって保護を受けて発展し、392年、**テオドシウス帝**はキリスト教をローマ帝国の**国教**とし、他宗教を禁止した。またテオドシウス帝は、**「父なる神」**と**「子なるキリスト」**と**「聖霊」**が同一であるという**「三位一体説」**を主張する**アタナシウス派**を正統とし、キリストを人間とする**アリウス派**を異端とした。

初期キリスト教関連年表

30年頃	イエスがゴルゴダの丘で処刑される
34年頃	**パウロ**が回心する
66年	第１次ユダヤ戦争（〜70年）
67年頃	**ペテロ**、**パウロ**がローマで殉教
70年頃	「マルコ福音書」が成立
80年頃	「マタイ福音書」が成立
90年頃	「ルカ福音書」が成立
100年頃	「ヨハネ福音書」が成立
132年	第２次ユダヤ戦争（〜135年）
200年頃	『新約聖書』がほぼ完成
313年	**ミラノ勅令**でキリスト教が公認
392年	ローマ帝国がキリスト教を**国教化**

◆コンスタンティヌス帝の洗礼

ミラノ勅令によってキリスト教を公認したコンスタンティヌス帝は、死の直前、自ら洗礼を受けた。

宗教

4世紀

ヒンドゥー教の定着

ヒンドゥー教とは インド文化圏で生まれた 民族宗教の総称

インドで仏教を攻撃し イスラム教と争う

ヒンドゥー教とは、インド文化圏で古くから信仰されている宗教全般を示す言葉で、特定の宗教を示すものではない。共通の教義や儀礼は存在せず、内容は地域や階層によって異なるが、一般的には、前1500年頃に北インドに侵入した**アーリア人**がつくり上げた**バラモン教**を基礎に、多様な民間信仰を吸収して形成された民族宗教を表す。

ヒンドゥー教の聖典は、古代インドの文章語である**「サンスクリット語（梵語《ぼんご》）」**で書かれ、**「シュルティ（天啓）」**と**「スムリティ（聖伝）」**に大別される。シュルティは、神より啓示された**「ヴェーダ」**を指し、その主要部分は賛歌や詩歌を集めた**「サンヒター」**で、「ブラーフマナ」「アーラニヤカ」「ウパニシャッド」などの文献が付随する。スムリティは古伝書で、英雄叙事詩**『ラーマーヤナ』**や古代インドの法典**『マヌ法典』**、神話や伝説などを叙述する百科事典**『プラーナ』**などがある。

ヒンドゥー教では多くの神々が信仰されるが、「ヴェーダ」に登場する**「創造神ブラフマー」「維持神ヴィシュヌ」「破壊神シヴァ」**が三大神として信仰を集める。

ヒンドゥー教の経典

スムリティ（聖伝）

◆英雄叙事詩
『ラーマーヤナ』
『マハーバーラタ』

◆法典
『マヌ法典』

◆神話・説話集
『プラーナ』

シュルティ（天啓）

「ヴェーダ」
● 「サンヒター」（本集）
● 「ブラーフマナ」（祭儀書）
● 「アーラニヤカ」（森林書）
● 「ウパニシャッド」（奥義書）

※『ヴェーダ』には「リグ」「サーマ」「ヤジュル」「アタルバ」の4種があり、各『ヴェーダ』の主要部分が「サンヒター」と呼ばれる。

関連ページ
宗 P24 仏教の誕生
宗 P44 仏像の誕生
宗 P280 印パ分離

マップ

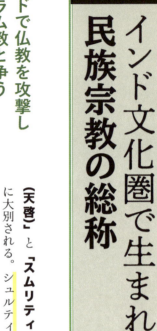

◆**聖地・ガンジス川**

ヒンドゥー教徒は、毎朝、体を清めるために、池や川に入って沐浴する。ガンジス川の水はシヴァ神から流れ出た聖水と考えられている。

4世紀にインドに定着したヒンドゥー教は、同じくインドで信仰されていた**仏教**（➡P24）を攻撃したため、インドにおける仏教は衰退した。さらに8世紀から**イスラム教**勢力が北インドに侵攻し、ヒンドゥー教勢力との間で抗争が続けられた。

ヒンドゥー教の三大神

◆**ヴィシュヌ（維持神）**

世界を破壊から守り、維持する神。魚や亀など10の化身となって現れる。青い肌で4本の腕があり、右手にチャクラや棍棒などの武器をもつ姿で描かれる。

◆**ブラフマー（創造神）**

バラモン教の最高原理「ブラフマン」を人格神とみなしたもの。4つの顔をもち、4つの口から4種ある「ヴェーダ」を紡いだとされる。仏教に取り込まれて「梵天」となった。

◆**シヴァ（破壊神）**

破壊と再生を司る神。世界を破滅させる猛毒を飲み込んだため青い肌をしている。偶像では、額の第三の目や三日月の装飾、首に巻きついた蛇などが特徴。

経済

476年

西ローマ帝国の滅亡

ローマ帝国は銀貨改悪で長期間のインフレを引き起こして衰退した

関連ページ
経 P22 貨幣の誕生
戦 P38 ローマ内戦
戦 P60 東ゴート王国の滅亡

マップ
ローマ帝国（イタリア）

ローマ帝国の財政を圧迫した軍事費

前27年、**オクタビアヌス**がローマを共和政から**帝政**に移行させて以降、約200年間、**「ローマの平和（パックス・ロマーナ）」**と呼ばれる繁栄が続いた。ローマ帝国は周辺国への侵略を続けて**属州**にし、西暦116年頃、領土は最大になった。

ローマの財政は、属州からの税によって成り立っていたが、**巨額の軍事費**は、帝国の最盛期であっても支出の半分を占めていたといわれる。

増え続ける軍事費は、税だけでは補えず、不足分はスペインの銀山からの銀に頼っていたが、銀の産出量は年々減少していった。財政が行き詰まるなかで即位した**カラカラ帝**は、215年、銀の含有率が50％程度の**アントニニアヌス銀貨**を発行。この銀貨の銀含有率は、50年後には5％にまで下落した。急激に貨幣価値が下がったことにより、**インフレーション**が進行し、一般市民の生活を苦しめた。

カラカラ帝の死後、皇帝が即位しては殺されるという**「軍人皇帝の時代」**がはじまって政治は混乱し、暴動や内乱、異民族の侵入などが頻発した。軍事力を維持するため、市民には**重税**が課された。

金貨発行によって格差が増大する

帝国の安定を目指す**コンスタンティヌス帝**は、307年、良貨回復に

インフレの原因と影響
軍事費の拡大
銀産出量の減少
銀貨の銀含有量を下げる
貨幣価値が下がりインフレが進行
帝国維持のため増税
良貨回復のため金貨を発行
金貨は富裕層しか所有できず一般市民との格差が拡大
ローマ帝国の衰退

よるインフレ脱却を目指し、高品質の**ソリドゥス金貨**を発行した。しかし流通量の少ない金貨は、富裕層にしか行き渡らず、インフレの影響を受けない富裕層と、インフレの影響を受ける市民との**格差**は拡大。生活物資が不足するなか、ローマの市民社会は崩壊へ向かった。

4世紀後半には、**ゲルマン人**（北ヨーロッパの諸民族）が大移動を開始し、ローマ領内に侵入・略奪を行った。これを防ぐため、軍事予算は膨張したが、それが限界に達した395年、ローマ帝国はローマを首都とする**西ローマ帝国**と、コンスタンチノープルを首都とする**東ローマ帝国（ビザンツ帝国）**に分裂した。

これはゲルマン人の侵入を受ける西ローマ帝国を切り離すことでもあった。弱体化した西ローマ帝国は、わずか81年でゲルマン人傭兵《ようへい》隊長**オドアケル**に滅ぼされた。

ローマ帝国後期の貨幣

●アントニニアヌス銀貨

215年にカラカラ帝が導入した銀貨。銀の含有率が低く、最終的には5％程度にまで下がった。

デキウス帝時代
（250年頃）
銀の含有率　約41％

●ソリドゥス金貨

コンスタンティヌス帝が、経済混乱を収束させるために発行した純度の高い金貨。現在のドル記号＄はソリドゥスの頭文字Sに由来する。

コンスタンティヌス帝時代（4世紀）
金の含有率　約96％

ローマ帝国略年表

前27年	オクタビアヌスが帝政を開始する
116年頃	ローマ帝国の領土が最大になる
215年	カラカラ帝が**アントニニアヌス銀貨**を発行する
307年	**ソリドゥス金貨**が発行される
313年	ミラノ勅令が出される
330年	コンスタンチノープルが新都になる
392年	キリスト教を国教化する
395年	ローマ帝国が東西に分裂する
476年	**西ローマ帝国が滅亡**する

◆**西ローマ帝国の滅亡**

西ローマ皇帝ロムルス・アウグストゥルスは、傭兵隊長オドアケルに退位を強制され、帝冠を渡した。

2章 中世

Middle ages

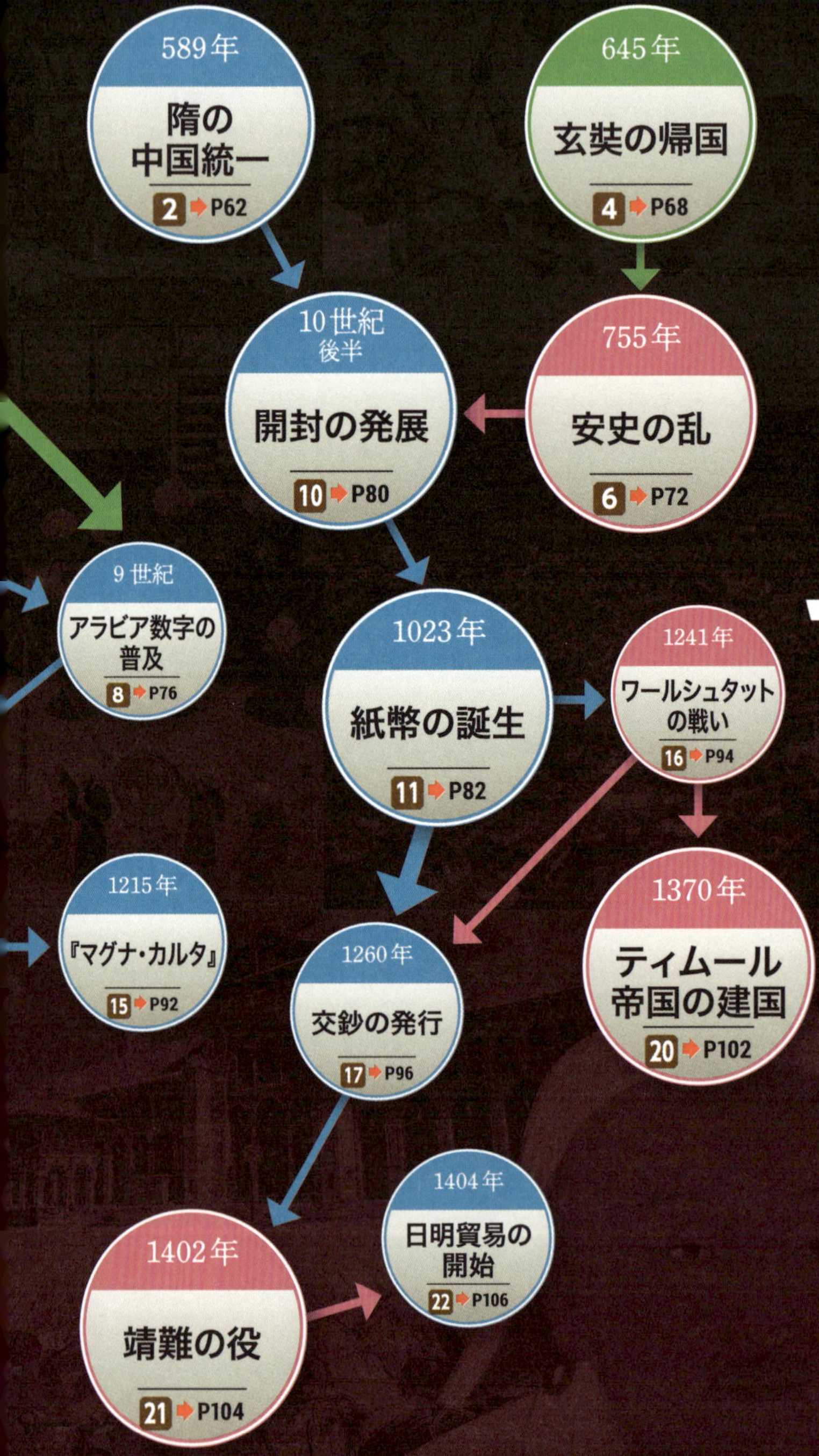

589年
隋の中国統一
2 P62
645年
玄奘の帰国
4 P68
10世紀後半
開封の発展
10 P80
755年
安史の乱
6 P72
9世紀
アラビア数字の普及
8 P76
1023年
紙幣の誕生
11 P82
1241年
ワールシュタットの戦い
16 P94
1215年
『マグナ・カルタ』
15 P92
1260年
交鈔の発行
17 P96
1370年
ティムール帝国の建国
20 P102
1404年
日明貿易の開始
22 P106
1402年
靖難の役
21 P104

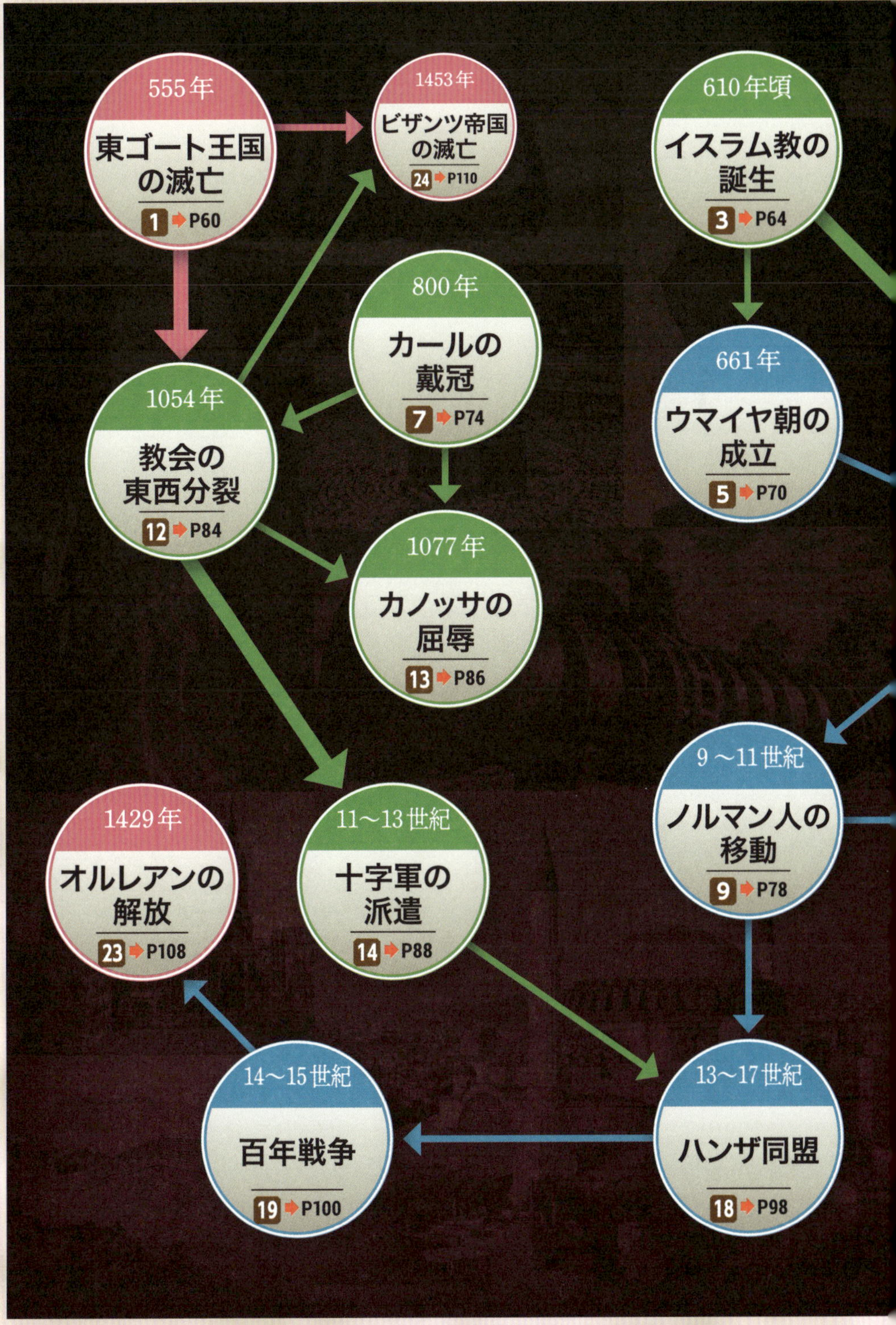
555年
東ゴート王国の滅亡
1 P60
1453年
ビザンツ帝国の滅亡
24 P110
610年頃
イスラム教の誕生
3 P64
800年
カールの戴冠
7 P74
1054年
教会の東西分裂
12 P84
661年
ウマイヤ朝の成立
5 P70
1077年
カノッサの屈辱
13 P86
9～11世紀
ノルマン人の移動
9 P78
1429年
オルレアンの解放
23 P108
11～13世紀
十字軍の派遣
14 P88
14～15世紀
百年戦争
19 P100
13～17世紀
ハンザ同盟
18 P98

中世のさくいんMAP

※この勢力図は8世紀のもの。

中世の世界では、8世紀に北アフリカから西アジアにかけて、イスラム帝国「アッバース朝」が広大な領域を支配した。東アジアでは、「唐」が中国全土を支配し、長安はイスラム商人との交易などによって国際都市として繁栄したが、反乱なども起きて不安定だった。西ヨーロッパはフランク王国が支配し、ローマのカトリック教会と結びつきを強めた。

※この2ページのマップは2章の「さくいん」にもなっています。そのため、この勢力図では8世紀に起きていない「できごと」も紹介しています。

555年

東ゴート王国の滅亡

東ローマ帝国皇帝になったユスティニアヌスがイタリアを回復する

ローマ帝国の地中海支配を復活させる

4世紀前半、ローマ帝国において、皇帝専制政治を再開した**コンスタンティヌス帝**（➡P54）は、330年、ギリシア人の植民市**ビザンチウム**に新しく首都を建設して、**コンスタンチノープル**と名付けた。黒海と地中海を結ぶ**ボスポラス海峡**に面する交通の要衝で、交易都市として中世を通じて繁栄した。395年、ローマ帝国が東西に分裂したとき、**東ローマ帝国**はコンスタンチノープルを首都に定めた。

西ローマ帝国はゲルマン人の侵攻などにより476年に滅亡したが、東ローマ帝国は、西ヨーロッパに成立したゲルマン人諸国家から権威を認められ、異民族の侵入を受けることなく、政治的・経済的にも安定し、527年から**ユスティニアヌス**が帝位についていた約40年間に最盛期を迎えた。

ユスティニアヌスはかつてのローマ帝国の領土復活を目指して征服戦争をくり返し、534年に北アフリカの**ヴァンダル王国**、555年にイタリアの**東ゴート王国**を攻め滅ぼし、**ラヴェンナ**に総督府を置いてイタリアを支配した。さらに、**西ゴート王国**を攻撃してイベリア半島の南部を

historical note

「ニカの乱」で逃亡しかけた皇帝を勝利に導いた皇后テオドラ

外征を続けるユスティニアヌスは、戦費を賄うため重税を課すようになった。これに反発したコンスタンチノープルの市民たちは、532年、「ニカ（勝利せよ）」と叫んで反乱を起こした（ニカの乱）。

これを恐れたユスティニアヌスは逃亡しかけたが、皇后テオドラは「帝衣は最高の死装束である」と励ました。落ち着きを取り戻したユスティニアヌスは反乱を鎮圧した。

テオドラ（500?～548）

関連ページ
宗 P84 教会の東西分裂
戦 P110 ビザンツ帝国の滅亡

マップ

占領。一時的に地中海沿岸のほぼ全域を支配下に置き、ローマ帝国の地中海支配を復活させた。東方では**ササン朝ペルシア**と戦い、侵入を食い止めた。

長期間の征服戦争で国力が衰退する

ユスティニアヌスは、複雑なローマ法を整理した**『ローマ法大全』**を編纂し、高さ55ｍにも及ぶキリスト教の大聖堂**「ハギア・ソフィア大聖堂」**を建立した。この聖堂が完成したとき、ユスティニアヌスは、「ソロモン（➡P19）よ、私はあなたに勝った」と叫んだといわれる。

しかし長期間に及ぶ征服戦争で、東ローマ帝国の財政は逼迫し、国力は衰退した。ユスティニアヌスの死後、獲得した領土は次々と失われていき、支配領域はバルカン半島～アナトリア半島一帯に縮小。7世紀頃から**「ビザンツ帝国」**と呼ばれるようになった。

◆ユスティニアヌス（483～565）
農民出身だったが、東ローマ帝国の皇帝になった。東ゴート王国などを滅ぼし、地中海沿岸一帯に領土を広げた。

東ローマ帝国の拡大と縮小

長期間の征服戦争により、領土は拡大したが戦費が増大

↓

増税を課したため不満が増大し、国力が低下

↓

ユスティニアヌスの死後、異民族の侵攻により、獲得した領土を失う

東ローマ帝国の領土

ローマ帝国の復興を掲げるユスティニアヌスは、地中海沿岸のほぼ全域を支配下に置いた。

経済

589年

隋の中国統一

煬帝の築いた大運河が中国の巨大物流ネットワークに発展する

隋の皇帝は2代にわたり大運河を建設する

三国時代（→P49）の後、中国を統一した**晋**（**西晋**）は、わずか50年余りで滅亡し、中国は、「五胡十六国」、「南北朝時代」と呼ばれる分裂時代を迎えた。

581年、北朝の北周の軍人出身の**楊堅**《ようけん》（**文帝**）は「**隋**」を建国し、589年、南朝の「陳」を倒して南北に分裂していた中国を統一した。

大興城（**長安**）を隋の都に定めた文帝は、農民に等しく田畑を分け与え、死後に返納させる「**均田制**《きんでんせい》」や、農民に穀物や布、労働の3種の税を納めさせる「**租庸調制**《そようちょうせい》」、均田農民に兵役を課す「**府兵制**」などを実施した。また、学問を奨励し、「**科挙**」と呼ばれる試験で、高級役人を家柄・身分でなく能力によって採用した。さらに、大興城と黄河を結ぶ運河「**広通渠**《こうつうきょ》」や、長江と淮河を結ぶ運河「**山陽瀆**《さんようとく》」を建設した。

隋の2代皇帝・**煬帝**《ようだい》は、父・文帝から、大運河の建設を引き継ぎ、黄河と淮河を結ぶ「**通済渠**《つうさいきょ》」や、江都（揚州）と余杭（杭州）を結ぶ「**江南河**《こうなんが》」、黄河と涿郡（北京）を結ぶ「**永済渠**《えいさいきょ》」などを築いた。総延長1800㎞にも及ぶ大運河は、中国の北部（華北）と南部（華南）を結

関連ページ
戦 P48 赤壁の戦い
経 P80 開封の発展

historical note

聖徳太子は遣隋使を送って朝鮮半島に影響力を残したかった

607年、聖徳太子が小野妹子を遣隋使として隋に派遣し、「日出づる処の天子、書を日没する処の天子に致す」という国書を煬帝に渡したことはよく知られている。太子が遣隋使を送った主要な目的は、隋と国交を結び、技術・文化を取り入れることだったが、当時の大和朝廷は隋と敵対していた高句麗とも友好関係にあり、朝鮮半島への影響力を維持したかったためともいわれる。

聖徳太子（574〜622）

◆**大運河と煬帝の船**

煬帝が築いた全長約2500mにも及ぶ運河。約100万人が建設に携わったという。煬帝は龍の舳先の船に乗って巡幸している。

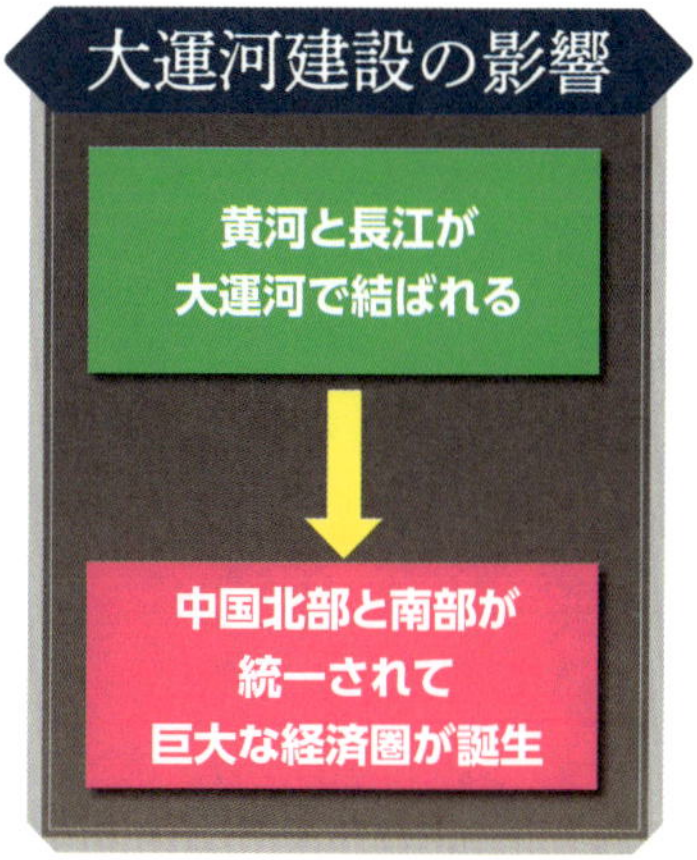

ぶ幹線となり、巨大な**物流ネットワーク**が完成した。また永済渠は、**高句麗**（朝鮮半島北部の王朝）遠征に必要な物資の運搬に使われた。

しかし大運河建設には、女性や子どもまで、推計100万人を動員して過酷な労働を課したため、民衆の不満は高まった。そして高句麗遠征の失敗をきっかけに、各地で反乱が続発し、隋は中国統一からわずか29年で滅亡した。しかし、隋が残した大運河は、歴代王朝の物流の大動脈として利用され続けた。

隋が築いた運河

大運河によって政治の中心地「華北」と、経済の中心地「華南」が結ばれた。

610年頃

イスラム教の誕生

名門クライシュ族出身の商人ムハンマドが一神教のイスラム教を開く

富の独占を批判して貧者の支持を集める

6世紀後半、**アラビア半島**の北では、**ビザンツ帝国（東ローマ帝国）**と**ササン朝ペルシア**が争っていた。このためアジアとヨーロッパを結ぶ交易は、海路でアラビア半島南部に入り、**半島西部を北上**してエルサレムに入るルートが主流となった。

その中継地であった**メッカ**は、国際的な貿易都市として繁栄し、商人たちは莫大な利益を上げていた。メッカの名門**クライシュ族**に生まれた**ムハンマド**は、裕福な商人として活動していたが、610年頃（40歳頃）、メッカ近郊の山中で**神アッラー**の啓示を受けて、「自分は預言者である」と自覚し、厳格な一神教である**イスラム教**の布教を開始した。

ムハンマドは大商人による**富の独占**を批判したため、イスラム教は貧者や社会的弱者を中心に広がったが、大商人などから迫害を受けることになった。そこでムハンマドは、622年、少数の信者を率いて、メッカの北の**メディナ**に移住し、イスラム教徒の共同体**「ウンマ」**を形成した。この移住は**ヒジュラ（聖遷《せいせん》）**と呼ばれる。メディナには**ユダヤ教**や**多神教**の信者が多かったが、ムハンマドはユダヤ教徒を追放し、多神

◆神の言葉を授かるムハンマド

メッカの山中で瞑想していたムハンマドは、大天使ガブリエルから神の言葉を授かり、イスラム教を開いた。左の絵のムハンマドの顔は、イスラム教の偶像崇拝禁止の教えにより隠されている。

関連ページ
経 P70 ウマイヤ朝の成立
経 P76 アラビア数字の普及
宗 P88 十字軍の派遣

◆**カーバ神殿**

メッカにあるイスラム教の最高の神殿。大巡礼の時期（イスラム暦12月）には約200万人の信者が訪れる。写真では、おびただしい数のムスリムが、カーバ神殿に向かって礼拝している。

教を信仰する部族の教化に努めた。

メディナで勢力を固めたムハンマドは、630年、**メッカを征服**し、多神教の神殿であった**カーバ神殿**をイスラム教の聖殿とした。これによりアラビア半島の諸部族は、次々とイスラム教徒となっていった。

ムハンマドは神の言葉を、聖典**『コーラン』**としてアラビア語でまとめた。コーランとは「読誦すべきもの」という意味である。イスラム教は、唯一神アッラーへの**「絶対的な帰依（イスラム）」**が基本で、イスラム教に対する宗教的な態度は、政治や社会、文化、生活など広範囲にわたって強い影響を与えている。

また、イスラム教徒は**「ムスリム」**と呼ばれ、ムスリムの正しい行為と信仰の内容は、**「六信五行」**としてまとめられている。

イスラム教の「六信五行」

六信　信じるべき6つの対象

❶神（アッラー）	唯一神アッラーを信じる
❷天使（マラーイカ）	天使の存在を信じる
❸啓典（キターブ）	『コーラン』を信じる
❹使徒（ラスール）	預言者であるムハンマドを信じる
❺来世（アーヒラ）	死後の世界を信じる
❻定命（カダル）	人間の運命はアッラーが定めたと信じる

五行　実行すべき5つの義務

1信仰告白（シャハーダ）	信仰を告白する
2礼拝（サラート）	1日5回、メッカの方向に礼拝する
3喜捨（ザカート）	収入の一部を寄付する
4断食（サウム）	イスラム暦9月の日の出から日没まで飲食しない
5巡礼（ハッジ）	一生に一度、メッカに巡礼する

ビジュアル特集

聖地・エルサレム

イスラエルの都市エルサレムは、ユダヤ教、キリスト教、イスラム教の共通の聖地。古代より、この地をめぐって数多くの紛争が巻き起こり、今なお争いが続いている。

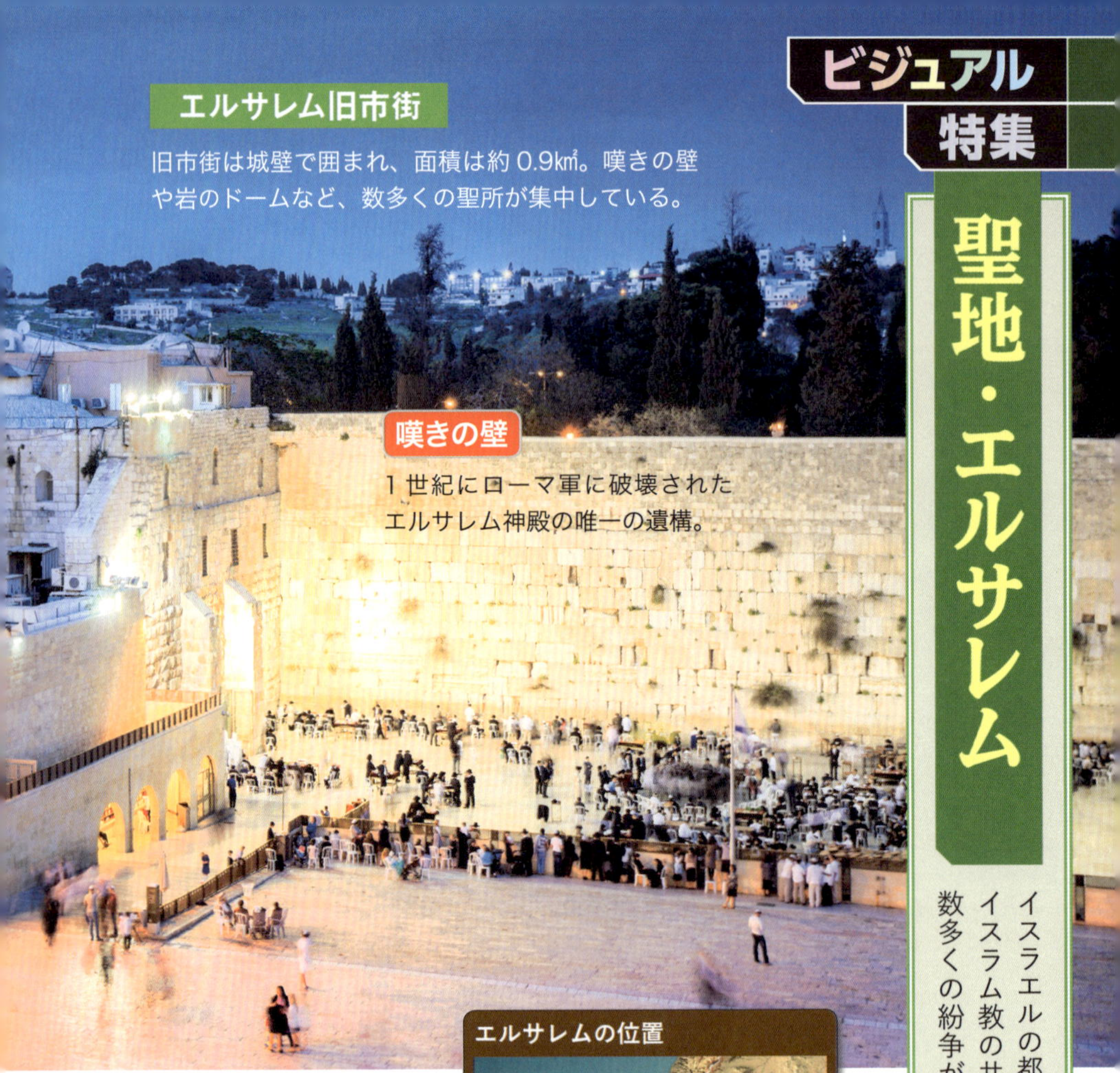

エルサレム旧市街

旧市街は城壁で囲まれ、面積は約0.9㎢。嘆きの壁や岩のドームなど、数多くの聖所が集中している。

嘆きの壁

1世紀にローマ軍に破壊されたエルサレム神殿の唯一の遺構。

各宗教にとってのエルサレム

ユダヤ教

古代イスラエル王国の都で、唯一神ヤハウェの神殿があった。

キリスト教

イエスが処刑された地で、処刑までの道のり「ヴィア・ドロローサ」がある。

イスラム教

ムハンマドが昇天したと伝えられる岩の上に「岩のドーム」が建つ。

エルサレムの位置

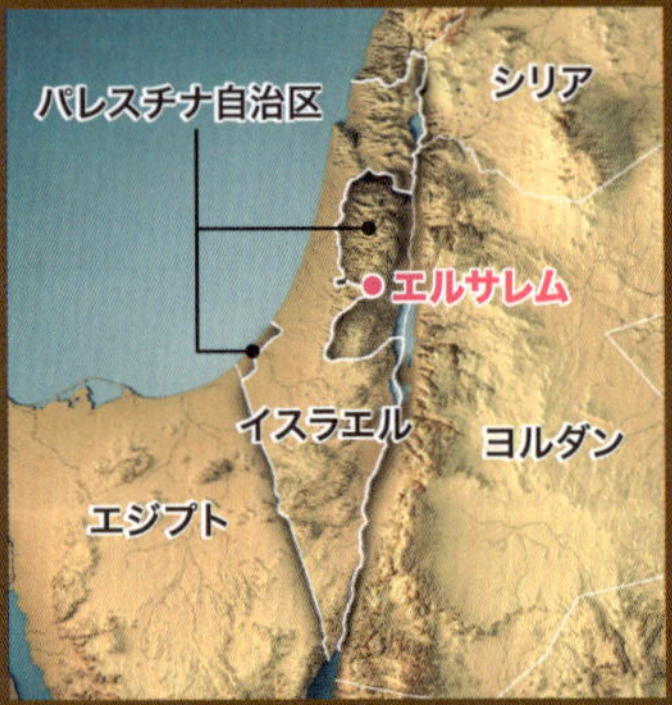

エルサレムの人口は約90万人で、約6割がユダヤ人、約4割がアラブ人である。イスラエルはエルサレムを首都と宣言しているが、国際社会からは認められていない。

エルサレム関連年表

前1000年頃

ダビデがエルサレムをイスラエル王国の首都に定める ➡P19

前586年

ユダ王国が滅ぼされ、ユダヤ人がエルサレムから連れ去られる

6年

エルサレムが**ローマ帝国**の支配下に置かれる

30年頃

イエスがエルサレムで処刑される

66年

第１次ユダヤ戦争が起こる(～70年)

132年

第２次ユダヤ戦争が起こる（～135年）

638年

エルサレムが**イスラム勢力**の支配下に置かれる

1099年

第１回十字軍がエルサレムを奪回する ➡P88

1239年

アッバース朝がエルサレムを奪回し、以後イスラム勢力下に置かれる

1923年

パレスチナがイギリスの**委任統治領**になる ➡P254

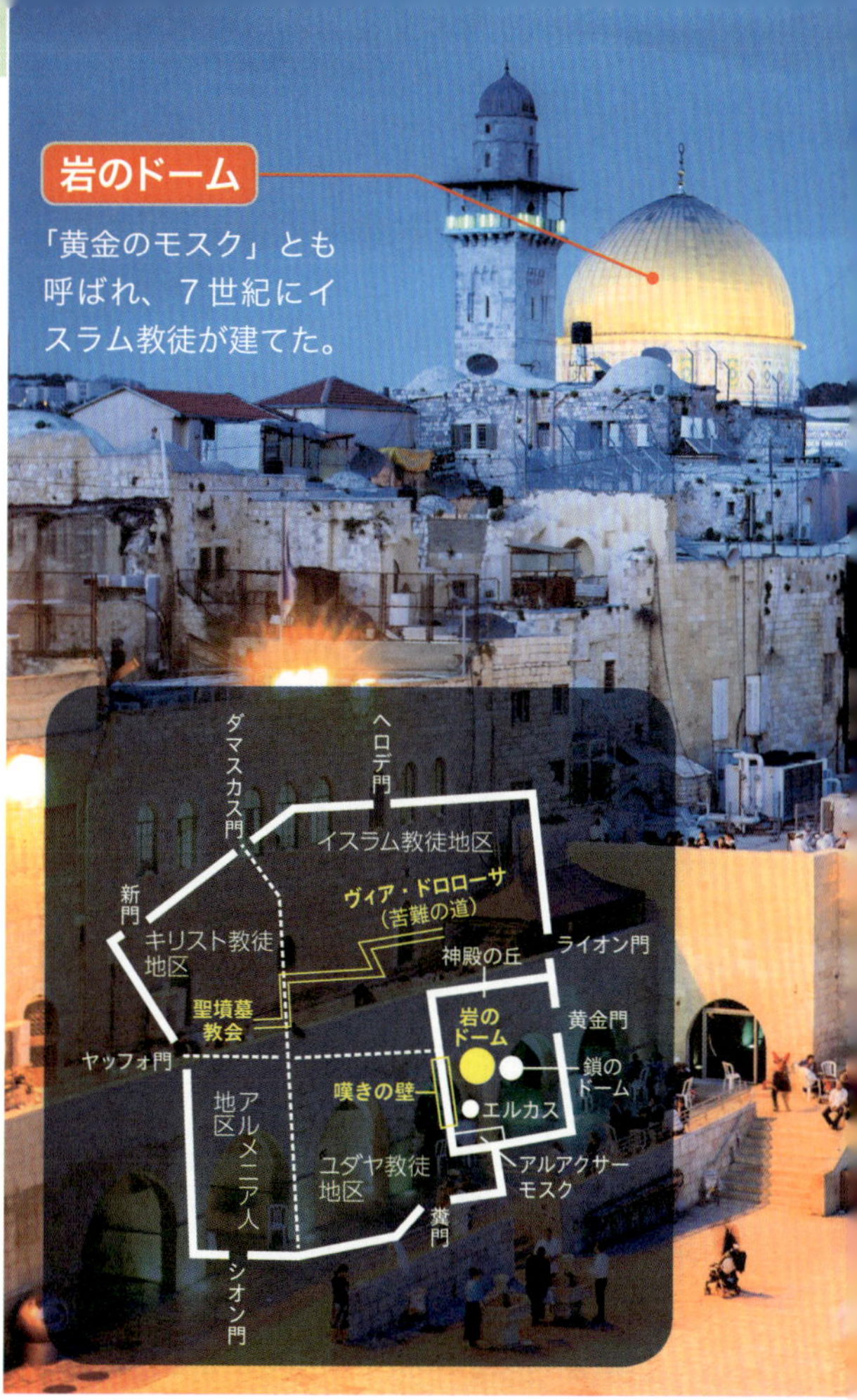

◆嘆きの壁での祈り

ユダヤ教徒は、壁に手や腕を当てて祈りを捧げる。女性は壁の近くにあるフェンス越しでしか祈りを捧げられない。

◆ヴィア・ドロローサ

イエスが十字架を背負い、刑場のあるゴルゴダの丘までを歩いた道。ゴルゴダの丘があったとされる場所には、現在、聖墳墓教会が建つ。

645年

玄奘の帰国

密出国してインドで経典を収集した三蔵法師・玄奘が16年ぶりに唐に帰国する

経典の漢訳作業により中国仏教が発展する

仏教は、紀元前6世紀頃に**インド**で誕生し、紀元1世紀頃、個人の救済ではなく、多くの人の救済を目指す流派**「大乗仏教」**が生まれた。大乗仏教は、東西交易が盛んだった**西域**（中国西方）の**シルクロード**を伝わって、中国に伝えられた。

当時の中国は**後漢**時代で、西域から訪れた**渡来僧**がサンスクリット語（古代インドの文章語）で書かれた経典を中国に持ち込み漢訳していった。有名な渡来僧には、**『般若心経』**《はんにゃしんぎょう》を最初に漢訳した**鳩摩羅什**《くまらじゅう》（344～413）などがいる。

しかし、渡来僧たちは、宗派別に系統立てて経典を漢訳していったわけではないので、内容には矛盾点や不明点が見られるようになった。**唐**の僧であった**玄奘**《げんじょう》は、「仏教を極めるには原典から学ぶべき」と考え、629年、「許可のない出国は禁止」という国禁を犯して密かに出国し、シルクロードを旅してインドに到達。当時、世界最高峰の仏教学問所であった**「ナーランダ僧院」**へ入学した。

玄奘はここで、最高の学僧と尊ばれていた最高指導者・**戒賢**《かいげん》と出会い、約5年間、教えを受けた。その後、インド各地の仏跡を訪ね、645年、

関連ページ
戦 P72 安史の乱
宗 P24 仏教の誕生
宗 P26 儒教の誕生

historical note

宗派を超えて日本人の心を惹きつけてきた玄奘訳『般若心経』

「色即是空」などの文言で有名な経典『般若心経』は、玄奘が原語のサンスクリット語から漢訳した『般若波羅蜜多心経』がもとになったもので、「流布本」《るふぼん》と呼ばれるもの。玄奘訳と流布本は、わずかに字句が異なっている。日本では、真言宗や浄土宗、天台宗など、多くの宗派で『般若心経』が唱えられている。

文字数が300字に満たないため、『般若心経』は写経されることも多い。

◆玄奘（602〜664）
唐の僧で、三蔵法師の名で知られる。インド各地で経典を収集して帰国。以後、経典の漢訳に生涯を尽くした。

約700部の経典と数多くの仏像を、**長安**（現在の西安）に持ち帰った。このとき、唐の2代皇帝・**太宗**《たいそう》（➡P72）は、玄奘の密出国の罪を問わず、その業績を高く評価し、経典の漢訳を命じた。玄奘は亡くなる直前まで漢訳作業を続け、**『大般若《だいはんにゃ》経《きょう》』**600巻などを完成させた。

玄奘は、仏教の聖典である**経蔵**（釈迦の教説集）、**律蔵**（僧の戒律集）、**論蔵**（経の注釈集）の**「三蔵」**に通じた高僧という意味で、**「三蔵法師」**と呼ばれた。また、西域・インド旅行の見聞を**『大唐西域《だいとうさいいき》記《き》』**にまとめ、これが後に**孫悟空**が活躍する小説**『西遊記』**のもとになった。

玄奘などの努力で、中国仏教は大きく発展したが、在来の**儒教**や**道教**（不老不死などを願う中国の民間信仰）との対立を引き起こした。このため仏教勢力は、儒教・道教の類似点を説くなど**融合**に努め、仏教を中国社会に適応させていき、宋の時代に再び盛んになった。

中国仏教の歴史

仏教の伝来
紀元1世紀頃、
西域より中国に仏教が伝わる

↓

経典の漢訳
渡来僧によって仏教の経典が
数多く漢訳される

↓

本場志向の高まり
玄奘などがインドに赴き、
直接仏教を学んで帰国する

↓

儒教・道教との融合
仏教は儒教・道教と融合して
社会に適応する

◆ナーランダ僧院跡
5〜12世紀にかけて繁栄した仏教の学問所。現在の大学にあたり、学生数は1万人以上いた。玄奘は5年間、ここで仏教の研究に努めた。

経済

661年

ウマイヤ朝の成立

広大なイスラム経済圏の成立によって金銀複本位制が確立する

ムハンマドの死後にイスラム王朝が成立する

メッカ（サウジアラビア）を征服した**ムハンマド**（→P64）の死後、イスラム教徒は**ウンマ**（共同体）の指導者として、ムハンマドの義父**アブー・バクル**を初代**カリフ**（後継者）に選んだ。アブー・バクルはウンマを率いて征服活動**「ジハード（聖戦）」**を開始した。

その後、4代カリフ・**アリー**までの期間に、アラビア半島を統一し、東方のササン朝ペルシアを滅ぼし、西方のビザンツ帝国からシリアとエジプトを攻め取った。しかし661年、アリーが内紛で暗殺されると、アリーと対立していたシリア総督で、ウマイヤ家の**ムアーウィア**がカリフの位につき、**ウマイヤ朝**を開いた。

西アジアから地中海までを征服したウマイヤ朝は、**「ディーワーン（庁）」**と呼ばれる行政機関を整備し、租税徴収を担当する税務庁や、財政を担当する会計庁などを設置。これにより、ウマイヤ朝は広大な領域を統治することが可能になった。

こうして、**「金貨」**中心の地中海圏と、**「銀貨」**中心の西アジア圏が統合されて、巨大なイスラム経済圏が成立した。ウマイヤ朝は**ディルハム銀貨**、**ディナール金貨**という統一

◆**ディナール金貨**
ディルハム銀貨とともに製造された初のイスラム式金貨。以後、イスラム世界のおもに西部で流通した。

◆**ディルハム銀貨**
ウマイヤ朝で製造された銀貨。以後、イスラム王朝世界の共通貨幣としておもに東部で流通した。

関連ページ
宗 P64 イスラム教の誕生
経 P76 アラビア数字の普及
宗 P120 グラナダ陥落

◆ウマイヤ・モスク
705年頃、ウマイヤ朝がダマスカスに建造したモスク（イスラム教の礼拝堂）。現存する最古のモスクである。

貨幣を発行。以後、イスラム世界の**「金銀複本位制」**が確立。イスラム経済は規模が拡大し、躍進した。

しかしウマイヤ朝では、**アラブ人**のみに特権が与えられ、イスラム教徒でも異民族には**人頭税（ジズヤ）**と**地租（ハラージュ）**が課せられた。これにより格差が拡大し、共同体はムハンマドの**スンナ**（言行）を重視する**「スンナ派」**と、アリーの血統以外、カリフの地位につくことを認めない**「シーア派」**に分裂した。

やがてシーア派の支援を受けた**アッバース家**がクーデターを起こして**「アッバース朝」**を開いたが、権力を握ると、シーア派を弾圧した。以後、シーア派とスンナ派は、現在に至るまで対立を続けている。

アッバース朝は、イスラム教徒ならアラブ人以外でも人頭税を免除し、アラブ人でも征服地に土地を所有していれば地租を徴収した。宗教的平等を実現したアッバース朝は**「イスラム帝国」**と呼ばれた。

スンナ派とシーア派の違い

スンナ派		シーア派
ムハンマドが残したスンナ（言行）	重視するもの	アリーの血脈だけが、イマーム（指導者）になれる
禁止	偶像崇拝	イマームの肖像画を掲げることがある
全信者の約90% サウジアラビアなどが中心	信者の数	全信者の約10% イランなどが中心

イスラム経済の発展

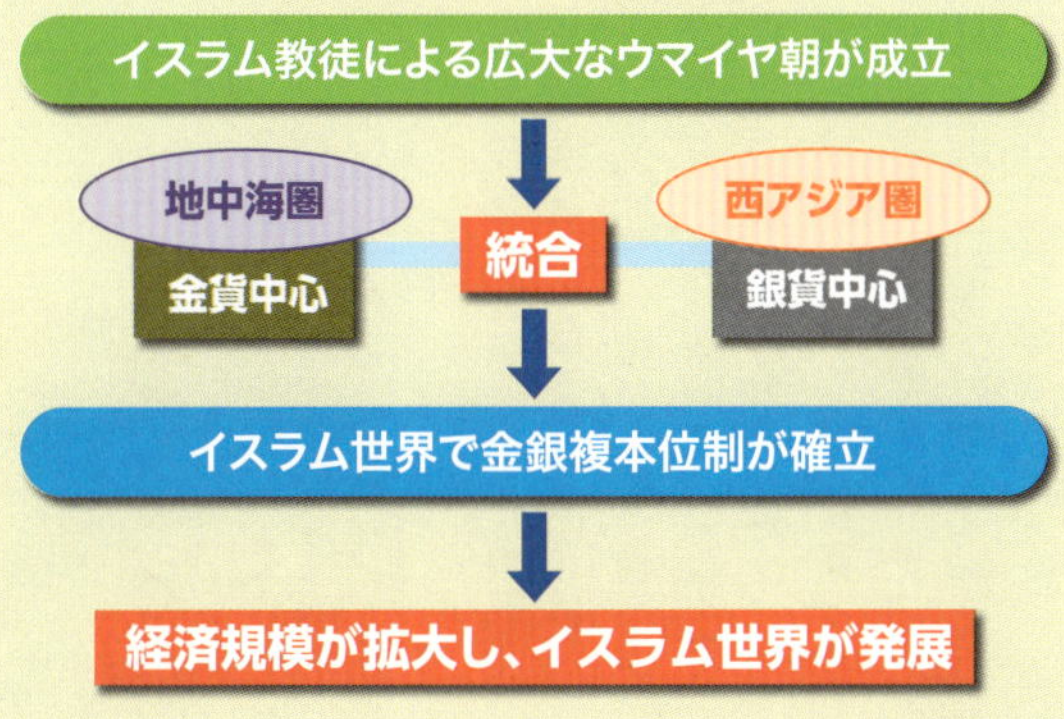
イスラム教徒による広大なウマイヤ朝が成立
地中海圏
金貨中心
統合
西アジア圏
銀貨中心
イスラム世界で金銀複本位制が確立
経済規模が拡大し、イスラム世界が発展

戦争

755年

安史の乱

唐の皇帝・玄宗は世界三大美女の楊貴妃に心ならずも死を命じる

徴兵制の崩壊により節度使が地方を支配する

618年、**隋**を滅ぼして成立した**唐**は、2代皇帝・**太宗《たいそう》（李世民《りせいみん》）**が中国を統一し、さらに北方のトルコ系遊牧民国家**「東突厥《ひがしとっけつ》」**を支配下に置いた。3代皇帝・**高宗**は、663年、**新羅**と協力して**日本・百済《くだら》**（朝鮮半島南西部の国）の連合軍を**白村《はくすきの》江《え》の戦い**で撃破し、その後、朝鮮半島のほぼ全域を支配した。

さらに西の中央アジアの**西突厥**を滅ぼし、南へはベトナムに侵攻。唐の領域は過去最大にまで広がった。

唐は征服地に**都護府**を置き、徴兵制度**「府兵制」**によって農民に兵役を課し、**辺境**の守備にあたらせた。

唐は、成年男子のすべてに均等に土地を支給する**「均田制」**を基礎に、**租（穀物）・庸（労役）・調（絹・綿）**を課す税制を整え、国家が土地と人民を直接支配する体制を築いた。しかし8世紀初めに6代皇帝・**玄宗**が即位した頃には、貧しい農民が土地を放棄するようになり、均田制と租庸調制が崩壊した。府兵制も維持できなくなったため、唐は**傭兵《ようへい》**を用いる**募兵制**に切り替え、指揮官として異民族の将軍などを**「節度使」**として任命し、辺境の防衛にあたらせた。やがて節度使の中から傭兵を私兵化

関連ページ
宗 P68 玄奘の帰国
経 P80 開封の発展

historical note

鑑真の渡日を許可しなかった玄宗

奈良時代、聖武天皇は戒律（修行者の生活規則）を授けられる僧を唐から招くことを求めた。高僧・鑑真は日本僧からの懇請を受け、渡日を決意したが、玄宗は鑑真の才能を惜しんで渡日を認めなかった。このため鑑真の渡航は苦難と失敗の連続となり、失明を乗り越えて、6回目にして渡日した。鑑真は授戒を一任され、日本仏教の発展に尽くした。

鹿児島県南さつま市提供

鑑真は唐招提寺（奈良市）を開き、76歳で没した。

し、武力を蓄える者が現れた。

玄宗は晩年、世界三大美女のひとりに数えられる**楊貴妃**《ようきひ》を寵愛し、政治への興味を失ってしまう。楊貴妃の一族が権力を握ると、唐の政治は混乱し、さらに751年にはイスラム帝国**アッバース朝**（↓P71）と**タラス河畔**（現在のキルギス）で戦い、大敗を喫する（この戦いにより**製紙法**が西方に伝えられたとされる）。

これに反発した節度使の**安禄山**《あんろくざん》は、部下の**史思明**《ししめい》と、楊一族の排除を掲げて反乱を起こした**（安史の乱）**。

首都・**長安**に反乱軍が迫るなか、玄宗は楊貴妃を連れて長安を脱出したが、部下たちは反乱の原因をつくった楊貴妃の殺害を要求。玄宗はやむなく楊貴妃に死を命じた。

安史の乱は、8年間続いた後に鎮圧されたが、以後、唐は弱体化。有力な節度使が自立し、**「藩鎮」**《はんちん》（↓P80）と呼ばれる地方政権が次々と成立した。唐の衰退は進み、907年、節度使の**朱全忠**《しゅぜんちゅう》に滅ぼされた。

◆**安禄山（705〜757）**
唐の軍人。玄宗から信頼され、３つの節度使を兼任していたが、安史の乱を引き起こし、長安や洛陽を占領したが、子に殺された。

節度使の台頭

財政難により徴兵制が崩壊
↓
傭兵制に変更し、節度使に任せる
↓
節度使が傭兵を私兵化して独立
↓
節度使の反乱で、唐は衰退・滅亡

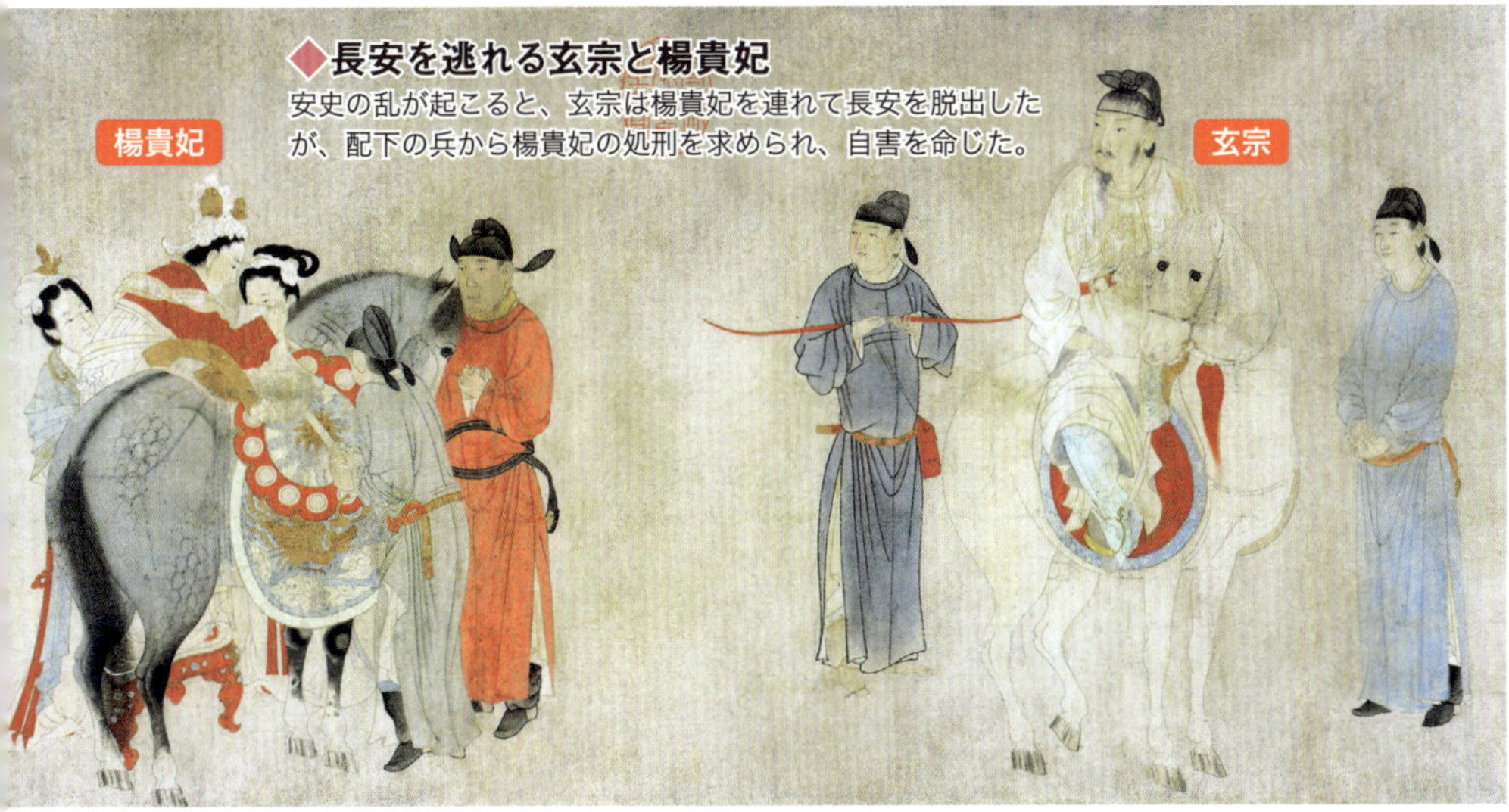

◆**長安を逃れる玄宗と楊貴妃**
安史の乱が起こると、玄宗は楊貴妃を連れて長安を脱出したが、配下の兵から楊貴妃の処刑を求められ、自害を命じた。

800年

カールの戴冠

「カールの戴冠」により西ローマ帝国の復活が宣言される

教皇と王権が結びついて西ヨーロッパ世界が誕生

ローマ帝国の末期、**ローマ教会**と**コンスタンチノープル教会**がキリスト教の主導権を争っていた。395年、ローマ帝国が東西に分裂すると（➡P55）、ローマ教会は**西ローマ帝国**の、コンスタンチノープル教会は**東ローマ帝国（ビザンツ帝国）**の保護を受けた。

ローマ教会は、**教皇（法王）**を頂点とする組織をつくり、西ヨーロッパで勢力を拡大したが、476年、西ローマ帝国がゲルマン人によって滅ぼされると勢力が衰え、窮地に立たされた。ゲルマン人の信者を新たに獲得して勢力を回復するため、ローマ教会は、キリスト像やマリア像などの「**聖像**」を使って布教活動をするようになった。

本来、キリスト教では偶像崇拝が禁止されていたため、726年、ビザンツ皇帝・レオン3世は「**聖像禁止令**」を発布した。ローマ教会はこれに強く反発し、両教会の対立は激化。教会の分裂は決定的となり、ローマ教会はビザンツ皇帝と対抗できる保護者の獲得に迫られた。

ちょうどその時期、西ヨーロッパではゲルマン国家の**フランク王国**が勢力を広げていた。ローマ教会は、

◆カールの戴冠
800年、カール大帝は教皇レオ3世からローマ皇帝の帝冠を与えられ、西ローマ帝国の復活を宣言した。

関連ページ
宗 P84 教会の東西分裂
宗 P86 カノッサの屈辱

フランク王国のキルデリク3世を廃して自ら王位についたピピン3世を、正統な王位継承者と認めた。その返礼に、ピピン3世はイタリアのラヴェンナ地方を奪い、ローマ教会に**寄進**した。これが**教皇領**（ローマ教皇の所領）のはじまりとなった。

ピピン3世の子・**カール大帝**は、周辺国を次々と征服し、西ヨーロッパのほぼ全域を支配下に治めた。カール大帝がビザンツ皇帝に匹敵できると考えた**ローマ教皇・レオ3世**は、800年、カール大帝に**ローマ皇帝の帝冠**を授け、西ローマ帝国の復活を宣言した。

この**「カールの戴冠《たいかん》」**によって、ローマ教会を最高の権威者とし、政治的・文化的・宗教的な統一感をもつ**「西ヨーロッパ世界」**が成立した。

カール大帝の死後、フランク王国では内紛が起こり、843年の**ヴェルダン条約**と、870年の**メルセン条約**によって、西フランク王国・東フランク王国・イタリア王国に分裂した。それぞれの王国は現在のフランス・ドイツ・イタリアに発展した。

◆**アーヘン大聖堂**

ドイツ西部のアーヘンにある大聖堂で、カール大帝が805年に完成させた。

フランク王国の分裂

870年のメルセン条約によって、東西フランク王国と、イタリア王国が誕生した。

東西教会の対立

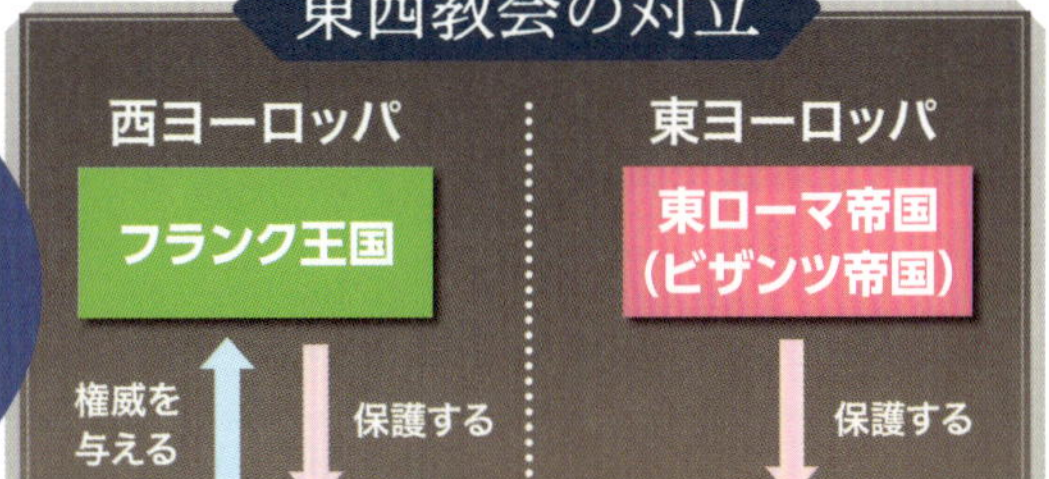

◆**カール大帝（742～814）**

フランク国王。カロリング朝を開いたピピン3世の子。西ヨーロッパ一帯に広大な領土を手に入れ、教皇レオ3世より西ローマ帝国の冠を授けられた。フランス語で「シャルルマーニュ」と呼ばれる。

9世紀

アラビア数字の普及

イスラム世界で改良された「0」を使うアラビア数字が経済の規模を拡大する

バグダードの誕生で東西の交易圏が融合

750年に成立したイスラム帝国**「アッバース朝」**は、首都をペルシア人が多いイラクの**バグダード**（ペルシア語で「神の都」）に定めた。バグダードはチグリス川の西岸に、周囲を円形の城壁で取り囲んだ都市で、**唐（中国）・中央アジア経済圏**と、**地中海・西アジア経済圏**の中間に位置した。これによりバグダードを中心に、**東西の経済圏**が結びつき、イスラム商人の活動も広域化した。

またこの時期、イスラム商人は、**「ダウ船」**と呼ばれた木造帆船に大量の荷物を積みこみ、**季節風**を利用して**インド洋**を航行した。これによりイスラム商人の交易圏は海でも拡大し、インド洋は**「アジアの地中海」**として機能するようになった。

8世紀末、アッバース朝は5代カリフ**ハールーン・アッラシード**の時代に全盛期を迎え、バグダードの人口は100万人を超えていた。ハールーン・アッラシードは、**『千夜一夜物語（アラビアンナイト）』**の主要人物として描かれ、バグダードの平和と繁栄が想像できる。

イスラム世界の経済が活発化・広域化するにつれて、商取引のための計算法が編み出された。8〜9世紀

٠	١	٢	٣	٤	٥	٦	٧	٨	٩
0	1	2	3	4	5	6	7	8	9

◆**アラビア数字**

アラビア文字による数字は表の上の形だったが、ヨーロッパに伝わった後、16世紀頃、現在の形（表の下）に整った。「0」があることで位取りできる。

I	II	III	IV	V	VI	VII	VIII	IX	X
1	2	3	4	5	6	7	8	9	10
XX	XXX	L	C	CC	D	DCCC	M	MMM	
20	30	50	100	200	500	800	1000	3000	

◆**ローマ数字**

古代ローマで使われた数字。ラテン文字を使うため、位取りがなく、アラビア数字に比べて大規模な取引には不向きだった。

関連ページ
宗 P64 イスラム教の誕生
経 P70 ウマイヤ朝の成立
経 P78 ノルマン人の移動

にかけて、**「0の概念」**を取り入れた**インド数字**が、イスラム世界で改良されて**「アラビア数字」**になり、普及した。アラビア数字の特徴は、**十進法による位取り**が可能になったことである。つまり「0」を数値として使用し、複雑な計算が可能になったのである。これに伴い、イスラムでは**アラビア数学**が発達し、**「複式簿記」**も発明された。

信用貨幣である**「為替手形」**や**「小切手」**なども考え出され、これにより遠隔地でも貨幣を持参することなく決済が可能になった。こうしてイスラム経済は発展を続けた。アラビア数字や、複式簿記、手形や小切手などは、イタリア半島を経由して、ヨーロッパに伝えられた。

◆天文台での研究

アラビア数学は、「0」を使った十進法によって発展し、天文学や化学などの分野で大きな成果を残した。上の絵は16世紀のオスマン帝国の天文台の様子。

historical note

「リスク」とはアラビア語で「海図のない航海」の意味

現在、経済用語となっている「リスク」という言葉は、アラビア語の「海図のない航海」に由来する。航海用の主要な天体観測機器「アストロラーベ」はイスラム教徒が改良し、発達した。このほか「バンク（銀行）」や「チェック（小切手）」なども同様、語源はアラビア語である。

天体観測機器「アストロラーベ」。

イスラム経済の発展

東西の経済圏が融合し、広域化

↓

「0」を取り入れたアラビア数字により商取引の計算法が発達

↓

複式簿記、手形、小切手などが発明され、ヨーロッパに伝わる

経済

9〜11世紀

ノルマン人の移動

「海運業者」ヴァイキングの交易活動で物流革命が起こり中世ヨーロッパが大発展

海運業で巨万の富を築きヨーロッパ各地に侵攻

9世紀、**フランク王国**の**カール大帝**（➡P74）が西ヨーロッパを統一し、**西ヨーロッパ世界**を確立した。カール大帝の死後、フランク王国は分裂したが、西ヨーロッパでは農業生産力が向上し、都市が発達。都市で消費される食品や商品を中心に交易が盛んになり、都市間や生産地を結ぶ**物流**が重要になっていた。

この時期、西ヨーロッパの物流ネットワークを築いたのが、デンマークやスカンジナビア半島（ノルウェーやスウェーデン）に居住していた「**ヴァイキング**」である。ノルウェーの入江（ヴィーク）に住む人々という意味のヴァイキングは、「**ノルマン人**」とも呼ばれ、もともとは狩猟民族だったが、9〜11世紀、底が浅く、細長い船を巧みに操縦して、**バルト海**や**北海**、**地中海**などに進出し、盛んに交易活動を行った。

ときに略奪行為に及んだため、「**ヴァイキングは海賊**」というイメージが生まれたが、実際には「**ヨーロッパの海運業者**」として、ヨーロッパ沿岸部の都市の物流を担っただけでなく、セーヌ川やライン川、エルベ川などの河川を航行し、**内陸部の都市**ともつながっていた。

関連ページ

経 P70 ウマイヤ朝の成立

経 P98 ハンザ同盟

historical note

ヴァイキングの戦士たちは水滴型兜と鎖帷子で武装していた

ヴァイキングといえば、角つき兜《かぶと》に毛皮のベストを着用した姿がイメージされるが、これらは後世の誤ったイメージとして伝えられたもので、実際には「ノルマン・ヘルム」と呼ばれる水滴型《すいてきがた》で鼻を保護する突起がついた兜をかぶり、鎖帷子《くさりかたびら》を着用し、丸盾と大型の戦斧、槍などを装備した。

ヴァイキングの戦士（再現）。

ヴァイキングは、北欧で豊富に採取できる木材や毛皮、琥珀《こはく》などを商品とし、イスラム・地中海・西ヨーロッパ経済圏と取引を行っていたことが記録に残っている。イスラムとの交易では、大量の**ディルハム銀貨**（→P70）を手に入れ、これを交易に使っていたという。各地のヴァイキングの遺跡からは大量の銀貨が発掘され、ヴァイキングが鋳造した銀貨も見つかっている。

巨万の富を築いたノルマン人（ヴァイキング）は、フランス北部を攻めて**ノルマンディー公国**を建国し、さらにイングランド王国に侵攻して**ノルマン朝**を樹立。東方では、スラブ地域に侵入したノルマン人が**ノブゴロド国**、**キエフ公国**を築き、これが**ロシア**の原形になった。

◆ヴァイキング銀貨

ヴァイキングはヨーロッパ各地で貨幣鋳造の技術を伝え、鋳造した銀貨などを流通させた。

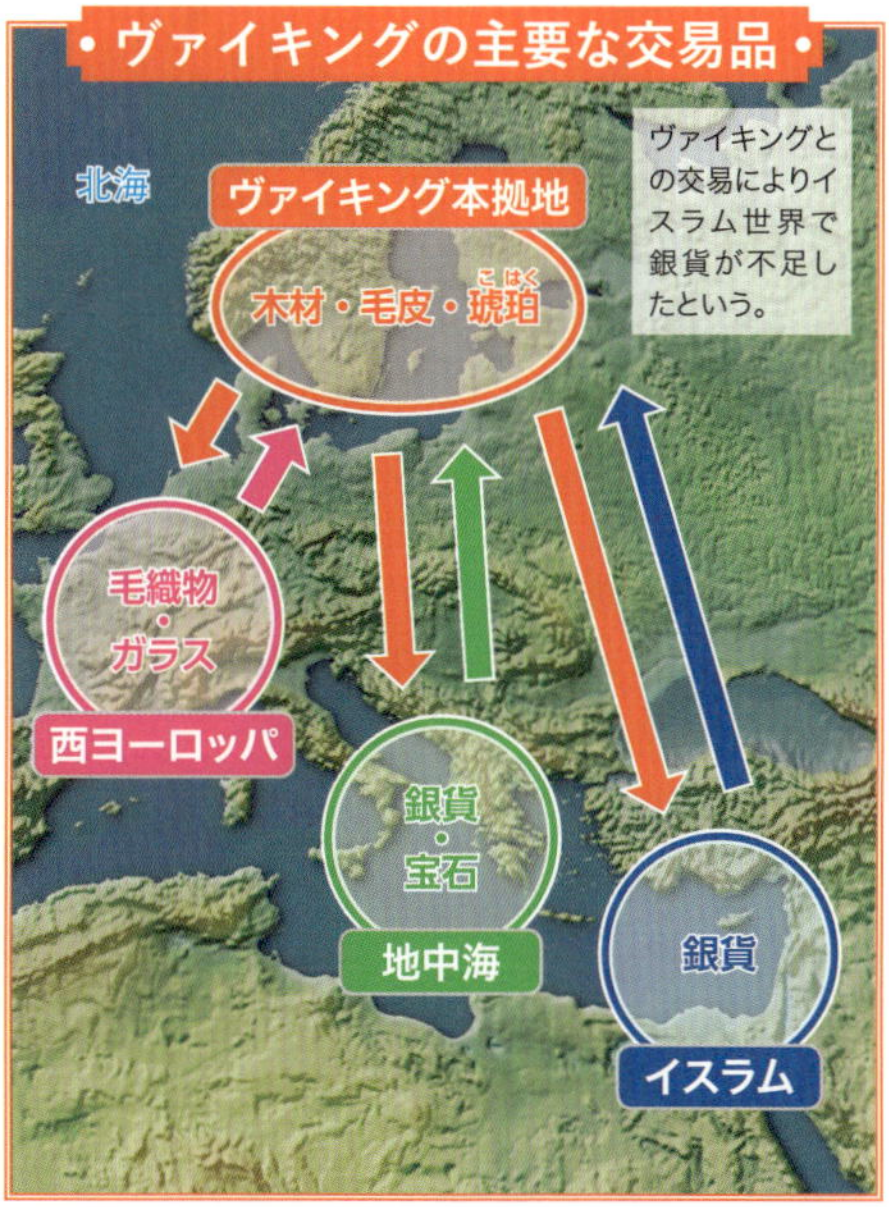

◇ヴァイキング船

ヴァイキングはロングシップと呼ばれる細長い船を使用した。速度を出すため、喫水が浅く、水深の浅い海岸や河川でも航行できた。

10世紀後半

開封の発展

自由な商業活動を許された宋の都・開封が大繁栄を迎える

経済的繁栄を基盤に金品で平和を維持する

907年、**唐**が**節度使**（辺境守備軍司令官）の**朱全忠**に滅ぼされた後、中国は**「五代十国時代」**と呼ばれる分裂状態になり、短命の王朝が興亡をくり返し戦乱と混乱が続いた。

中国を再び統一に向けて進めたのは、**宋（北宋）**を建国した**趙匡胤**《ちょうきょういん》であった。周辺の小国を次々と征服し、中国全土をほぼ統一した趙匡胤は、中国混乱の原因を、節度使が自立して樹立した**藩鎮**《はんちん》（➡P73）と呼ばれる地方勢力が強大であったためと考え、節度使を廃止した。さらに軍を**皇帝直属**とし、軍の統率者を皇帝に限定した。しかし節度使がいなくなったことで、辺境の防備は手薄になった。このため宋は、対立的な周辺の**異民族**に大量の**銀**や**絹**、**茶**などを贈り、和平を約束させた。こうした対外政策を可能にしたのが、豊かな宋の財政だった。

宋の時代、**江南**（長江下流域）の農地が開発され、江南の米が豊作なら、中国全土の食料がまかなえるほどになった。農業の発展により、経済規模が拡大し、**商工業**も飛躍的に発展した。宋の首都・**開封**《かいほう》は、隋が築いた大運河（➡P62）と黄河の接点にあり、黄河と長江を結ぶ交通の要衝だった。開封の街の中には壁がなく解放的で、路上でも自由に商売ができた。繁華街には飲食店が建ち並び、深夜でも賑わいを見せた。

経済の発展に伴い、貨幣の流通量も増大。宋は銅銭**「皇宋通宝」**を発行したが、年間の貨幣鋳造量は唐の時代の約50倍に達したという。

宋の経済発展

江南の開発により経済規模が拡大

↓

商工業が飛躍的に発展

↓

貨幣経済が発展し、首都・開封が繁栄

↓

豊かな財政から支出した金品を異民族に贈って平和を維持

関連ページ
経 P62 隋の中国統一
経 P82 紙幣の誕生

◆にぎわう宋の都・開封

開封の街の中には壁がなく、路上や橋の上でも商売ができ、飲食店も早朝や深夜でも営業できた。このため開封は、商業活動が活発で、自由な雰囲気に満ちていた。

日本銀行貨幣博物館所蔵

◆皇宋通宝

1039年から宋(北宋)で発行された貨幣(銅銭)。大量に鋳造され、日本にも多く輸出された。

historical note

日宋貿易によって大量の宋銭が輸入される

平安時代末期、平清盛は日宋貿易を本格化し、皇宋通宝などの宋銭を大量に輸入した。鎌倉時代も宋銭の輸入が続き、これにより日本国内で貨幣経済が発展した。

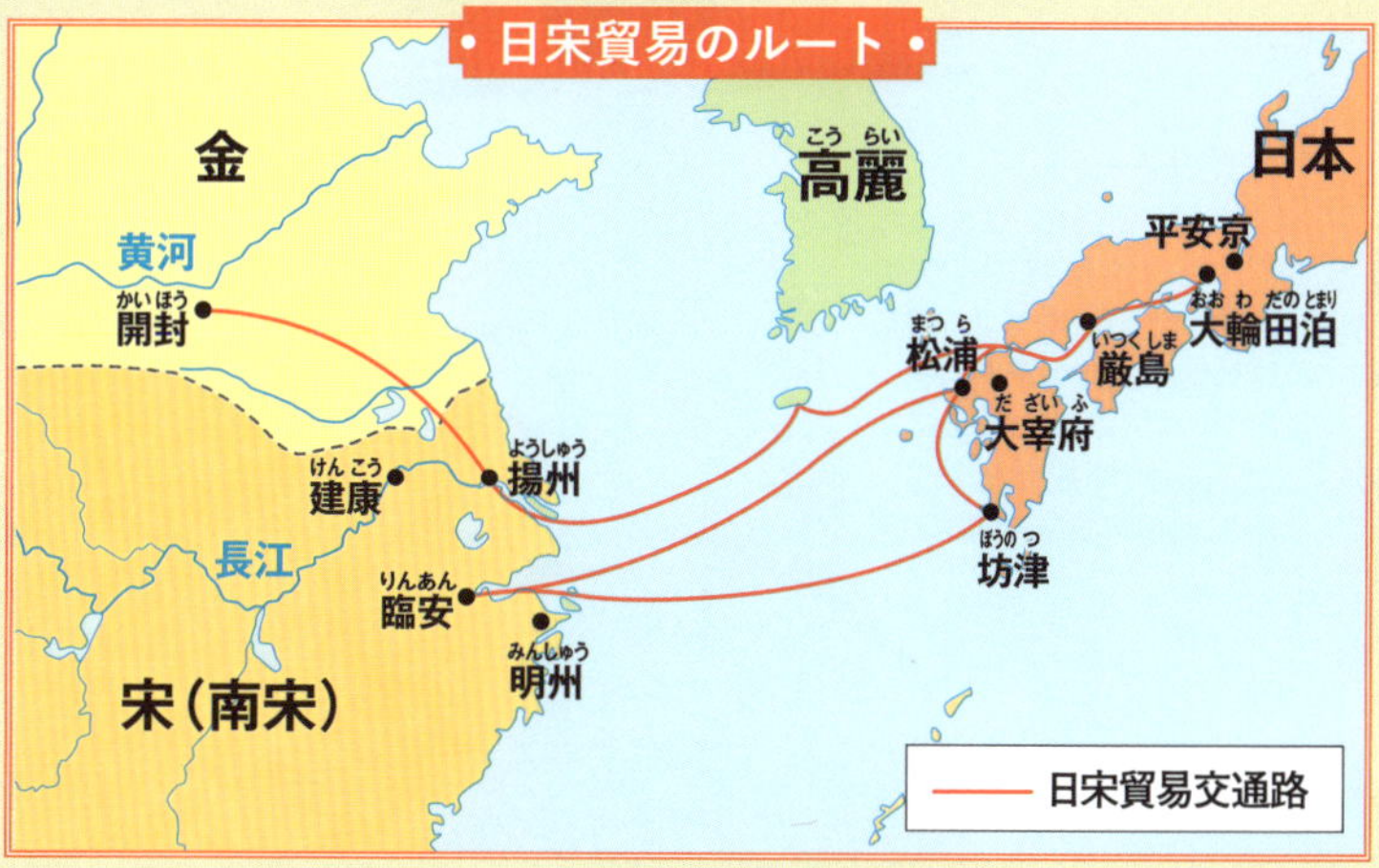

経済

1023年

紙幣の誕生

貨幣経済の発達により 宋で世界最初に発行された 紙幣は増刷で暴落する

宋政府は紙幣の収益性に目をつけて交子を発行

経済発展を続ける**宋**では、大量の**貨幣**を鋳造したが、慢性的に銅が不足し、経済発展のスピードに貨幣が追いつかない状況になった。内陸部に位置する**四川**では、銅の産出量が少なく、**鉄銭**の使用が強制された。

鉄銭は銅銭と比べて重く、持ち運びに不便だったため、四川の中心都市・成都では、金融業者が**「交子《こうし》鋪《ほ》」**と呼ばれる両替所をつくり、そこで鉄銭を預かり、**「交子」**という預かり証（手形）の発行をはじめた。

四川の交子鋪は、政府の認可を受けたため交子の信用は高まり、交子で売買が可能になり、交子を交子鋪に持ちこめば、誰でも鉄銭を受け取れるようになった。こうして交子は鉄銭よりも価値が高まっていった。

１０２３年、交子の利便性と収益性に目をつけた宋政府は、金融業者から交子の**発行権**を取り上げ、政府以外が発行することを禁止した。そして手持ちの鉄銭・銅銭36万貫《がん》を、**兌換《だかん》準備金**（紙幣と正貨との引き換えに備えて保有する資産）とし、発行限度額を１２５万貫と決め、交子の発行を開始した。これにより交子は手形ではなく、公的な**兌換紙幣**（正貨との交換が保証されている紙

◆**徽宗《きそう》（1082〜1135）**
宋（北宋）の8代皇帝。詩文や書画など芸術面で優れた才能を発揮したが、政治には無関心で、国政を乱した。このため1126年、北方の王朝「金」により開封が攻め落とされた後、金の捕虜となり、幽閉されたまま死亡した。これにより宋は滅亡した。

関連ページ
経 P80 開封の発展
経 P96 交鈔の発行

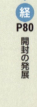

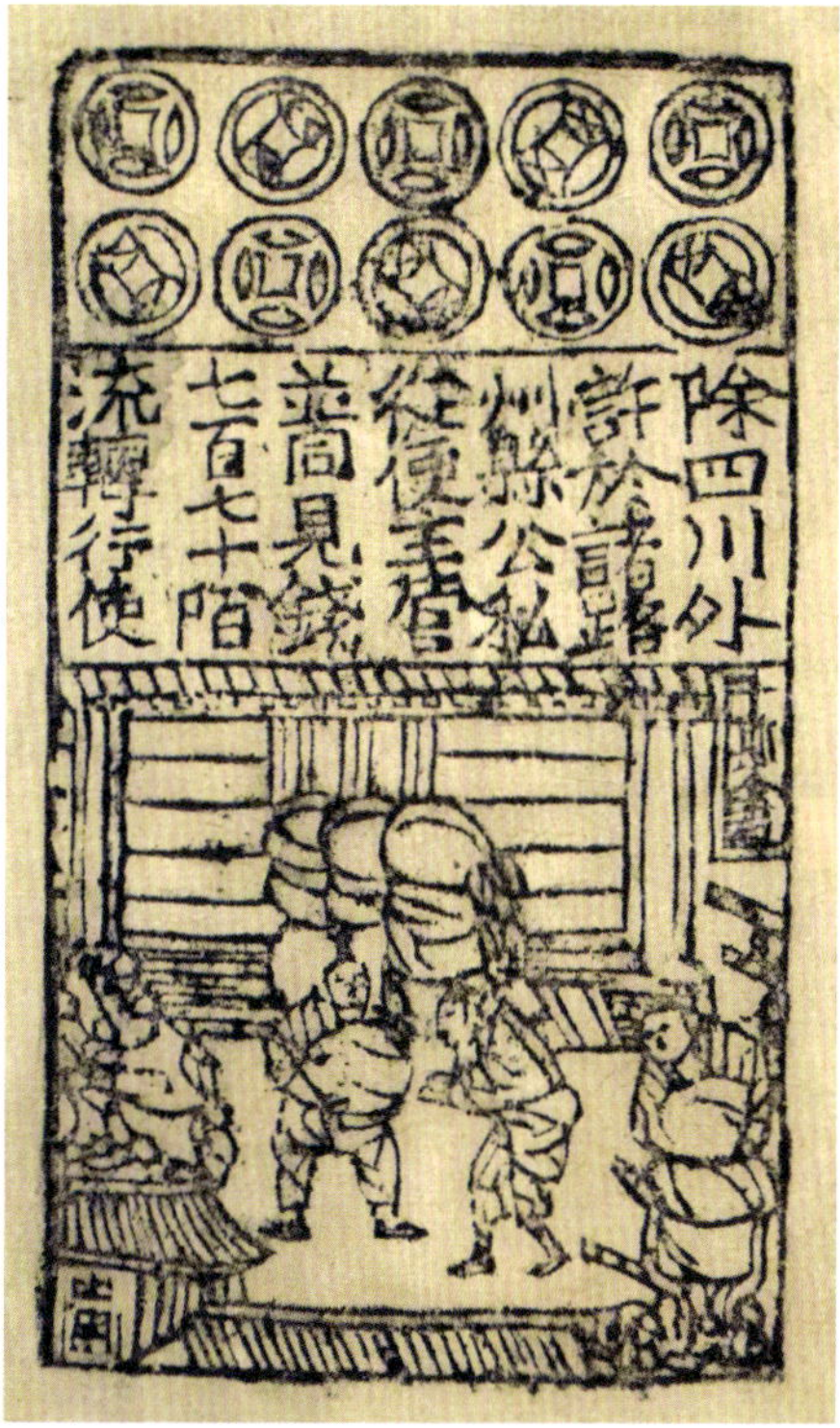

◆交子《こうし》

北宋時代に四川地方で発行された世界最初の紙幣。兌換紙幣で正貨は鉄銭だった。信用度が高い紙幣だったが、次第に増刷され、徽宗が兌換を停止すると価値が一気に下落した。

幣）となった。この交子こそ、世界最初の**「紙幣」**となった。

　交子は発行当初、2〜3年以内に兌換しなければ紙くずになったため、流通量も限られていたが、辺境に異民族が侵入するようになると、軍事費をまかなうために大幅に増刷されるようになった。

　その後も、交子の増刷は続き、8代皇帝・**徽宗**《きそう》の時代には、発行額は2600万貫に達した。このため徽宗は交子と正貨との兌換を禁止した。すると交子の価値は暴落し、流通はストップ。財政の破綻した宋は、北方の女真族の国家**「金」**の侵入を許し、1127年、滅亡した。

　徽宗の子・高宗は南に逃れて、**臨**《りん》**安**《あん》（現在の杭州）を都にして南宋を建国。**南宋**は、北宋と同じく**「会**《かい》**子**《し》**」**という紙幣を発行したが、やがて大量に増刷されて不換紙幣となり、価値が下落して流通が止まった。

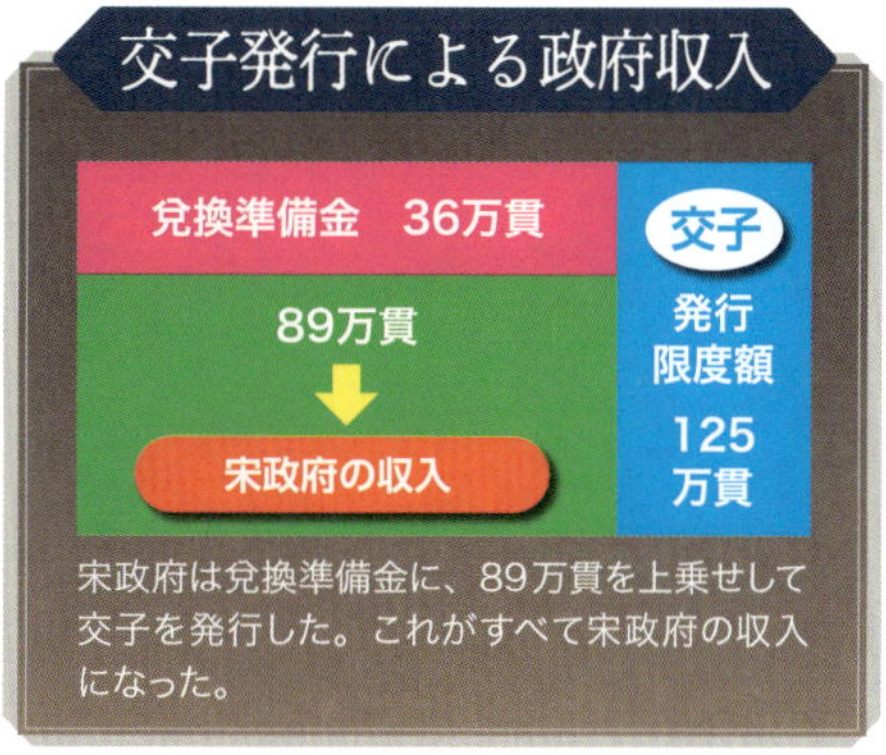

宋政府は兌換準備金に、89万貫を上乗せして交子を発行した。これがすべて宋政府の収入になった。

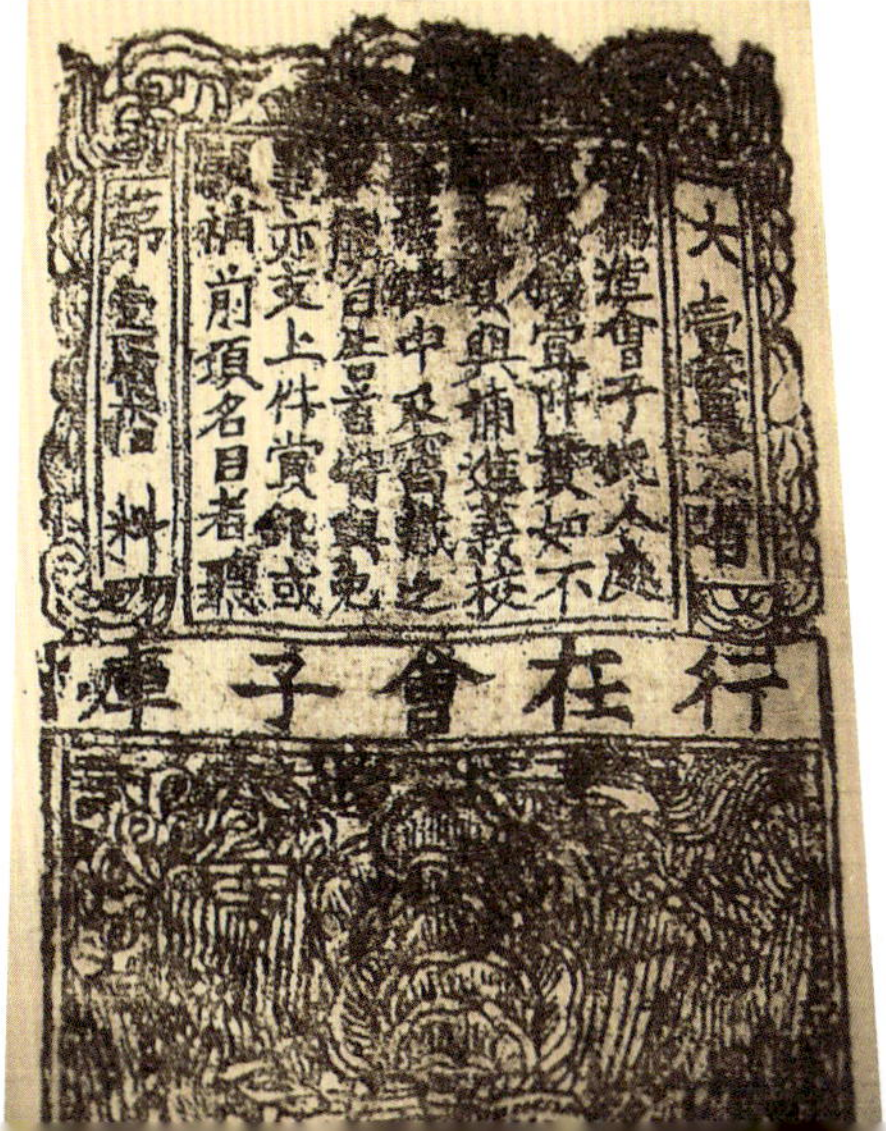

◆会子《かいし》

北宋で金融業者が用いた手形だったが、南宋で政府が発行する紙幣となった。増刷により不換紙幣となり、価値は下落した。

1054年

教会の東西分裂

キリスト教会の教皇と総主教が激しく対立して教会が東西に分裂する

関連ページ
戦 P60 東ゴート王国の滅亡
宗 P74 カールの戴冠
宗 P86 カノッサの屈辱

教義や神学の対立から両教会が互いを破門する

395年、**ローマ帝国**が東西に分裂すると、西ローマ帝国の**ローマ教会**と、東ローマ帝国（ビザンツ帝国）の**コンスタンチノープル教会**が主導権を争いはじめた。

726年、コンスタンチノープル教会は、ローマ教会が布教に**「聖像」**を使うことを禁止。863年にはローマ教皇がコンスタンチノープル教会の人事に介入した。また、ローマ教会では、**教皇権**と**王権**（王・皇帝による統治権）は完全に分離していたが、コンスタンチノープル教会では、ビザンツ皇帝の権力が、聖職者にも及ぶものと考えられていた。

このほか、**教義**や**神学**、**典礼様式**、**習慣**などの違いは、時代を経るごとに大きくなり、両教会の対立は深刻化していった。

1054年、コンスタンチノープル総主教**ケルラリオス**と、ローマ教皇**レオ9世**は互いに**破門**を宣告（→P288）。キリスト教会は東西に分裂した。いつしかローマ教会は**「カトリック（普遍的）」**、コンスタンチノープル教会は**「正教会（オーソドックス＝正統的）」**と名乗るようになった。正教会は「東方正教会」「ギリシア正教」などとも呼ばれる。

◆イコン（聖像）
ギリシア語のエイコン（肖像）に由来する語で、英語読みでアイコン。「聖像」とも呼ぶ。東方正教会（ギリシア正教）において崇拝される板絵の聖画像で、イエスや聖母マリア、聖人たちなどが、平面的に描かれるのが特徴。

カトリック教会と東方正教会の違い

	カトリック教会	東方正教会（ギリシア正教）
組織	●ローマ教皇（法王）を頂点に全世界の教会が束ねられる ●教皇に次ぐ聖職者が「大司教」で、教区を管理するのが「司教」 ●各教会を担当するのが「司祭」で、呼称は「神父」	●国や地域ごとに独立した教会をもち、それぞれに総主教がいる ●総主教に次ぐ聖職者で、教区を管理するのが「主教」 ●各教会を管理するのが「司祭」で呼称は「神父」
教義	●聖像の画像や立体像を認める ●礼拝に楽器を用いる ●精霊は子・キリストからも発出する	●イコン（聖像）を重視するが、立体像は禁止 ●礼拝は肉声のみ
結婚	●聖職者はすべて独身	●総主教、主教は独身
十字の切り方	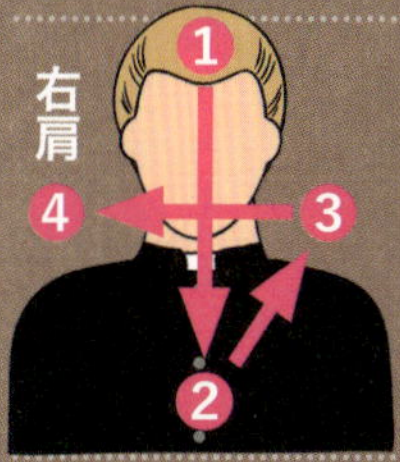 ●右手で額、胸、左肩、右肩の順に切る	●右手の親指、人差し指、中指を合わせ、額、胸、右肩、左肩の順に切る 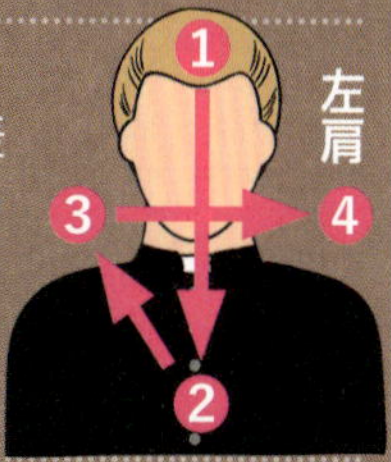
総本山	●ローマ（現在のバチカン市国）のサン・ピエトロ大聖堂	●コンスタンチノープル（現在のトルコ、イスタンブール）のハギア・ソフィア大聖堂

カトリック教会の総本山、サン・ピエトロ大聖堂。

東方正教会の総本山、ハギア・ソフィア大聖堂。

1077年

カノッサの屈辱

ローマ教皇の権力が皇帝の権力をしのいで絶頂期を迎える

聖職者の任命権をめぐり皇帝と教皇が対立する

東方正教会との対立が深刻化し、後ろ盾を必要とした**カトリック教会**のローマ教皇は、800年、フランク王国の**カール大帝**に帝冠を授けて保護を受けた。フランク王国が分裂すると、962年、ローマ教皇は東フランク王（→P75）**オットー1世**に帝冠を授け、**神聖ローマ帝国**（現在のドイツ）の初代皇帝とした。

しかし神聖ローマ帝国内には有力な**諸侯**（領主階級）がいくつも存在し、王権は貧弱だった。そこでオットー1世は、カトリック教会の**聖職者**に領地を与えて官僚化し、教会・修道院の領地を支配下に置いた。以後、神聖ローマ帝国では、皇帝が聖職者を任命して国内を統治した。

同じ時期、カトリック教会は、西ヨーロッパ各地の国王や貴族から寄進された土地を所有し、農民から収穫物の**10分の1**を税として徴収し、莫大な利益を得ていた。さらに教会は独自の裁判権をもち、領地を統治した。このため教会の聖職者は、諸侯と並ぶほどの経済力・権力をもつようになり、俗人に聖職者の地位を売る者が現れるようになった。

これに危機感をおぼえた**教皇グレゴリウス7世**は、聖職の売買を禁止

historical note

「教皇は太陽、皇帝は月」と語った教皇インノケンティウス3世

インノケンティウス3世（1161〜1216）

1198年にローマ教皇に選出されたインノケンティウス3世は、自分の意に背いた神聖ローマ皇帝オットー4世を破門。さらにイギリスのジョン王や、フランス王フィリップ2世を次々と破門し、屈服させた。皇帝を意のままに操れる権勢を手にしたインノケンティウス3世は、演説のなかで「教皇は太陽、皇帝は月」と語った。

関連ページ
宗 P74 カールの戴冠
宗 P84 教会の東西分裂
宗 P88 十字軍の派遣

◆**カノッサの屈辱**

ハインリヒ４世は裸足になり、修道士の服を着て、教皇グレゴリウス7世の滞在するカノッサ城の前で3日間、立ち尽くして許しを求めた。

し、聖職者の結婚も禁じた。そして聖職者を任命する権利**「聖職叙任権」**は、教会のみが有するとした。

聖職者を任命することで、不安定な国内を抑えてきた**神聖ローマ皇帝ハインリヒ4世**は、これに強く反発し、教皇との間で**「叙任権闘争」**と呼ばれる争いをはじめた。しかし皇帝が教皇から**破門**されると、諸侯たちはハインリヒ４世に対し、破門が解けなければ皇帝を廃位すると決議。追いつめられた皇帝は、１０７７年、教皇グレゴリウス７世が滞在する**カノッサ城**（イタリア）を訪れて謝罪し、許しを得た。

これを**「カノッサの屈辱」**といい、ローマ教皇の権威は西ヨーロッパ全域に及び、教皇は逆らう皇帝や国王が現れると、破門するようになった。破門されて社会的地位を失うことを恐れた皇帝や国王は教皇に屈服したため、教皇権はさらに高まり、13世紀初頭、**インノケンティウス3世**の時期に絶頂期を迎えた。

カトリック教会の発展史

年	出来事	教皇	参照
800年	カールの戴冠（教皇と皇帝が連携）	レオ3世	(➡P74)
1054年	教会の東西分裂	レオ9世	(➡P84)
1077年	カノッサの屈辱（教皇と皇帝の対立）	グレゴリウス7世	
1096年	第1回十字軍	ウルバヌス2世	(➡P88)
1209年	ジョン王の破門（教皇権の絶頂期）	インノケンティウス3世	(➡P86)
1309年	教皇のバビロン捕囚（教皇権の衰退）	クレメンス5世	(➡P89)

教皇権の高まり

聖職者の任命権を皇帝・国王から取り上げる

↓

逆らう皇帝・国王を破門し、社会的地位を失わせて屈服させる

↓

教皇権が王権よりも優位に立つ

11〜13世紀

十字軍の派遣

度重なる十字軍の遠征が失敗したことにより教皇の権威が失墜する

関連ページ
経 P70 ウマイヤ朝の成立
宗 P84 教会の東西分裂
経 P98 ハンザ同盟

国王の権威が高まり交易が活発化する

カトリック教会のローマ教皇が、逆らう皇帝や国王を破門にすることによって絶大な権威を誇っていた時期、中東ではイスラム王朝の**「セルジューク朝」**が勢力を広げ、ビザンツ帝国に進出していた。

聖地**エルサレム**をセルジューク朝に奪われたビザンツ皇帝から救援要請を受けたローマ教皇**ウルバヌス2世**は、1095年、**クレルモン**（フランス）で宗教会議を開いて、イスラム勢力からエルサレムを奪還するため、**十字軍**を派遣することを決定。

翌年、西ヨーロッパ各地の諸侯などが兵を出し合い、**第1回十字軍**を組織し、エルサレムを攻撃して占領した。その後、イスラム勢力に反撃されたため、第2回十字軍を派遣したが失敗。第3回十字軍には、**イギリス王リチャード1世**や、**フランス王フィリップ2世**、**神聖ローマ皇帝フリードリヒ1世**らが参加し、イスラム勢力を率いる**「アイユーブ朝」**の**サラディン**と激闘をくり広げたが、引き分けた。

第4回十字軍は、ベネチア商人にそそのかされ、ベネチアの商業上のライバルだったコンスタンチノープル（→P110）を攻撃して占領し、

historical note

キャッシュカードの原形をつくった「テンプル騎士団」

十字軍のエルサレム占領後、神殿や巡礼路の警護をするため、フランスの騎士が中心となり、テンプル騎士団が設立された。テンプル騎士団は、巡礼者の旅費を預かって預かり証を発行し、預かり証を提示すれば、いつでも払い戻すしくみをつくった。払い戻しの際、騎士団は手数料を取った。騎士団の預かり証は、現在のキャッシュカードの原形といわれる。

莫大な資産を形成したテンプル騎士団。

ラテン帝国を築いた。その後、第7回（1270年）まで十字軍は派遣されたが、いずれも失敗に終わり、聖地回復の目的は達成されなかった。

この結果、十字軍の派遣を続けたローマ教皇の権威は失墜。逆に、遠征軍を指揮した皇帝や国王の権威は高まった。1303年には、**フランス王フィリップ4世**が、対立する**ローマ教皇ボニファティウス8世**を襲撃して監禁する事件が起きた。

教皇は解放されたが、屈辱のため憤死したという。さらにフィリップ4世は、**ローマ教皇クレメンス5世**を擁立し、教皇庁を**アビニヨン**（フランス）に移した。以後、約70年にわたって、ローマ教皇はフランスに居住することになった。

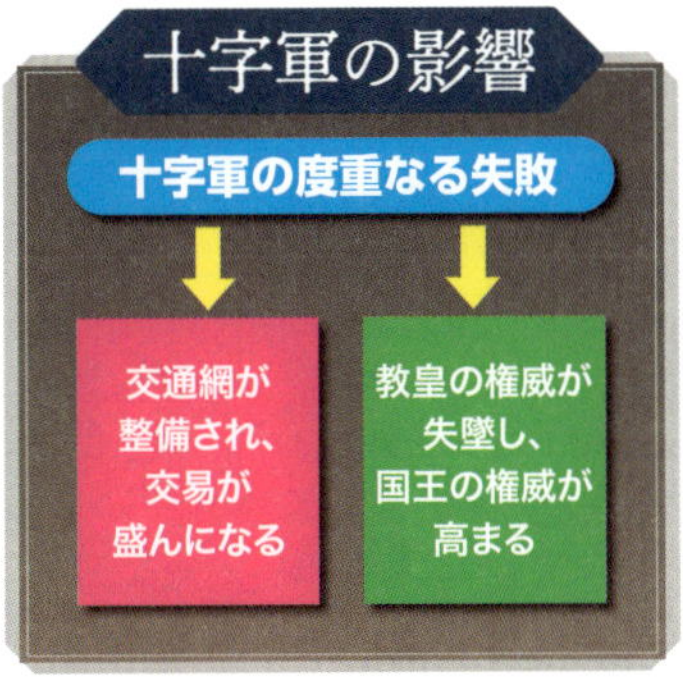

十字軍の目的は達成されなかったが、十字軍の派遣により**交通網**が整備され、軍事物資を中心に交易が盛んになり、北イタリアの**ベネチア**（➡P98）や**ジェノバ**などの都市が大繁栄した。また、東方のイスラム勢力との交易も活発化し、イスラム文化が流入。西ヨーロッパは経済的・文化的に大きく発展した。

◆**アビニヨン教皇庁**

1309年、フランス王フィリップ4世は、教皇庁を南フランスのアビニヨンに移転させた。

教会堂の建築様式

キリスト教の信者が礼拝・儀式などを行う教会堂は、中世のヨーロッパで多様な建築様式に発展した。代表的な様式を紹介する。

1 バシリカ様式

宗派：初期キリスト教

（4～8世紀）

長方形の堂内に2列の列柱が並ぶ。古代ローマの公共建築「バシリカ」の影響を強く受けている。堂内の奥に半円形のアプス（後陣）があり、祭壇が設けられている。

イタリアのラベンナに建つ「聖アポリナーレ・イン・クラッセ聖堂」は、初期キリスト教建築の傑作。549年に完成し、当時の姿がほぼ残されている。

2 ビザンツ様式

宗派：カトリック・東方正教会

（4～15世紀）

ビザンツ帝国（東ローマ帝国）で発達した建築様式で、ドーム（円屋根）と内面のモザイク壁画が特徴。

イタリアのベネチアに建つ「聖マルコ大聖堂」。11世紀から約400年をかけて完成した。ドームは5つあり、内部のモザイク壁画により「黄金の聖堂」と称えられる。

ビザンツ・ロシア様式

ロシアではビザンツ様式を基本としながら、たまねぎ型ドームなど、ロシア独特の様式が盛り込まれる。

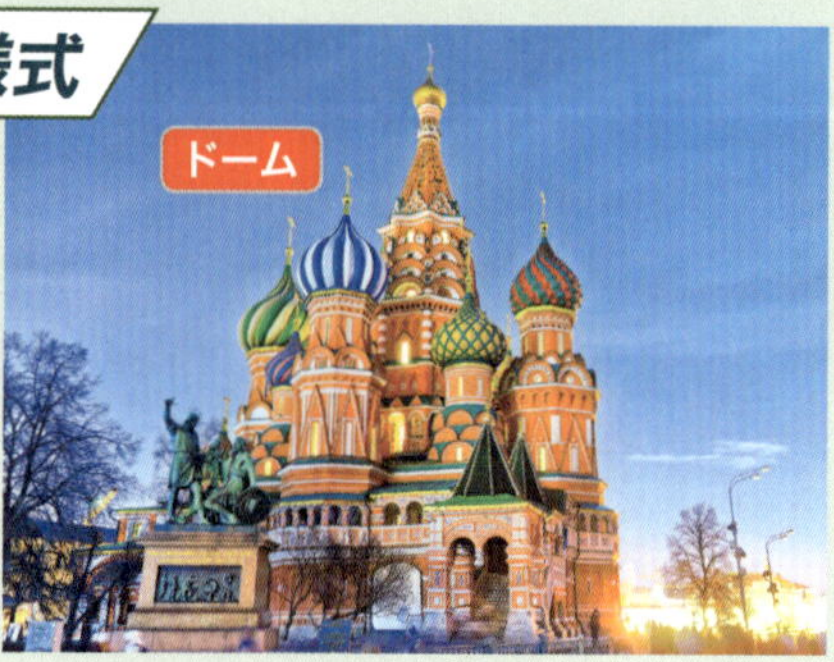

モスクワに建つ「聖ワシリー大聖堂」。

3 ロマネスク様式

（11〜12世紀）　宗派：カトリック

太い柱や重厚な壁、小さな窓、半円形のアーチなどが特徴。上から見ると十字架の形をしている。

イタリアのピサに建つ「ピサ大聖堂」には、内部や外壁に半円形のアーチが多用されている。1272年の完成。

4 ゴシック様式

宗派：カトリック　（12〜15世紀）

高い天井や高くそびえる尖塔が特徴。壁は薄く、柱は細く、窓はステンドグラスで飾られている。

ドイツのケルンに建つ「ケルン大聖堂」。尖塔の高さは約157m。

フランスのパリの「ノートルダム大聖堂」はゴシック様式の最高傑作のひとつだったが、2019年4月の火災で尖塔が焼け落ちた。

5 ルネサンス様式

（15〜17世紀）　宗派：カトリック

左右対称で幾何学的な装飾が特徴。調和のとれた印象を与える。

イタリアのフィレンツェに建つ「サンタ・マリア・ノベッラ教会」は、ルネサンス様式を代表する建築。

6 プロテスタントの教会

プロテスタントの教会はシンプルな様式で、十字架以外の装飾がない。内部には聖像がなく、十字架が置かれている。

アメリカのバージニア州のプロテスタント教会。

1215年

『マグナ・カルタ』

国王の課税権を制限するためにイギリスで議会制度が発展する

課税問題をきっかけに王権が抑えられる

十字軍は失敗に終わったが、十字軍を指揮した国王や皇帝の権威は高まった。イングランドでは、11世紀後半に**ノルマン人**が征服した**ノルマン朝**が成立していたが、1154年に断絶し、フランスの有力貴族**ヘンリ2世**が**プランタジネット朝**の初代王となった。このため、イングランドはフランスにも広大な領地を所有することになった。

ヘンリ2世の死後、王位を継いだ**リチャード1世**（ヘンリ2世の子）は、第3回十字軍に参加し、**サラディン**（↓P88）と一騎打ちをしたという。「獅《し》子《し》心《しん》王《おう》」と呼ばれたリチャード1世は、戦場では勇敢であったが、生涯の大部分を戦場で過ごしたまま戦死した。

その後継者となったリチャード1世の弟・**ジョン王**は、フランス国王**フィリップ2世**に敗れ、フランス国内のイギリス領を失い、**教皇インノケンティウス3世**と対立して破門された。さらに戦争による財政困難を招き**重税**をかけたため、国民の支持を完全に失った。怒った貴族たちは結束して**『マグナ・カルタ』**をジョン王に突きつけ、認めさせた。『マグナ・カルタ』は、国王が貴族

historical note

フランスでは課税の承諾を得るため「三部会」が開かれる

1302年、フランス国王フィリップ4世は、教皇と対立した際、国民の支持を集め、新税を承認させるため、聖職者（第一身分）・貴族（第二身分）・平民（第三身分）の代表者を招集し、身分制議会「三部会」を開いた。その後、三部会の権威は高まったが、絶対王政が確立した1614年以降、約170年間、三部会は閉鎖された。

フィリップ4世（1268～1314）

関連ページ

経 P78 ノルマン人の移動

経 P152 ドレークの海賊活動

戦 P168 ピューリタン革命

マップ

◆『マグナ・カルタ』に署名するジョン王

戦費捻出のために重税を課すジョン王は、国民の反発を受けて孤立し、保身のため『マグナ・カルタ』を受け入れた。

や聖職者の承認なく、戦争の費用を国民から徴収することを禁止したもので、国王の勝手な政治を抑えるものだった。しかしジョン王の後を継いだ**ヘンリ3世**は『マグナ・カルタ』を無視。このため貴族の**シモン・ド・モンフォール**は反乱を起こし、ほかの貴族たちを率いてヘンリ3世を破った。そして貴族や都市の代表などを加えた**議会**を開いて、国政を協議することをヘンリ3世に認めさせた。

ヘンリ3世の次の**エドワード1世**は、貴族や聖職者、市民など幅広い階層から代表者を集めた**「模範議会」**を招集。これにより国王と議会が協調して国政を行う**「議会政治」**の基礎が築かれた。

◆『マグナ・カルタ』

写真は現存する４点の『マグナ・カルタ』の原本のうちの１点。

『マグナ・カルタ』の内容

- イングランド教会は国王から自由である
- 戦争協力の名目で税金や軍役代納金を王の意志だけで集めることはできない
- ロンドン市とあらゆる都市は交易・関税の自由をもつ
- イングランド国民は国法か裁判によらなければ、財産や自由を奪われない

戦争

1241年

ワールシュタットの戦い

怒涛の勢いで拡大を続けるモンゴル帝国がヨーロッパを震撼させる

千戸制で組織した騎馬軍団で侵攻する

満州の女真族の王朝**「金」**が宋（北宋）をほろぼし、華北（中国北部）を支配下に置くと、宋は江南（長江下流域）に逃れて、**南宋**を樹立した。1142年、南宋は金に多額の金品を納めることで**和平**を結んだ。

その頃、金の北部のモンゴル高原では、**テムジン**が諸部族を統一し、1206年の**クリルタイ**（部族集会）で**ハン**（遊牧民の君主の称号）の位につき、**チンギス・ハン**と名乗り、**モンゴル帝国**を打ち立てた。

チンギスは、全遊牧民を1000の世帯ごとに再編成する**「千《せん》戸《こ》制《せい》」**をはじめた。千戸制とは、戦争になったとき、遊牧生活を営む各世帯から戦士を1名ずつ出させて、1000人の騎馬軍団を組織させるという制度で、抜群の機動力を誇った。チンギスは騎馬軍団を率いて、金やイランの**ホラズム・シャー朝**を攻略し、中央アジアの遊牧国家**ナイマン**や、中国北西の**西夏**を滅ぼした。

チンギスの死後、後継者となった三男**オゴタイ**は、金を滅ぼして華北を占領すると、モンゴル高原に首都**カラコルム**を建設。さらにオゴタイは、兄の子**バトゥ**に命じて西北アジアを攻撃させた。圧倒的な勢いで進

historical note

モンゴル軍の火薬・集団攻撃に善戦した鎌倉の御家人たち

1274年、モンゴル軍が日本侵略のため、北九州に上陸した。鎌倉幕府の御家人たちは、モンゴル軍の集団戦法や、火薬兵器による攻撃で苦戦したが、必死に防戦した(文永の役)。7年後、再びモンゴル軍が攻撃してきたとき、御家人たちは善戦し、今度は上陸を許さなかった。そのうち暴風雨によりモンゴル軍は撤退した(弘安の役)。

火薬兵器「てつはう」の攻撃を受ける御家人。

関連ページ
経 P82 紙幣の誕生
経 P96 交鈔の発行
戦 P102 ティムール帝国の建国

撃を続けるバトゥ軍は、ロシア方面で**キエフ公国**（↓P79）を滅ぼした後、東欧に侵入し、1241年、**レグニツァ**（ポーランド）でドイツ・ポーランド連合軍を撃破した。

この**「ワールシュタットの戦い」**の後、モンゴル軍はウィーンに迫り、ヨーロッパを恐怖に陥れたが、オゴタイの急死により撤退した。西アジアではオゴタイの弟の子**フラグ**がバグダードに侵攻し、**アッバース朝**（↓P71）を滅ぼした。

ユーラシア大陸の大部分を支配したモンゴル帝国は、やがてひとりのハンで統治するのが困難になり、バトゥの**「キプチャク・ハン国」**、フラグの**「イル・ハン国」**、チャガタイ（チンギス・ハンの次男）の**「チャガタイ・ハン国」**、フビライ（フラグの兄）の中国王朝**「元」**などに分かれ、ゆるやかな連合を保った。

◆**チンギス・ハン（1162～1227）**
モンゴル帝国の創設者。金を攻撃し、西夏（中国）やナイマン（中央アジア）を滅ぼし、大帝国の基礎を築いた。

◆**ワールシュタットの戦い**
1241年、東ヨーロッパに侵入したモンゴル軍は、レグニツァでドイツ・ポーランド連合軍を撃破した。

モンゴル帝国の最大領域

1260年

交鈔の発行

元は世界で初めて紙幣を通貨として本格的に流通させる

関連ページ
経 P82 紙幣の誕生
戦 P94 ワールシュタットの戦い
戦 P104 靖難の役

不換紙幣「交鈔」が法定通貨になる

広大な**モンゴル帝国**のうち、**中国地域**を支配したのが、チンギス・ハンの孫で、モンゴル帝国のハンの位についた**フビライ・ハン**である。

1271年、フビライは、国名を**「元」**とし、首都を**大都**（現在の北京）に定めた。

フビライは、**南宋**を滅ぼして中国を統一すると、**チベット**や朝鮮半島の王朝**「高麗《こうらい》」**を服従させた。続いて日本やベトナムにも遠征軍を送ったが、失敗に終わった。

フビライは南宋を滅ぼした後、南宋が発行した紙幣**「交子《こうし》」「会子《かいし》」**（↓P83）を、新しい紙幣**「交鈔《こうしょう》（中統鈔《ちゅうとうしょう》）」**に交換させ、交鈔を唯一の法定通貨とした。「交子」「会子」が銅銭や鉄銭と交換できる**「兌換《だかん》紙幣」**であったのに対し、交鈔は、建前では、銅銭との兌換紙幣であったが、実際には**「不換紙幣」**であった。

元は銅銭を発行せず、銅銭の使用も禁止していた。しかし交鈔は、元が保有する大量の**銀**によって価値が保証されていた。元が銅ではなく銀を保有したのは、主要な交易相手の**イスラム商人**が銀貨を使用していたためとされる。

また、元は交鈔以外での**塩**の購入

historical note

元で紙幣を見た驚きをヨーロッパに伝えたマルコ・ポーロ

フビライに謁見するマルコたち。想像で描かれたため宮廷は西洋風。

ベネチアの商人マルコ・ポーロは、父や叔父と共に元に向かい、1275年、元の首都・大都に到達し、皇帝フビライに仕えた。帰国後にまとめた『東方見聞録』には、「誰ひとりとして紙幣の授受を拒む者はいない」と、紙幣が流通していることに対する驚きが記されている。当時、ヨーロッパには紙幣は存在していなかった。

を禁止したので、交鈔は**「塩本位制」**という側面もあった。元で使用されなくなった銅銭は日本に大量に輸入され、日本で本格的な貨幣経済がはじまった。

世界的な経済圏で紙幣が使用される

フビライは**「ジャムチ」**と呼ばれる駅伝制度を整備して、ユーラシア全域の交易網を発達させただけでなく、関門を通るたびに課せられていた**交通税**や**関税**を、売却地の**売上税**だけに限定し、交易を活発化させた。

これにより東アジアからヨーロッパに至る世界的な経済圏が成立。遠距離での取引には、輸送に便利な交鈔が使用されたため、交鈔は広く流通した。東西の文化的な交流も盛んになり、元からは**「羅針盤」「印刷術」「火薬」**などの発明品が西アジア、ヨーロッパに伝えられたという。

当初、交鈔は制度も整い、発行額も制限されていたが、元の皇帝たちが**チベット仏教**に傾倒して豪華な寺院などを建立しはじめると、国家財政が悪化し、交鈔は増刷されるようになった。

交鈔の価値が下落し、元の経済が混乱すると、モンゴル人に支配されていた漢民族の不満が爆発。**「紅巾《こうきん》の乱」**（➡P104）などの農民反乱により、1368年、滅亡した。これにより交鈔は紙くずとなった。

◆フビライ・ハン（1215〜1294）
モンゴル帝国の5代皇帝。中国へ勢力を広げて元を建国。南宋を滅ぼして中国を統一した。

元の経済政策

●関税の一元化
各都市の港や関門を通るたびに課せられていた貿易品の関税を、売却地での売上税だけに限定した。

●塩の専売化
紙幣以外での塩の購入を禁止した。これにより紙幣の信用が保証された。

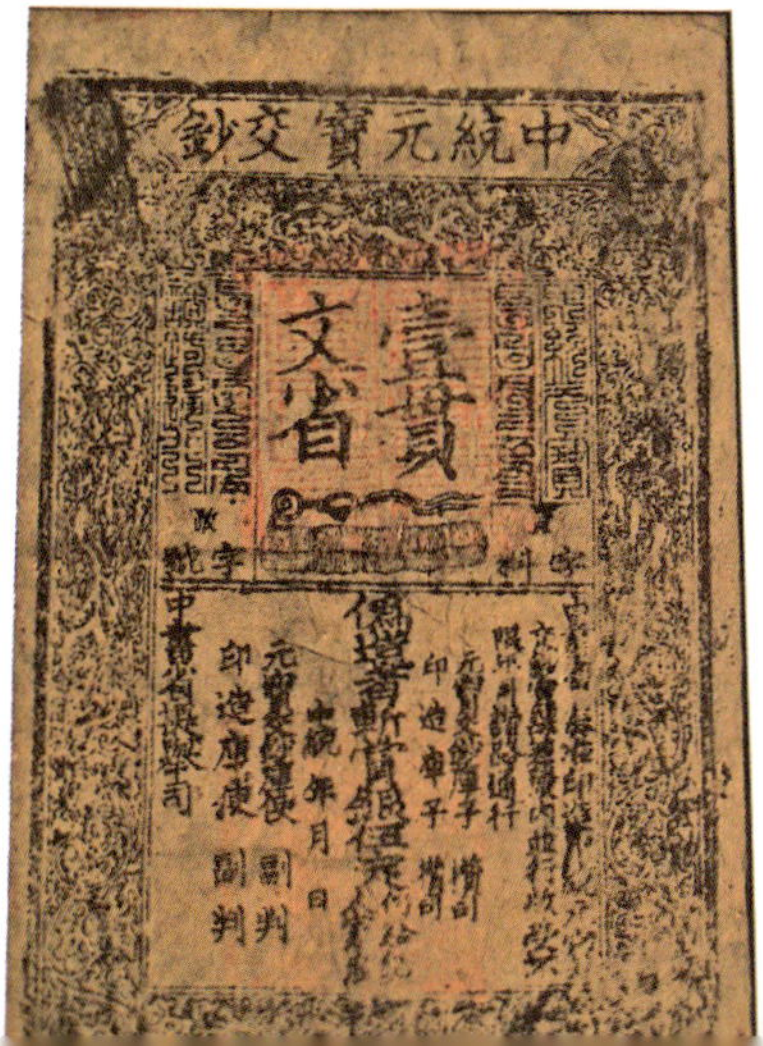

◆交鈔《こうしょう》
元が発行した紙幣で、南宋の会子と交換させ、唯一の法定通貨とし、宋銭の流通を禁止した。

経済

13～17世紀

ハンザ同盟

中世ヨーロッパに誕生した「都市」が商業ネットワークによって結ばれる

地中海交易圏と北ヨーロッパ交易圏

中世ヨーロッパの**都市**の多くは、ローマ帝国時代にカトリック教会が置かれた都市が起源になっており、当初は諸侯などの領主の支配下に置かれたが、**ノルマン人（ヴァイキング）**が海上交通網を整備したことで、ヨーロッパ北方の沿岸部や大河沿いに商業都市が形成され、勢力を誇るようになるとヨーロッパ各地の都市は次々に領主の支配を離れ**「自治都市」**として自由を獲得していった。

自由と独立を守るため、自治都市の周囲は**城壁**で囲まれ、市民たちは都市に住めば領主の束縛から逃れられた。ドイツでは、都市に逃げ込んだ**農奴**（領主に隷属する農民）が1年と1日を過ごせば、都市で自由な身分になるとされた。

なかでも、北イタリアの**ベネチア**や**ジェノバ**などの港湾都市は、**十字軍**（↓P88）の影響で地中海交通網が発達したことにより、イスラム商人やビザンツ帝国との**東方貿易（レバント貿易）**で**「地中海交易圏」**を形成して繁栄した。さらに**ミラノ**や**フィレンツェ**などの内陸都市も毛織物業や金融業などで発展した。

12世紀には、北イタリアの諸都市が神聖ローマ帝国に対抗するため、

関連ページ
経 P78 ノルマン人の移動
宗 P88 十字軍の派遣
経 P100 百年戦争

◇中世都市ネルトリンゲン

都市全体が城壁に囲まれ、中世の面影を残している。1215年に神聖ローマ皇帝から都市権を与えられ、最初の城壁が築かれた。

◆リューベックのホルステン門
ドイツ北部の都市リューベックは、ハンザ同盟の盟主だった。この門には、ハンザ商人が魚の加工品をつくるときに必要な塩が貯蔵されていた。

「ロンバルディア同盟」を結んで対抗した。なかでも繁栄が著しかったベネチアは、一都市でありながら、その予算はイギリスやフランスを超え、強大な海軍を保有していた。

北ヨーロッパでは、**リューベック**や**ハンブルク**などの北ドイツ諸都市が海産物や木材の輸出で発展し、フランドル地方（ベルギー一帯）の**ブリュージュ**や**アントワープ**などでは毛《け》織物《おりもの》産業が発達。これら**「北ヨーロッパ交易圏」**で繁栄した都市は13世紀以降、交易の独占と保護を目的に、リューベックを盟主とする**「ハンザ同盟」**を結成し、都市間の商業ネットワークを強化した。その後、ハンザ同盟は共同で武力をもちいるなど、強大な勢力に成長した。

一方、イギリスやフランスの都市は国王による支配が強く、王権の拡張とともに成長していった。

自由を手に入れた中世都市

商業の発達により都市が力をもつ

↓

都市が領主から独立して自由を獲得

↓

都市がネットワークを結んで利益を守る

historical note

ライバルのジェノバを破って東方貿易の盟主となったベネチア

中世の地中海交易は、イタリア北部の港湾都市だったベネチアとジェノバが中心となった。両都市は、地中海交易圏の覇権をめぐって頻繁に争ったが、14世紀末にベネチアが勝利し、東方貿易（ヨーロッパと東地中海沿岸地域との交易）の中心都市として繁栄した。

1271年、マルコ・ポーロ一行の出発の場面。ベネチアの繁栄ぶりが伺える。

◆コグ船
コグ船は、ハンザ商人たちが北海やバルト海での交易に使った船。甲板が高く、波の高い大西洋でも航行できた。

経済

14～15世紀

百年戦争

英仏の百年戦争の原因は毛織物の産業地をめぐる両国の対立だった

毛織物技術者たちを手に入れたイギリス

イギリスは土地が痩せていたため、古くから農業よりも**牧羊**が盛んであった。イギリスで生産された羊毛は、**毛織物産業**で繁栄する**フランドル地方**（ベルギー一帯）に輸出され、製品化されていた。イギリスにとってフランドル地方は、非常に重要な場所であった。

ところが、**教皇庁**をアビニョンに移して権威を拡大した**フランス王国**は、豊かなフランドル地方の支配を狙っていた。このため両国は、対立を深めていた。

1328年、フランスでカペー朝が途絶え、バロア朝の**フィリップ6世**が王位につくと、イギリス国王**エドワード3世**は、母がカペー朝出身であることを理由に、フランスの**王位継承権**を要求し、これをきっかけに**「百年戦争」**がはじまった。

1346年の**「クレシーの戦い」**において、イギリス軍の**長弓隊**がフランスの**弩弓隊**《どきゅうたい》を撃破。イギリス軍はフランドル地方の港湾都市**カレー**を占領。1356年の**「ポワティエの戦い」**では、**エドワード黒太子**（エドワード3世の長男）が、兵力4倍のフランス軍を撃破し、フランス国王**ジャン2世**を捕虜にした。

百年戦争人物相関図

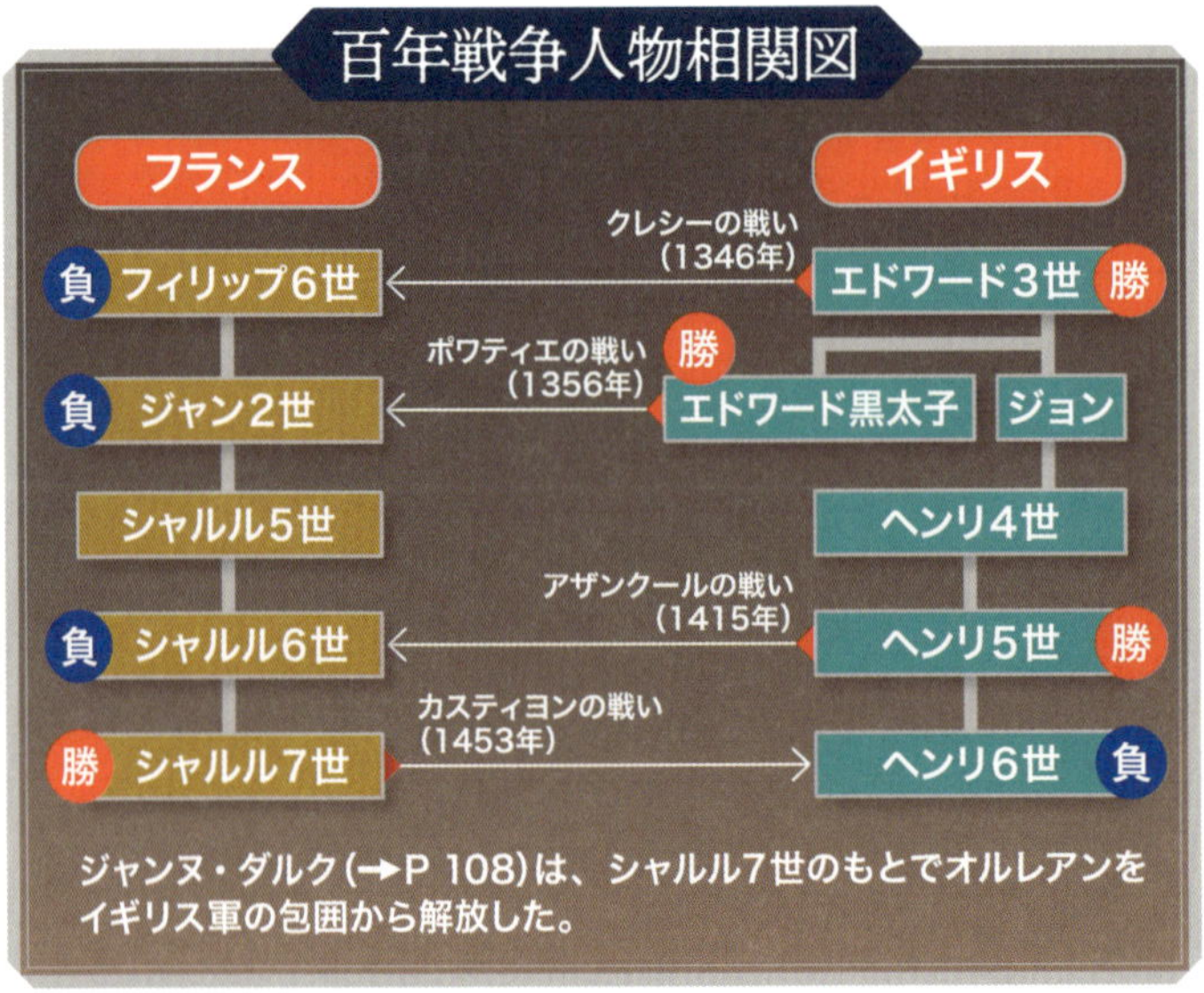

ジャンヌ・ダルク（➡P 108）は、シャルル7世のもとでオルレアンをイギリス軍の包囲から解放した。

関連ページ
経 P98 ハンザ同盟
戦 P108 オルレアンの解放

◆**クレシーの戦い**　1346年、フランス北部のクレシーで、約1万2000人のイギリス軍が約3万人のフランス軍を撃破した戦い。イギリス軍の長弓隊がフランス軍の弩弓隊を圧倒した。弩弓は機械じかけの弓で威力は強かったが発射までに時間がかかった。

こうして戦争の前半は、イギリス軍が優勢であったが、戦争の最中に両国で**黒死病（ペスト）**が大流行して人口が激減し、さらにフランスでは**「ジャックリーの乱」**、イギリスでは**「ワット・タイラーの乱」**などの農民反乱が勃発。両国は混乱の収拾に追われ、フランス劣勢のまま戦争は長期化した。

一方、戦場となったフランドル地方の**毛織物技術者**たちは、1350年頃より、集団で羊毛の生産地であるイギリスへの移住を開始した。これにより、イギリスでは国内で生産された羊毛によって、**毛織物（ウール）製品**を効率的に製造できるようになった。ヨーロッパ諸国に輸出されたイギリスの毛織物製品は、安価で高品質なため、爆発的にヒットし、莫大な利益を上げた。百年戦争の決着をつけたのは、フランスの**ジャンヌ・ダルク**（➡P108）であったが、経済的な勝利者は毛織物産業を手に入れたイギリスであった。

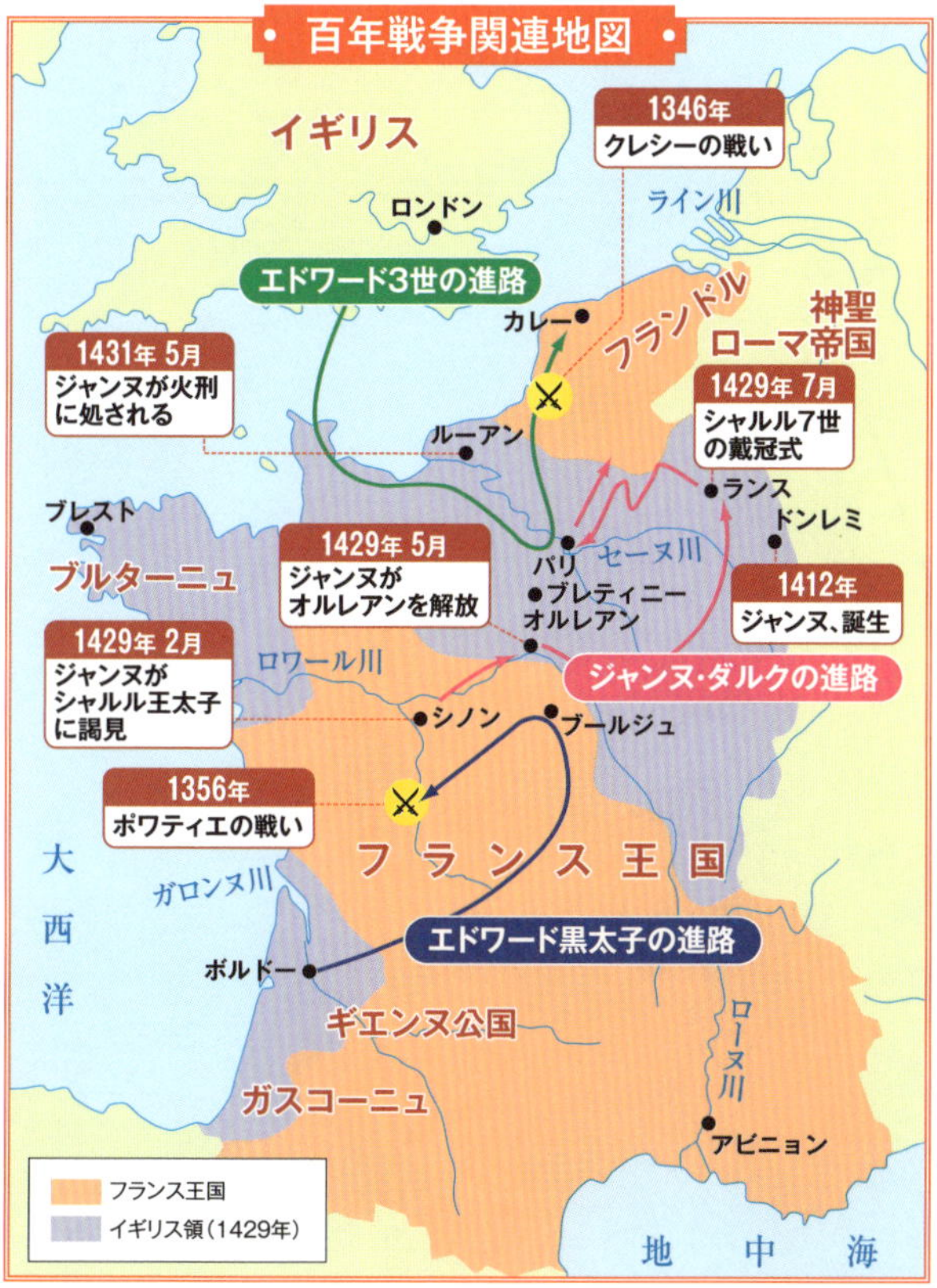

フランスは領土の大半をイギリスに占領され、崩壊寸前だった。

戦争

1370年

ティムール帝国の建国

モンゴル帝国復活を目指す ティムールが遊牧民を活用した軍隊で帝国を築く

軍隊を都市が支えるしくみをつくり上げる

モンゴル帝国を構成する中央アジアの**チャガタイ・ハン国**（↓P95）は、14世紀半ばに東西に分裂した。西チャガタイ・ハン国出身の**ティムール**は、混乱のなかで頭角を現し、1370年、**サマルカンド**（ウズベキスタン）に都を置き、**ティムール帝国**を建国した。その後、ティムールは北部の**キプチャク・ハン国**や、インドの**デリー・スルタン朝**に侵攻。

西アジアではイル・ハン国が滅亡した後に勢力を広げた**マムルーク朝**や**オスマン帝国**（↓P110）などに遠征し、勢力を拡大。さらにアナトリア半島（小アジア）にも侵攻し、1402年の**「アンカラの戦い」**ではオスマン帝国軍を撃破し、皇帝バヤジット1世を捕虜にした。

ティムールはモンゴル帝国の再興を目指し、チンギス・ハンの子孫であると自称した。軍事に天才的な能力をもつティムールは、軍隊を組織する兵士に**騎馬遊牧民**の伝統を守らせ、家族や家畜ごとに移動式テントで遠征軍に参加させた。また、遊牧民の生活を支えるため、帝国内の都市を経済的に発展させた。

こうしてティムールは、軍隊を都市が支えるしくみをつくり上げ、短

◆ティムール（1336～1405）
ティムール帝国の創始者。モンゴル系の貴族出身で、中央アジアのチャガタイ・ハン国の混乱に乗じて勢力を拡大し、ティムール帝国を建国。西アジアを支配下に置き、キプチャク・ハン国に侵攻。さらにオスマン帝国を撃破し、広大な領土を手に入れたが、明への遠征途中に病死した。

関連ページ
戦 P94 ワールシュタットの戦い
戦 P104 靖難の役
戦 P110 ビザンツ帝国の滅亡

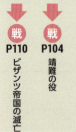

◆**ティムール軍の進撃**
西アジアへの侵攻を続けるティムールは、1402年、聖ヨハネ騎士団が守るスミルナ（トルコ）の城塞を攻撃し、占領した。

◆**サマルカンド**
サマルカンド（ウズベキスタン）は、ティムール帝国の首都に定められ、発展した。青色の美しい建築が多く、「青の都」と呼ばれる。

期間で大帝国を築き、中国王朝**「明」**への遠征を企てたが、その途中で病没した。

ティムールの死後、帝国は内紛が続いて弱体化し、1507年、トルコ系のウズベク族に滅ぼされた。ティムールの子孫**バーブル**はインドに逃れ、1526年、**ムガル帝国**（↓P170）を建国した。また中央アジアでは、イスラム教シーア派による**「サファヴィー朝」**が成立し、勢力を拡大した。

ティムール帝国の領土

戦争

1402年

靖難の役

明の政権を奪った永楽帝が世界帝国を目指して外征をくり返す

関連ページ

経 P96 交鈔の発行

戦 P102 ティムール帝国の建国

経 P106 日明貿易の開始

辺境を守備する永楽帝が反乱を起こして即位する

中国の元朝末期、**「紅巾《こうきん》の乱」**が起こると、貧農出身の**朱元璋《しゅげんしょう》**が反乱を主導し、江南（長江下流域）を攻略。1368年、南京で皇帝の位について**洪武帝《こうぶてい》**と名乗り、**「明《みん》」**を建国した。明軍は元の首都・**大都**（北京）を攻め落とし、追われた元は北方のモンゴルへ逃走した。

中国を統一した洪武帝は、権力を皇帝に集中させて**独裁体制**を築き、行政文書はすべて自分で決済した。また農村で人口調査を実施し、租税台帳**「賦役黄冊《ふえきこうさつ》」**と土地台帳**「魚鱗《ぎょりん》図冊《ずさつ》」**にまとめた。洪武帝は猜疑心が強く、数万人規模の粛清を何度も行ったという。さらに自分の子たちを王として**北方の辺境**に配置し、モンゴルに対する防衛にあたらせた。

洪武帝の死後、2代皇帝となった**建文帝《けんぶんてい》**が諸王の領地削減案を打ち出すと、諸王のうち北京を拠点にした**燕王《えんおう》**は、「君側の奸《かん》を除き、帝室の難を靖《やす》んずる（建文帝の奸臣を除き、王朝を安定させる）というスローガンを掲げて反乱を起こした。この**「靖難《せいなん》の役」**は4年続いたが、1402年、燕王が南京を攻略して勝利。燕王は3代皇帝・**永楽帝《えいらくてい》**として即位し、首都を南京から北京に移

historical note

永楽帝が企図した「鄭和《ていわ》の大航海」の目的は不明

鄭和（1371〜1434）

永楽帝の家臣・鄭和《ていわ》は、イスラム教徒で、1405年から1433年まで7度の大航海の指揮を命じられ、船団を率いて東南アジアからインド洋、アラビア海を航海し30か国以上に遠征した。アフリカ東岸や紅海にまで及んだこの大航海の目的は、貿易の促進や国威発揚などと言われるが、不明な点も多い。

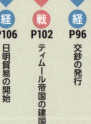

◆万里の長城
紀元前から北方の異民族の侵入を防ぐ目的で築かれた城壁で、現存するものは、永楽帝が改修したことにはじまり、明代に築かれたもの。

した。

永楽帝は、洪武帝の皇帝独裁政治を受け継いだが、皇帝を補佐する秘書官**「内閣大学士《ないかくだいがくし》」**を設置した。やがて内閣は権力を握るようになった。日本の行政府が「内閣」と呼ばれるのは、これに由来する。また、**世界帝国**を目指していたといわれる永楽帝は、積極的な対外政策を進め、自ら軍を率いて**モンゴル**に遠征し、**チベット**や**ベトナム**にも出兵した。

同じ時期、ティムール帝国を築いた**ティムール**（→P102）は、元を滅ぼした明に敵意を抱いて遠征に出発したが、途中で病没し、永楽帝との対決は実現しなかった。

◆紫禁城
永楽帝が北京に建てた宮城で、南北は961m、東西は753m。周囲は城壁で囲まれている。

経済

1404年

日明貿易の開始

倭寇の活動を抑えるため 永楽帝は室町幕府と勘合貿易をはじめる

明は周辺国との朝貢貿易で権威を保つ

明の3代皇帝・**永楽帝**《えいらくてい》は、中国沿岸での、民間人の**海上交易**を禁止し、政府が管理する属国との**朝貢貿易**を積極的に推進した。

朝貢貿易とは、中国皇帝の徳を慕った諸外国が、使節を中国王朝に送り、財物などの**貢物**を差し出すことで王号や官職を与えてもらい、その返礼に**下賜品**を受け取る形式の貿易。古くから中国で行われてきたが、明代に確立した。

朝貢国として認められると、時期や人数、ルート、儀礼、品目などを厳重に規定された。朝貢貿易は、基本的には世界の中心である**「中華」**が、周辺の**「蛮夷」**《ばんい》に恩恵を施すという建前であったので、わずかな朝貢品でも莫大な下賜品が与えられ、朝貢国にとって利益が大きかった。

日本の室町幕府3代将軍・**足利義満**も明との朝貢貿易を求め、中国沿岸を荒らし回る海賊**「倭寇」**《わこう》を取り締まることを条件に、永楽帝から**「日本国王」**に封じられ、朝貢貿易を認められた。1404年にはじまった日明貿易は、**「勘合符」**《かんごうふ》と呼ばれる交易許可書（割符）を照合させて取引を行なったので**「勘合貿易」**とも呼ばれる。勘合貿易における日

関連ページ
戦 P104 靖難の役
戦 P158 朝鮮出兵
経 P186 地丁銀制

マップ

historical note

明が発行した紙幣「宝鈔《ほうしょう》」は世界史上最大の紙幣だった

明は建国から7年後の1375年、新しい紙幣として「宝鈔《ほうしょう》」を発行した。宝鈔には一貫文と300文の2種類の額面があり、紙幣のサイズは横約22㎝、縦約34㎝あり、世界史上最大の紙幣とされる。当初から不換紙幣で、永楽帝の頃から戦費調達のために濫発されて価値が暴落し、明中期以降はほぼ価値がなくなった。

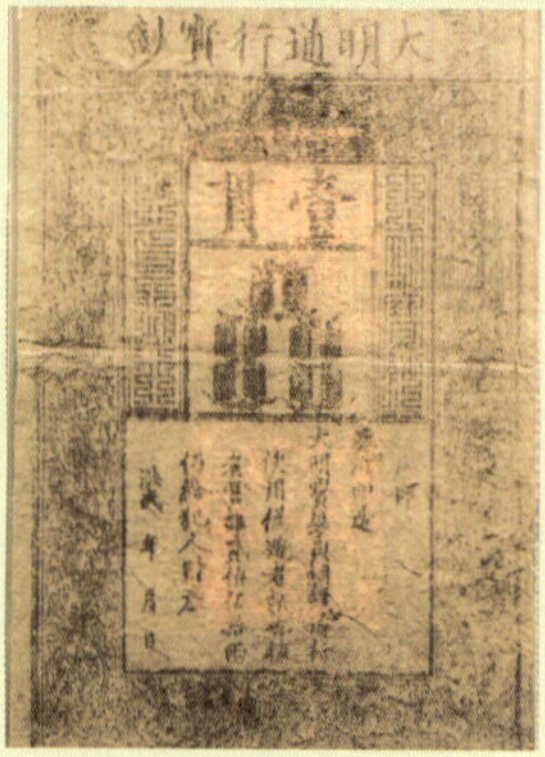

宝鈔(一貫文)。

◆**倭寇** 倭寇とは13～16世紀に、中国大陸沿岸に出没した海賊集団。当初は日本人が中心だったが、やがて中国人が主体となった。

本の主要な輸出品は銅や硫黄、刀剣、漆器などであり、主要な輸入品は銅銭や生糸、陶磁器などであった。

同じ時期、**琉球**《りゅうきゅう》（現在の沖縄）も明との朝貢貿易で得た利益を元に、東南アジアや日本との交易を行い、**中継貿易地**として繁栄した。朝鮮半島の**朝鮮国**は、政権の安定を図るため明へ朝貢し、明の制度であった**科挙**（➡P62）や**儒学**を導入した。

しかし16世紀になると、世界的に商業・交易が発達し、周辺国で明が管理する朝貢貿易に対する不満が高まり、北方のモンゴル人や南方の倭寇が交易を求めて過激に活動した。

しかたなく明が民間人の海外貿易を許可すると、日本やスペインから大量の**銀**が流入。明は財政難であったが、これにより回復し、税制を一条鞭法（➡P186）と呼ばれる銀納に変更するなどの改革を実行した。しかし朝貢貿易は衰退し、明の権威は弱まった。

日本銀行
貨幣博物館所蔵

◆**永楽通宝**
勘合貿易によって大量に輸入され、室町時代の日本で主要な貨幣として流通した。

朝貢貿易の衰退

世界的に商業が発展
▼
朝貢貿易への不満が高まる
▼
モンゴルや倭寇の活動が激化
▼
民間貿易を許可し、朝貢貿易が衰退

◆**足利義満（1358～1408）**
室町幕府3代将軍。明に倭寇の取り締まりを約束して通商を求め、明皇帝から「日本国王源道義」の称号を与えられ、勘合貿易を開始した。

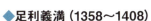

1429年

オルレアンの解放

救国の少女として現れたジャンヌ・ダルクがオルレアンを解放する

関連ページ
経 P100 百年戦争
経 P172 ナントの王令の廃止

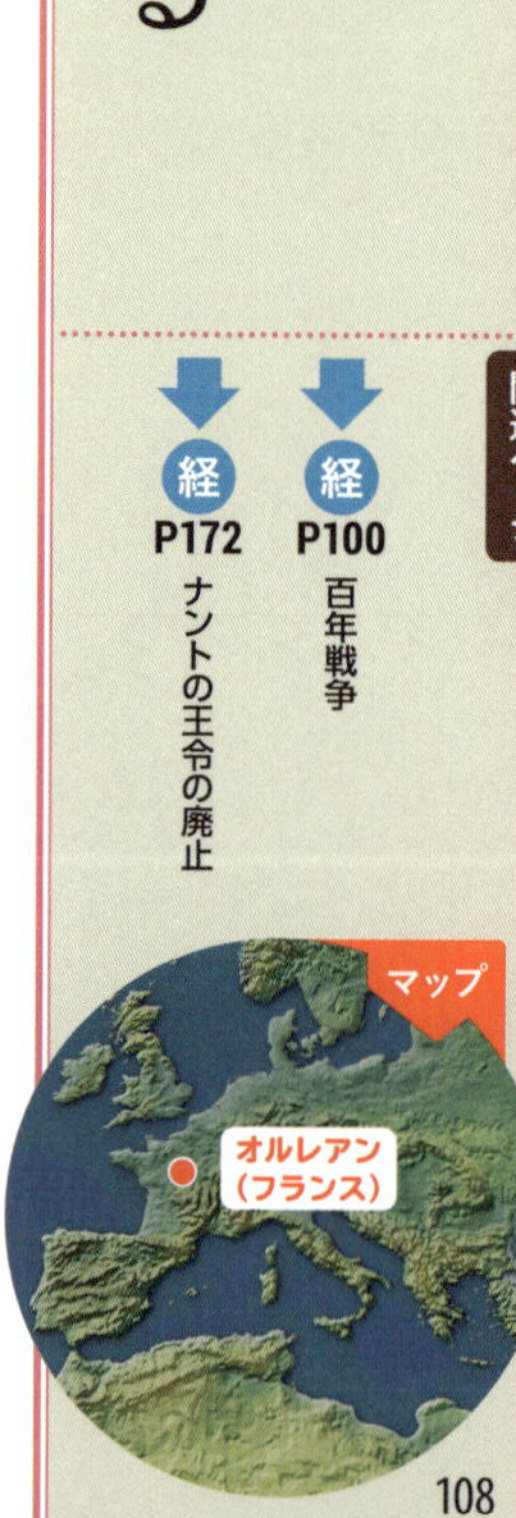

勝利したフランスは中央集権化を進める

イギリスとフランスの**百年戦争**（➡P100）は、フランスが劣勢のまま長期化した。1415年の**「アザンクールの戦い」**では、イギリス王**ヘンリ5世**がフランス軍に壊滅的な打撃を与えた。

1422年、**シャルル7世**が王を名乗った頃には、フランス王国は、**国王派**（アルマニャック派）と**反国王派**（ブルゴーニュ派）が争う内乱状態にあり、崩壊寸前であった。

1428年、イギリス軍は**オルレアン**の周囲に砦を築いて包囲し、砲撃を開始した。オルレアンはパリの南西約130kmに位置する交通の要衝であった。

翌年、この危機的状況において、神の声を聞いたという16歳の農民の娘**ジャンヌ・ダルク**が約500kmの距離を踏破し、**シノン城**でシャルル7世に謁見した。ジャンヌを信用したシャルル7世は、彼女に数千の軍勢を預けた。オルレアンに赴いたジャンヌが軍旗を振りかざして先頭に立つと、フランス軍は奮い立ち、次々と砦を陥落させてイギリス軍を撤退させ、到着からわずか9日間でオルレアンを解放した。

さらにジャンヌはランスに進撃し、

historical note

女性も男性も魔女狩りによって処刑された

「魔女」とは、超自然的な力をもち、人間社会に害悪をもたらすと、中世ヨーロッパで信じられていた人物のこと。数は少ないが、男性の魔女も存在した。14世紀には魔女を取り締まる魔女裁判が行われるようになり、ジャンヌ・ダルクも裁判で「異端の魔女」との有罪判決を受け、火刑に処された。

魔女として火刑に処されるジャンヌ。

ノートルダム大聖堂でシャルル7世の**戴冠式**を挙行し、正式なフランス王として即位させた。しかし翌年、ジャンヌはパリ突入に失敗し、反国王派の捕虜となり、イギリス軍に売り渡された。シャルル7世が身代金の支払いを拒否したため、見殺しにされたジャンヌは、**宗教裁判**にかけられて、ルーアンで処刑された。

その後、反国王派と和平を結んで内乱を終結させたシャルル7世は、各地でイギリス軍を次々と撤退させ、1453年、**「カスティヨンの戦い」**において、ボルドーを占領したイギリス軍を撃破。カレーを除くフランス全土からイギリス軍を追い出し、百年戦争に終止符を打った。

長期化した百年戦争により、**諸侯**や**騎士**などの封建領主層は、経済的に疲弊し、没落していった。一方、シャルル7世は大商人の協力を得て財政を立て直し、**常備軍**を設置。また諸侯や騎士を官僚として採用し、王権の強化・中央集権化を進め、**フランス絶対王政**への道を切り開いていった。

百年戦争後のフランス

戦争の長期化により諸侯・騎士が没落する

↓

シャルル7世が常備軍を設置する

↓

諸侯・騎士が国王を支える官僚となる

↓

王権が強化され、中央集権化が進む

オルレアンに入城するジャンヌ

ジャンヌの率いるフランス軍は、オルレアンを包囲していたイギリス軍を撃破した。以後、フランス軍は有利に戦いを進めた。

行動しなさい
そうすれば
神も味方して
くれます

ジャンヌ・ダルク像

パリに立つ黄金の像。ジャンヌは現在も救国の英雄として、多くのフランス人から愛されている。

戦争

1453年

ビザンツ帝国の滅亡

オスマン帝国軍の大砲でコンスタンチノープルが陥落しビザンツ帝国が滅亡

ビザンツ帝国の滅亡が大航海時代の扉を開く

現在、**トルコ人**といえば、アナトリア半島の「トルコ共和国」の人々を指すが、歴史的には、カスピ海東方の **「トルキスタン地方」** 発祥の民族を指す。トルコ人は**セルジューク朝**（➡P88）や**ホラズム・シャー朝**（➡P94）などのイスラム国家を建設し、1299年、アナトリア半島に、イスラム国家 **「オスマン帝国」** を建てた。

オスマン帝国は、バルカン半島に勢力を広げて、**アドリアノープル**（現在のエディルネ）を首都に定めた。1402年、 **「アンカラの戦い」** で**ティムール**に大敗し、滅亡寸前に追い込まれたが、ティムールが明に遠征したため滅亡を免れた。

第7代**スルタン**（イスラム世界の君主）として即位した**メフメト2世**は、精鋭部隊**イェニチェリ**（➡P154）を組織し、1453年、ビザンツ帝国（東ローマ帝国）の首都**コンスタンチノープル**を包囲した。

コンスタンチノープルは周囲の大部分を海に囲まれ、陸地に接する部分は **「テオドシウスの城壁」** と呼ばれる堅固な城壁で防御されていた。メフメト2世は海上から**艦隊**で城内を攻撃、陸上からは**ウルバン砲**と呼

関連ページ

戦 P60 東ゴート王国の滅亡

宗 P84 教会の東西分裂

戦 P134 第1次ウィーン包囲

◆**ウルバン砲（再現）** コンスタンチノープルを防御するテオドシウスの城壁を破壊した射石砲。砲身の長さは約8m、石弾の重さは500kg以上になったという。

マップ

ばれる巨大な大砲で城壁を破壊した。

オスマン兵が城壁内に侵入すると、敗北を悟った**皇帝コンスタンティノス11世**は、「誰か朕《ちん》の首を刎《は》ねるキリスト教徒はいないのか！」と叫びながら敵軍に突入して姿を消したという。ビザンツ帝国は滅亡し、コンスタンチノープルはオスマン帝国の新しい首都となり、**イスタンブール**と改称された。

キリスト教諸国と対立するオスマン帝国の勢力拡大によって、北イタリア商人がイスラム商人と行っていた**東方貿易**（↓P98）はできなくなった。このため、ヨーロッパ商人たちはアジアとの直接貿易を目指して**インド航路**などを開拓。これが**大航海時代**（↓P118）のはじまる要因となった。

◆**コンスタンチノープル包囲戦**

オスマン帝国軍は、約10万人の大軍と大艦隊でコンスタンチノープルを包囲し、激しい攻撃を加えた。

◆**テオドシウスの城壁**

高い防御力を誇ったコンスタンチノープルの城壁だったが、ウルバン砲で破壊された。

オスマン帝国伸張の影響

オスマン帝国がビザンツ帝国を滅ぼす

↓

東方貿易が不可能になる

↓

ヨーロッパ諸国はアジアとの直接貿易を目指して、インド航路の開拓をはじめる

◆**メフメト2世（1432〜1481）**

オスマン帝国第７代スルタン。「征服者」とも呼ばれる。コンスタンチノープル攻略前、メフメト２世は宰相カリル・パシャに「あの街を私にください」と、その決心を語ったという。

騎士と西洋甲冑

全身を金属の甲冑で覆い、勇敢に戦った中世の騎士たちは、キリスト教を守護する「騎士団」を形成し、「騎士道」を育んだ。

騎士道とは？

武芸に秀でる騎士は、名誉や勇気を重んじる独特の道徳「騎士道」をつくり上げた。ヨーロッパでは近代まで軍人の多くが騎士階級出身で、騎士道精神が生き続けていた。

騎士道のおもな内容

- 敵や弱者に対して寛大であること
- 死や苦痛を軽蔑すること
- キリスト教を尊ぶこと
- 婦人に対して奉仕すること

騎士とは？

騎士とは中世ヨーロッパの領主（下級貴族）で、国王や諸侯（上級貴族）に仕えた。君主に領地を封土・保護してもらう代わりに、君主のために軍役についた。

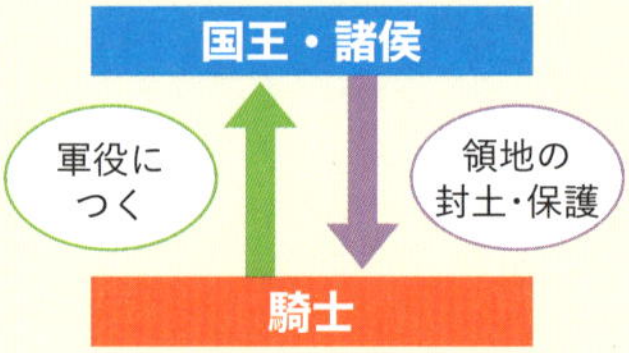

騎士団とは？

イスラム教徒と戦うことは騎士にとって最高の名誉とされた。十字軍 ➡P88 が派遣されると、騎士たちは「騎士団」を組織して、聖地エルサレムや巡礼者を保護した。以下の三大騎士団が特に知られる。

ヨハネ騎士団

十字軍敗退後、地中海のマルタ島を本拠地にし、レパントの海戦 ➡P154 に参加した。

ドイツ騎士団

騎士団長だったホーエンツォレルン家 ➡P163 が、後にプロイセン王国を建国した。

テンプル騎士団 ➡P88

金融で莫大な財産を築くが、フランス王フィリップ４世に敵視され、解散させられた。

西洋甲冑の変遷

騎士たちは十字軍のとき、顔をすっぽりと覆う「樽型兜《たるがたかぶと》」や「鎖鎧《くさりよろい》」を着用して戦った。やがて全身を鉄板で覆う「板金鎧《ばんきんよろい》（プレートアーマー）」が誕生し、発展したが、16世紀に鉄砲が主力兵器になると、動きにくく高価な西洋甲冑《かっちゅう》は姿を消した。

板金鎧「マクシミリアン式甲冑」

神聖ローマ皇帝マクシミリアン1世(1459〜1519)の時代、ミラノ式甲冑を手本に開発された。薄い金属板を使用して軽量化を図り、ひだを打ち出して強度を高めた。総重量は約20kg。

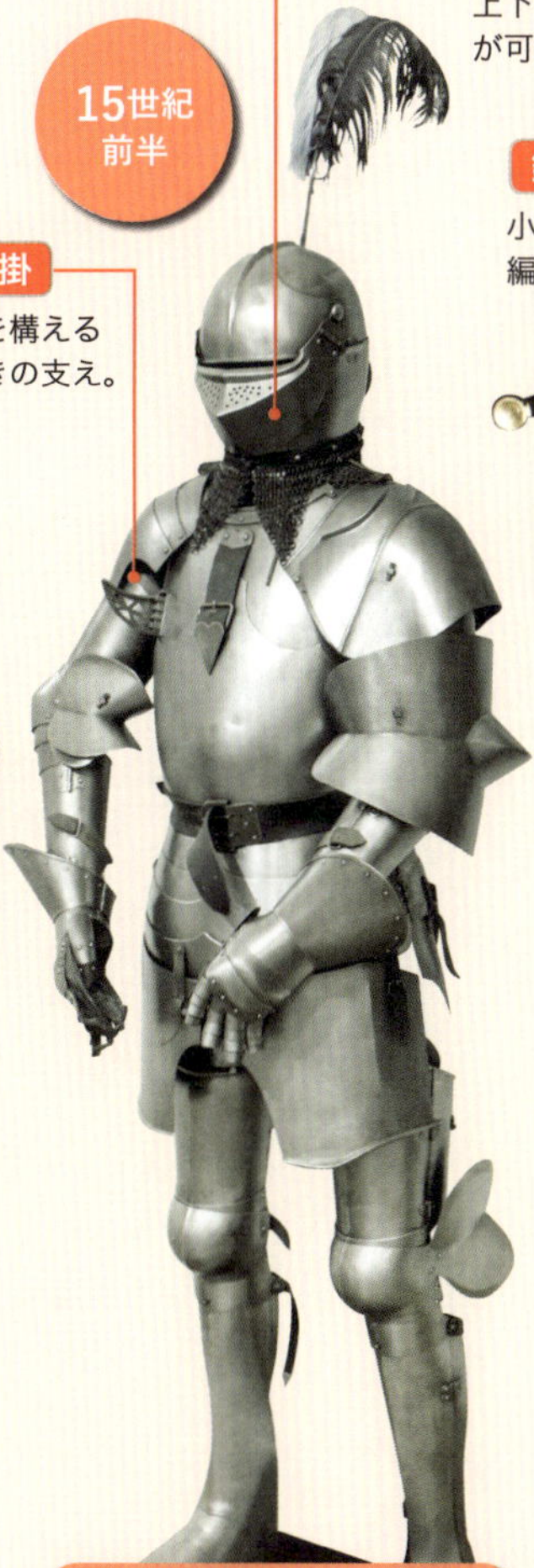

板金鎧「ミラノ式甲冑」

全身を金属板で覆う「板金鎧」で、北イタリアのミラノで生産された。右肩と左肩の形に違いがある。胴は前後で分割され、蝶番《ちょうつがい》で留める。総重量は30kg近くあった。

樽型兜・鎖鎧

十字軍に参加した騎士や兵士が着用した。打撃に弱かったため、盾が必要だった。

板金鎧の長所・短所

長所

- 隙間がなく、防御力が高い
- 敵に威圧感を与えられる

短所

- 重く、動きにくい
- 体型に合わないと痛い

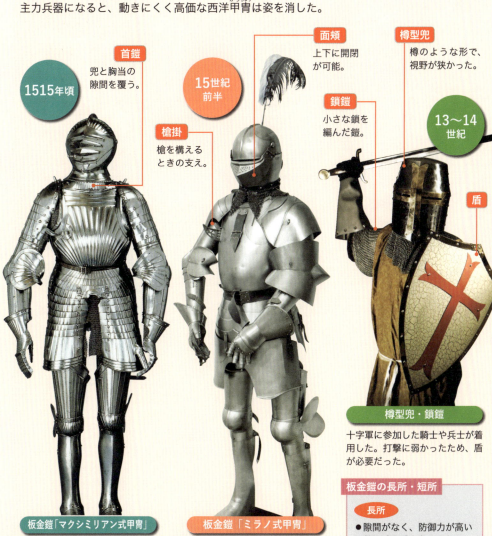

3章 近世

Early modern period

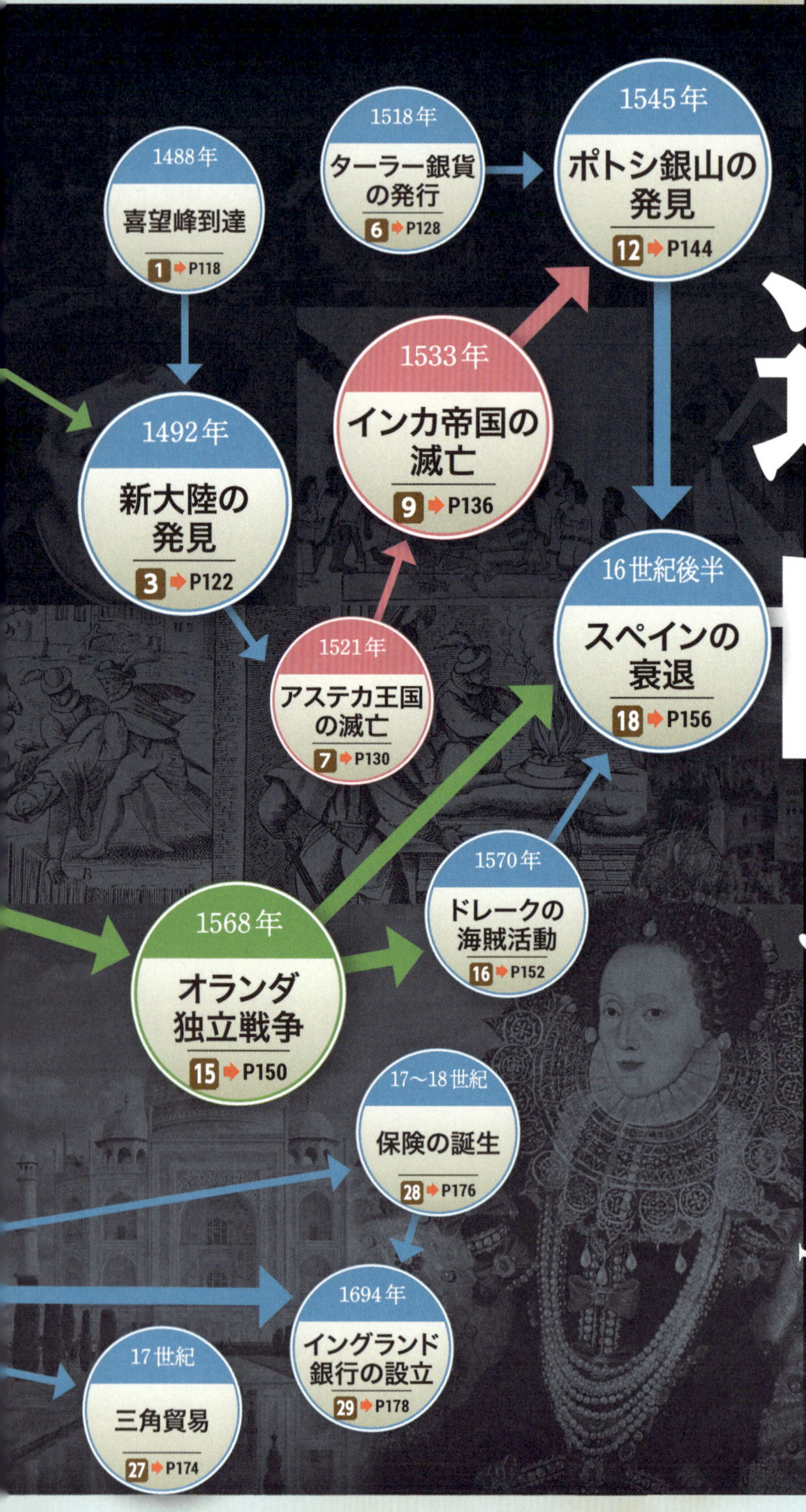

1488年
喜望峰到達
1 P118
1518年
ターラー銀貨の発行
6 P128
1545年
ポトシ銀山の発見
12 P144
1533年
インカ帝国の滅亡
9 P136
1492年
新大陸の発見
3 P122
16世紀後半
スペインの衰退
18 P156
1521年
アステカ王国の滅亡
7 P130
1570年
ドレークの海賊活動
16 P152
1568年
オランダ独立戦争
15 P150
17〜18世紀
保険の誕生
28 P176
1694年
イングランド銀行の設立
29 P178
17世紀
三角貿易
27 P174

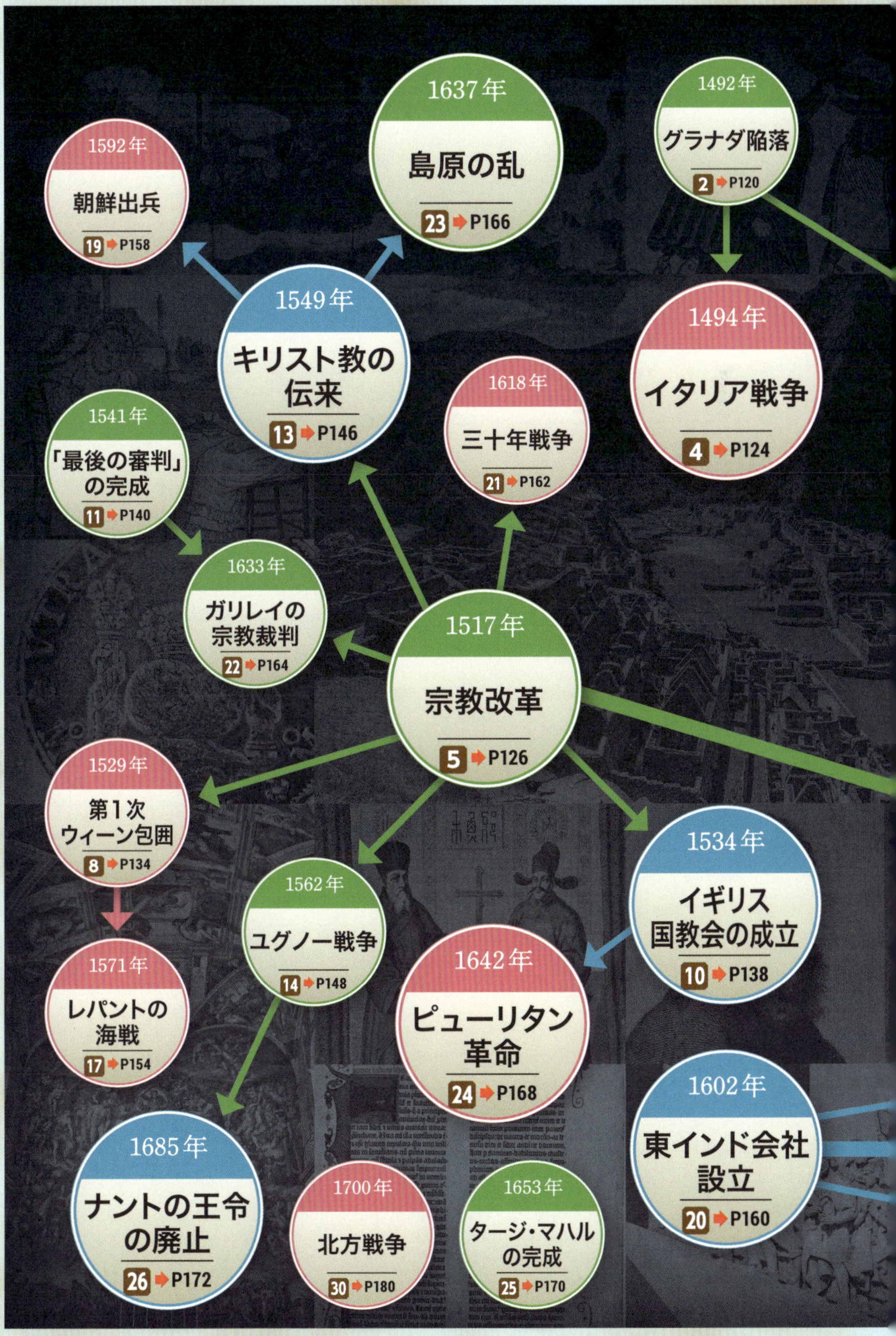
1592年
朝鮮出兵
19 P158
1637年
島原の乱
23 P166
1492年
グラナダ陥落
2 P120
1549年
キリスト教の伝来
13 P146
1494年
イタリア戦争
4 P124
1618年
三十年戦争
21 P162
1541年
「最後の審判」の完成
11 P140
1633年
ガリレイの宗教裁判
22 P164
1517年
宗教改革
5 P126
1529年
第1次ウィーン包囲
8 P134
1534年
イギリス国教会の成立
10 P138
1562年
ユグノー戦争
14 P148
1642年
ピューリタン革命
24 P168
1571年
レパントの海戦
17 P154
1602年
東インド会社設立
20 P160
1685年
ナントの王令の廃止
26 P172
1700年
北方戦争
30 P180
1653年
タージ・マハルの完成
25 P170

近世のさくいんMAP

※この勢力図は16世紀のもの。

近世の世界では、15世紀末にアジアとの交易を求めるスペインやポルトガルが、インド航路の開拓を目指したことで、大航海時代がはじまり、「世界の一体化」が本格化した。スペインは新大陸（アメリカ大陸）に到達すると、アステカ王国やインカ帝国を滅ぼし、大量の銀を獲得した。地中海・西アジア一帯はオスマン帝国が支配し、東アジアは中国の「明」が繁栄した。

※この2ページのマップは3章の「さくいん」にもなっています。そのため、この勢力図では16世紀に起きていない「できごと」も紹介しています。

経済

1488年

喜望峰到達

アジアの香辛料を求めて 大航海時代がはじまり ヨーロッパ人が世界進出する

関連ページ
経 P122 新大陸の発見
戦 P130 アステカ王国の滅亡
戦 P136 インカ帝国の滅亡

航海者の活躍により世界が一体化する

15世紀、ヨーロッパでは食文化が充実し、**香辛料**の需要が高まった。しかし**オスマン帝国**（➡P110）の勢力が拡大し、北イタリア商人が**東方貿易**によって香辛料を手に入れることが困難になった。**大航海時代**がはじまる要因は、新航路を開拓して、アジアから直接、香辛料を輸入する必要に迫られたことであった。

大航海時代の扉を開いたのは**「エンリケ航海王子」**と呼ばれるポルトガルの王子エンリケであった。15世紀前半、エンリケはアフリカ西岸に探検隊を派遣し、航路を開拓していった。エンリケの死後、**バルトロメウ・ディアス**が、アフリカ大陸南端の**喜望峰**に到達。続いて**ヴァスコ・ダ・ガマ**がインドの**カリカット**に到着し、インド航路を開拓した。

これに対し、「大西洋を横断すればインドに到達できる」と考えた**コロンブス**（➡P122）や**カブラル**、**カボット**などが大西洋横断に成功して陸地に到達し、**アメリゴ・ヴェスプッチ**が、到達地が**新大陸**であることを証明した。新大陸は、彼の名から**「アメリカ」**と名付けられた。

1519年には、スペイン王の命令で、**マゼラン**が世界一周の航海に出発。マゼランは大西洋・太平洋の横断に成功したが、フィリピンで先住民の襲撃を受けて殺害された。しかし生き残った部下たちが航海を続けてスペインに帰還し、**世界初の地球一周**を実現させた。

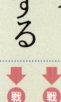

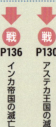

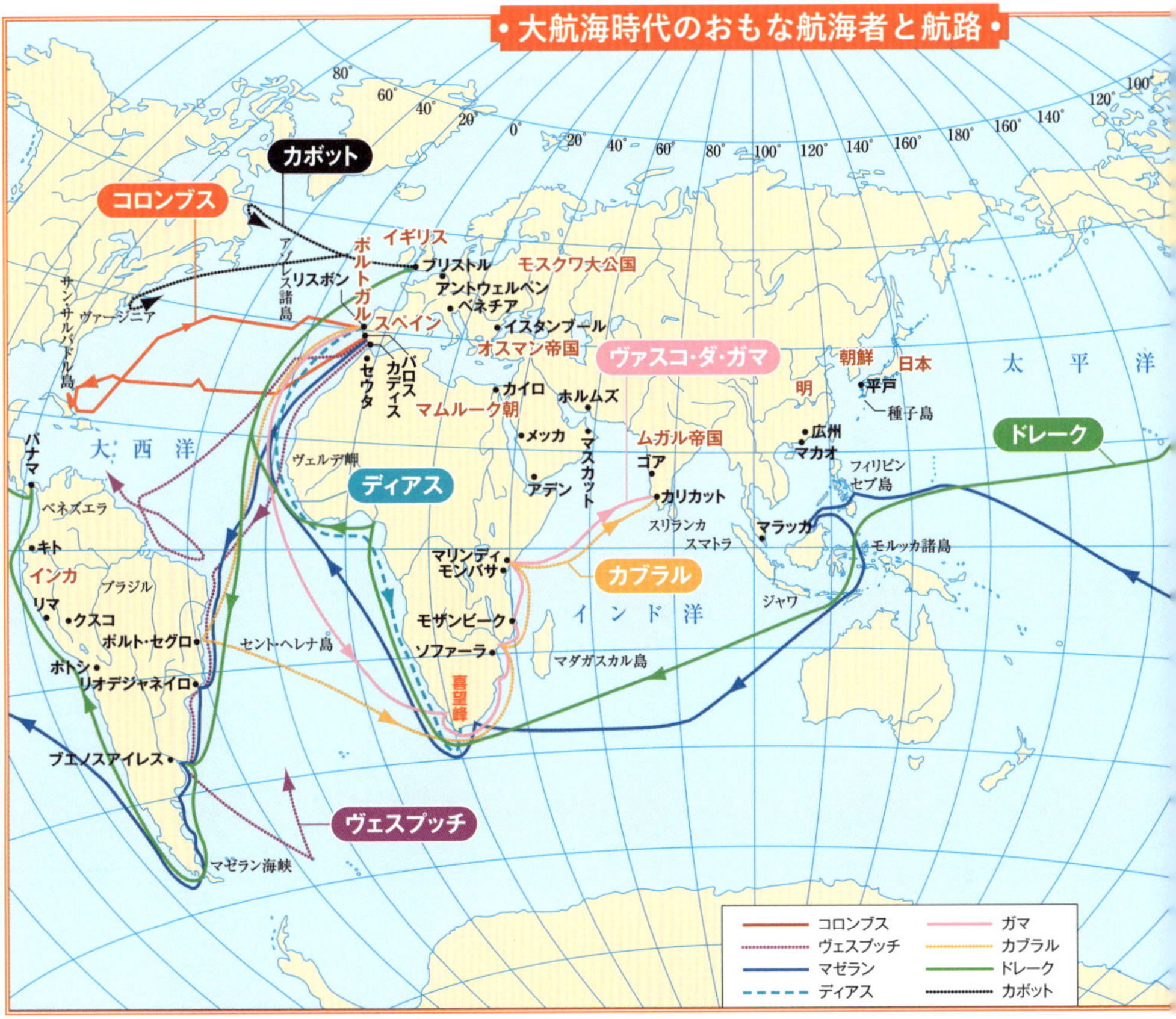

航海者の航路

コロンブス (➡P122)	新大陸(アメリカ大陸)を 発見(1492年)
ヴェスプッチ	ブラジルに到達(1499年) アメリカが大陸であると発見
マゼラン	世界初の世界一周を 達成(1522年)
ディアス	喜望峰に到達(1488年)
ヴァスコ・ダ・ガマ	インド航路を開拓(1498年)
カブラル	ブラジルを発見(1500年) ポルトガル領にする
ドレーク (➡P153)	イギリス人として 初めて世界一周(1580年)
カボット	カナダに到達し(1497年) 北米大陸で活動

※人名の色は世界地図に対応。

◆**発見のモニュメント**

新航路開拓に尽くしたエンリケ航海王子(1394〜1460)の功績を記念して制作された(ポルトガル)。

宗教

1492年

グラナダ陥落

キリスト教徒がイベリア半島から完全にイスラム勢力を駆逐する

イベリア半島に誕生したスペインとポルトガル

8世紀初め、勢力拡大を続けるイスラム国家**「ウマイヤ朝」**(→P70)は、キリスト教国の**西ゴート王国**(→P61)を滅ぼし、**イベリア半島**のほぼ全域を支配下に置いた。ウマイヤ朝が**アッバース朝**に滅ぼされたとき、ウマイヤ家の生き残りがイベリア半島に逃れ、756年、**「後ウマイヤ朝」**を成立させた。

後ウマイヤ朝は10世紀前半に全盛期を迎え、首都**コルドバ**は学問・芸術の中心地として繁栄し、人口は50万人を超えるヨーロッパ最大の都市になった。しかしその後、**カリフ**(イスラム共同体の最高指導者)の地位をめぐる内紛などで衰退し、1031年に滅亡。イスラム勢力が分裂して争うようになると、その混乱に乗じて、キリスト教徒は**レコンキスタ**(国土回復運動)を開始した。

12世紀には、キリスト教徒はイベリア半島北部を回復し、東部の**アラゴン王国**、中部の**カスティリャ王国**、西部の**ポルトガル王国**が建てられた。カスティリャ王女**イサベル**と、アラゴン王子**フェルナンド**の結婚によって両国は統合され、1479年、**スペイン王国**が誕生。ふたりは**「カトリック両王」**として、共同でスペイ

historical note

『白雪姫』のお城のモデルはイスラムの軍事用砦が起源

崖の上に建つアルカサル。

スペインのセゴビアにある城「アルカサル」は、円錐屋根の塔がそびえる美しい城として知られ、ディズニー映画『白雪姫』の城のモデルになった。アルカサルは、ウマイヤ朝がイベリア半島を支配していた時期に、イスラム教徒が築いた城砦だったが、レコンキスタ後に、現在の姿に修築された。

関連ページ
経 P70 ウマイヤ朝の成立
経 P122 新大陸の発見
経 P156 スペインの衰退

ンを統治し、レコンキスタを推進していった。

１４９２年、スペイン軍はイスラム勢力の最後の拠点だったナスル朝の首都**グラナダ**を陥落させた。イスラム勢力は北アフリカに逃れ、これにより、レコンキスタは完成した。

スペインとポルトガルは、ヨーロッパの西端という地理的状況を生かして、積極的に海外へ乗り出し、**大航海時代**を推し進めていった。

◆アルハンブラ宮殿

ナスル朝の王宮・城砦として、14世紀に約60年をかけて建設された。アルハンブラとはアラビア語で「赤い城」を意味する。スペインにおけるイスラム建築の最高傑作とされる。

◆グラナダ陥落

スペイン軍の猛攻により、ナスル朝のムハンマド12世はアルハンブラ宮殿を明け渡した。

経済

1492年

新大陸の発見

コロンブスの新大陸発見により新大陸と旧大陸で動物や植物、感染症が交流する

関連ページ
経 P118 喜望峰到達
戦 P130 アステカ王国の滅亡
戦 P136 インカ帝国の滅亡

世界の一体化を象徴する「コロンブス交換」

大航海時代の先陣を切ったのはポルトガルだった。**レコンキスタ**を推進していた**スペイン**は、戦費調達のため財政に余裕がなく、海外進出に出遅れていた。その頃、ジェノバ出身の航海者**コロンブス**は、天文学者**トスカネリ**の地球球体説を信じ、大西洋を横断すればインドに到達できると考え、スペイン女王**イサベル**に航海資金の援助を求めた。

当初は資金難で断ったイサベルだったが、**グラナダ**（➡P120）を陥落させた1492年、財政的な余裕が生まれると、コロンブスの要求に応じて経費を調達し、船団をインドに向けて出港させた。

72日間の航海の末、コロンブスはバハマ諸島の**サン・サルバドル島**に到着した。コロンブスは合計4回の航海を実行し、**アメリカ大陸**に上陸したこともあったが、自分が到達した地を**「インド」**と信じ、先住民を**「インディアン」**と呼んだ。その後、イタリア出身の**アメリゴ・ヴェスプッチ**は南アメリカ大陸を探検して、到達した地がアジアではなく、**「新大陸」**であることを突き止めた。

旧大陸と新大陸との間で交易や交流が盛んになると、動物や植物、感

historical note

スペインとポルトガルで世界を分け合う「トルデシリャス条約」

スペインとポルトガルの植民活動により、両国の対立が懸念された。これを避けるため、1493年、教皇アレクサンデル6世は南米大陸の東端を通る子午線を分割線とし、その西をスペイン、東をポルトガルの領域と提案。翌年、両国は分割線をさらに西側の西経46度37分（➡P156）の子午線に設定することで合意し、トルデシリャス条約が結ばれた。

アレクサンデル6世(1431〜1503)

染症にいたるまで、さまざまなものが、お互いに持ち込まれた。これらの交流を総称して、**「コロンブス交換」**と呼ぶ。

コロンブス交換によって、新大陸から旧大陸に持ち込まれた代表的な作物は、**ジャガイモ**や**トマト**、**トウモロコシ**などである。寒さに強いジャガイモは、ドイツやポーランド、アイルランドなどの主食となり、トマトはイタリア料理に不可欠な食材となった。また、**タバコ**は嗜好品としてヨーロッパに瞬く間に広まった。

一方、旧大陸から新大陸に持ち込まれた**小麦**は、主要な穀物として定着。**サトウキビ**は、大西洋三角貿易（➡P174）の主要品目となり、黒人奴隷にプランテーション（大規模農業）で栽培させることになった。コロンブス交換に象徴される**「世界の一体化」**は、その後の世界史に大きな影響を与えた。

コロンブス交換の代表例

新大陸 → 旧大陸		旧大陸 → 新大陸
アルパカ、七面鳥、アライグマ	家畜	馬、羊、牛、豚
トウモロコシ、カカオ、ジャガイモ、落花生、カボチャ、タバコ、トマト	植物	小麦、サトウキビ、コーヒー、バナナ、タマネギ、胡椒、キャベツ
梅毒（諸説あり）、黄熱	感染症	コレラ、天然痘、インフルエンザ、ペスト

新大陸では、旧大陸から持ち込まれた天然痘やインフルエンザに対する免疫がまったくなかった。このため被害は急速に広がった。

◆コロンブス（1451?〜1506）
イタリア出身の航海者で、スペイン女王イサベルの援助により大西洋を横断する航海に出て、アメリカ大陸を発見した。合計4回の航海を行った。

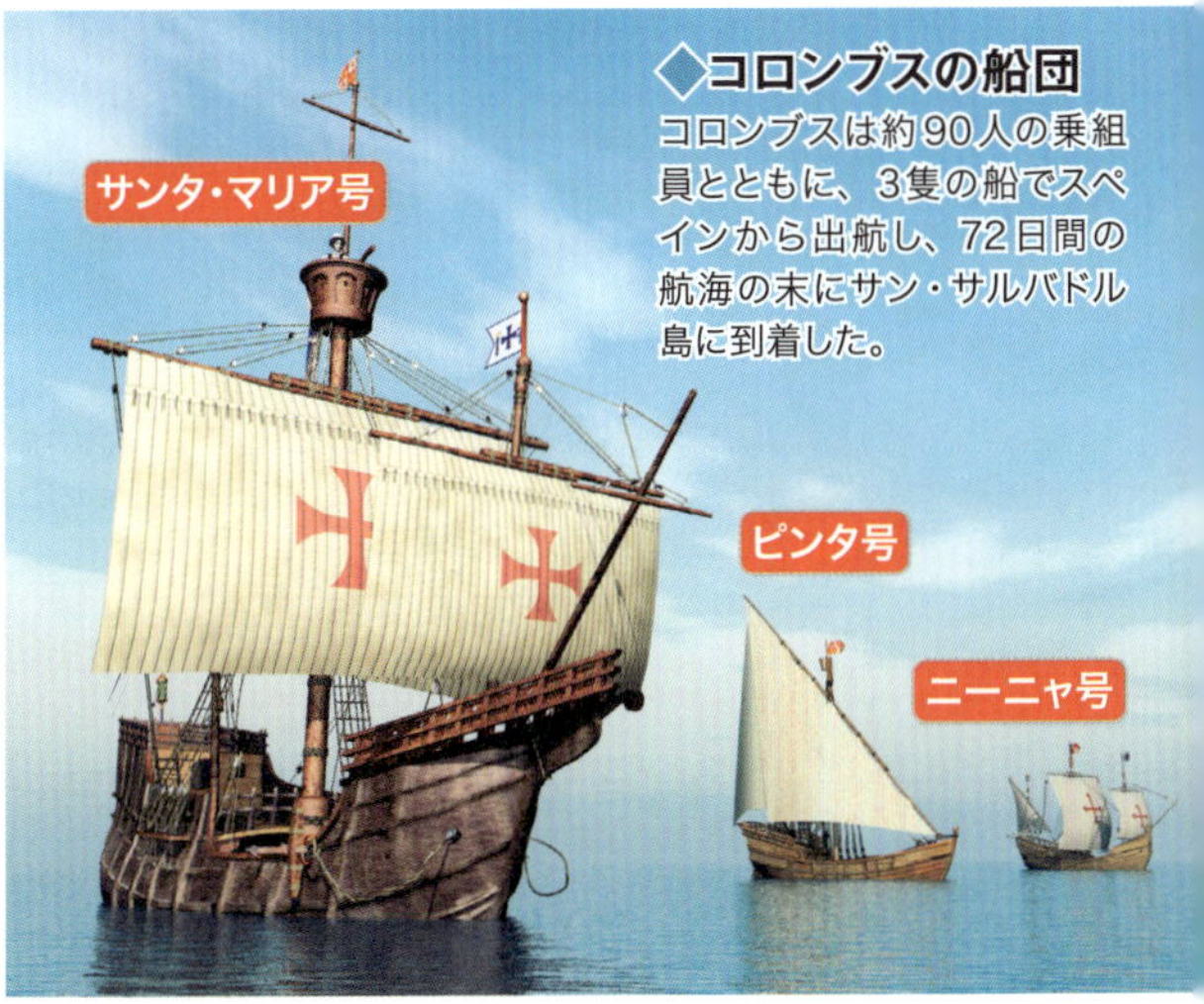

◆コロンブスの船団
コロンブスは約90人の乗組員とともに、3隻の船でスペインから出航し、72日間の航海の末にサン・サルバドル島に到着した。

1494年

イタリア戦争

イタリア戦争の期間中に主権国家が形成されて国境が明確になる

王権の強化で大規模な戦争を可能にする

中世のヨーロッパのフランスやイギリスなどは、大国であったが、その体制は、**諸侯**や**騎士**（↓P112）などの**封建領主**が、**国王**や**皇帝**に仕える「封建国家」だった。

封建国家は、領主間の一対一の契約関係が基本であり、騎士の仕える諸侯が主君を変えることもあり、また諸侯や騎士は複数の主君に仕えることも可能だった。このため**王権**がどこまで及ぶのか、**国境**がどこなのか、曖昧な状態であった。

中世末期、百年戦争など、国家間で大規模な戦争が行われるようになると、国王たちは、諸侯や騎士を総動員し、国中から税を徴収して軍事費を調達できる体制を築く必要に迫られた。こうした国家は**「主権国家」**と呼ばれ、諸侯や騎士たちは貴族として**官僚組織**に組み込まれ、国王中心の行政機構が整備された。

封建領主層が戦争や農村の荒廃などで没落したことや、大航海時代に巨万の富を得た商人が国王と協力関係を結んだことなどが、主権国家の確立を可能にしたといわれる。

主権国家のしくみが発展したのは、**イタリア戦争**の期間であった。１４９４年にはじまったイタリア戦

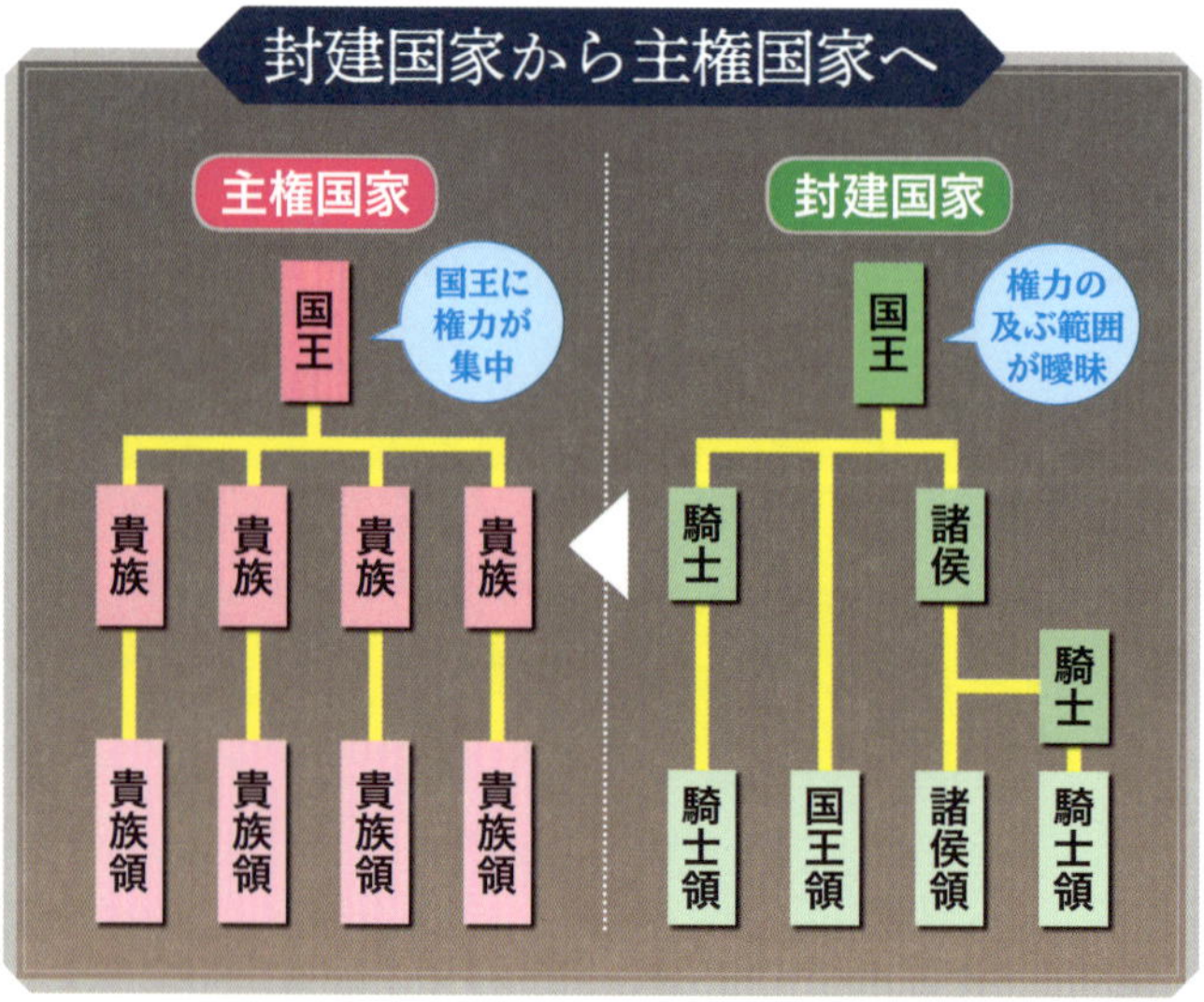

関連ページ
経 P100 百年戦争
宗 P120 グラナダ陥落

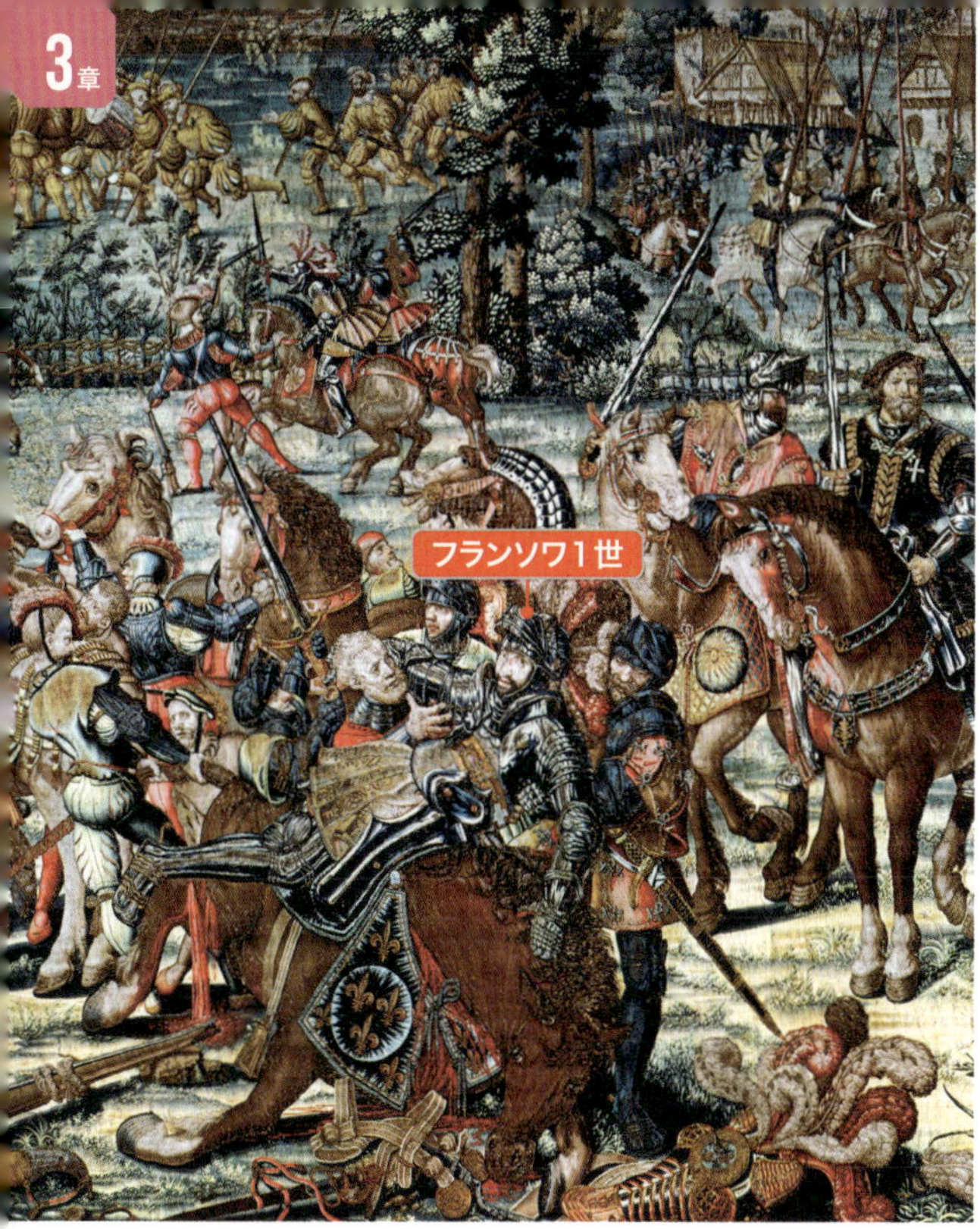

◆パヴィアの戦いで捕虜になるフランソワ1世
イタリア戦争中の1525年、ドイツ軍を率いるカール5世は、パヴィアでフランス軍のフランソワ1世を捕虜にして大勝利した。これによりフランスの北西イタリア支配が終わった。

争は、イタリア半島の支配権をめぐって、フランス王家の**「バロア家」**と、神聖ローマ皇帝の**「ハプスブルク家」**の対立を軸にした戦争で、北イタリア諸国やローマ教皇、オスマン帝国などを巻き込み、60年以上も続けられた。特に、スペイン国王**カルロス1世**でもあり、神聖ローマ皇帝を兼ねる**カール5世**と、フランスの**フランソワ1世**は激しく戦った。

両国とも戦費増大による財政難のため講和したが、フランス王家とハプスブルク家の対立は、その後、ヨーロッパの国際関係における基本的な対立軸となった。

主権国家の形成期に、フランスやスペイン、イギリスなどでは、国王が絶対的な権力をもつ**「絶対王政」**の体制が完成した。一方、神聖ローマ帝国やイタリアでは、有力諸侯や都市の独立性が強く、統一的な主権国家の形成は遅れた。

historical note

カール5世の「ローマ劫掠《ごうりゃく》」により イタリア・ルネサンスが終焉を迎える

パヴィアの戦い後、ローマ教皇クレメンス7世が密かにフランスと手を結んだことを知ったカール5世は、皇帝軍を組織し、ローマに総攻撃をしかけた。皇帝軍は勝利したが統率を失い、ローマで破壊と略奪の限りを尽くした。この「ローマ劫掠《ごうりゃく》」により、芸術家や文化人の多くが殺され、文化財も破壊され、イタリア・ルネサンス（➡P140）は終わりを告げた。

カール5世（1500〜1558）

1517年

宗教改革

ルターのカトリック批判から プロテスタントが誕生し 宗教改革がはじまる

贖宥状に対する批判が幅広い支持を得る

ヨーロッパで絶大な権威を誇っていた**カトリック教会**は、十字軍の失敗などがあったが、権威を保ち、富を保有していた。このため、聖職者が堕落し、聖職を売買するなどの**腐敗**が横行していた。

1515年、イタリアのフィレンツエを支配する大富豪**「メディチ家」**出身の教皇**レオ10世**は、ローマの**サン・ピエトロ大聖堂**を新築する費用を調達するため、**贖宥状《しょくゆうじょう》（免罪符）**の販売を開始。贖宥状を購入すれば、その功績によって過去の罪が許され、魂が救済されるとされた。贖宥状は、ローマ教皇の影響力が強く及んでいた**神聖ローマ帝国**で重点的に販売された。

これに対し、ザクセン（ドイツ）の神学者**マルチン・ルター**は、「キリストの福音（救いの教え）を信じることでしか魂の救済はできない」と考え、1517年、贖宥状の販売を激しく批判する**「95カ条の意見書」**を教会の扉に貼り出した。諸侯や市民、農民たちに支持されたルターは「危険人物」とされ、教皇から破門され、神聖ローマ皇帝**カール5世**から国外追放の処分を受けた。

しかし有力諸侯の**ザクセン選帝侯**

historical note

宗教改革を進めたのはグーテンベルクの活版印刷だった

1450年頃、ドイツ人の技師・グーテンベルクが活版印刷技術を完成させた。これにより大量の印刷物の制作が可能になった。宗教改革がはじまると、ルターによるドイツ語訳『新約聖書』が出版されて急速に普及した。活版印刷は、宗教改革を大きく進展させた技術のひとつといわれる。

グーテンベルク印刷機による聖書。カラー部分は、後に手で書き入れたもの。

関連ページ
経 P138 イギリス国教会の成立
宗 P148 ユグノー戦争
戦 P162 三十年戦争

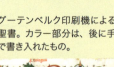

カトリックとプロテスタントの違い

カトリック		プロテスタント
ローマ教皇(法王)	最高指導者	存在しない
司祭(神父)	聖職者の呼称	牧師(先生)
禁止	聖職者の結婚	可能
禁止	信者の離婚	可能
エルサレム、ローマ	聖地	特になし
ミサがある	礼拝の儀式	特になし
十字を切る	しぐさ	十字を切らない
存在する	聖人	存在しない

にかくまわれたルターは**『新約聖書』**のドイツ語版を完成。それまでの聖書はラテン語で書かれていたため、一般人は読むことができなかったが、これにより民衆が直接キリストの教えに接することができるようになった。こうした活動により、ルターの教えを採用する諸侯は増え、神聖ローマ帝国から離脱する諸侯も現れた。

さらに**イタリア戦争**（↓P124）やオスマン帝国の**ウィーン包囲**（↓P134）の対応に追われるカール5世は、ルター派と妥協するしかなく、1555年、**「アウクスブルクの和議」**を結び、ルター派の諸侯に信仰の自由を認めた。

キリスト教に変革をもたらしたルターの活動は**「宗教改革」**と呼ばれ、ルターの教えの信者は**「プロテスタント（抗議者）」**と呼ばれた。

◆**マルチン・ルター（1483～1546）**

ドイツ出身の神学者・宗教改革者。贖宥状の発行を激しく批判する「95カ条の意見書」を発表し、宗教改革を開始した。

『聖書』に書かれていないことを認めることはできない

◆**贖宥状《しょくゆうじょう》の販売**

カトリック教会が発行した贖宥状は免罪符ともいわれ、購入すると過去に犯した罪が許されるとされた。ローマのサン・ピエトロ大聖堂の新築費用を得ることが目的だった。

1518年

ターラー銀貨の発行

「ドル」の語源となったターラー銀貨がヨーロッパの基軸通貨となる

関連ページ
経 P98 ハンザ同盟
経 P144 ポトシ銀山の発見

貨幣経済が混乱するなかで良質な銀貨が流通する

13世紀以降、**「地中海交易圏」「北ヨーロッパ交易圏」**などの繁栄により経済が成長したヨーロッパでは、貨幣の流通量が増大。この時期、標準的な貨幣として使用されたのは、フィレンツェで鋳造された**「フローリン金貨」**であった。しかし、金は産出量が少ないため、流通量は限られていた。

14世紀には、**百年戦争**（→P100）などの戦乱や、**黒死病（ペスト）**の大流行などにより、ヨーロッパ全土が荒廃。また、イスラム勢力との**東方貿易**が盛んになり、香辛料や絹などを購入するため、ヨーロッパから大量の金貨や銀貨が流出した。さらに度重なる戦争の**軍事費**を調達するため、各国は**貨幣改悪**を続けた。また、有力諸侯が各地を支配する分裂国家だった神聖ローマ帝国では、有力諸侯が独自に通貨を発行したため、貨幣の混乱に拍車がかかった。

貨幣の混乱の収拾が望まれるなか、15世紀末にオーストリアで高品質の大型銀貨**「グルデングロッシェン」**が鋳造された。この銀貨は高く評価されて広く流通したため、銀山を保有する国では、これを真似た銀貨が

historical note

チロル銀山から採掘される銀を独占して繁栄したフッガー家

フッガー家は、15世紀にアウクスブルク（ドイツ）で繁栄した豪商の一族。神聖ローマ皇帝を受け継ぐハプスブルク家と密接な関係を築き、チロル銀山（オーストリア）の経営権を独占。銀で得た利益をもとに、神聖ローマ帝国やスペインに多額の融資をおこない、最盛期を迎えた。しかし16世紀後半、スペインが衰退すると、フッガー家も没落した。

アウクスブルクに立つヤーコプ・フッガー（1459〜1525）の銅像。

次々と鋳造された。

16世紀になると、**ハプスブルク家**が支配する神聖ローマ帝国内の**ボヘミア**（現在のチェコ）で銀鉱山「ザンクト・ヨアヒム・ターラー（聖ヨアヒムの谷）」が発見され、この銀山で採掘された銀を使った大型銀貨**「ヨアヒム・ターラー」**が鋳造された。周辺の谷の銀鉱山でも、同様の銀貨が鋳造され、これらは「〜ターラー」と呼ばれた。

その後、18世紀までヨーロッパ各地で多様なターラー銀貨が発行され、オランダでは**「ダアルダ」**、イギリスでは**「ダラー」**と呼ばれ、スペインがメキシコで鋳造した新銀貨は**「メキシコ・ドル」**と呼ばれた。

こうしてターラー銀貨はヨーロッパの**基準通貨**になり、「ターラー」は、現在の「ドル」の語源となった。

◆**ターラー銀貨**

16世紀以降、ヨーロッパ各地で多様なターラー銀貨が発行された。写真は17世紀にバーゼル（スイス）で発行されたもの。

◆**フローリン金貨**

13世紀にフィレンツェで鋳造された金貨。高品質で、ヨーロッパの標準的な金貨となった。

ヨーロッパの貨幣史

13世紀
ヨーロッパ経済が発達し、貨幣の流通量が増え、良質な金貨が発行される

↓

14世紀
東方貿易のため金貨・銀貨が流出し、各国は戦費調達のため粗悪な貨幣を発行する

↓

貨幣の混乱収拾が望まれる

↓

16世紀
「ヨアヒム・ターラー」をきっかけに、ヨーロッパ各地で良質なターラー銀貨が発行される

◆**「金貸しとその妻」**

クエンティン・マサイスが1514年に描いた作品で、当時、ヨーロッパの金融の中心地だったアントウェルペン（ベルギー）の金貸し夫婦を描いている。夫の前に散らばる金貨・銀貨は、ヨーロッパで金属貨幣が流通していたことを物語っている。

1521年

アステカ王国の滅亡

白い神ケツァルコアトルの化身と信じられたコルテスがアステカ王国を滅ぼす

王国に反発する諸民族を味方につけて反撃する

大航海時代、アメリカ大陸のメキシコ一帯には、**アステカ王国**が繁栄していた。アメリカ大陸に銀鉱山が存在していることを知ったスペイン国王**カルロス1世**（➡P125）は、コルテスを**コンキスタドール（征服者）**としてアメリカ大陸に派遣した。

1519年、コルテスは約500人の兵を率いて、アステカ王国の首都**テノチティトラン**（現在のメキシコシティ）に進撃した。

アステカ王**モクテスマ2世**は白人を見たことがなかったため、コルテスたちを白い神**「ケツァルコアトル」**の化身と信じ、戦うことなく降伏し、コルテスを迎え入れて、莫大な財宝を献上した。これに驚いたコルテスは、各地で財宝を略奪させた。

乱暴なコルテスたちに怒ったアステカ人たちは、モクテスマ2世を殺害した後、コルテスたちを襲撃。コルテスたちは数百人の戦死者を出しながらもアステカ軍を振り切り、テノチティトランを脱出したが、略奪した財宝は湖の底に沈んでしまった。

コルテスは、アステカ王国に過酷な税を課されていた周辺の諸民族を味方につけ、約5万人の大軍となった軍勢を率いてテノチティトランを

関連ページ
経 P118 喜望峰到達
経 P122 新大陸の発見
戦 P136 インカ帝国の滅亡

historical note

アステカ文化が徹底的に破壊され「人身御供《ひとみごくう》」の習慣が途絶えた

アステカ人は、「太陽の不滅」を祈って、生きている人間の胸を切り裂き、心臓を取り出して神に捧げる儀式を行っていた。コルテスの侵略行為は、「アステカから人身御供《ひとみごくう》の野蛮な習慣を廃止させた」という説もあったが、実際は徹底的に文化や宗教が破壊されたため、人身御供の儀式を継続できなくなったにすぎない。

アステカの生贄の儀式。

包囲。これに対しアステカ軍は、スペイン人が持ち込んだ**感染症**（特に天然痘）にかかり、大幅に戦力を失っていた。

周囲を湖に囲まれたテノチティトランは防御力が高かったが、コルテスは水の補給路を断ち、3カ月の攻防の末、陥落させた。入城したコルテスは、数万人のアステカ人を虐殺したという。

アステカ王国滅亡の理由

●周辺諸民族の反逆

アステカ王国が課した過酷な税に対する反感から、コルテスに味方する民族が多かった。

●感染症の蔓延

アステカ人は、スペイン人が持ち込んだ感染症（特に天然痘）に免疫がなく、被害が急速に広まった。メキシコでは、推定2500万人の人口が征服後50年間で100万人にまで減少した。

この地上最大の国と土地の征服は、今や我々の手中にある

◆コルテス（1485〜1547）
スペイン出身のコンキスタドール。アステカ王国に進撃し、滅亡に追いこんだ。

アステカ王国を征服したスペインは、メキシコを**植民地**とし、植民地の統治をスペイン人入植者に委任した。この制度は**「エンコミエンダ制」**と呼ばれ、先住民に対する保護とキリスト教の教化を目的としていたが、実際には奴隷制で、奴隷化された先住民は、**ポトシ銀山**（➡P144）などの金・銀の鉱山などで強制的に働かされた。

コルテス軍騎兵隊
アステカ軍

◆コルテス軍の反撃
テノチティトランから脱出したコルテスたちは、追撃をしかけるアステカ軍に騎兵隊を突撃させて危機を脱出した。アステカ兵は馬による攻撃に慣れていなかった。

ビジュアル特集

スペイン・ドイツの歴史

ハプスブルク家による支配が長かったスペインとドイツの歴史をざっくりと紹介する。ドイツは19世紀後半にドイツ帝国が成立するまで分裂状態だった。

スペイン（イベリア半島）

ローマ帝国（前27〜395）・西ローマ帝国（395〜476）

西ゴート王国（418〜711）

イスラム諸国

後ウマイヤ朝（756〜1031）

10世紀に首都コルドバはヨーロッパ最大の都市として繁栄

以後、数多くのイスラム王朝が成立する

キリスト教諸国

8世紀
レコンキスタ（国土回復運動）開始

10〜12世紀
アラゴン王国、カスティリャ王国、ポルトガル王国の建国

1479年
スペイン王国の誕生

1492年 ➡P120
グラナダ陥落
レコンキスタの完成

ドイツ

ゲルマン人の部族国家（〜5世紀）

フランク王国（481〜843）

843年
フランク王国の分裂
➡P75

東フランク王国（843〜911）

神聖ローマ帝国（962〜1806）

1077年
カノッサの屈辱

➡P86

1517年
ルターが宗教改革を開始

➡P126

神聖ローマ帝国内では諸侯（有力領主）の独立性が強く、統一国家の形成が遅れた

現代のスペイン

1931年に共和政となったが、スペイン内戦により軍事政権が樹立された。1975年、民主政治に移行した。

スペイン王国(1479～1931)

1519年
ハプスブルク家出身のスペイン王カルロス１世が神聖ローマ皇帝カール５世を兼ねる

ハプスブルク家の絶頂期

1545年 ➡P144
スペインが支配したアメリカ大陸のポトシ銀山で大量の銀が採掘され「スペイン・ドル」が誕生

16世紀後半
スペイン王フェリペ２世はスペインの最盛期を築くが、オランダ独立戦争やアルマダの海戦に敗れて衰退する ➡P156

↓

度重なる戦争で戦費が増大し国家財政が破綻する

1898年 ➡P234
米西戦争でアメリカに敗れてグアムやフィリピンを割譲する

現代のドイツ

第二次世界大戦に敗れたドイツは、冷戦の影響で東西に分断されたが、1990年、再統一された。

1618年
三十年戦争でハプスブルク家が敗北

↓

諸侯の領邦が独立し、ハプスブルク家の領地はオーストリア、ハンガリー一帯だけになる ➡P162

1756年
七年戦争でマリア・テレジアがオーストリア統治を確立 ➡P188

1806年
ナポレオンがライン同盟を結成し、神聖ローマ帝国が消滅

ドイツ諸侯のひとつ「プロイセン王国」が勢力を拡大

←

1866年
普墺戦争でプロイセンがオーストリアに勝利

↑

ドイツ帝国(1871～1818)

1870年
普仏戦争でフランスに勝利したプロイセンが、翌年、ドイツ帝国を成立させる ➡P228

ナチス・ドイツ(1933～1945)

第一次世界大戦に敗れたドイツは共和政になり、その後、ナチ党のヒトラーが権力を握る

1939年
ポーランド侵攻により第二次世界大戦が勃発 ➡P268

1529年

第1次ウィーン包囲

オスマン帝国のスレイマン1世がウィーンを大軍で包囲しヨーロッパを恐怖させる

オスマン帝国の伸張がヨーロッパを混乱させる

1453年、**コンスタンチノープル**を陥落させ、**ビザンツ帝国**を滅ぼした**オスマン帝国**では、第9代スルタン（イスラム世界の君主）となった**セリム1世**が、イランで建国されたイスラム教シーア派国家**「サファヴィー朝」**を破ってシリアを占領した。1517年には**マムルーク朝**（→P102）を滅ぼしてエジプトを併合し、マムルーク朝の管理下にあったイスラム教の**両聖都**（メッカとメディナ）を支配下に置いた。

以後、オスマン帝国のスルタンは、イスラム世界のスンナ派を保護する最高指導者**カリフ**の地位を兼ねた。そして次の第10代スルタン・**スレイマン1世**の時代に、オスマン帝国は最盛期を迎えた。

スレイマン1世は、1526年、**「モハーチの戦い」**でハンガリー王を討ち取り、ハンガリーを支配下に置いた後、神聖ローマ皇帝**カール5世**と対立し、ウィーンに向けて侵攻を開始した。このとき神聖ローマ帝国は、**イタリア戦争**と**宗教改革**で混乱していたため、カール5世は、プロテスタントに譲歩して、信仰の自由を認めざるを得なかった。

スレイマン1世は、大軍でウィー

勢力を拡大するオスマン帝国

16世紀にオスマン帝国の領土は最大となり、地中海沿岸のほぼ4分の3を支配下に置いた。

関連ページ
戦 P124 イタリア戦争
宗 P126 宗教改革
戦 P154 レパントの海戦

マップ

◆第1次ウィーン包囲
スレイマン1世は、約12万人の大軍でウィーンを包囲し、約300門の大砲で攻撃をしたが、食料不足などにより約1カ月で撤退した。

第1次ウィーン包囲の影響

神聖ローマ帝国 オスマン帝国の侵攻を全力で防御するため、対立していた**ルター派に信仰の自由を認め**、国内を安定させる。

フランス イタリア戦争の敵である神聖ローマ帝国に対抗するため、「敵の敵」である**オスマン帝国と同盟を結ぶ**。

ンを包囲したが、食料不足などにより撤退し、この**「第1次ウィーン包囲」**は失敗したが、名門ハプスブルク家の主要都市がイスラム教徒に包囲されたことは、ヨーロッパに衝撃を与えた。

イタリア戦争でカール5世と対立していたフランスの**フランソワ1世**は、スレイマン1世と同盟を結び、**カピチュレーション**（フランス商人がオスマン帝国内に居住し、自由に通商する権利）を認められたといわれる（正式には1569年、セリム2世が締結した）。

また、スレイマン1世は、1538年に**「プレヴェザの海戦」**でスペイン・ベネチア・ローマ教皇の連合艦隊を撃破し、**地中海**のほぼ全域で制海権を握った。さらにサファヴィー朝に遠征して**南イラク**を制圧し、**北アフリカ**も支配下に置いた。しかし度重なる遠征による**軍事費**は財政を圧迫し、大帝国を安定的に維持することも次第に困難になっていった。

スレイマン1世の死後、サファヴィー朝から領土を奪還されるなど、オスマン帝国の領土は縮小していき、緩やかな衰退がはじまった。

◆スレイマン1世（1494〜1566）
オスマン帝国の第10代スルタン。46年の在位中に13回の遠征を実施し、西アジアから北アフリカに及ぶ広大な領域を支配下に置いた。

1533年

インカ帝国の滅亡

コンキスタドール・ピサロが最新兵器の火縄銃でインカ帝国を滅ぼす

インカを滅亡に導いた火縄銃と天然痘

大航海時代がはじまった15世紀、南アメリカ大陸のアンデス山脈中では、**インカ帝国**が繁栄していた。インカ帝国は南北約4000㎞にも及ぶ広大な領域を支配し、発達した道路網や巨石建造物、黄金細工などの高度な文化をもっていたが、文字はなく、また鉄の精錬技術もなかった。

1521年、アステカ王国を征服したスペインは、インカ帝国へ**コンキスタドール（征服者）**の**ピサロ**を送り込んだ。ピサロが率いた騎兵はわずか180人ほどだったが、**鉄の甲冑**を身にまとい、**鉄の剣**を帯び、最新兵器の**火縄銃**を装備していた。インカ皇帝**アタワルパ**の約4万人の軍勢に対して、スペイン軍は銃撃を加え、鉄の剣をふるい、わずか30分間で2000人以上を虐殺したという。

ピサロは生け捕りにしたアタワルパの解放と引き換えに、莫大な金銀を受け取ったが、「アタワルパが生きている限り反乱の可能性がある」と考え、1533年、約束を破ってアタワルパを処刑した。自らを**「太陽の化身」**と信じるアタワルパは、復活と復讐を誓いながら最期を迎えたという。進撃を続けたピサロは首

関連ページ
経 P122 新大陸の発見
戦 P130 アステカ王国の滅亡
経 P144 ポトシ銀山の発見

historical note

車輪を使用せずに巨大建造物を築いた南北アメリカ文明

マヤ文明やアンデス文明など、南北アメリカ大陸で古代より発展した文明は、ピラミッドをはじめとする巨大な巨石建造物を築いたが、車輪の原理を知らなかったため、石は引きずって運ばれた。また、車輪がなかったため、戦車や荷車なども発達しなかった。

テオティワカン遺跡の「太陽のピラミッド」（メキシコ）。

◆**進撃するピサロの軍勢**

ピサロの軍勢は180人程度の小部隊だったが、鉄の剣や火縄銃でインカ軍を圧倒した。

都**クスコ**の神殿や宮殿を破壊し、金銀を略奪し、インカ帝国を滅ぼした。スペインの宣教師**ラス・カサス**は、残虐な行為をくり返すピサロを**「札付きの無法者」**と呼び、破壊の記録をスペイン王に報告した。

インカ帝国が滅亡したのは、銃や剣などの鉄器に対抗できなかったことだけでなく、ピサロの征服以前に、スペイン人が持ち込んだ**天然痘**などの感染症が急速に広まり、数年間に人口の60～94％（推計）が死亡したことも大きな理由だった。

その後、新しい拠点都市として**リマ**を建設したピサロは、領土の分配をめぐって対立した同僚を処刑したが、報復にあって暗殺された。こうしてインカの地はスペインの**植民地**となり、先住民は奴隷として扱われた。

◆**ピサロ**
（1470?～1541）

スペイン出身のコンキスタドール。スペイン国王の援助を受けてインカ帝国を滅ぼした。「札付きの無法者」と呼ばれ、インカで破壊と虐殺の限りを尽くしたが、内部抗争により、暗殺された。

historical note

マチュ・ピチュを発見したのはインディ・ジョーンズ !?

標高約2400mの山上に築かれたインカ帝国の都市マチュ・ピチュは、周囲を断崖で囲まれているためスペイン人の破壊を免れた。マチュ・ピチュは1911年にアメリカ人考古学者ビンガムにより発見されたが、ビンガムはこの遺跡をインカ帝国最後の都市ビルカバンバと信じていた。映画『インディ・ジョーンズ』の主人公は、ビンガムがモデルである。

天空の要塞都市マチュ・ピチュ（ペルー）。

経済

1534年

イギリス国教会の成立

イギリスはローマから カトリック教会の財産を 狙って独立を果たした

関連ページ

宗 P86 カノッサの屈辱
宗 P126 宗教改革
戦 P168 ピューリタン革命

修道院の財産を没収し「十分の一税」を確保

神聖ローマ帝国で**ルター**が宗教改革を進めていた時期、イギリス国王**ヘンリ8世**は、ルターの主張を認めず、ルターの支持者を弾圧した。このためローマ教皇から**「信仰の擁護者」**と称えられた。

しかし、ヘンリ8世が、スペイン王家出身の王妃**キャサリン**と離婚して、侍女**アン・ブーリン**と結婚しようとしたとき、ローマ教皇は離婚を認めなかった。教皇と対立したヘンリ8世は、キャサリンと強引に離婚して、アンと結婚。これを知ったローマ教皇は、ヘンリ8世を**破門**した。

1534年、ヘンリ8世は**「国王至上法（首長法）」**を制定し、「イギリス国内の教会は、国王を唯一最高の首長とする」と規定した。これにより**イギリス国教会**が成立し、ローマ・カトリック教会から分離・独立した。このときヘンリ8世は、イギリス国内の**修道院**（修道士・修道女の共同生活所）を議員立法で廃止して、修道院が保有していた土地や財産を没収し、貴族やジェントリ（貴族でない地主）に払い下げた。

また、イギリスのキリスト教徒がローマ教皇に納めていた**「十分の一税」**（→P86）をイギリス国王に納

イギリス国教会の特徴

組織	イギリス南部を管轄する「カンタベリー管区」とイギリス北部を管轄する「ヨーク管区」があり、それぞれ大主教が存在し、国教会の長はカンタベリー大主教が任じられる
教義	聖書主義、予定説（人が救われるのは神の自由な恩恵に基づく）など、プロテスタントのカルバン主義（→P148）に近い
儀式	聖職服の着用など、カトリックに近い
結婚	聖職者の結婚は可能

めさせるようにして、イギリス王室の財政基盤を固めた。

ヘンリ8世が宗教改革をはじめる前、イギリスの財政は、宮殿の建築費や、**イタリア戦争**（↓P124）参戦による軍事費で、厳しい状況になっていた。こうしたことから、宗教改革の真の目的は離婚ではなく、カトリック教会・修道院の財産を手にいれるためだったと考えられている。

改革当初、イギリス国教会の教義や儀式は、カトリックとほとんど変わらなかった。イギリス国教会の体制が確立するのは、ヘンリ8世とアンの間に生まれた**エリザベス1世**（↓P152）の治世においてであった。教義はプロテスタントの**カルバン主義**（↓P148）に近いものとなり、教会の組織「**司教制**（**主教制**）」は維持され、儀式はカトリック様式が保持された。

しかし、こうした妥協的な教会制度に対し、**ピューリタン（清教徒）**と呼ばれるグループは、「カルバン主義を徹底させるべき」と主張し、やがてピューリタンの不満は、革命へと繋がっていった。

イギリス宗教改革の目的

- 修道院を廃止し、修道院の土地財産を没収する
- ローマ教皇に納められていた「十分の一税」を国王に納めさせる

↓

戦費によって圧迫されていたイギリス王室の財政基盤を強化する

◆**カンタベリー大聖堂**
イギリス南東部の都市カンタベリーに建つゴシック様式の大聖堂。イギリス国教会の総本山で、主教座（大主教が執務するための座席）が置かれている。

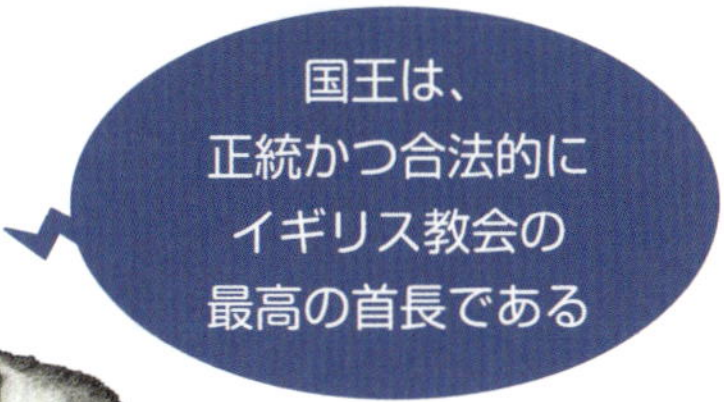
国王は、
正統かつ合法的に
イギリス教会の
最高の首長である

◆**ヘンリ8世**
（1491～1547）
イギリス国王。ローマ教皇の許可を得ずに王妃キャサリンと離婚し、侍女のアン・ブーリンと結婚した。生涯で6人の女性を妻としたが、このうちふたりを処刑した。

宗教

1541年

「最後の審判」の完成

システィーナ礼拝堂に ミケランジェロが神の姿を人間のように描く

関連ページ

宗 P86 カノッサの屈辱

経 P98 ハンザ同盟

◆「栄光のキリスト」
1123年制作の壁画で、中世ロマネスク美術の傑作（スペイン）。

ギリシア・ローマ時代を理想とする人間中心文化

カトリック教会の権威が強かった中世ヨーロッパでは、学問や芸術はすべて**「神」**が中心で、神はキリスト教の教義に基づき、**抽象的・平面的**に表現された。しかし中世末期、経済の発展とともに、ヨーロッパ各地で**都市**が繁栄するようになると、人間の**自由**や**個性**が尊重されるようになり、人間中心の文化が華開いた。

この文化運動が**「ルネサンス」**である。ルネサンスとは**「再生」「復活」**を意味し、ヨーロッパがキリスト教文化になる前の**ギリシア・ローマ文化**を復興させることを目指した。

ルネサンスが最も早く発展したのは、古代ローマの影響が強く残り、地中海貿易で繁栄していた**北イタリア**で、特に大富豪**「メディチ家」**が支配する**フィレンツェ**や、教皇の本拠地**ローマ**などがルネサンスの中心

historical note

システィーナ礼拝堂天井画を発注したローマ教皇は政略的・好戦的だった

ミケランジェロにシスティーナ礼拝堂天井画を依頼した教皇ユリウス2世は、政略的・好戦的だったことで知られる。ユリウス2世は敵対的だったベネチアを倒すため、フランス・スペイン・神聖ローマ帝国とカンブレー同盟を結び、またイタリア戦争（➡P124）ではベネチアやスペインと神聖同盟を組んでフランスと戦った。

ユリウス2世（1443～1513）

都市になった。

イタリア・ルネサンスは15世紀末に最盛期を迎え、**「最後の晩餐」**や**「モナ・リザ」**を描いた**レオナルド・ダ・ビンチ**や、システィーナ礼拝堂に**「最後の審判」**を描いた**ミケランジェロ**、多くの**「聖母子像」**を描いた**ラファエロ**などが活躍した。

ルネサンス絵画の特徴は、**遠近法**の確立による**写実主義**で、神は「人間の視点」で見たのと同じように、立体的・写実的に表現された。絵画以外の**彫刻**や**文芸**においても、神は人間的・写実的に表現されるようになり、**建築**は古代ローマの様式が取り入れられた。**サン・ピエトロ大聖堂**は、ルネサンス様式を代表する建築である。

その後、ルネサンスは**フランドル地方**（ベルギー一帯）や**ドイツ**、**イギリス**など、ヨーロッパ各地に広がり、多様な文化を生み出した。

キリスト

◆「最後の審判」
ミケランジェロがシスティーナ礼拝堂の祭壇に描いたフレスコ画。画面中央の人物は死者に裁きを下すイエス・キリストである。

神よ、どうか
お許しください
いつも創造を超えて
想像することを

◆ミケランジェロ
（1475～1564）
ルネサンスを代表する万能芸術家。絵画や彫刻、建築など多様な分野で傑作を残した。

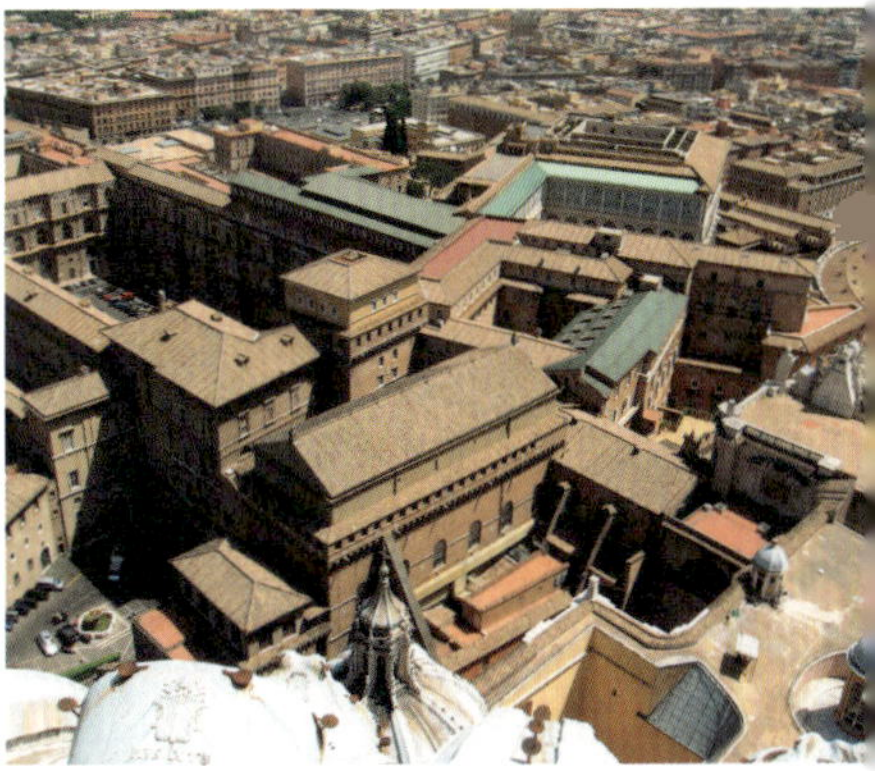

◆システィーナ礼拝堂
ローマ教皇のバチカン宮殿にある礼拝堂。サン・ピエトロ大聖堂の北隣に位置し、1481年に完成した。

ビジュアル特集

イギリス・フランスの歴史

ヨーロッパだけでなく、世界の歴史に大きな影響を与えてきたイギリスとフランスの歴史を紹介する。

イギリス

ローマ帝国（前27～395）

アングロサクソン七王国（5～9世紀）

フランス

西ローマ帝国（395～476）

フランク王国（481～843）

西フランク王国（843～987）

800年
カールの戴冠により西ローマ帝国が復活
➡P75

イギリス王国（9世紀～現在）

ノルマン朝（1066～1154）
➡P79

1189～1192年
第３回十字軍にイギリス王リチャード１世が参加し、アイユーブ朝のサラディンと激しく戦う
➡P88

1215年
『マグナ・カルタ』をジョン王が承認し、イギリス王の権力が制限される
➡P92

1339～1453年
百年戦争がはじまり、イギリスとフランスが長期間戦う

前期
クレシーの戦いなどに勝利したイギリスが優位に立つ

後期
ジャンヌ・ダルクの活躍でフランスが反撃し、最終的に勝利

➡P100 ➡P108

1309年
フランス王フィリップ４世がローマ教皇庁をフランスのアビニョンに移転
➡P89

十字軍失敗の影響で、教皇の権威が失墜する

現代のイギリス

第二次世界大戦後、多くの植民地が独立したため、勢力を失った。現在も王政を維持する数少ない大国のひとつ。

1534年
ヘンリ８世がイギリス国教会を成立させる ➡P138

1588年
エリザベス１世がアルマダの海戦でスペインを撃破する ➡P156

↓

イギリスが大西洋の制海権を握る

1642年
ピューリタン革命で共和政が実現するが、すぐに王政に復帰する ➡P168

1805年
イギリス上陸を目指すナポレオンの艦隊がトラファルガーの海戦で敗れる ➡P200

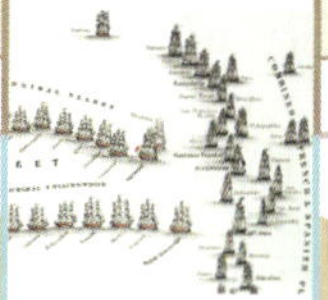

19世紀後半
産業革命により「世界の工場」として繁栄 ➡P208

19世紀後半
世界中に植民地を獲得する帝国主義により繁栄

↓

20世紀
第一次・第二次世界大戦でフランスやアメリカと協力してドイツと戦い、勝利

現代のフランス

第二次世界大戦で北部をナチス・ドイツに占領され、南部にドイツの傀儡《かいらい》国家が成立するが、大戦後に共和政が復活した。

フランス王国（987～1789）

ユグノーはフランスのプロテスタント（カルバン派）

1562～1598年
激しい宗教対立により、ユグノー戦争が起こる ➡P148

17世紀後半 ➡P172
ルイ14世によるフランス絶対王政

1789年
フランス革命がはじまり、国王が処刑され、共和政が実現 ➡P194

↓

革命の波及を恐れる周辺国と対立

第一帝政（1804～1814）

革命の混乱を収拾したナポレオンが皇帝となり、周辺国と戦争を起こす ➡P198

イギリスに敗れたナポレオンはヨーロッパ大陸を支配するが、モスクワ遠征に失敗して没落

ナポレオン以降、王政、共和政、帝政と、めまぐるしく政治体制が変化

1870年
普仏戦争でプロイセンに大敗 ➡P228

↓

第三共和政の成立

↓

第一次・第二次世界大戦でドイツと戦う

経済

1545年

ポトシ銀山の発見

新大陸で産出した銀から最初の世界通貨「スペイン・ドル」が誕生する

関連ページ

経 P128 ターラー銀貨の発行
戦 P136 インカ帝国の滅亡
経 P156 スペインの衰退

新大陸で採掘した銀で大量の銀貨を鋳造する

アステカ王国と**インカ帝国**を滅ぼしたスペインは、1545年、**ポトシ銀山**（ボリビア）を発見し、本格的な採掘を開始した。スペインの入植者たちは、**エンコミエンダ制**（↓P131）によって先住民を強制的に鉱山で労働させた。

また、メキシコでも**サカテカス**などで銀山の開発が進められ、精錬法の進化などもあり、アメリカ大陸から大量の銀が採掘された。大航海時代まで、南ドイツでの銀の産出量は年間に約30トン程度だったが、16世紀後半にアメリカ大陸で産出した銀は、年間250トンを超えていた。

この豊富な銀をもとに、スペイン王**カルロス1世**（↓P125）は、1535年からメキシコの鋳造所で銀貨の製造を開始した。直径4cmの大型銀貨で**「スペイン・ドル」**（1821年のメキシコ独立以後は「メキシコ・ドル」）と呼ばれた。

メキシコからスペインに送られた大量のスペイン・ドルは、ヨーロッパ経済の中心都市だった**アントウェルペン**（現在のアントワープ）に送られ、ヨーロッパで広く流通した。これにより約100年間で、銀価格は約3分の1にまで下落し、物価は

historical note

石見銀山を中心とする日本銀は世界の銀の3分の1を占めた

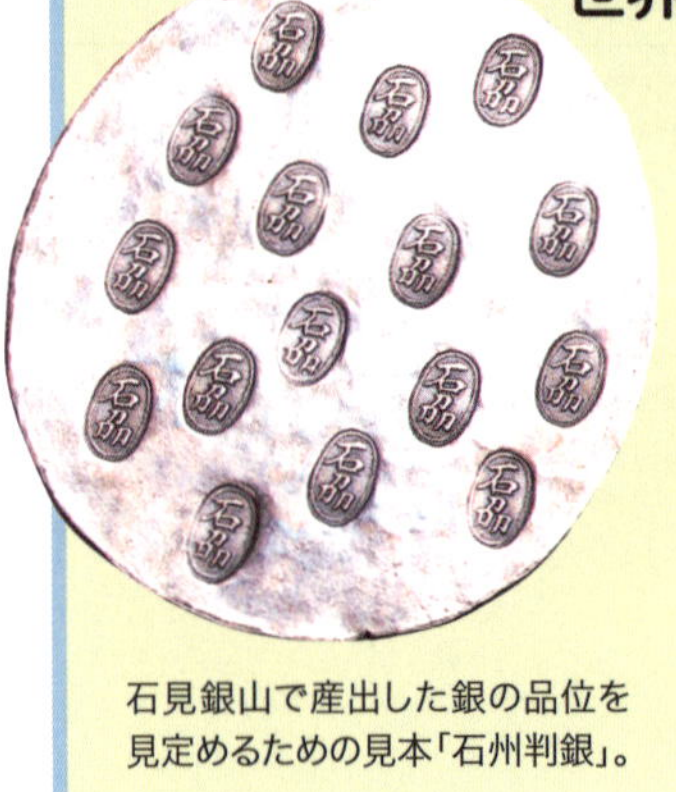
石見銀山で産出した銀の品位を見定めるための見本「石州判銀」。

石見銀山（島根県）では、16世紀に朝鮮から伝わった灰吹法《はいふきほう》（精錬法の一種）により銀の産出量が飛躍的に増大した。17世紀初頭、石見銀山をはじめとする日本産銀は、世界の銀の3分の1を占めたといわれる。日本の銀はポルトガル人が中国との貿易に利用したが、次第に安価なメキシコ産銀に押されていった。

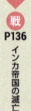

急上昇した。このインフレーションは**「価格革命」**と呼ばれ、南ドイツの銀山を独占していた**フッガー家**（➡P128）や、地代収入に頼っていた封建領主層は没落し、商工業者の台頭を招くことになった。

ヨーロッパで余剰となった安価なスペイン・ドルは、銀が3倍の価値をもつ**アジア**に持ち込まれて貿易に使われ、中国の「明」には大量の銀が流入した。18世紀にイギリスから独立した**アメリカ**（➡P192）でも、スペイン・ドルが法定通貨となった。こうして世界各地で使われるようになったスペイン・ドルは最初の**「世界通貨」**になった。

しかしスペインは、これほど大量の銀を手に入れたにもかかわらず、**「オランダ独立戦争」**、**「アルマダの海戦」**など数々の戦争に関わり、集めた銀の大半を戦費に注ぎ込んだ。それにより財政が破綻し、**バンカロータ**（国庫支払い停止宣言）をくり返した。これによりスペインに大金を貸し付けていた北イタリアの諸都市も没落することになった。

◆**ポトシ銀山**
1545年にスペイン人が発見した銀山。多くの先住民が強制労働をさせられ、命を落とした。

◆**スペイン・ドル**
新大陸の銀を原料にスペインがメキシコの鋳造所で大量につくらせた大型銀貨。純度が高く、世界中で流通した。

世界通貨「スペイン・ドル」の誕生

スペインは中南米で大量の銀を採掘し、メキシコで銀貨「スペイン・ドル」を鋳造する

↓

スペイン・ドルがヨーロッパに大量に流入し、銀価格を下落させる

↓

ヨーロッパで余ったスペイン・ドルがアジアとの海外貿易で使われる

↓

スペイン・ドルが世界中で流通する

経済

1549年

キリスト教の伝来

南蛮貿易はキリスト教の布教活動と一体化して行われた

宣教師の情報網を活用した商人たち

16世紀前半、ヨーロッパでは**宗教改革**が進められたが、批判されたカトリック側からも改革の動きが出た。その代表が**「イエズス会」**であった。イエズス会は、１５３４年、スペイン人の**ロヨラ**や**ザビエル**がローマ教皇**パウルス3世**（↓Ｐ１６４）の認可を受けて設立した修道会で、宣教師たちはカトリックを布教するため、世界各地に派遣された。

大航海時代を牽引したスペインとポルトガルは、利害対立を避けるため、１４９４年、**トルデシリャス条約**（↓Ｐ１２２）を結んだ。これはスペインとポルトガルで世界を分割するという内容で、ブラジルを除く**アメリカ大陸**がスペイン領、**アジア**はポルトガル領と決められた。このためポルトガルはアジアに進出し、インドのゴアやマレー半島のマラッカ王国を占領し、中国の**「明」**との貿易を開始した。

こうしたなか、１５４３年、ポルトガル人を乗せた中国船が、九州の**種子島**に到着し、日本に**鉄砲（火縄銃）**を伝えた。これをきっかけに、ポルトガル人は日本との貿易を積極的に開始した。当時、日本人はポルトガル人やスペイン人を**「南蛮人」**

関連ページ
宗 P126 宗教改革
経 P144 ポトシ銀山の発見
宗 P166 島原の乱

historical note

天正遣欧使節の目的は「日本でのキリスト教布教」

バリニャーノと4人の少年たちの肖像画。

1582年、九州のキリシタン大名の大友宗麟らはイエズス会の宣教師バリニャーノの提案により、4人の少年たちをローマに派遣した。バリニャーノの目的は、ヨーロッパに日本人を紹介し、日本伝道の援助を教皇に求めるためだったという。少年たちは教皇に謁見したが、帰国したときには禁教令が出されていた。

と呼んだため、彼らとの貿易は**「南蛮貿易」**という。主要な貿易品は、ポルトガル人が中国で仕入れた**生糸・絹織物**で、日本は**石見銀山**などから産出した**銀**で支払った。主要な貿易港は**平戸**や**長崎**で、スペインも1584年から南蛮貿易をはじめた。

南蛮貿易の特徴は、宣教師の布教活動と**一体化**して行われたことだった。ポルトガル商人たちが貿易をスムーズに行うため、宣教師の**情報網**を活用したのである。1549年、日本に最初にキリスト教を伝えた**ザビエル**は鹿児島に到着した後、西日本の各地で保護を受けながら、積極的に布教した。以後、キリシタン（日本のキリスト教徒）は爆発的に増加したが、16世紀末には**豊臣秀吉**がキリスト教の布教を禁止し、ポルトガル・スペインの凋落とともに南蛮貿易は衰退。江戸幕府の**鎖国政策**により完全に幕を閉じた。

◆イグナチウス・デ・ロヨラ（1491〜1556）
スペイン出身で、ザビエルら6人の同志とともにイエズス会を結成した。

◆フランシスコ・ザビエル（1506〜1552）
スペイン出身の宣教師で、イエズス会の創設メンバー。日本にキリスト教を伝えた後、中国での伝道を目指したが病死した。

◆南蛮船 南蛮人が乗る貿易船のことで、大型のガレオン船が多かった。船体が黒色なのは腐食防止用のタールが塗られていたため。

宗教

1562年

ユグノー戦争

フランス国内の宗教対立から ユグノー戦争が起こり 36年間も続けられる

カルバン派が急増し カトリック派と対立する

16世紀初めに**ルター**が宗教改革を開始すると、その影響を受けた**カルバン**が、スイスで宗教改革をはじめた。カルバンの思想は、ルターよりも徹底した**「聖書中心主義」**で、**「神」**を絶対視するものであった。

そして、個々の人間の魂が救われるかどうかは、神の意志によってあらかじめ決められているという**「予定説」**を唱えた。「救われる者と救われない者が決まっているなら、現世での善行は意味がないのでは?」という疑問に対してカルバンは、「神に救われる運命にある者は、まじめに仕事に取り組み、成功する者のはずである」と説明し、適正な範囲での**利子**や**蓄財**を認めた。

当時、営利を追求することは、倫理上、否定される行為だったため、経済活動を肯定するカルバンの主張は、**商工業者**から圧倒的な支持を受け、カルバン派は商工業が発達したフランスやイギリス、ネーデルラント（現在のオランダ・ベルギー一帯）で普及した。

百年戦争後、中央集権的な**「主権国家」**を形成したフランスでは、プロテスタントのカルバン派は**「ユグノー」**と呼ばれ、商工業者だけでな

カルバンが主張した「予定説」

カルバン（1509～1564）

誰が救済されるかは、あらかじめ神によって決定されている

↓

現世での善行は無意味か？

↓

現世で仕事にまじめに取り組み、金を稼げていることは、すでに神に選ばれていることの証明である

経済活動の肯定

↓

営利を追求する商工業者から支持される

関連ページ

宗 P126 宗教改革

経 P138 イギリス国教会の成立

経 P172 ナントの王令の廃止

マップ

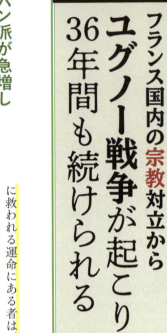

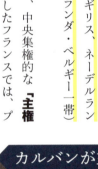

◆**サン・バルテルミの虐殺**
1572年のサン・バルテルミの祝日に、パリに集まっていたユグノーをカトリック派が襲撃した事件。死者は3000人といわれ、虐殺は地方にも拡大し、数万人が殺されたという。

く、貴族にも信者が増えていった。

バロア家の**アンリ2世**（フランソワ1世の子）はユグノーを厳しく弾圧したため、当時、党派をつくって争っていたフランスの貴族は、**カトリック派**と**ユグノー派**に分かれて激しく対立し、1562年、内戦に発展した。この内戦は**「ユグノー戦争」**と呼ばれ、泥沼の戦いが36年間も続き、その過程で**「サン・バルテルミの虐殺」**など、凄惨な事件も起きた。

ユグノー戦争が続くなか、バロア家が断絶したため、1589年、王位を継いだブルボン家の**アンリ4世**は、ユグノーのリーダーであったにもかかわらず、カトリックに改宗し、カトリック派の支持を取り付けた。さらに1598年、**「ナントの王令（勅令）」**を出して、ユグノーに対して信仰の自由を認めた。これによりユグノー戦争は終結し、フランスは分裂の危機を免れた。

◆**ナントの王令**
1598年、フランス国王アンリ4世は、ユグノーに信仰の自由を認め、ユグノー戦争を終結させた。

宗教

1568年

オランダ独立戦争

オランダ独立戦争は プロテスタントによる 宗教戦争だった

カルバン派が独立を求めてスペインに挑む

ネーデルラント（現在のオランダ・ベルギー一帯）は、中世に**「北ヨーロッパ交易圏」**（➡P101）として繁栄した。ネーデルラント南部の**フランドル地方**は、中世から**毛織物産業**が盛んな商業地域で、**アントウェルペン**（現在のアントワープ）は、ヨーロッパ経済の中心地だった。

15世紀、ネーデルラントは**ハプスブルク家**の領地となり、ハプスブルク家がスペイン系と神聖ローマ帝国系に分かれると、**スペイン**の領地となった。**宗教改革**がはじまると、ネーデルラントでは北部地域の商工業者を中心に**「ゴイセン」**と呼ばれるプロテスタント（カルバン派）が増えていった。熱心なカトリック信者だったスペイン王**フェリペ2世**は、プロテスタントの信仰を禁止し、ゴイセンを激しく弾圧。また、それまで認めていた**自治権**を奪おうとした。

不満を高めたネーデルラントは、1568年、独立を求めてスペインに反乱を起こし**「オランダ独立戦争」**を開始した。しかし南部のフランドル地方はカトリックが多かったため、分離してスペインの支配下に留まり、後にこの地域は**ベルギー**として独立した。北部7州は**ユトレヒト同**

◆迫害されるゴイセン

ゴイセンとはネーデルラントのプロテスタント（カルバン派）のこと。スペインのフェリペ２世がカトリックを強制したため反乱を起こしたが、激しく迫害された。

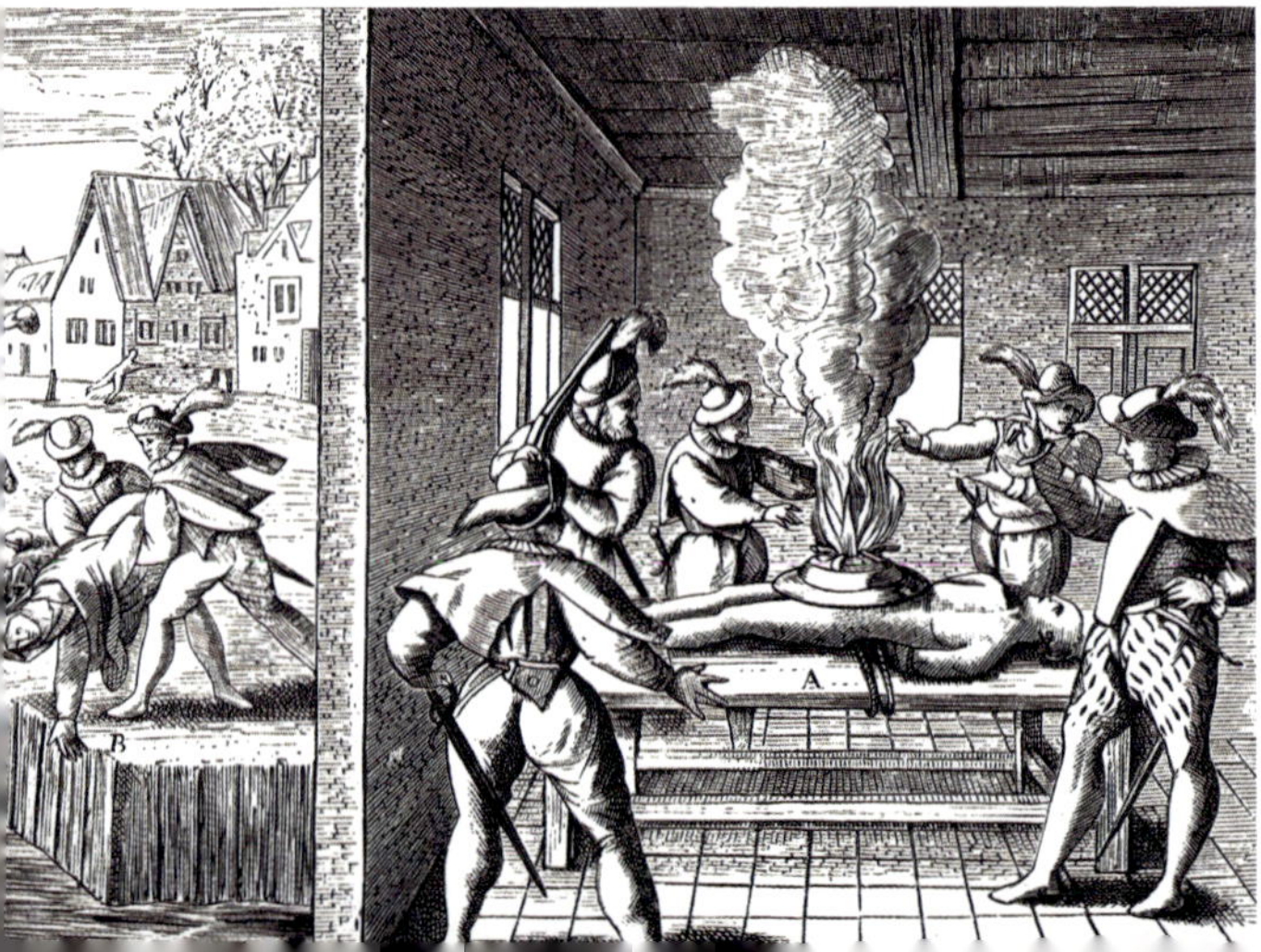

関連ページ
宗 P126 宗教改革
経 P156 スペインの衰退
経 P160 東インド会社設立

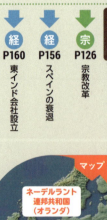

盟を結び、**オラニエ公ウィレム**を指導者にして抵抗を続けた。1574年、独立戦争で最大の攻防戦となった**「ライデンの戦い」**に勝利した北部7州は、1581年、**「ネーデルラント連邦共和国」（オランダ）**の独立を宣言し、ウィレムが初代**「オランダ総督」**に就任した。

しかしスペインは独立を認めず、戦闘が続くなか、ウィレムはカトリック派に暗殺される。その後、イギリスがオランダを支援したため、

◆**フェリペ2世**
（1527〜1598）
スペイン国王。神聖ローマ皇帝を兼ねたカルロス1世から広大な領土を受け継いだ。敬虔なカトリック教徒で、プロテスタントを厳しく弾圧。度重なる戦争により国家財政を危機に陥れた。

1588年、イギリスとスペインは**「アルマダの海戦」**（↓P156）で戦ったが、スペインが敗北した。

財政破綻で衰退するスペインに対し、中継貿易地として繁栄するオランダは、1602年に**東インド会社**を設立してアジアとの貿易に乗り出して戦費を確保し、戦局を有利に進めた。そして1609年の休戦によって、事実上の独立を達成した。

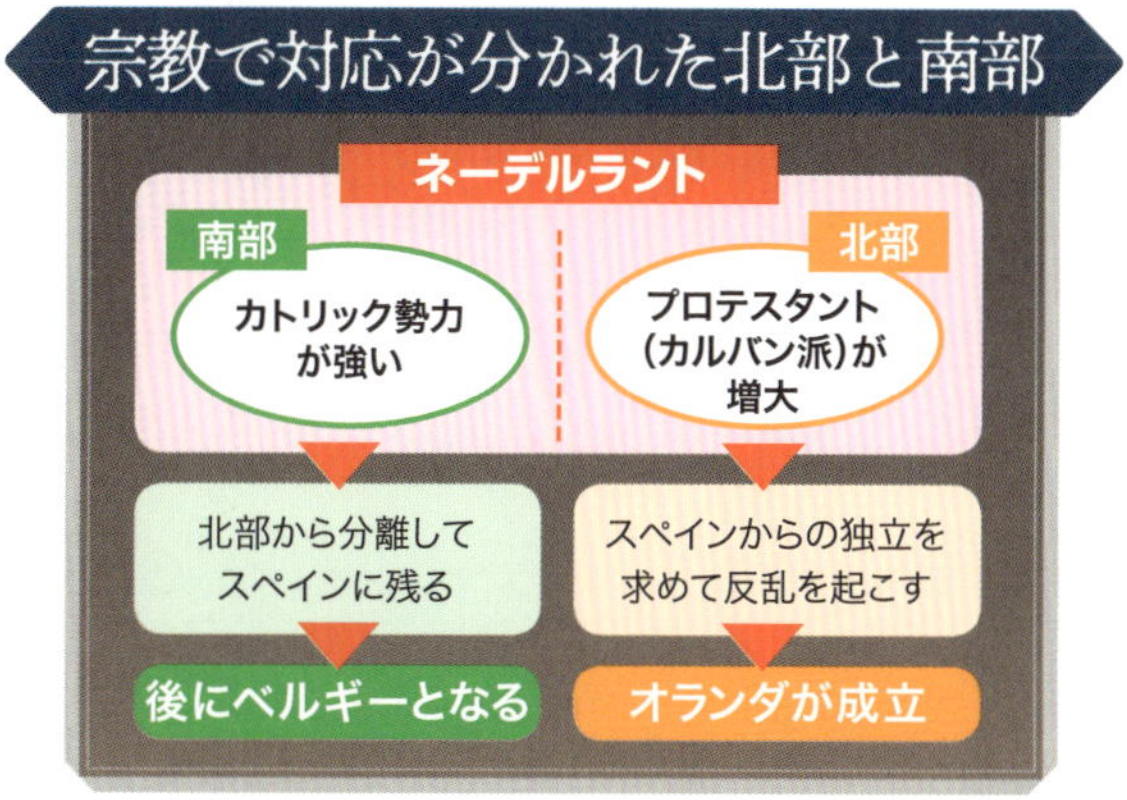
宗教で対応が分かれた北部と南部
ネーデルラント
南部
カトリック勢力が強い
北部から分離してスペインに残る
後にベルギーとなる
北部
プロテスタント（カルバン派）が増大
スペインからの独立を求めて反乱を起こす
オランダが成立

◆**ライデンの戦い**
1574年、ライデン市はスペイン軍に包囲され、兵糧攻めにより陥落寸前であったが、オラニエ公は堤防を決壊させて海水を引き込むことで船による物資の搬入を可能にし、スペイン軍を撤退させた。この絵は、ライデン市に船で物資が運び込まれる場面を描いたもの。

経済

1570年

ドレークの海賊活動

イギリスのエリザベス女王が海賊船のスポンサーとなり巨額の利益を得る

ドレークの海賊活動がスペインとの戦争に発展

1558年、**ヘンリ8世**とアン・ブーリンとの間に生まれた**エリザベス1世**が、イギリス国王となった。当時のイギリスは**羊毛**の産地で、**毛織物製品**をドイツなどに輸出していたが、毛織物以外の産業が少なく、毛織物の輸出額は、イギリスの輸出総額の約9割を占めていたという。

しかしスペインがメキシコで鋳造した大量の**「スペイン・ドル」**をヨーロッパに持ち込んだため、ヨーロッパ各国で**インフレーション**が起きて物価は上昇し、消費は冷え込んだ。毛織物輸出に頼っていたイギリスは、大打撃を受け、財政難に陥った。その解決策として、エリザベス1世が選んだのが**「海賊」**だった。

大航海時代以降、イギリスでは、王や貴族が船乗りに特許状を与え、敵国船を襲撃する権利を認めていた。このような合法的な海賊船は**「私掠《しりゃく》船《せん》（私拿捕船《しだほせん》）」**と呼ばれ、収入の5分の1が船長の取り分で、残りはスポンサー（出資者）の収入となった。イギリスの私掠船の船長として最も活躍したのが**ドレーク**だった。

ドレークは1570年以降、西インド諸島でスペイン船の襲撃を開始し、1577年にはエリザベス1世

◆エリザベス1世（1533〜1603）

ヘンリ8世とアン・ブーリンとの間に生まれ、25歳でイギリス国王になった。生涯独身を貫き、アルマダの海戦でスペインの無敵艦隊を破り、大英帝国の基礎を築いた。

関連ページ
宗 P150 オランダ独立戦争
経 P156 スペインの衰退
経 P160 東インド会社設立

の援助を受け、5隻の船隊を率いて、**世界一周**を目指して出港した。ドレークはスペイン船を襲撃して財宝を略奪しながら航海を進め、大西洋、太平洋を横断して3年後に帰還。**マゼラン艦隊**（➡P118）に次いで世界一周を果たした。

この航海の海賊行為により、ドレークが得た富は約60万ポンドという莫大なもので、出資者のひとりであったエリザベス1世は、配当率47倍、金額にして約30万ポンドを手に入れたという。この金額は、**国家予算**の1年半分に及び、エリザベス1世は、**対外債務**をすべて返済することができた。また、この功績により、ドレークは**ナイト（騎士）**の称号を授けられた。

◆**ナイトの称号を与えられるドレーク**
私掠船でスペインの貨物船を襲撃したドレークは、その功績により、エリザベス1世から栄誉称号であるナイト（騎士）を授けられた。

度重なる私掠船の海賊行為に対し、スペインは抗議をくり返したが、エリザベス1世は、私掠船を禁止しなかった。これによりスペインとイギリスの対立は深まり、イギリスが**オランダ独立戦争**を支援すると、1588年、**「アルマダの海戦」**（➡P156）に発展。ドレークはイギリス海軍の副司令官として活躍し、スペインの**無敵艦隊（アルマダ）**を撃破した。こうしてイギリスは大西洋の制海権を握った。

◆**ドレーク**
（1543?～1596）
イギリスの海賊。エリザベス1世の援助を受けて世界一周を達成。アルマダの海戦では副司令官として活躍した。

戦争

1571年

レパントの海戦

西ヨーロッパ諸国はレパントの海戦でオスマン帝国に初勝利する

関連ページ

戦 P110 ビザンツ帝国の滅亡
戦 P134 第1次ウィーン包囲
経 P160 東インド会社設立

オスマン帝国は敗れるが地中海の制海権を回復

オスマン帝国は、**スレイマン1世**（↓Ｐ１３４）の時代、**プレヴェザの海戦**で地中海ほぼ全域の制海権を握り、スペインの船を襲撃していた。

スレイマン1世の死後、スルタンを継いだ**セリム2世**は、１５７０年、**ベネチア**の拠点になっていた東地中海の**キプロス島**を攻略し、オスマン領にした。インド航路の開拓により繁栄に陰りが見えていたベネチアは、オスマン帝国の進出に脅威を感じ、ローマ教皇**ピウス5世**に働きかけて**スペイン**と同盟を結んだ。

同盟の中心となったスペイン王**フェリペ2世**（↓Ｐ１５１）は、異母弟のドン・ファンを指揮官に命じて、連合艦隊を組織。１５７１年、連合艦隊は、アリ・パシャの率いるオスマン海軍と、ギリシア南端の**レパント湾口**で戦った。

海戦の主力となったのは、両軍ともに２００隻以上を擁していた全長約40mの**ガレー船**で、前方の衝角を敵船に激突させて戦った。激戦の末、アリ・パシャは戦死し、その結果オスマン海軍は大敗した。

「レパントの海戦」は、コンスタンチノープルの陥落以降、オスマン帝国の脅威におびえてきた西ヨーロッ

historical note

キリスト教徒の子弟をイスラム教に改宗させて組織した軍団「イェニチェリ」

スレイマン１世とイェニチェリ。

イェニチェリ（「新しい兵士」の意味）とは、14世紀後半に創設されたオスマン帝国軍の精鋭部隊で、鉄砲を備えていた。おもにバルカン半島のキリスト教徒の子弟から強制的に徴用し、イスラム教に改宗して軍事訓練を施した。身分は奴隷であったが、エリートとして扱われ、オスマン帝国の征服戦争に大きく貢献した。

◆**レパントの海戦**
スペイン・ローマ教皇・ベネチアの連合艦隊が、レパント湾の入り口でオスマン艦隊を撃破した。ガレー船が主力となった海戦としては、最後のものになった。

パ諸国が、はじめて勝利した戦いであったが、ベネチアの被害は大きく、キプロス島の奪還も果たせなかった。

一方、オスマン帝国は翌年には**大艦隊**を再建し、地中海の制海権も回復した。このため西ヨーロッパ諸国は地中海ではなく、**大西洋**経由の貿易を重視するようになり、地中海貿易で繁栄を謳歌したベネチアなどの北イタリア諸都市は没落していった。

◆**ガレー船（復元）**
古代から18世紀まで、おもに地中海で使用された軍用船。前方の衝角を敵船に激突させる。

レパントの海戦の影響

ヨーロッパ諸国はオスマン帝国に初勝利する

↓

オスマン帝国は海軍を再建して、地中海の制海権を回復する

↓

ヨーロッパ諸国は地中海ではなく、大西洋経由の貿易を重視する

◆**セルバンテス像**
レパントはギリシア南部にある港町で、現在、レパントの海戦に参加したセルバンテス（『ドン・キホーテ』の作者）の像が立つ。

経済

16世紀後半

スペインの衰退

「太陽の沈まぬ帝国」スペインは増大する戦費によって国家財政が破綻した

宗教戦争に巻き込まれ戦費の拡大を招く

スペイン王と神聖ローマ皇帝を兼ねた**カール5世**の死後、ハプスブルク家はスペイン系と神聖ローマ帝国系に分かれた。このうちスペイン王となったのが**フェリペ2世**（↓P151）である。フェリペ2世はポルトガルの王女と結婚し、ポルトガル王も兼ねたため、スペインの領地と植民地は世界各地に広がり、いつ、どの領地にも太陽が昇っているという**「太陽の沈まぬ帝国」**となった。

またアメリカ大陸で収奪した安価な**銀**が、ヨーロッパ経済を変革させるほど大量にスペインに送られた。これほど恵まれた状況にありながら、スペインの財政は破綻した。

スペインはもともと、キリスト教カトリック勢力による**レコンキスタ**（↓P120）で成立した国家だったので、**カトリック**を国教とし、プロテスタントを許さなかった。熱心なカトリック信者だったフェリペ2世もプロテスタントを許容できず、このため**オランダ独立戦争**を引き起こし、オランダを支持するイギリスと**「アルマダの海戦」**で戦うことに。

アルマダとは**「無敵艦隊」**のことで、オスマン帝国との**「レパントの海戦」**を勝利に導くなど、強力な海

関連ページ
経 P128 ターラー銀貨の発行
経 P144 ポトシ銀山の発見
宗 P150 オランダ独立戦争

軍だったが、年間の維持費だけでも、スペインの歳入の半分を占めるほどだった。

度重なる戦争で増大する**戦費**により、スペインの財政は火の車となり、フェリペ2世は在世中に4回も**バンカロータ**（国庫支払い停止宣言）を出す始末だった。このほか、スペインは「**ユダヤ人追放令**」を出して、金融業に携わっていたユダヤ人を国外に追い出し、取引ごとに税を徴収する「**アルカバラ**」や、食品消費税である「**ミリョネス税**」を導入して経済を停滞させ、国民を苦しめた。こうして、スペインは没落の道を辿ったのである。

15〜16世紀スペイン年表

1492年	**ユダヤ人追放令**
1494年	**イタリア戦争**（➜P124）
1519年	**カルロス1世**が神聖ローマ皇帝**カール5世**として即位
1556年	**フェリペ2世**が即位
1557年	最初の国庫支払い停止宣言**（バンカロータ）**
1568年	**オランダ独立戦争**（➜P150）
1571年	**レパントの海戦**でオスマン帝国に勝利（➜P154）
1580年	ポルトガルを併合
1588年	**アルマダの海戦**でイギリスに敗北
1590年	**ミリョネス税**（食品消費税）の導入
1596年	4回目の**バンカロータ**

◆アルマダの海戦
1588年、フェリペ2世はイギリス上陸を目指してアルマダ（無敵艦隊）を派遣したが、ドーバー海峡にて、イギリス艦隊の小型船による砲撃を受けて大敗。さらに帰国途中に嵐に遭遇し、大損害を被った。この敗戦以降、スペインは大西洋の制海権を失い、没落の道を歩むことになった。

1592年

朝鮮出兵

豊臣秀吉の朝鮮出兵により日本に陶工が連行され磁器の生産がはじまる

秀吉は明の征服を狙って朝鮮に大軍を送り込む

戦国時代の日本では、**南蛮貿易**の利益によって、最新兵器の**鉄砲（火縄銃）**を活用した**織田信長**が天下統一を進め、信長の死後、**豊臣秀吉**が1590年、天下を統一した。

その2年後、秀吉は中国の**「明」**の征服を目指し、明に服属する**朝鮮**へ約15万人の大軍を送り込んだ。釜山に上陸した日本軍は、圧倒的な勢いで進軍し、**加藤清正**は明との国境である**豆満江《とうまんこう》**を超えるほどだった。

さらに日本軍は朝鮮の首都・**漢城《かんじょう》**（現在のソウル）を占領したが、明の援軍や、民衆が組織した義兵の抵抗により苦戦に陥り、1594年、講和を結んで撤退した**（文禄の役）**。

その後、秀吉は明の使節と交渉し、**「勘合《かんごう》貿易」**を求めたが無視されたため、1597年、再び朝鮮に出兵した**（慶長の役）**。しかし朝鮮水軍の**李舜臣**の活躍などで、日本軍は半島南部に釘付けにされ、秀吉の病死により撤退した。

このとき日本軍は、数万の捕虜を連行、そのなかには優れた**陶工**が多く含まれていた。この朝鮮陶工たちの手により、日本で**磁器**の生産がはじまり、**伊万里焼（有田焼）**や**唐津焼**、**萩焼**、**薩摩焼**などが誕生した。

◆**豊臣秀吉（1537～1598）**
安土桃山時代の武将で、1590年、日本を統一した。1592年、明の征服を企てて朝鮮に出兵したが、厳しい戦局の最中、病没した。

関連ページ
経 P106 日明貿易の開始
経 P146 キリスト教の伝来

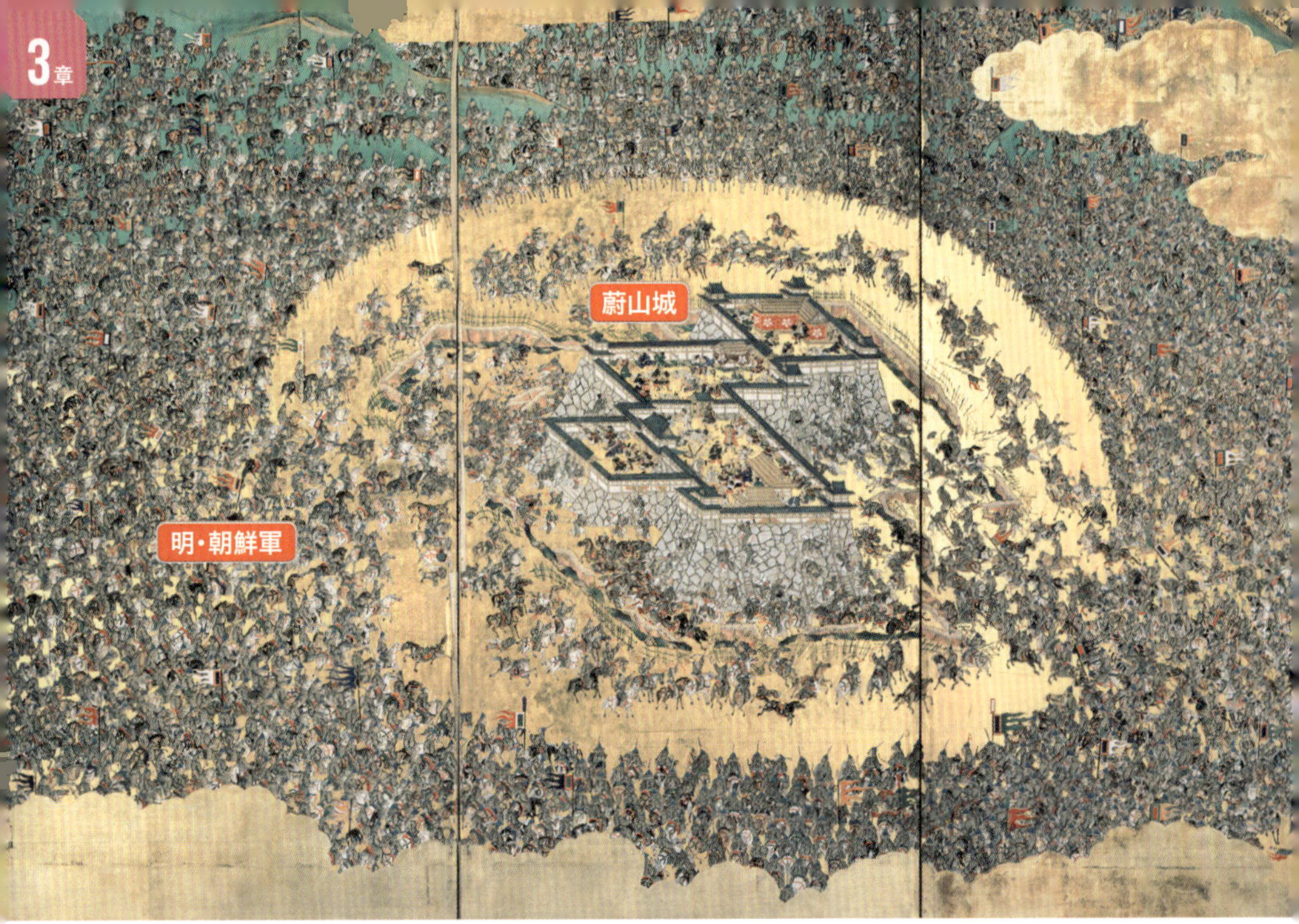

朝鮮軍陣図屏風（公益財団法人鍋島報效会所蔵）

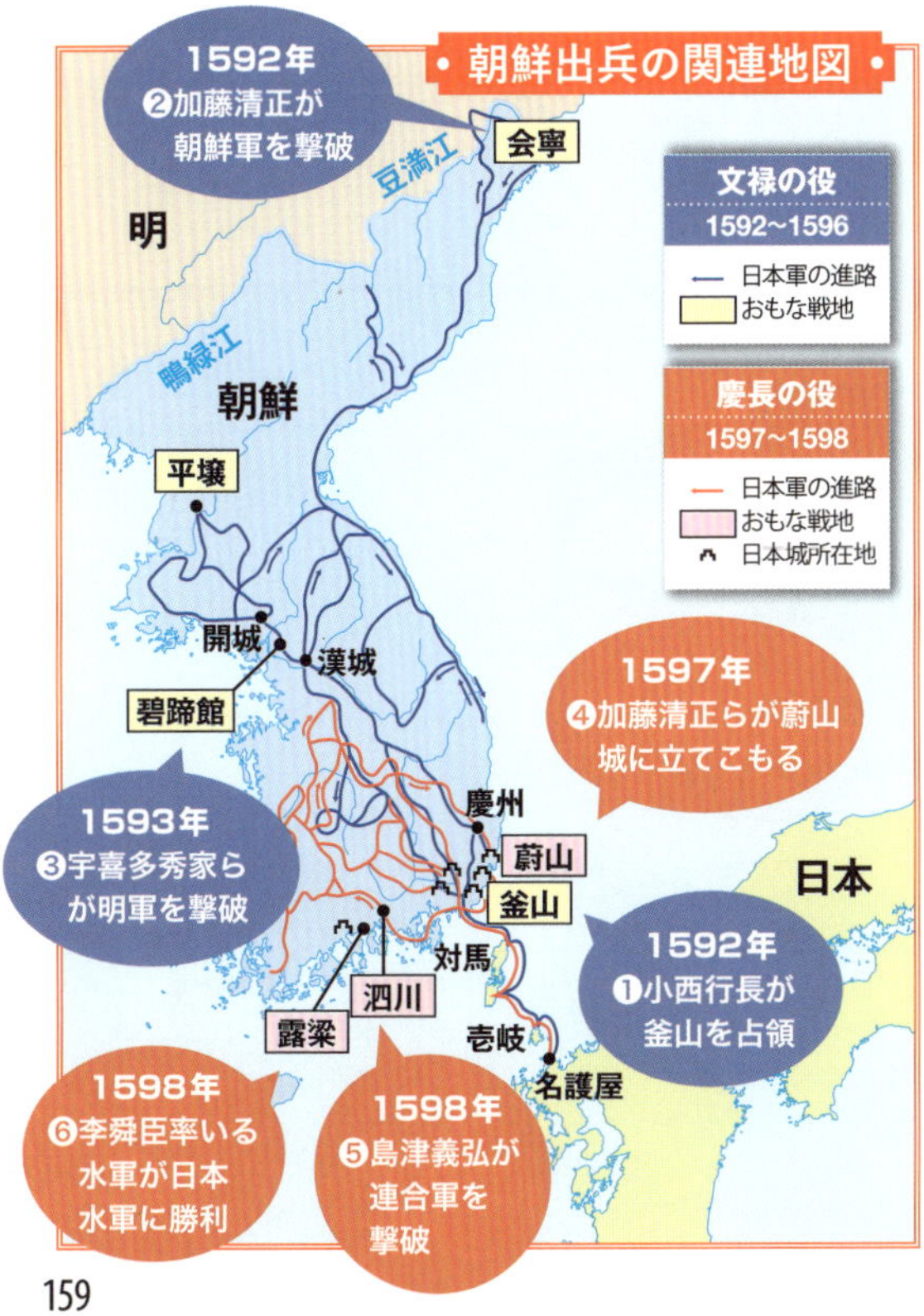

◆蔚山城《うるさんじょう》の戦い

慶長の役における戦いのひとつ。1597年、加藤清正の立てこもる蔚山城は、約7万人の明・朝鮮軍に包囲されて苦戦したが、黒田長政らの援軍によって、これを撃退した。

◆初期伊万里

伊万里焼のうち、江戸時代初頭の1610年代～1630年代に製造されたものは、特に「初期伊万里」と呼ばれる。ほとんどは白地に藍色で文様を表した「染付」である。

経済

1602年

東インド会社設立

世界最初の株式会社である オランダ東インド会社は アジア貿易を独占した

イギリスとの資金集め競争に勝利したオランダ

「オランダ独立戦争」を戦い続けていたオランダは、北海で獲れたニシンをヨーロッパ全土に販売し、バルト海沿岸の穀物を地中海に運んだ利益で**戦費**をまかない、最終的に没落する宗主国スペインに勝利した。

当時、高い**造船技術**をもっていたのはオランダとイギリスで、両国は自国製の船により海外進出を狙っていた。海外貿易に必要な巨額の資金を集めるため、17世紀初頭、両国は**「東インド会社」**を設立した。オランダの東インド会社は、**「世界最初の株式会社」**とされ、**私掠船**《しりゃくせん》（➡P152）のように船長が出資者に利益を分配するのではなく、**株券の保有者（株主）**が年ごとに配当金を受け取るしくみだった。株主への配当率は、平均して年率20％で、多いときには50％を超えていたという。

一方、イギリスの東インド会社は、私掠船同様、1航海ごとに資金を集めて、出資者に利益を分配する**「ハイリスク・ハイリターン」**方式で、船が沈没すれば出資金は回収できず、事故を起こして損害を出した場合は、出資者もその責任を負わされた。

リスクを避けたい投資家から巨額の資金を集めたオランダ東インド会

ふたつの東インド会社

オランダ東インド会社		イギリス東インド会社
1602年	設立	1600年
年率平均約20％で株主に配当	利益	1航海ごとに出資を募り、利益を分配
有限責任	リスク	無限責任
議会から特許を与えられた民間会社	保護	国王から特許を与えられた特許会社
東南アジア	貿易相手	インド

関連ページ
宗 P150 オランダ独立戦争
経 P156 スペインの衰退
経 P174 三角貿易

マップ

• 17世紀のオランダの世界進出 •

オランダ東インド会社は、東南アジアとの貿易を独占し、巨額の利益を得た。

社は、イギリスとの競争に先んじてジャワ島の**バタヴィア**（現在のジャカルタ）を拠点に、東南アジアの**香辛料貿易**を独占。さらに、**鎖国政策**をとる江戸時代の日本と交易を行う唯一の西洋国となった。

中継貿易地として繁栄するオランダの首都**アムステルダム**には、スペインの**「ユダヤ人追放令」**で追い出されたユダヤ人の一部が移住し、手形取引などを持ち込んで経済を活性化。世界有数の金融都市に成長したアムステルダムには、公立の**アムステルダム銀行**や、世界最初の**証券取引所**が設立された。

出遅れたイギリス東インド会社は、東南アジアに進出したが、オランダと対立して撤退。その後は**インド**との交易にシフトしていった。

◆**東インド会社の帆船（復元）**
オランダ東インド会社は、ジャワ島（インドネシア）を拠点に東南アジアとの貿易を独占した。

historical note

世界最初のバブルはオランダの「チューリップ・バブル」だった

チューリップを愛好するオランダ人。

17世紀初頭、オランダではチューリップの品種改良が盛んで、貴重な品種の球根は高額で売買された。これが投機の対象となって球根の値段は急騰し、裕福な商人の1年分の収入にあたる金額の球根まで登場した。しかし1637年、球根の値段は大暴落した。この「チューリップ・バブル」は世界最初のバブルとされる。

1618年

三十年戦争

宗教戦争が国際戦争に発展した 三十年戦争でドイツの人口は3分の1になる

関連ページ
戦 P124 イタリア戦争
宗 P126 宗教改革
戦 P188 七年戦争

旧教派ハプスブルク家が戦争に敗れて衰退する

16世紀の前半、ルターが**宗教改革**をはじめた**神聖ローマ帝国**は、**主権国家**の形成が遅れ、大小の**領邦**（諸侯による半独立政権）に分かれていた。**「アウクスブルクの和議」**により、ルター派の諸侯は**プロテスタント（新教）**を信仰する自由を得たが、カトリック（旧教）派との対立が深まった。

1618年、オーストリアの属領**ボヘミア**（現在のチェコ）で、**ハプスブルク家**の**フェルディナント2世**がプロテスタントを激しく弾圧する事件が起き、これをきっかけに**「三十年戦争」**がはじまった。

戦争は当初、ボヘミアやファルツなど、帝国内で行われていたが、同じハプスブルク家の**スペイン**が旧教側を支援し、**デンマーク**が新教を支援すると国際的な**宗教戦争**に発展。傭兵隊長**ヴァレンシュタイン**の活躍で旧教側が優勢になると、スウェーデン国王**グスタフ・アドルフ**が新教側に味方した。その後は、旧教国**フランス**が新教側と同盟を結んでハプスブルク家と争うなど、国際的な**政治戦争**となった。

長期化した三十年戦争は、1648年の**ウェストファリア条約**

三十年戦争の4段階

①ボヘミア・ファルツ戦争（1618～1623）
ドイツ内乱　ハプスブルク家 旧教 vs ボヘミア 新教

②デンマーク戦争（1625～1629）
国際的宗教戦争　ハプスブルク家 旧教 vs デンマーク 新教

③スウェーデン戦争（1630～1635）
国際的宗教戦争　ハプスブルク家 旧教 vs スウェーデン 新教

④フランス・スウェーデン戦争（1635～1648）
国際的政治戦争　ハプスブルク家 旧教 vs スウェーデン 新教／フランス 旧教

◆傭兵の処刑
三十年戦争で主力となったのは金銭で雇われる「傭兵」だった。傭兵は資金や補給が滞ると、各地で略奪を行った。盗賊化した傭兵は、民衆に捕まると処刑された。

◆フェルディナント2世（1578〜1637）
ハプスブルク家出身で、ボヘミア王のときプロテスタントを激しく弾圧して三十年戦争を引き起こした。1619年に神聖ローマ皇帝となり、プロテスタント諸侯連合軍を撃破したが、スウェーデン参戦により戦いは長期化し、終結前に死去した。

で終結したが、敗れたハプスブルク家は神聖ローマ帝国を統一する力を失い、帝国内の領邦は独立国家として、ほぼ完全な主権が認められることになった。また、**オランダ**と**スイス**も正式に独立を認められた。長期間戦場となったドイツは農村が荒廃し、人口は**3分の1**にまで激減。停滞が長引くことになった。

17世紀中頃のヨーロッパ

宗教

1633年

ガリレイの宗教裁判

ガリレイは宗教裁判で地動説を放棄した後に「それでも地球は動く」と呟く

関連ページ

宗 P126 宗教改革
宗 P140 「最後の審判」の完成
戦 P162 三十年戦争

マップ

激化する宗教対立に巻き込まれる天文学者

ルネサンスにより、「神」中心の世界観から解放され、**人間性・個性**が尊重されるようになると、キリスト教に基づく世界観ではなく、自然を客観的に観察して合理的に理解しようとする動きが強まり、**「自然科学」**が発達した。

16世紀前半、ポーランドの天文学者**コペルニクス**は、天体観測を重ねた結果、「地球は太陽の周りを回っている」という**「地動説」**に辿り着いた。しかしこれは「神が創造した地球は宇宙の中心で、太陽を含めた天体は地球の周りを回っている」という、キリスト教的宇宙観に基づく**「天動説」**を否定するものだった。

当時のヨーロッパは**宗教改革**が進行していた時期で、これに危機感を抱いたローマ教皇**パウルス3世**は、1542年、ローマに**宗教裁判所**を設け、そこで**異端審問**（正統な教えから外れた人を摘発・処罰する裁判）を行うようにした。カトリックからの迫害を恐れたコペルニクスは、地動説の公表を控え続け、亡くなる直前になって**『天体の回転について』**を出版した。

その後、地動説を支持する者は異端審問にかけられ、地動説を擁護し

historical note

世界史上、最も苛烈を極めた15世紀スペインでの異端審問

スペインで火刑に処される異端者。15世紀に数千人が火刑に処されたといわれる。

異端審問とは、カトリック教会が、カタリ派（極端に禁欲し教会権力を否定する異端）を弾圧するためにはじめた。教皇直属の異端審問官が疑いをもった人物を拷問によって有罪とし、最高刑は火刑であった。

たイタリア人修道士**ジョルダーノ・ブルーノ**は火刑に処された。

イタリアの天文学者**ガリレイ**は、自作の望遠鏡で天体観測を続け、地動説の正しさを確信。１６３２年に地動説の正しさをわかりやすく解説した**『天文対話』**を出版した。このときヨーロッパは**三十年戦争**の最中で、カトリックとプロテスタントの対立は激しさを増していた。

◆コペルニクス（1473～1543）
ポーランドの天文学者。天体観測を続けて地動説を確信し、『天体の回転について』を著したが、カトリック教会からの迫害を恐れて、死の直前に発表した。

カトリック教会から非難されたガリレイは、翌年、ローマの宗教裁判所に連行、弁明の機会を与えられないまま終身禁固の**有罪判決**を受け、『天文対話』は発禁処分となった。判決直後、地動説の破棄を宣誓させられたガリレイは**「それでも地球は動く」**と呟《つぶや》いたという伝説が残る。

カトリック教会がガリレイの裁判を誤りとして認めたのは１９８３年のことで、裁判から約３５０年後、ガリレイの**無罪**が確定した。

◆ガリレオ・ガリレイ（1564～1642）
イタリア出身の物理学者・天文学者。振り子の等時性や落下の法則を発見。自作の望遠鏡で木星の衛星や太陽の黒点などを発見した。

◆ガリレイの宗教裁判
1633年、ガリレイはローマに召喚されて宗教裁判にかけられ、地動説を破棄するように宣誓させられた。

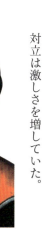

1637年

島原の乱

イエズス会は中国や日本で積極的に布教するが国外追放に追い込まれる

マテオ・リッチが中国で布教活動に成功

宗教改革が進むヨーロッパでは、カトリック派の修道士が**イエズス会**を結成し、新たなカトリック信者を獲得するため、**アメリカ大陸**や**アジア**での布教活動を開始した。イエズス会の**ザビエル**は、日本にキリスト教を伝え、その後、**中国**での布教を目指したが、その途中で病死した。

ザビエルの志を受け継ぎ、中国で最初に布教活動を成功させたのは、**マテオ・リッチ**であった。リッチは**「明」**末期の1582年にマカオに上陸した後、中国南部で地道な布教活動を開始した。その後、辿り着いた**北京**は、豊臣秀吉の**朝鮮出兵**で混乱していたため、**南京**に移り、1601年、再び北京に入り、**万暦帝**に謁見した。このときリッチは、ヨーロッパの情勢を伝え、**時計**を献上した。信任を得たリッチは、北京で布教活動を開始し、数年で200人の信者を獲得した。

中国人の反感を避けるため、リッチは中国文化を尊重するスタイルをとり、儒学者の服装をして中国風の生活を送り、カトリック信者になっても、**孔子**や**祖先**を崇拝する祭祀《さいし》**（典礼）**を行うことを認めた。

明朝の政治家で学者でもあった**徐《じょ》光啓《こうけい》**は、カトリックに改宗し、リッチから西洋文化を学び、**ユークリッド幾何学**の漢訳書**『幾何原本』**や中国最初の世界地図**「坤輿《こんよ》万国全図」**を作成した。

リッチの死後に成立した**「清」**でも、西洋の最新文化をもたらすイエズス会士は歓迎された。イエズス会士はリッチと同じく、中国文化を尊

◆マテオ・リッチと徐光啓

徐光啓はリッチから学んだ西洋文化を積極的に中国に紹介した。

関連ページ
宗 P126 宗教改革
経 P146 キリスト教の伝来

重するスタイルを取り、典礼を認めて中国人信者を獲得していったが、他の修道会から「典礼を認めることは神への冒涜である」と批判を受け、論争の末、1704年、**ローマ教皇**は典礼を否認した。このため清でのキリスト教布教は禁止されることになった。そして1773年、イエズス会は解散へと追い込まれた（1814年に再興された）。

日本では島原の乱を契機にキリスト教弾圧が強化

日本では、ザビエル以降、多くのイエズス会士たちが来日し、信者を獲得していった。しかし、長崎がイエズス会領になっていることを問題視した**豊臣秀吉**は、宣教師の国外追放を命じ、さらに宣教師や日本人信者**（キリシタン）**を処刑した。

秀吉の死後に成立した**江戸幕府**は、キリスト教を黙認して**南蛮貿易**を行ったため、キリシタンは増加したが、1612年、禁教令を出し、以後、厳格化していった。1637年、島原・天草地方でキリシタンを中心とする**「島原の乱」**が起きると、幕府はキリシタンの取り締まりを強化。**スペイン**や**ポルトガル**の来航を禁止し、西洋国の中では、積極的に布教を行わない新教国**オランダ**とだけ、長崎の**出島**を通じて貿易を続ける**「鎖国」**を実施した。

なお、江戸幕府の厳しい弾圧のなかでも、長崎周辺には、独自の儀礼や祭祀を続けながら、キリスト教の信仰を守り続けた信者がいた。彼らは現在、**「潜伏キリシタン」**と呼ばれる。

それに対し1873（明治6）年、明治政府によって禁教令が解かれた後もカトリックに戻らず、江戸時代の信仰形態を守り続けている信者が存在し、**「かくれキリシタン」**と呼ばれる。

潜伏キリシタンとかくれキリシタン

江戸時代

1637年　島原の乱

潜伏キリシタン

江戸幕府による厳しいキリスト教弾圧の中、社会的には普通の生活をしながらキリスト教の信仰を守り続けてきたキリスト教徒のこと

明治時代

1873年　禁教の高札が撤廃

かくれキリシタン

キリスト教の信仰が解禁された後も、江戸時代の潜伏キリシタンの信仰形式を守り続けている人々のこと

◆天草四郎（?～1637）
小西行長の家臣だった益田好次の子といわれるキリシタン。海上を歩くなどの奇跡を起こしたといわれ、16歳で島原の乱の指導者として推され、原城に籠城したが、敗死した。

1642年

ピューリタン革命

クロムウェルがチャールズ1世を処刑し共和政を実現するが王政に復帰する

国王との対立を経て議会が立憲政治を確立

アルマダの海戦に勝利し、イギリス東インド会社を設立するなど、海洋国家イギリスの基礎を築いた**エリザベス1世**の治世において、イギリスでは、大地主の貴族や、**ジェントリ**（貴族でない地主）が議会で発言権をもち、商工業者を中心に市民も力をつけていた。エリザベス1世の死後、王位を継いだスチュアート家の**ジェームズ1世**は、「王の権力は神から授かった絶対的なもの」とする**王権神授説**を唱え、議会を無視して、勝手に新税を取り立てるなど、独裁政治を行うようになった。

次の**チャールズ1世**（ジェームズ1世の子）も独裁政治を受け継いだため、議会は**「権利の請願」**を提出。「新税は議会の承認が必要」と訴えたが、チャールズ1世は議会を解散し、以後11年間、議会を開かなかった。

イギリスで**ピューリタン（清教徒）**と呼ばれていたカルバン派は、チャールズ1世から、イギリス国教会の信仰を強制されて不満を高めていたが、チャールズ1世が戦費徴収のために議会を招集しようとすると反発。これをきっかけに貴族も**王党派**と**議会派**に分かれて対立し、1642年、内戦が勃発した。

◆**チャールズ1世の処刑** 内戦を招いて敗れたチャールズ1世は、裁判により処刑が宣告され、公開処刑された。

関連ページ
経 P138 イギリス国教会の成立
宗 P148 ユグノー戦争
経 P156 スペインの衰退

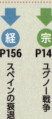

この**「ピューリタン革命」**は、**鉄騎隊**を編成した**クロムウェル**の活躍により議会派が勝利。クロムウェルは、チャールズ1世を処刑し、イギリスで最初に**「共和政」**を実現した。その後、クロムウェルは議会を解散して、最高職である**護国卿**に就任し、軍事独裁政治を開始した。

クロムウェルの死後、独裁政治に不満を高めていたイギリス国民は、チャールズ1世の子・**チャールズ2世**を国王に迎えた**（王政復古）**。

しかしチャールズ2世も対立した議会を解散し、王位を継いだ**ジェームズ2世**（チャールズ2世の弟）も議会と対立したため、メアリ2世（ジェームズ2世の娘）と、その夫ウィレム3世が、ともに国王に迎えられた**（名誉革命）**。ふたりの国王は、議会が提出した「議会が王よりも優越する」という内容の**「権利の章典」**を認め、これにより議会が法の力で王の権力を制限するという**「立憲政治」**の基礎が確立した。

◆クロムウェル（1599〜1658）
ピューリタン革命の指導者。議会派を率いて王党派を破り、チャールズ1世を処刑。イギリスで初めて共和政を実現した。その後、議会を解散し、護国卿に就任して独裁政治を行った。

イギリス革命の歴史

1642年 ピューリタン革命
議会派が王党派を破り、国王チャールズ1世を処刑する

1653年 クロムウェルの護国卿就任
議会を解散させたクロムウェルが護国卿（最高職）に就任する

1660年 王政復古
チャールズ2世（チャールズ1世の子）が亡命先のブレダ（オランダ）から国王に迎えられる

ロンドンに入るチャールズ2世。

1688年 名誉革命
ジェームズ2世（チャールズ2世の弟）が議会と対立したため、メアリ2世（ジェームズ2世の娘）と、その夫ウィレム3世がイギリス国王に迎えられた

ウィレム3世と妻のメアリ2世

宗教

1653年

タージ・マハルの完成

インドのムガル帝国はイスラム教とヒンドゥー教の融和をはかって安定した

関連ページ
宗 P52 ヒンドゥー教の定着
宗 P64 イスラム教の誕生
戦 P102 ティムール帝国の建国

ムガル帝国を実質的に建国した第3代アクバル

インドでは、13世紀から約３００年間、デリーを都とする５つのイスラム王朝**「デリー・スルタン朝」**が続いていたが、**ティムール帝国**の侵攻により衰退した。

１５２６年、ティムールの子孫**バーブル**が、デリー・スルタン朝を滅ぼして北インドにイスラム教の**スンナ派**による王朝**「ムガル帝国」**を建国。ムガルとはモンゴルの意味で、バーブルがモンゴル人の血を引いていることを表している。

ムガル帝国の実質的な建国者といわれる第3代皇帝**アクバル**は、北インド一帯を征服し、官僚機構を整備して**中央集権化**を進め、首都を**アグラ**に定めた。

インドの民衆は、古くより多神教を特徴とする**ヒンドゥー教**を信仰し、ヒンドゥー教は厳格な身分制度である**「カースト制度」**（➡P24）と結びついていた。これに対し**イスラム教**は、厳密な**一神教**で、信者は神のもとで**平等**とされた。国内を安定的に統治するには、真逆の思想をもつヒンドゥー教徒とイスラム教徒の融和をはかる必要があった。

このためアクバルは、ヒンドゥー教徒の女性と結婚したり、異民族へ課されていた**人頭税（ジズヤ）**を廃止したりして、両教徒の対立解消に努め、インドの名君として「大帝」と称えられた。文化的にもイスラム様式とインド様式が融合した「イン

◆象に乗って戦うアクバル

アクバルはインド史上最高の名君とされるが、字の読み書きはできなかったという。

ド・イスラム文化」が誕生。その代表が**「タージ・マハル」**である。

タージ・マハルは、第5代ムガル皇帝**シャー・ジャハーン**が、若くして亡くなった妻**ムムターズ・マハル**のために築いた総大理石の墓廟で、約20年の歳月をかけて完成した。しかし、タージ・マハルの建設費用のために国家予算は傾き、シャー・ジャハーンは子の**アウラングゼーブ**に反逆され、監禁された。

アウラングゼーブは南インドに侵攻し、ムガル帝国の領土を過去最大にしたが、ヒンドゥー教の寺院を破壊したり、ヒンドゥー教徒の人頭税を復活したりしたため、各地で反乱が起こった。アウラングゼーブが亡くなると、ムガル帝国は衰退し、**イギリス東インド会社**（↓P160）による植民地化が進んだ。

◆タージ・マハル

約20年の歳月をかけて1653年に完成したタージ・マハルは、中央の大ドームの高さが約58m。インド・イスラム文化を代表する建築である。

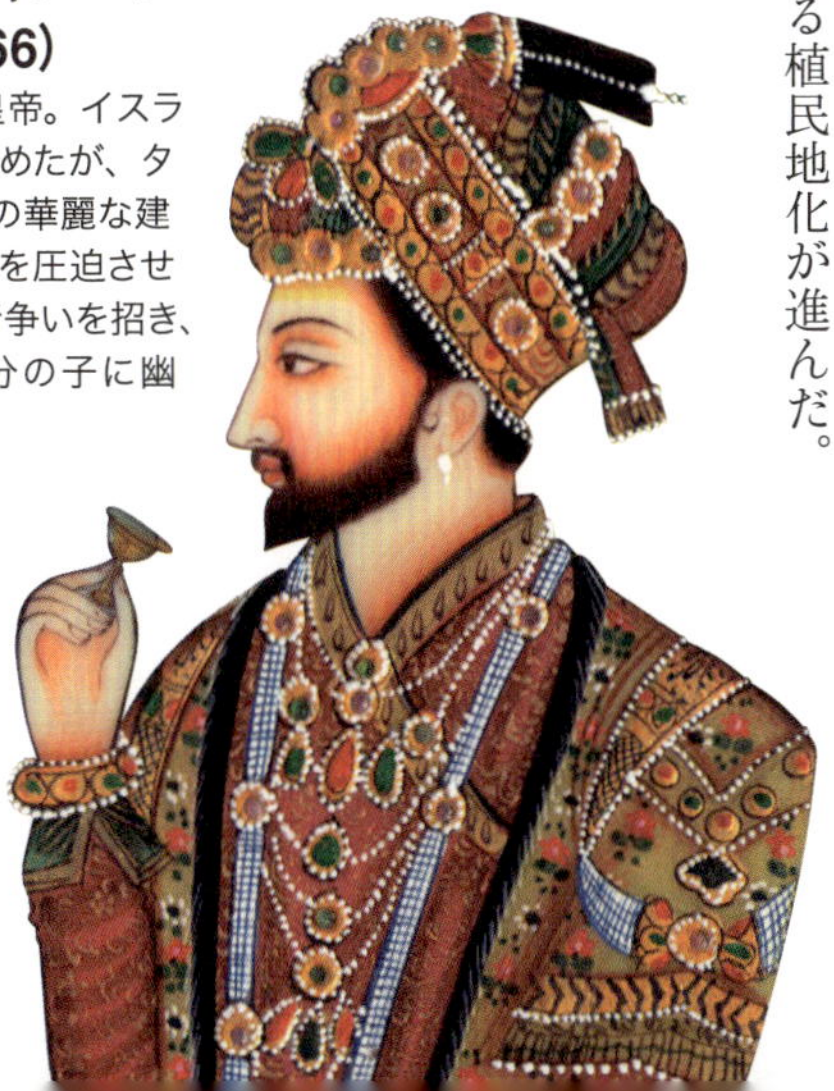

◆シャー・ジャハーン
（1592〜1666）

ムガル帝国5代皇帝。イスラム勢力の拡大に努めたが、タージ・マハルなどの華麗な建築物を築いて財政を圧迫させた。晩年は後継者争いを招き、皇位を継いだ自分の子に幽閉された。

経済

1685年

ナントの王令の廃止

ナントの王令の廃止で ユグノーが国外へ流出し フランス経済は停滞する

関連ページ

宗 P126 宗教改革

宗 P148 ユグノー戦争

経 P194 フランス革命

重商主義政策によって フランス財政は回復

ナントの王令を出して**ユグノー戦争**を終結させたブルボン家の**アンリ4世**の後を継いだ**ルイ13世**は、有能な**リシュリュー**を宰相として重用した。リシュリューは王権の強化を狙って、貴族が発言権をもっていた**「三部会」**（→P92）を停止した。

また、特権を要求する**ユグノー**（フランス国内のカルバン派）を弾圧し、弱体化させた。その一方、**三十年戦争**では、ハプスブルク家の打倒を目指し、新教国側に味方した。こうして対抗勢力を抑えたルイ13世は、国王が絶対的な権力をもつ政治体制**「絶対王政」**を確立した。

ルイ13世が41歳の若さで病没すると、子の**ルイ14世**が、わずか5歳で即位した。幼い時期は宰相**マザラン**が政治を代行していたが、マザランの死後、父が確立した絶対王政を受け継ぎ、親政を開始した。強大な権

◆**ルイ14世**
（1638～1715）
フランス国王。5歳で即位し、76歳まで国王として君臨した。中央集権制度（絶対王政）を実現し、「太陽王」と呼ばれた。ユグノーを弾圧し、侵略戦争を続けたが成功せず、国民を重税と不況で苦しめた。

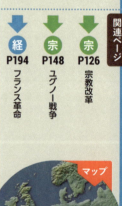

◆**ベルサイユ宮殿**
ルイ14世が権力・経済力を誇示するためにパリ南西約20kmのベルサイユに築いた壮麗な宮殿。約20年と莫大な費用をかけて1682年に完成した。

力を振るうルイ14世は**「太陽王」**と呼ばれた。

ルイ14世は、**コルベール**を財務総監として登用し、輸入制限や関税などで国内産業を保護し、国内産業を育てて輸出を促進する**「重商主義政策」**を推進させた。

これによりフランス財政は回復したが、ルイ14世は、それで得た利益を**ベルサイユ宮殿**の建設や**対外戦争**に注ぎ込んだ。ルイ14世が起こした対外戦争は、周辺国が協力して対抗したため、ほぼ失敗に終わった。特に、スペインのハプスブルク家が断絶したとき、自分の孫に継承権があると主張し、イギリスやオランダなどを相手に起こした**「スペイン継承戦争」**では、植民地を失うなどの不利な条件で講和を結ばざるを得なかった。

多額の宮殿建設費と戦費は、フランス財政を圧迫したため、ルイ14世は**増税**に踏み切り、国民の不満を高めた。また、熱心なカトリック信者だったルイ14世は、**ナントの王令を廃止**し、ユグノーの信仰の自由を否定。カトリックに改宗しないユグノーの財産を没収するなど、激しく弾圧した。このため、多数のユグノーが国外に逃亡した。ユグノーには**商工業者**が多かったため、フランスの国内産業は大打撃を受け、長期間、経済が停滞することになった。

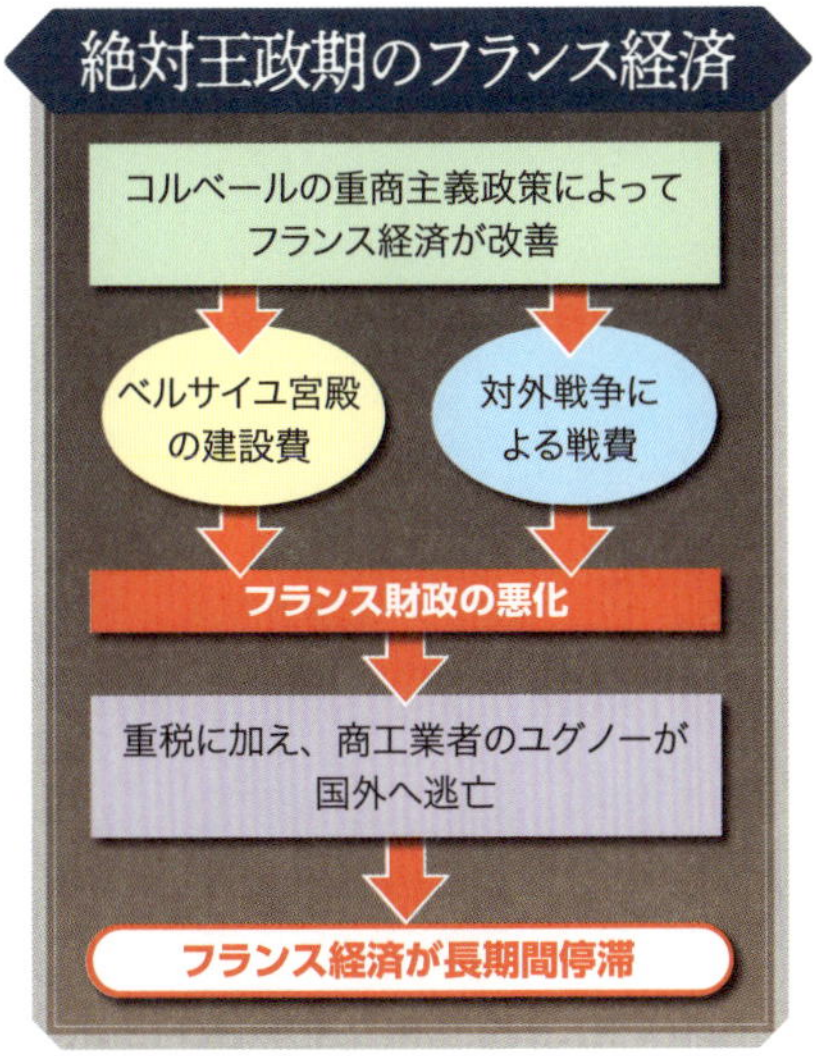

イギリスなどのヨーロッパ諸国は大西洋三角貿易により巨大資本を蓄積する

関連ページ
戦 P136 インカ帝国の滅亡
経 P160 東インド会社設立
経 P208 鉄道の開通

イギリスは奴隷貿易を独占して海上覇権を握る

大航海時代、スペインの侵攻によってアメリカ大陸の先住民たちは強制労働や伝染病などで次々と命を落とし、人口が激減した。植民地の労働人口を補充するため、**アフリカ大陸**の**黒人**が奴隷としてアメリカ大陸に送り込まれるようになった。

17世紀になると、没落したスペインやポルトガルに代わって、**イギリス**や**フランス**がアメリカや西インド諸島で**大農場（プランテーション）**を経営し、サトウキビや綿花、タバコなどを栽培するようになった。黒人奴隷の需要はさらに増加し、19世紀までに1000万人以上が、アメリカに連行されたと推定されている。

黒人奴隷を獲得するために、ヨーロッパからは**銃**や**綿製品**などの工業製品がアフリカに送られ、奴隷と交換された。アフリカの有力部族や権力者たちは、奴隷と交換した銃などを使って、さらに効率よく奴隷を生け捕りにしたため、被害は拡大した。

奴隷たちが送られたアメリカで生産された**砂糖**や**綿花**はヨーロッパに送られ、各地で販売された。こうして大西洋を舞台に行われた一連の貿易は、輸送船の航路から**「大西洋三角貿易」**と呼ばれ、ヨーロッパ諸国

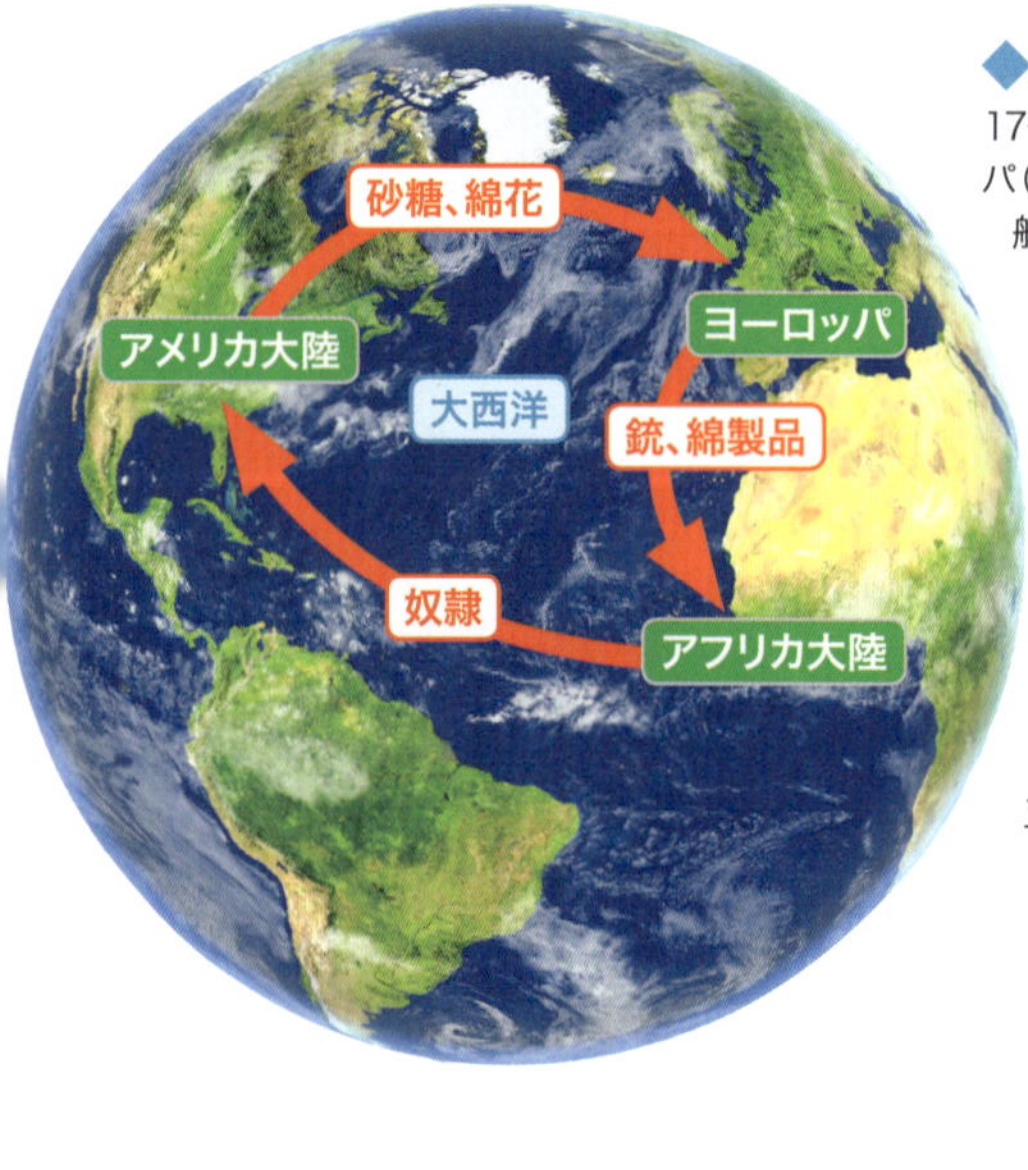

◆**大西洋三角貿易**

17〜18世紀、ヨーロッパ(特にイギリス)から出航した船は、銃や綿製品などの工業製品を西アフリカで奴隷と交換し、さらに奴隷をアメリカ大陸に運んで売り、そこで砂糖や綿花などを積んでヨーロッパに戻った。輸送船の航路から、この貿易は「大西洋三角貿易」と呼ばれた。

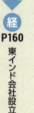

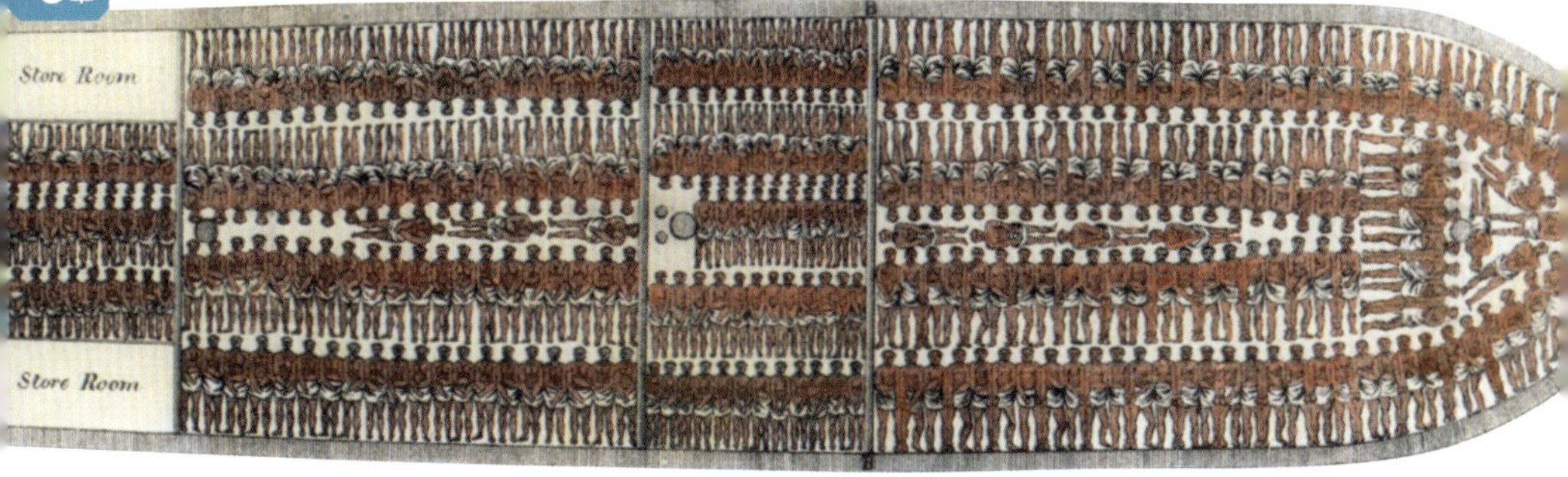

◆**奴隷船の内部**

奴隷たちは、奴隷船の甲板の下に身動きできないほど詰め込まれ、鎖などで繋がれたまま約2カ月間、輸送された。

◆**奴隷船で運ばれる奴隷たち**

航海中に全奴隷の約20%が死亡したという。生き残った奴隷は、砂糖、木綿、タバコなどの生産に従事させられた。

に莫大な利益をもたらした。イギリスは、その資本を財源として**産業革命**を推進した。

さらにイギリスは三角貿易に加えて、**イギリス東インド会社**が中心となって世界的な海上交易を進めた。インドからは**キャラコ**と呼ばれる高品質の綿布を、中国からは**茶**や**陶磁器**などを輸入し利益を拡大。

これに対し、17世紀後半、海上覇権をめぐって3度にわたる**「英蘭戦争」**で、国力を疲弊させたオランダは、主力商品であったアジアの香辛料の人気がヨーロッパで下がったことや、オランダの資金がイギリスに投資されたことなどが重なって後退。

さらに18世紀初頭の**スペイン継承戦争**に参戦したイギリスは、有利な条件で講和条約を結び、アメリカ大陸スペイン領に黒人奴隷を供給する**特権**を得たほか、イベリア半島南端の**ジブラルタル**、西地中海の**ミノルカ島**、北アメリカの**ニューファンドランド**などの領土を獲得した。

こうして大西洋三角貿易を、ほぼ独占したイギリスは、世界の海上覇権を握っていった。

イギリスが覇権を握った理由

- **大西洋三角貿易で資本を蓄積した**
- **スペイン継承戦争後、アメリカ大陸のスペイン領に奴隷を供給する特権を得た**
- **インドや中国との貿易で利益を得た**
- **3度にわたる英蘭戦争の結果、オランダとの海上覇権争いに勝利した**

17〜18世紀

保険の誕生

「保険」と「株取引」が誕生したのはロンドンのコーヒーハウスだった

海上覇権を握るイギリスで海上保険がはじまる

17世紀後半、イギリスはオランダとの**海上覇権**争いに勝利し、首都**ロンドン**は世界経済の中心地となり、貿易を行う多くの船舶が集まっていた。当時のイギリスでは東方貿易によって輸入された**コーヒー**が流行し、ロンドンには約2000軒の**コーヒーハウス**（喫茶店）が建ち並んでいた。コーヒーハウスは庶民の社交場となり、情報交換・情報発信の場で、新聞も置かれて回覧されていた。

1688年に**エドワード・ロイド**がロンドン港付近のテムズ川沿岸に開いたコーヒーハウスは、24時間営業で入港に対応したため、**船長**や**船主**、船を雇った**貿易商**などが集まり、海事関係の情報が交換されるようになった。そこでロイドは、最新の海事情報を**「ロイズ・ニュース」**として発行した。

当時は、**船**や**積み荷**が事故などで損害を受けるリスクが高く、保険を引き受ける会社は存在しなかったが、ロイドは、個人の**保険引受業者**を集め、保険金を支払う制度をつくった。この**海上保険**が近代的な**「保険」**の発祥といわれる。ロイドの死後は、常連客や元従業員らが保険組合を結成し、海上保険を取り扱った。

historical note

砂糖の消費拡大のために紅茶やコーヒーが普及した

庭で紅茶を楽しむイギリス人女性たち（19世紀）。

太平洋三角貿易により、カリブ海域で砂糖が増産された。ヨーロッパの商人たちは、砂糖の需要を伸ばすため、コーヒーや紅茶、チョコレート（カカオ）などの嗜好品を流行させた。イギリスでは、清（中国）から輸入した紅茶を王室に持ち込んで、紅茶文化をつくり上げ、巨大産業へと成長させた。

関連ページ
経 P160 東インド会社設立
経 P178 イングランド銀行の設立
経 P206 金本位制復活

◆コーヒーハウス

コーヒーハウスは、17〜18世紀にイギリスで流行した喫茶店。多くの人が集まって情報を交換し、世論を形成する重要な場となった。

１７２０年に**南海泡沫事件**（→Ｐ179）が起きた影響で、保険の規制が強化され、保険引受会社が２社に限定されたが、個人の保険引受業者は規制を受けなかった。まもなく保険引受会社は海上保険から撤退し、競争相手のいなくなったロイズ組合は海上保険を独占。１８７１年には法人化されて**「ロイズ保険組合」**が発足し、以後も発展を続け、現在も保険引受業者の集団として、世界的な損害保険取引を行っている。

ロンドンの**株取引**については、１５６８年に**王立取引所**が設立され、国債や証券などとともに株が取引されていたが、株取引が活発になると、経済の混乱を抑えるため、**仲買人**を制限して取引所から締め出そうとした。これに反発した仲買人たちは、取引所の近くの**ジョナサンズ**などのコーヒーハウスで株取引を開始した。この私設取引は拡大を続け、１７７３年、ジョナサンズは**「ロンドン証券取引所」**になった。株の仲買人たちは、やがて**証券会社**に発展していった。

◆ロイズ保険組合

エドワード・ロイドが経営するコーヒーハウスで海上損害保険を行なっていた客たちが、ロイドの死後、保険組合をつくり、1871年に法人化した。

17〜18世紀イギリス経済関連年表

1688年	戦費調達のため、国債が発行される（→P178） ロイズ・コーヒーハウスが開店
1689年	ウィリアム王戦争が勃発 第2次百年戦争の開始
1694年	イングランド銀行の設立（→P178）
1713年	スペイン継承戦争の講和条約により、イギリスが奴隷貿易を独占
1717年	金本位制が確立（→P206）
1720年	南海泡沫事件が起こり、保険引受会社が2社に制限
1773年	ジョナサンズ・コーヒーハウスがロンドン証券取引所になる
1871年	ロイズが法人化する

経済

1694年

イングランド銀行の設立

戦費調達のために イングランド銀行が設立され 国債が大量発行される

関連ページ
経 P160 東インド会社設立
経 P176 保険の誕生
経 P206 金本位制復活

イギリスは国債の発行で フランスとの戦いに勝利

イギリスは**名誉革命**のとき、**オランダ総督ウィレム3世**を新国王**ウィリアム3世**として迎えた。新教国勢力のイギリスとオランダが連合することは、旧教国勢力**フランス**にとって大きな痛手であった。フランスはウィリアム3世の即位を認めず、イギリスに宣戦布告。

こうして両国は、ヨーロッパ本土や、アメリカ大陸やインドの植民地などをめぐって、**「第2次百年戦争」**と呼ばれる約130年にわたる抗争を続けることになり、イギリスでは莫大な戦費が必要となった。

戦費調達に苦しむイギリスを救ったのは、ウィリアム3世とともに、オランダからイギリスに移住した**ユダヤ商人**たちだった。彼らの働きかけにより、ウィリアム3世は、議会の承認のもと、**「国債」**の発行を決定した。国債とは、**「国家が発行する債権」**のことで、利子や元本の支払いが国家から保証されているのが特徴である。

それまでの戦費は、国王が「個人的に」金融業者や大商人から調達していたため、踏み倒されることがあった。また戦費調達のために重税を課された国民は不満を高め、社会不

historical note

世界最初の近代的な国債は1262年にベネチアで発行された

中世ヨーロッパでは、君主に貸した金は、君主が死ねば返済されなかった。ジェノバとの抗争で戦費の調達が必要だったベネチアは、1262年、「イル・モンテ」と呼ばれる公庫(政府の金融機関)を誕生させた。これが近代的な国債の起源といわれている。

イル・モンテ(il monte)

- 君主の借金を国が保証する
- 税金を担保に年率5%の利子を払う
- 債券の転売が可能で現金化できる

安が増大する危険性があった。

しかし、国債は国王ではなく、議会が返済を約束するため、出資者にとって安全な**投資先**となった。また、国債の担保は政府に収める国民の税金とされ、国王は勝手に税金を上げられなくなった。

1694年、民間の出資者たちは、国債を買い取る**「イングランド銀行」**を設立する認可を受け、政府から年率8%の利子を受け取ることになった。さらに、イングランド銀行は、資本金の枠内で金貨や銀貨と兌《だ》換《かん》（交換）できる**銀行券（紙幣）**を発行する権利**「通貨発行権」**を与えられた。通貨を独占的に発行する銀行は**「中央銀行」**と呼ばれるが、イングランド銀行は、18世紀には実質的に通貨発行権を独占し、中央銀行としての地位を確立した。国債で安定的に戦費を調達したイギリスは、第2次百年戦争に勝利した。

◆18世紀のイングランド銀行
1694年に設立された銀行。国債を買い取る代わりに、通貨発行権を得て経営規模を拡大。18世紀には中央銀行としての地位を確立した。

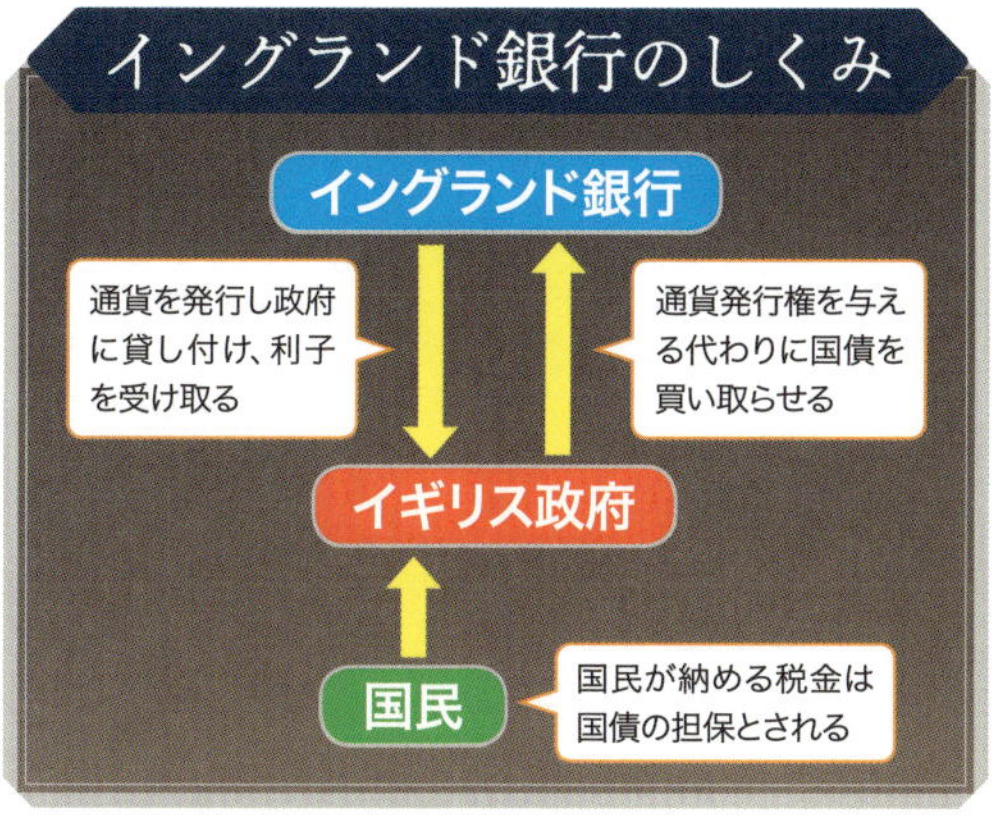
イングランド銀行のしくみ
イングランド銀行
通貨を発行し政府に貸し付け、利子を受け取る
通貨発行権を与える代わりに国債を買い取らせる
イギリス政府
国民
国民が納める税金は国債の担保とされる

historical note

「バブル」の語源となった「南海泡沫事件」

スペイン継承戦争の戦費調達のために国債を濫発したイギリス政府は、利子の支払いに苦しみ、1711年、南海会社を設立した。南海会社には、スペイン領中南米との独占貿易権を与える条件で、多額の国債を引き受けさせた。利潤を確保できるとの期待感から南海会社の株価は急騰し、半年でほぼ10倍に値上がりしたが、南海会社の経営実態が乏しいことが判明すると、株価は大暴落した。この事件は「南海泡沫事件」と呼ばれ、「バブル」の語源になっている。

南海泡沫事件での混乱を描いた絵。

1700年

北方戦争

北方戦争に勝利したロシアのピョートル大帝はバルト海の制海権を握る

軍隊の近代化によってスウェーデンを破る

ロシア国家の起源は、862年に**「ルーシ」**と呼ばれたノルマン人が建国した**「ノブゴロド国」**（↓P79）とされる。ルーシはロシアの語源になったという。ノルマン人はさらに南下し、882年、**「キエフ公国」**を建国。キエフ公国は、10世紀末に**東方正教会**を国教とし、**ビザンツ帝国**との関係を深めて繁栄したが、1240年、チンギス・ハンの孫**バトゥ**（↓P94）の率いるモンゴル勢力の侵攻を受けて滅亡した。

その後、約240年、ロシアの地はモンゴル人に支配されたが、商業都市**モスクワ**を本拠とする地方政権の**「モスクワ大公国」**が勢力を広げ、1480年、キプチャク・ハン国に勝利して独立を果たした。

大公**イワン3世**は**ツァーリ**（ロシア君主の称号）を自称し、ロシアの地方政権を統一。イワン3世の孫・**イワン4世**は、親衛隊による恐怖政治で貴族を抑え込み、また農民を土地に縛り付けて確実に徴税する**「農奴制」**を強化。さらに周辺国を侵略した。イワン4世の死後、後継問題が続いたが、1613年、**ロマノフ朝**が成立した。

1682年にツァーリに即位した

関連ページ
経 P78 ノルマン人の移動
戦 P190 露土戦争
戦 P222 クリミア戦争

historical note

ロシアを近代化させるためにロシア国民は「ひげ税」を課された

ひげを切られる貴族。

17世紀後半から、西ヨーロッパではひげを剃ることが流行した。しかしロシアでは、ひげのない男性は信用されなかった。ヨーロッパ視察から帰国したピョートル1世は、「ロシアを近代化させるため」として、貴族のひげを切り落とし、国民にもひげを剃ることを強制し、従わない者には高額な「ひげ税」を課した。

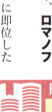

ピョートル1世は、約250人の視察団をヨーロッパに派遣し、偽名を使って自分も加わった。ピョートル1世は、オランダの造船所で身分を隠して船大工として働きながら造船技術を学ぶなど、積極的に視察を進め、帰国後は西欧化政策を実行した。軍隊を近代化して強化したピョートル1世は、**シベリア**に軍を進めて支配下に置き、中国の**「清」**と**ネルチンスク条約**（➡P187）を結んで国境を定めた。

さらにピョートル1世は、**バルト海**の制海権を狙い、ポーランド・デンマークと同盟を結んで、スウェーデンと**「北方戦争」**を開始した。この戦いは21年にも及んだが、最終的にはロシア軍が勝利した。北方戦争の最中、ピョートル1世はバルト海東部沿岸に、新都**「ペテルブルク」**を建設した。1721年、ピョートル1世は**皇帝**に即位し、**帝国**となったロシアは、東ヨーロッパの強国として認められるようになった。

ロシア関連年表

862年	**ノブゴロド国**の建国（➡P79）
882年	**キエフ公国**の建国
1240年	**モンゴル軍**の侵攻でキエフ公国が滅亡
1480年	**モスクワ大公国**がモンゴルから独立を果たす
1533年	**イワン4世**が即位
1613年	**ロマノフ朝**が成立
1682年	**ピョートル1世**が即位
1689年	**ネルチンスク条約**
1700年	**北方戦争**（〜1721年）
1721年	**ロシア帝国**の成立

◆**ペトロハブロフスク要塞**

北方戦争の最中、スウェーデンの攻撃に備えるためにペテルブルクに建設された軍事要塞。中央の聖堂にはピョートル1世の墓所がある。

◆**ピョートル1世**
（1672〜1725）

10歳でロシアのツァーリとなり、22歳で実権を握った。ヨーロッパを視察し、ロシアの近代化を推進。北方戦争に勝利し、初代ロシア皇帝になった。ピョートル大帝とも呼ばれる。

4章 近代

Late modern period

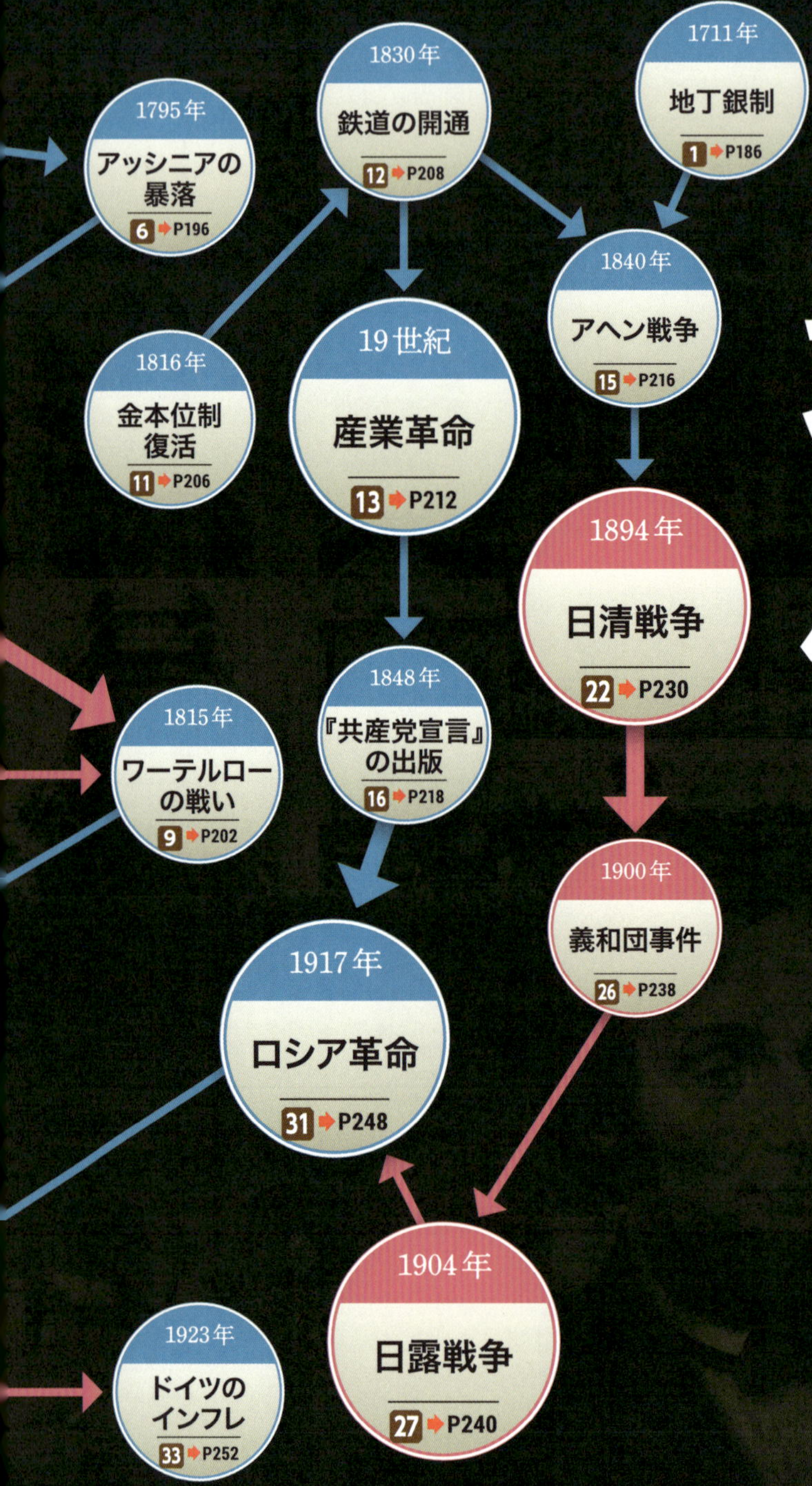
1711年
地丁銀制
1→P186
1795年
アッシニアの暴落
6→P196
1830年
鉄道の開通
12→P208
1840年
アヘン戦争
15→P216
1816年
金本位制復活
11→P206
19世紀
産業革命
13→P212
1894年
日清戦争
22→P230
1815年
ワーテルローの戦い
9→P202
1848年
『共産党宣言』の出版
16→P218
1900年
義和団事件
26→P238
1917年
ロシア革命
31→P248
1904年
日露戦争
27→P240
1923年
ドイツのインフレ
33→P252

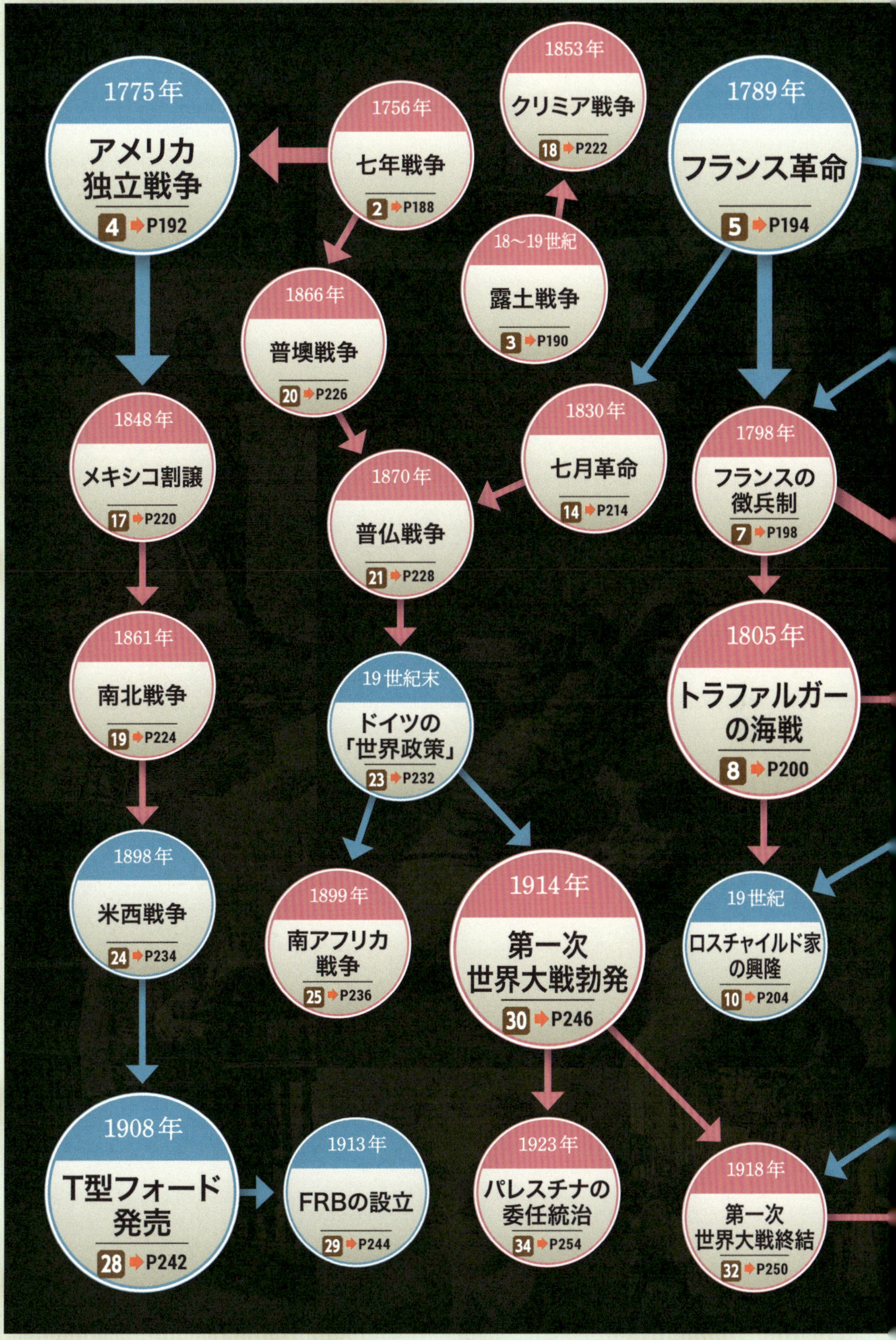
1775年
アメリカ独立戦争
4 P192
1756年
七年戦争
2 P188
1853年
クリミア戦争
18 P222
18～19世紀
露土戦争
3 P190
1789年
フランス革命
5 P194
1866年
普墺戦争
20 P226
1848年
メキシコ割譲
17 P220
1870年
普仏戦争
21 P228
1830年
七月革命
14 P214
1798年
フランスの徴兵制
7 P198
1861年
南北戦争
19 P224
19世紀末
ドイツの「世界政策」
23 P232
1805年
トラファルガーの海戦
8 P200
1898年
米西戦争
24 P234
1899年
南アフリカ戦争
25 P236
1914年
第一次世界大戦勃発
30 P246
19世紀
ロスチャイルド家の興隆
10 P204
1908年
T型フォード発売
28 P242
1913年
FRBの設立
29 P244
1923年
パレスチナの委任統治
34 P254
1918年
第一次世界大戦終結
32 P250

近代のさくいんMAP

※この勢力図は18世紀のもの。

近代の世界では、イギリスやフランスを中心とするヨーロッパ諸国は、植民地を広げて勢力を拡大したが、イギリスの植民地だったアメリカは独立戦争を起こした。フランスでは革命が起こり、自由や平等を求める活動が世界に広がった。東アジアでは中国の「清」が広大な領域を支配したが、イギリスの進出によって衰退をはじめた。

※この2ページのマップは4章の「さくいん」にもなっています。そのため、この勢力図では18世紀に起きていない「できごと」も紹介しています。

1711年

地丁銀制

清の名君・康熙帝は地丁銀制を採用して確実に税収を得る

土地税だけに絞った画期的な税制が成功する

16世紀、中国の**「明」**には、ヨーロッパから大量の**銀**が流入し、財政が回復した。複雑化していた税制も**丁銀《ていぎん》（人頭税《じんとうぜい》）**と**地銀《ちぎん》（土地税）**の2種類に分け、一括して銀で納めさせる**「一条鞭法《いちじょうべんぽう》」**に変更された。

しかし16世紀末、豊臣秀吉の**朝鮮出兵**（↓P158）に援軍を送ったり、周辺の諸民族の反乱が頻発したりして、軍事費が増加し、明の財政は危機に陥った。

この時期に皇位にあった14代**万暦《ばんれき》帝《てい》**は、在位期間が48年間にも及んだが、政治に無関心で、朝廷に顔を出すこともほとんどなく、放漫財政に拍車がかかった。明は**重税**で対応しようとしたが、**飢饉**も重なり、各地で反乱が起きた。そして1644年、**李自成**の反乱により滅ぼされた。

明の滅亡後、満州（中国東北部）のツングース系の女真族《じょしんぞく》が建国した**「清」**が**北京**を占領し、李自成を滅ぼした。この時点では、明の有力武将による地方政権**「藩」**や**台湾**の反抗勢力などが存在していたが、清の4代皇帝**康熙帝《こうきてい》**は台湾を制圧し、有力三藩の起こした反乱**「三藩の乱」**を鎮圧して中国を統一した。

康熙帝はモンゴルやチベットなど

地丁銀制と一条鞭法

清　地丁銀制

丁銀を廃止
地銀は土地所有者のみに低額で課す

↓

富裕層は**土地所有権**が保障されるため、地銀納付に応じる

↓

富の再分配が可能に

明　一条鞭法

丁銀（人頭税）と**地銀（土地税）**の2種類にまとめ、銀で納付させる

↓

人頭税を避けるため無戸籍者が増大

↓

税が徴収できず財政難に

関連ページ
経 P106 日明貿易の開始
経 P144 ポトシ銀山の発見
経 P216 アヘン戦争

マップ

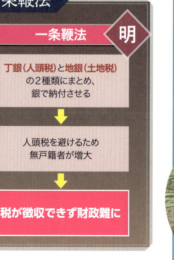

にも領土を広げ、1689年には**ロシア**と**ネルチンスク条約**（→P181）を結んで国境を定め、シベリアを侵略するロシアを抑えた。

内政において、康熙帝は、財政の安定化を目指した。明の税制「一条鞭法」は、人頭税が課せられていたため、これを逃れるため、戸籍を届けない者が続出した。明の統計人口は約6000万人だったが、実際には、その3～4倍の人口が存在したという。

◆**康熙帝《こうきてい》（1654～1722）**
清の4代皇帝。6歳で即位し、15歳で実権をにぎると、清建国の功労者が支配する三藩（三つの半独立国家）を平定し、全中国を統一。学問を奨励し、清の全盛期を築いた。

税を取り損なったことが、明の財政難を招いた要因と考えた康熙帝は、**丁銀（人頭税）の廃止**を宣言した後、人口調査を行った。このため清の統計人口は増え続け、18世紀末には3億人に達した。

正確な人口統計のもと、康熙帝は裕福な土地所有者のみに安い税率の地銀を課し、銀で納めさせる**「地丁銀制」**を実施した。納税すれば、土地所有権が国家に保証されるため、土地所有者は積極的に地銀を納めるようになった。

中国史上、画期的な税制となった地丁銀制により、**富の再分配**が可能になった。こうして異民族王朝の清は、漢人の富裕層だけでなく庶民層からも広く支持されて安定し、繁栄の時代を迎えることになった。

historical note

明の宝鈔以降、約340年間も紙幣の発行を停止していた中国

中国は、宋の時代に世界最初の紙幣を発行し、元では交鈔《こうしょう》、明では宝鈔《ほうしょう》を発行したが、いずれも紙幣濫発によりインフレを引き起こした。このため宝鈔は1510年頃に発行が完全に停止された。その後、明では紙幣は発行されず、約340年後の清の時代、1853年に「大清宝鈔《だいしんほうしょう》」が発行された。

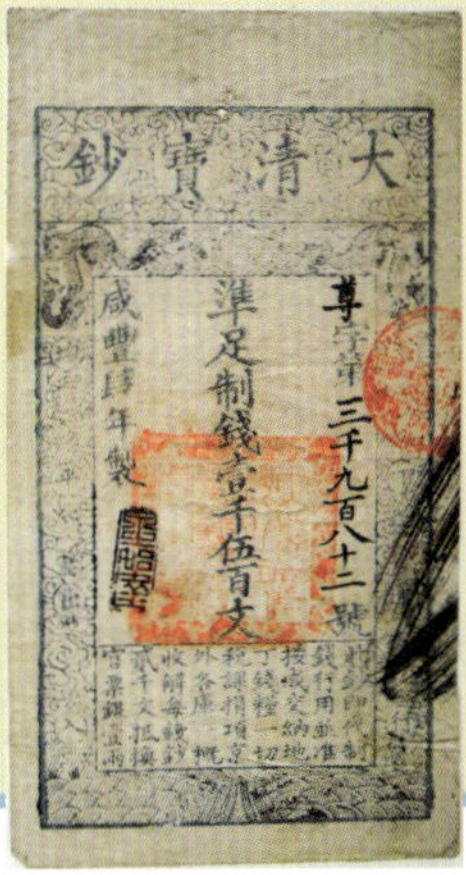

大清宝鈔

戦争

1756年

七年戦争

シュレジエン地方をめぐり プロイセンとオーストリアが主導権争いをくり広げる

新興国プロイセンが強国の地位を確立する

三十年戦争（→P162）終結後に結ばれた**ウェストファリア条約**によって、**神聖ローマ帝国**は実質的に解体し、諸侯の半独立政権だったドイツの**領邦**は独立国家として自立するようになった。このうち、勢力を誇ったのが、神聖ローマ皇帝を独占してきた老舗ハプスブルク家の**「オーストリア」**と、新興ホーエンツォレルン家の**「プロイセン」**だった。

ドイツ北部に領地をもつプロイセンは、**スペイン継承戦争**のとき、オーストリアに味方した功績で**「プロイセン王国」**に昇格すると、国家予算の大半を軍事費に注ぎ込んで、ヨーロッパ有数の**軍事国家**となった。

領土拡大を狙うプロイセンの**フリードリヒ2世**は、1740年、オーストリアの**マリア・テレジア**が、ハプスブルク家の全領土を継承することを認めず、資源の豊富な**シュレジエン地方**（ポーランド）を占領し、**「オーストリア継承戦争」**を起こした。バイエルン公やフランスを味方につけたフリードリヒ2世は、イギリスに支援されたオーストリアを破り、シュレジエン地方を獲得した。

シュレジエン奪回を目指すマリア・テレジアは、200年以上、対

関連ページ
戦 P162 三十年戦争
戦 P226 普墺戦争
戦 P228 普仏戦争

historical note

「外交革命」が成立した原因はフリードリヒ2世の女性蔑視だった

フリードリヒ2世は、マリア・テレジアを軽視していただけでなく、公式の場で女性を蔑視する発言をくり返していた。ロシア女帝エリザベータや、フランスのポンパドール夫人（ルイ15世の公妾）は、これを腹立たしく思っていた。フランスが長年の宿敵であるオーストリアと手を結んだ「外交革命」は、ポンパドール夫人が主導したといわれている。

ポンパドール夫人（1721〜1764）

立関係にあったフランスと同盟を結び、「外交革命」を成功させ、さらにロシアも味方につけてプロイセンを孤立させた。1756年、この状況を打開するべく、フリードリヒ2世はオーストリアに攻め込み、**「七年戦争」**をはじめた。

プロイセンは、**「クーネルスドルフの戦い」**でオーストリア・ロシア連合軍に大敗し、危機に陥ったが、ロシアは女帝**エリザベータ**（ピョートル1世の娘）が急死。プロイセンと単独講和を結んで戦線を離脱。フランスもアメリカ大陸でイギリスと植民地争いをくり広げていたが敗退**（フレンチ・インディアン戦争）**。

これによりドイツに駐留していたフランス軍は撤退した。危機を脱したプロイセンは、シュレジエンの領有を認めさせる有利な条件で講和を結び、ヨーロッパの強国の一員となった。

一方、マリア・テレジアはシュレジエンを失ったが、オーストリアの実質的な皇帝としての地位を固めた。

◆**マリア・テレジア（1717〜1780）**
オーストリア大公。オーストリア継承戦争後に、ハプスブルグ家の領土を継承した。七年戦争によって、オーストリアの国権を強化した。

◆**フリードリヒ2世（1712〜1786）**
プロイセン国王。フリードリヒ大王とも呼ばれる。オーストリア継承戦争を起こし、シュレジエン地方を獲得。国内では工業の育成に尽力。フランス文化を愛好した。

◆**クーネルスドルフの戦い**
七年戦争中の戦いのひとつで、フリードリヒ2世はオーストリア・ロシア連合軍に大敗し、遺書を書き残したが、窮地を脱した。

戦争

18〜19世紀

露土戦争

ロシアのエカテリーナ2世は南下政策を活発化しクリミア半島を領有する

関連ページ
戦 P180 北方戦争
戦 P222 クリミア戦争
経 P248 ロシア革命

クリミア半島を併合しポーランドを分割する

ロシア帝国をヨーロッパの強国に押し上げた**ピョートル1世**の死後、ロシアは後継者をめぐって混乱が続いたが、1841年、**エリザベータ**（ピョートル1世の娘）がクーデターを起こして即位した。エリザベータは、オーストリアの**マリア・テレジア**と同盟して**七年戦争**（↓P188）に参戦したが、その最中に亡くなった。

その後を継いだ**ピョートル3世**（ピョートル1世の孫）と結婚したドイツ貴族の娘・**エカテリーナ2世**は、1762年、クーデターを起こして夫を追放し、自らロシア皇帝となった。

ロシア帝国の領土は、ピョートル1世の侵略戦争によって**ユーラシア大陸**北部の大部分を占めるほど広がっていたが、冬季に凍結する港が多かった。**海洋進出**を実現するためには、年間を通して凍結することがない**「不凍港」**の獲得が必要だった。このためロシアは南方の**黒海**方面へ進出する**「南下政策」**が基本路線となっていた。

1768年、エカテリーナ2世は、**オスマン帝国**が支配する**クリミア半島**に進撃して勝利を収め、黒海北岸

historical note

ピョートル3世を僭称したプガチョフがエカテリーナ2世を苦しめる

エカテリーナ2世の夫・ピョートル3世はクーデターによって廃位に追い込まれた後、突然死した。当時からエカテリーナ2世によって暗殺されたと噂された。11年後、コサック出身のプガチョフが「自分はピョートル3世である」と自称し、農奴解放を唱えて大規模な農民反乱を起こした。エカテリーナ2世は大軍を送って反乱を鎮圧し、プガチョフを処刑した。

処刑されるプガチョフ。

を手に入れ、クリミア半島の**クリム・ハン国**を強制的に併合した。このため再び戦争が起こったが、このときも勝利したロシアは、クリミア半島の領有をオスマン帝国に認めさせた。18〜19世紀を通じてロシア帝国とオスマン帝国との間で行われた一連の戦争は**「露土《ろと》戦争（ロシア・トルコ戦争）」**と呼ばれる。

さらにエカテリーナ2世は、プロイセンとオーストリアと協力して**ポーランド**に介入し、この3国でポーランドを段階的に分割して自国の領土とした。こうしてエカテリーナ2世は、ロシアの領土拡張に成功したが、ポーランドは1795年、完全に消滅することになった。

◆エカテリーナ2世（1729〜1796）

ロシアの女帝。夫のピョートル3世を追放し、皇帝に即位した。ロシアの近代化を進め、啓蒙専制君主と呼ばれる。領土拡大に努めた。

◆ポーランド分割

ポーランド分割の風刺画で、ヨーロッパ列強の首脳が、縛られたポーランドの分割を話し合っている。

• 拡大を続けるロシア •

エカテリーナ2世の治世において、ロシアはポーランドからベーリング海に至る広大な帝国となった。

経済

1775年

アメリカ独立戦争

イギリスからの課税に反発した北アメリカの13植民地が独立戦争を起こす

密輸の利益を阻止された商人たちが反乱を起こす

17世紀初頭、**イギリス**は北アメリカ東岸に**植民地**の建設をはじめた。その後、信仰の自由を求める**ピューリタン**が続々と北アメリカに移住し、18世紀前半までに**13州の植民地（13植民地）**が形成された。

七年戦争（↓P188）と同じ時期、北アメリカの植民地をめぐって、イギリスとフランスは先住民ネイティブ・インディアンを巻き込んで**「フレンチ・インディアン戦争」**を起こした。勝利したイギリスは、**カナダ**と**ミシシッピ川以東**の地域をフランスから獲得し、敗れたフランスは北アメリカの領土をすべて失った。

北アメリカでの覇権を確立したイギリスだったが、膨大な**戦費**は財政を圧迫した。1765年、イギリスは赤字軽減のため、13植民地に対し、本国並みの課税をしようとした**（印紙法）**。しかし植民地はイギリス議会に代表者を送ることができなかったので、**「代表なくして課税なし」**と主張し、納税を拒否した。

当時、13植民地には関税以外、ほとんど課税されておらず、**密輸**も横行していたので、植民地からイギリス本国に税はほとんど入らない状況だった。そこでイギリスは、**茶**の在

◆ボストン茶会事件

1773年、イギリス東インド会社に植民地での紅茶の独占販売権が与えられると、それに反対する商人が先住民の姿をしてイギリス船を襲い、茶箱を海に投げ入れた。

関連ページ

戦 P188 七年戦争

経 P202 ワーテルローの戦い

戦 P220 メキシコ割譲

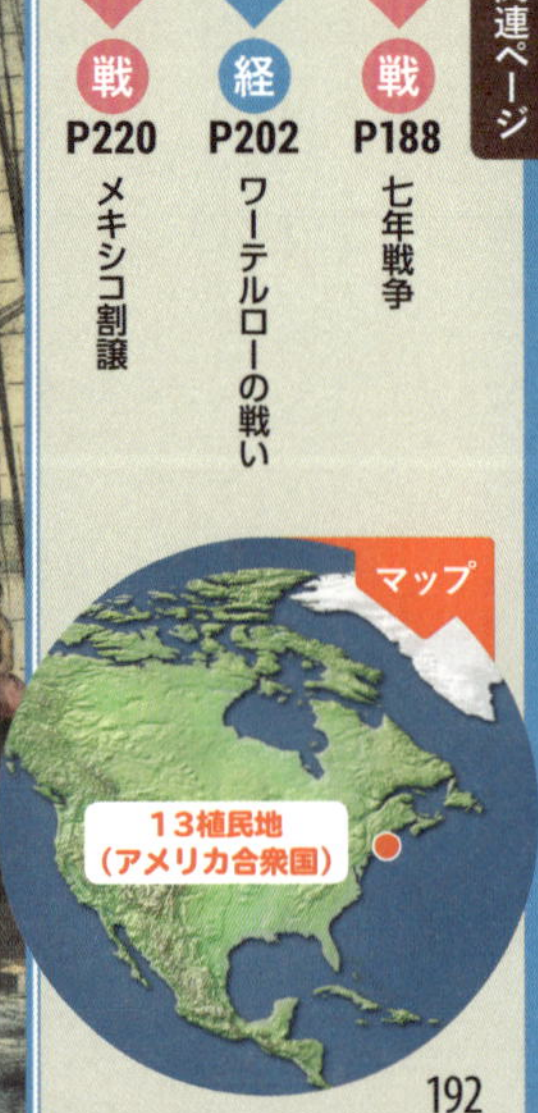

庫を大量に抱えていた**イギリス東インド会社**に、無関税で茶を独占販売する特権を与えた。

茶の密輸で成り立っていた植民地の商人は反発を強め、茶を積んでボストン港に停泊していたイギリス東インド会社の船を襲い、茶箱を海に投げ入れた（**ボストン茶会事件**）。

イギリス本国は、ボストン港を閉鎖する強硬措置をとったため、植民地と本国の対立は激化。１７７５年、植民地軍と本国軍の武力衝突をきっかけに、**「アメリカ独立戦争」**がはじまった。植民地軍は**ワシントン**を総司令官として戦い、翌年には13植民地の代表が**「アメリカ独立宣言」**を採択した。植民地軍はイギリスと対立するフランスの援助を受けて勝利し、１７８３年、講和条約で独立が認められた。こうして**「アメリカ合衆国」**が正式に成立した。

◆ワシントン（1732〜1799）

植民地の大農園主で、アメリカ独立戦争がはじまると、植民地軍の総司令官となり、イギリス軍を破った。独立したアメリカの初代大統領に就任し、「建国の父」と呼ばれる。

◆「アメリカ独立宣言」の採択

独立戦争中の1776年、植民地議会において独立を宣言する文書が採択された。

historical note

わずか4年間で価値が100分の1になった大陸紙幣

独立戦争がはじまると、13植民地が結集した大陸会議は、膨大な戦費を調達するために「大陸紙幣」を発行した。しかし濫発され、金や銀との兌換《だかん》が保障されない不換紙幣だったこともあり、価値は暴落。戦争が終了する頃には、その価値は１００分の1以下になり、スーツ1着が100万ドルもしたという。

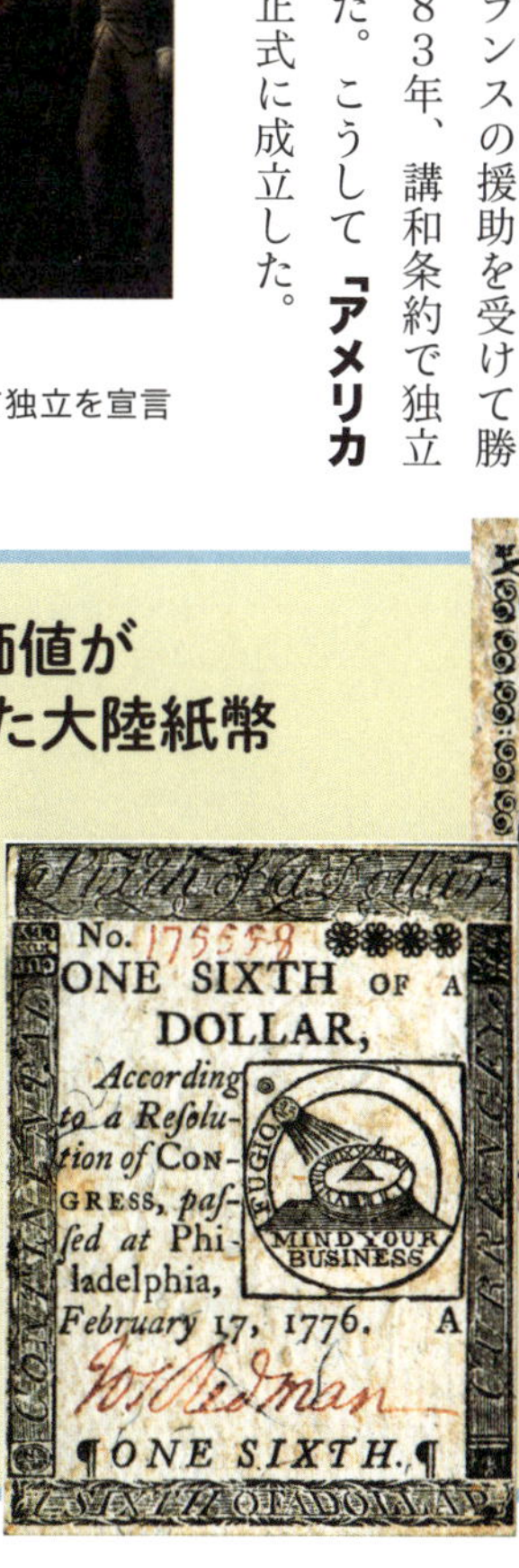

1776年に発行された大陸紙幣。濫発された大陸紙幣はインフレを起こし、「価値がないもの」の代名詞になった。

経済

1789年

フランス革命

貴族に対する優遇措置に 第三身分の不満が爆発し フランス革命が勃発する

国家財政の真実を知った フランス国民が蜂起する

フランスの絶対王政期、国民は**聖職者（第一身分）**と**貴族（第二身分）**、**平民（第三身分）**に区分されていた。聖職者と貴族は**「特権身分」**に属し、免税などの特権を与えられていたのに対し、国民の約98％を占める平民は領主への地代や重税で苦しんでいた。この社会構造は、**アンシャン・レジーム（旧制度）**と呼ばれる。

ルイ14世の時代、フランスは絶対王政の全盛期を迎えたが、度重なる対外戦争やベルサイユ宮殿の建設費によって、財政は悪化していた。さらに、**七年戦争**（↓P188）や、支援した**アメリカ独立戦争**（↓P192）などの戦費が加わって、1780年代のフランスの財政赤字は年間歳入の9倍にも達し、破綻寸前だった。

財政を立て直すため、フランス国王ルイ16世は、スイスの銀行家**ネッケル**を財務長官に抜擢。ネッケルは無駄な支出を抑える**緊縮財政**や、増税ではなく**国債**で戦費を調達するなど、財政改革を推進したが、特権階級である貴族たちの猛反発を受けた。

そこでネッケルは、世論を味方につけるため、フランスの**国家予算**を

◆アンシャン・レジーム（旧制度）の構造

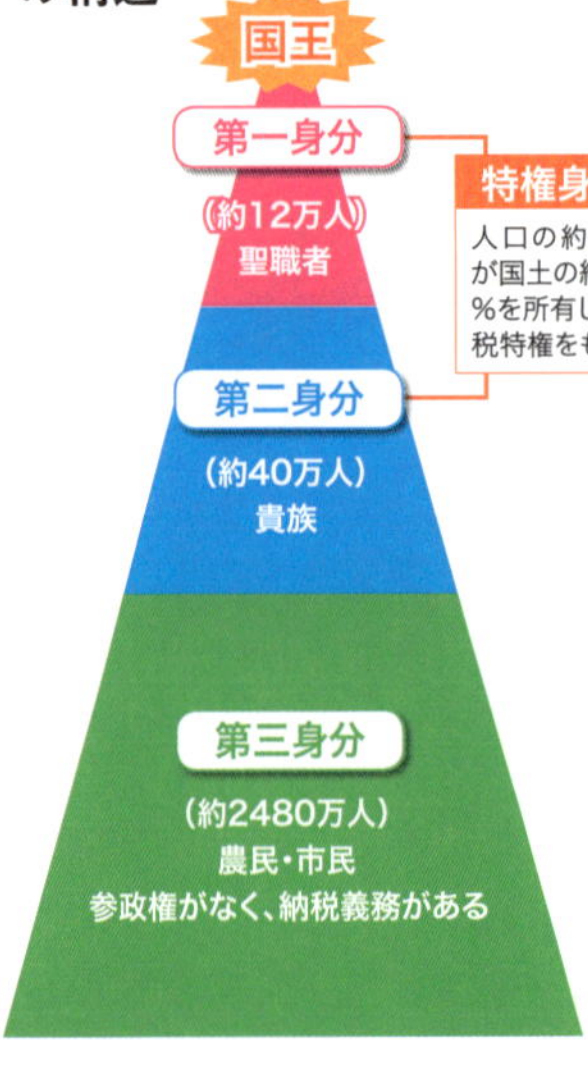
特権身分
人口の約２％が国土の約40％を所有し、免税特権をもつ

◆アンシャン・レジームの風刺画

国王や聖職者、貴族が平民（第三身分）に馬乗りになっている。

関連ページ
経 P172 ナントの王令の廃止
経 P196 アッシニアの暴落
戦 P198 フランスの徴兵制

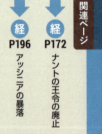

公表し、歳入と歳出の内容を具体的に示した。これにより王家の浪費や貴族への優遇措置が明らかとなった。ネッケルは民衆から支持されたが、貴族が激しく反発したため、罷免された。

その後、ネッケルは復職し、特権身分に**課税**しようとしたが、反抗した貴族たちは、聖職者・貴族・平民の代表で構成される**「三部会」**（↓P92）の開催を求めた。1789年5月、174年ぶりに三部会は開かれたが、特権維持を求める第一・第二身分と第三身分が対立。第三身分の議員は、「自分たちこそ国民の代表である」と宣言して**「国民議会」**を開催し、憲法が制定されるまで国民議会を解散しないと誓い合った**（球戯場の誓い）**。

こうした混乱を招いた責任者として、ネッケルはルイ16世に再び罷免されたが、それを知ったパリ市民は激怒して、**バスティーユ牢獄**を襲撃した。この事件をきっかけに、全国の農民たちが蜂起して、貴族領主に攻撃を開始し、**「フランス革命」**が本格的にはじまった。

◆バスティーユ牢獄襲撃

1789年7月、パリ市民は政治犯を収容するバスティーユ牢獄を襲撃。この事件によりフランス革命が本格的にはじまった。

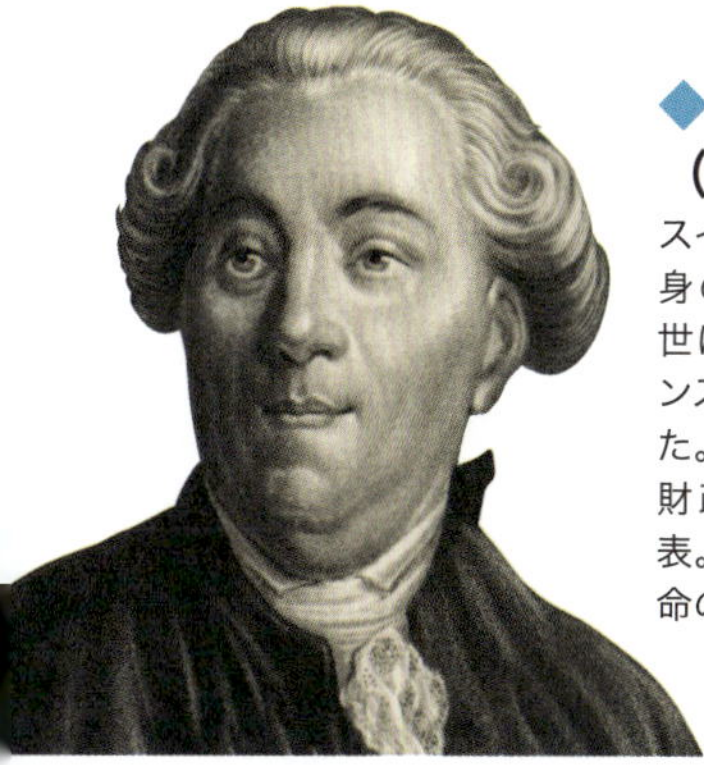

◆ネッケル
(1732〜1804)

スイスのジュネーブ出身の銀行家。ルイ16世に抜擢されて、フランスの財務長官を務めた。緊縮財政を進め、財政状況を国民に発表。これがフランス革命のきっかけとなった。

historical note

「パンがなければケーキを食べろ」は捏造されて広まった言葉だった

ルイ16世の王妃マリー・アントワネットは、飢えに苦しむ庶民に対し、「パンがなければケーキを食べればいいのに」と語ったとされるが、これはマリーの発言ではないことが明らかになっている。マリーは経費削減に努めるなど、宮廷の改革を進めていたが、民衆の憎悪の的にされ、この発言が広まったと考えられている。

マリー・アントワネット
（1755〜1793）

1795年

アッシニアの暴落

革命政府が発行した紙幣はハイパーインフレを起こし経済を大混乱させた

有価証券を紙幣として強制的に流通させた

バスティーユ牢獄の襲撃後、**国民議会（革命政府）**は第一・第二身分がもつ免税などの特権を廃止し、教会への**「十分の一税」**も廃止した。

さらに革命政府は、革命を支持する貴族**ラ・ファイエット**らが起草した**「人権宣言」**を採択し、人間の平等、主権在民、言論の自由、所有権の不可侵などを主張した。これらは、近代民主主義の基本原理となるものであった。

しかし革命政府が権力を握ったことで、フランス国家の信用は失われ、財政はさらに悪化。**ネッケル**（→P194）は財務長官に復帰したが、すでに財政を立て直すことは不可能な状況だった。

そこで革命政府は、フランス全土の約1割を占める教会の土地財産を没収して国有化、その資産を担保として**「アッシニア」**と呼ばれる利子付き債券を発行した。債券とは国や会社などが資金を調達するために発行する有価証券で、期日がくれば額面の金額が払い戻されるものである。

革命政府は、教会の土地の売却が進んだ段階で、アッシニアを回収して廃棄する予定だったが、国民の多くは教会の土地を没収することは不

◆**アッシニア**
1789年、国民議会が財源を確保するために発行した債券（5％の利子付き）。担保は教会の土地（国土の10％を占める）と財産だった。しかし翌年には、紙幣として無利子で発行されるようになった。

関連ページ
経 P194 フランス革命
戦 P198 フランスの徴兵制
経 P252 ドイツのインフレ

可能と考え、アッシニアを信用しなかった。このため革命政府は、アッシニアを**「紙幣」**として強制的に流通させることを決定し、大量発行をはじめた。

1793年1月に**ルイ16世**が処刑されると、革命思想の波及を恐れたイギリスやオランダ、スペインなどの周辺国は、**「第1回対仏大同盟」**を結んだ。フランスは**ナポレオン**（↓P198）などの活躍で、同盟国軍をすべて撃退したが、その間、膨大な戦費を調達するため、アッシニアは増刷され続けた。

1795年、アッシニアは額面の1000分の3程度にまで価値が下落して**ハイパーインフレ**を起こし、発行が停止された。1797年、フランスの経済を大混乱させたアッシニアは廃止された。

アッシニア関連年表

1789年6月 球戯場の誓い

第三身分の代表が憲法の制定を誓い合う。

1789年7月 ネッケルの罷免 バスティーユ牢獄襲撃（→P195）

1789年12月 アッシニア発行

1790年9月 無利子のアッシニア紙幣の発行

1793年1月 ルイ16世の処刑

ルイ16世はギロチンで公開処刑される。

1793年2月 第1回対仏大同盟の結成

1793年10月 マリー・アントワネットの処刑

1795年12月 大暴落したアッシニアの発行を停止

1797年3月 アッシニアの廃止

1799年11月 ブリュメールのクーデター

ナポレオンが総裁政府を倒し、統領政府を樹立する（→P198）

◆燃やされるアッシニア

1795年、アッシニアは大暴落を起こし、翌年には発行が停止された。このためアッシニアのほとんどは焼却された。

1798年
フランスの徴兵制

フランス革命で誕生した 近代的な徴兵制が ナポレオン戦争を支える

安上がりな徴兵制で フランスは防衛に成功

フランス革命で**ルイ16世**が処刑されたことは、**「王政」**という国家体制が中心のヨーロッパ諸国に衝撃を与えた。フランスの革命政府がベルギーに侵攻すると、**革命思想**が自国に波及することを恐れたヨーロッパ諸国は、イギリスを中心に**「第1回対仏大同盟」**を結び、フランスに対抗した。フランスは、1793年8月、**「国民総動員令」**を成立させ、18歳から25歳までの成年男子を全員、兵として駆り出せるようにした。

フランスの**徴兵制度**は、1798年、正式に成立した。当時のヨーロッパ諸国の軍隊は、**「傭兵《ようへい》」**で構成するのが基本だったため莫大な戦費がかかっていたが、徴兵制は戦費を抑えて大規模な軍隊を組織できる画期的な制度だった。

危機に陥ったフランスを救ったのは、**ナポレオン**だった。イギリス軍から南フランスのトゥーロン港を奪回して名を上げたナポレオンは、**「第1回イタリア遠征」**でオーストリア軍に大勝し、対仏大同盟を崩壊させた。その後、権力を握ったナポレオンは、徴兵制による強力な軍隊を率いて、数々の戦争**（ナポレオン戦争）**を指揮していった。

◆ナポレオン
(1769〜1821)
フランスの軍人。1799年、クーデターを起こして総裁政府を倒し、統領政府を樹立して権力を握る。1804年、皇帝に即位。周辺国への侵略戦争を開始し、勢力を拡大した。

関連ページ
経 P194 フランス革命
戦 P200 トラファルガーの海戦
経 P202 ワーテルローの戦い

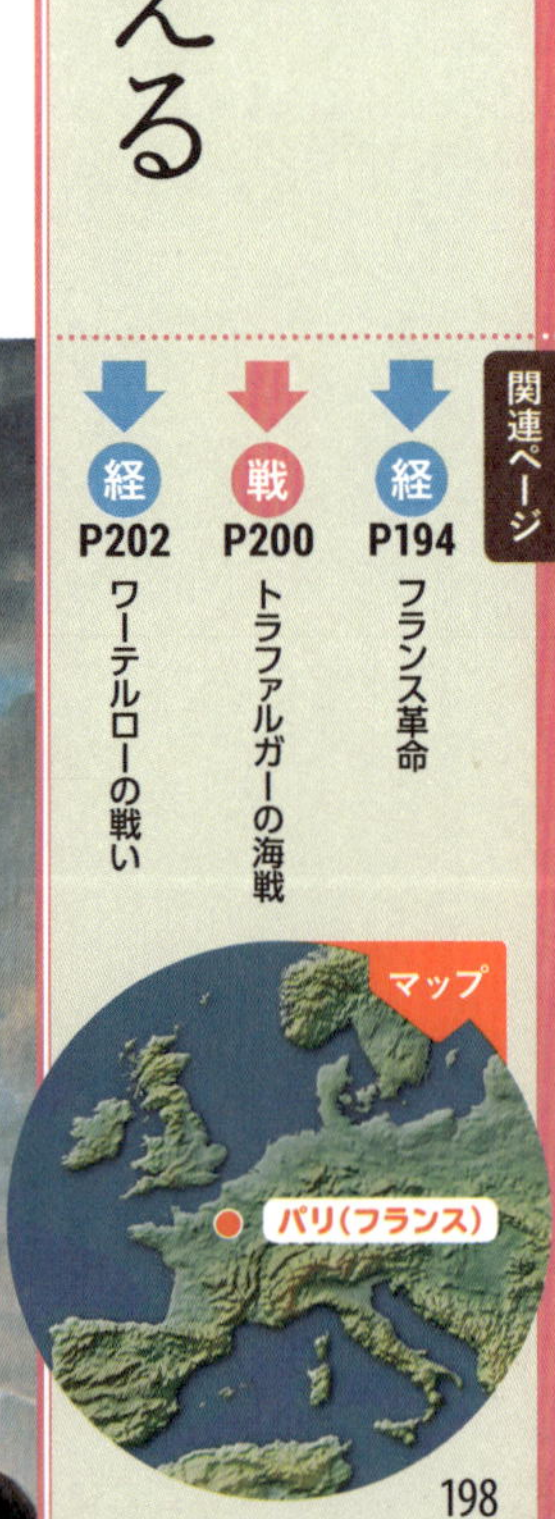

ナポレオン戦争関連地図

ナポレオン戦争とは、ナポレオンが戦闘を指揮した戦いの総称。当初は祖国防衛の戦争だったが、次第に侵略戦争になっていった。

◆ピラミッドの戦い

イギリスとインドを結ぶルートの中間に位置するエジプトを占領して、イギリス経済に打撃を与えようとしたナポレオンは、エジプト遠征を決行した。カイロ近郊でオスマン帝国軍と遭遇したフランス軍は、小銃連隊による組織的な攻撃で勝利した。

戦争

1805年

トラファルガーの海戦

義務を果たした名将・ネルソンがトラファルガーの海戦でナポレオンを撃破する

関連ページ
経 P194 フランス革命
戦 P198 フランスの徴兵制
経 P202 ワーテルローの戦い

イギリスは勝利するが大陸で同盟国が破れる

ナポレオンがエジプトに遠征すると、イギリスはロシアやオーストリアと**「第2回対仏大同盟」**を結び、フランスに攻撃をしかけた。遠征から帰国したナポレオンは、弱体化していた総裁政府を倒し、**「統領政府」**を樹立し、最高職**「第一統領」**となった**（ブリュメール18日のクーデター）**。独裁権力を握ったナポレオンは、第2回対仏大同盟を撃破した。

フランス革命を通じて、フランス国民には**自由**と**平等**の理念を共有し、国家を守るために団結する意識が芽生えた。革命の理念を定着させるため、ナポレオンは、私的所有権の絶対性や、契約の自由などを原則とする民法典**「ナポレオン法典」**を公布。国民の圧倒的な支持を得たナポレオンは、１８０４年5月、国民投票により皇帝に即位し、**「ナポレオン1世」**となった。

ヨーロッパ大陸の支配を目指すナポレオンを危険視したイギリスは、オーストリアやロシアと**「第3回対仏大同盟」**を結成。当時、ヨーロッパ周辺の制海権は、ほぼイギリスが握っていたため、フランスはイギリスに上陸できなかった。そこでナポレオンは、支配下に置いていた**スペ**

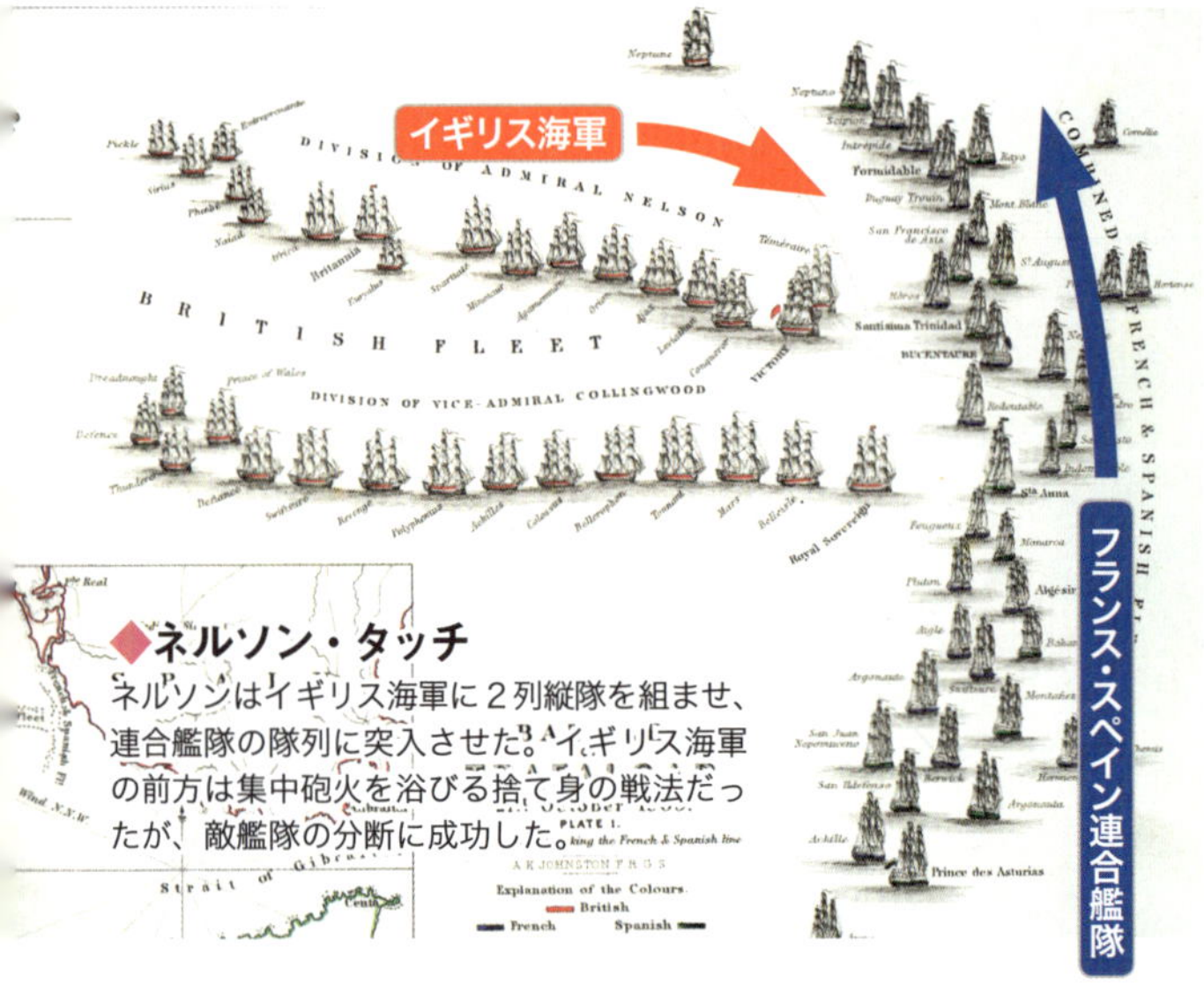

◆ネルソン・タッチ
ネルソンはイギリス海軍に２列縦隊を組ませ、連合艦隊の隊列に突入させた。イギリス海軍の前方は集中砲火を浴びる捨て身の戦法だったが、敵艦隊の分断に成功した。

イン海軍と**フランス海軍**による連合艦隊を組織し、地中海から、ドーバー海峡に向かうように命じた。

連合艦隊は、南フランスを出港すると、ジブラルタル海峡（ヨーロッパとアフリカを隔てる海峡）を越え、スペインの**トラファルガー岬**の沖に達した。これを捕捉したイギリス艦隊の提督**ネルソン**は、「イギリスは各員がその義務を尽くすことを期待する」という信号旗を送り、イギリス艦隊を2列縦隊に組ませ、連合艦隊の隊列に接近した。

後に**「ネルソン・タッチ（ネルソンの接触）」**と呼ばれるこの斬新な作戦は、敵艦隊に接触するまでの間、先頭の船が一方的な砲撃を受ける危険なものだったが、ネルソンは捨て身の突入を敢行。連合艦隊は大混乱に陥り大敗したが、ネルソンは左胸を撃ち抜かれて重傷を負い「神に感謝する。私は義務を果たした」と言い残して絶命した。

ヨーロッパでの制海権を完全に失ったナポレオンは、イギリス侵攻を断念したが、この2カ月後、**「アウステルリッツの戦い（三帝会戦）」**でオーストリア・ロシア連合軍を撃破し、第3回対仏大同盟を崩壊させた。翌年、ドイツ諸邦に圧力をかけて連合国家**「ライン同盟」**を結成させ、**神聖ローマ帝国**を消滅させた。

さらに**プロイセン**も破ったナポレオンは、ヨーロッパ大陸の大部分を支配下に置いた。

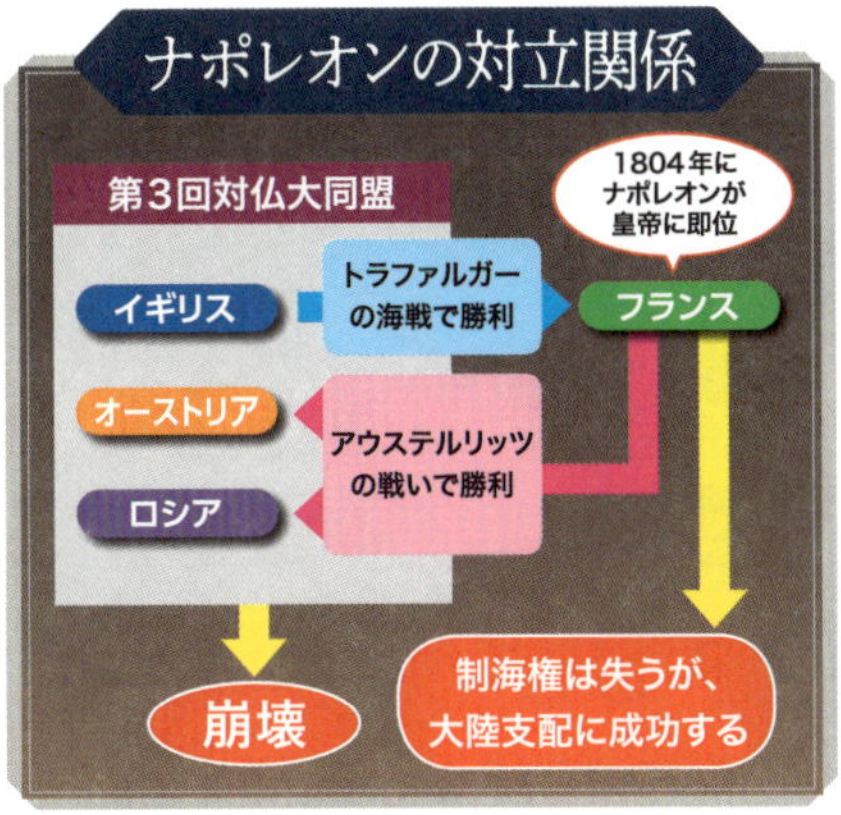

◆ネルソン（1758〜1805）
イギリス海軍の提督。戦闘で右腕、右目を失うが、1798年、エジプトのアブキール湾の海戦でフランス艦隊を破るなど、数々の戦果を挙げた。トラファルガーの海戦でも勝利したが、戦死した。

◆トラファルガー広場
ロンドンにある広場で、トラファルガーの海戦での勝利を記念して建設された。

経済

1815年

ワーテルローの戦い

経済オンチのナポレオンは戦費の調達に失敗して没落の道を辿る

関連ページ

戦 P198 フランスの徴兵制

戦 P200 トラファルガーの海戦

経 P204 ロスチャイルド家の興隆

ナポレオンは封建時代の方法で戦費を調達する

戦力を一点に集中させ、敵軍の中央を突破する作戦によって勝利を重ねた**ナポレオン**は軍事の天才だったが、**戦費**の捻出に苦しんだ。そこで1803年、北アメリカ大陸の広大な**ルイジアナ植民地**（1800年にスペインから獲得。現在のアメリカの面積の約23%を占める）を、独立して間もない**アメリカ合衆国**に格安で売り払った。売値は1500万ドルで、現在の価値にすると、300億円程度とされる。

それでも戦費が不足したため、1805年、ナポレオンは**塩税**を復活。塩税はフランス王国の主要な財源だったが、フランス革命直後に廃止されていたものだった。ナポレオンは封建時代の国王のように**「重税」**政策で戦費を集めたのである。

また、ナポレオンは占領地から多額の**賠償金**を徴収し、戦費に充てた。

これに対し、イギリスは近代的な「国債」（→P178）などによって戦費を調達した。ナポレオンが戦費調達で行き詰まるのは、時間の問題だったのである。

1806年11月には、イギリス経済を孤立させることを狙い、**「大陸封鎖令」**を出した。これは、ヨーロッパ諸国にイギリスとの通商を禁じる命令だったが、当時、ヨーロッパで工業化していたのは、**産業革命**（→P208）に成功していたイギリスだけだったので、イギリスに**農産物**を輸出して**工業製品**を購入していた大陸諸国は大打撃を受け、特に

ナポレオンの戦費調達

1. 広大なルイジアナ植民地を格安でアメリカ合衆国に売り払う
2. フランス革命で廃止されていた「塩税」を復活させる
3. 占領地から多額の賠償金を徴収する

↓

「国債」の発行など、近代的な方法で戦費を調達するイギリスに敗れる

◆ワーテルローの戦い
エルバ島を脱出し、百日天下を実現したナポレオンは、イギリス・プロイセン連合軍と戦ったが敗れた。

困窮したロシアはイギリスと**密貿易**を開始した。

裏切りに怒ったナポレオンは、1812年、ロシアに制裁を加えるため、**モスクワ遠征**を敢行。ナポレオンはモスクワを占領したが補給が滞り退却、寒さと飢えで多くの兵士が死に、最終的には61万人の兵士が5000人にまで激減した。

勢いを失ったナポレオンは、1813年、**「ライプチヒの戦い」**でプロイセン・オーストリアなどの連合軍に大敗。退位に追い込まれたナポレオンは地中海の**エルバ島**に流された。

ナポレオン追放後、オーストリアの外相**メッテルニヒ**は、領土問題を話し合うため、ヨーロッパ諸国の代表を集め、**「ウィーン会議」**を開いた。利害の対立により会議が進展しないなか、ナポレオンはエルバ島を脱出してパリに戻り、約100日間、政権を握った**（百日天下）**。

慌てた諸国は、急いで**「ウィーン議定書」**を結んで国境を確定させ、ナポレオンとの連合軍を組織し、**「ワーテルローの戦い」**に挑み、勝利した。敗れたナポレオンは、南太平洋の孤島**セントヘレナ島**に流刑にされ、その地で亡くなった。

ウィーン会議後のヨーロッパ

ウィーン会議の基本路線は「ヨーロッパを王政に戻すこと」だったが、フランス革命思想の広がりにより、各国で革命や反乱が起きるようになった。

世界の金融市場を独占した ロスチャイルド家は ナポレオン戦争で大儲け

国家を相手に商売して ヨーロッパの金融を握る

ユダヤ人大富豪として知られる**「ロスチャイルド家」**の始祖**マイヤー・アムシェル**は、1744年、フランクフルト（ドイツ）で誕生した。最初は古銭商人だったが、**ヘッセン選帝侯国**（ドイツの領邦国家）を治めるビルヘルム公の御用商人として頭角を現した。ビルヘルム公は、軍事訓練を施した自国の若者を**「傭《よう》兵《へい》」**として他国に貸し出し、巨額の資産を築いていた。ビルヘルム公のもとで銀行家として成功を収めたマイヤー・アムシェルは、5人の息子たちをパリやウィーン、ロンドンなどに置いて**経済ネットワーク**を築き、両替などで利益を上げた。

ナポレオンが征服戦争を開始し、ヘッセン選帝侯国に攻めてくると、ビルヘルム公は亡命したが、そのとき自分の資産の管理をロスチャイルド家に任せた。この資産の運用を任されたロンドンの**ネイサン・メイアー**はイギリス国債を購入するなどして、莫大な利益を得た。さらに、ナポレオンが**「大陸封鎖令」**を出すと、イギリスで在庫が余っていたコーヒーや砂糖、綿製品、タバコなどを安値で買い叩き、大陸に**密輸**して高値で売りさばいて大儲けした。

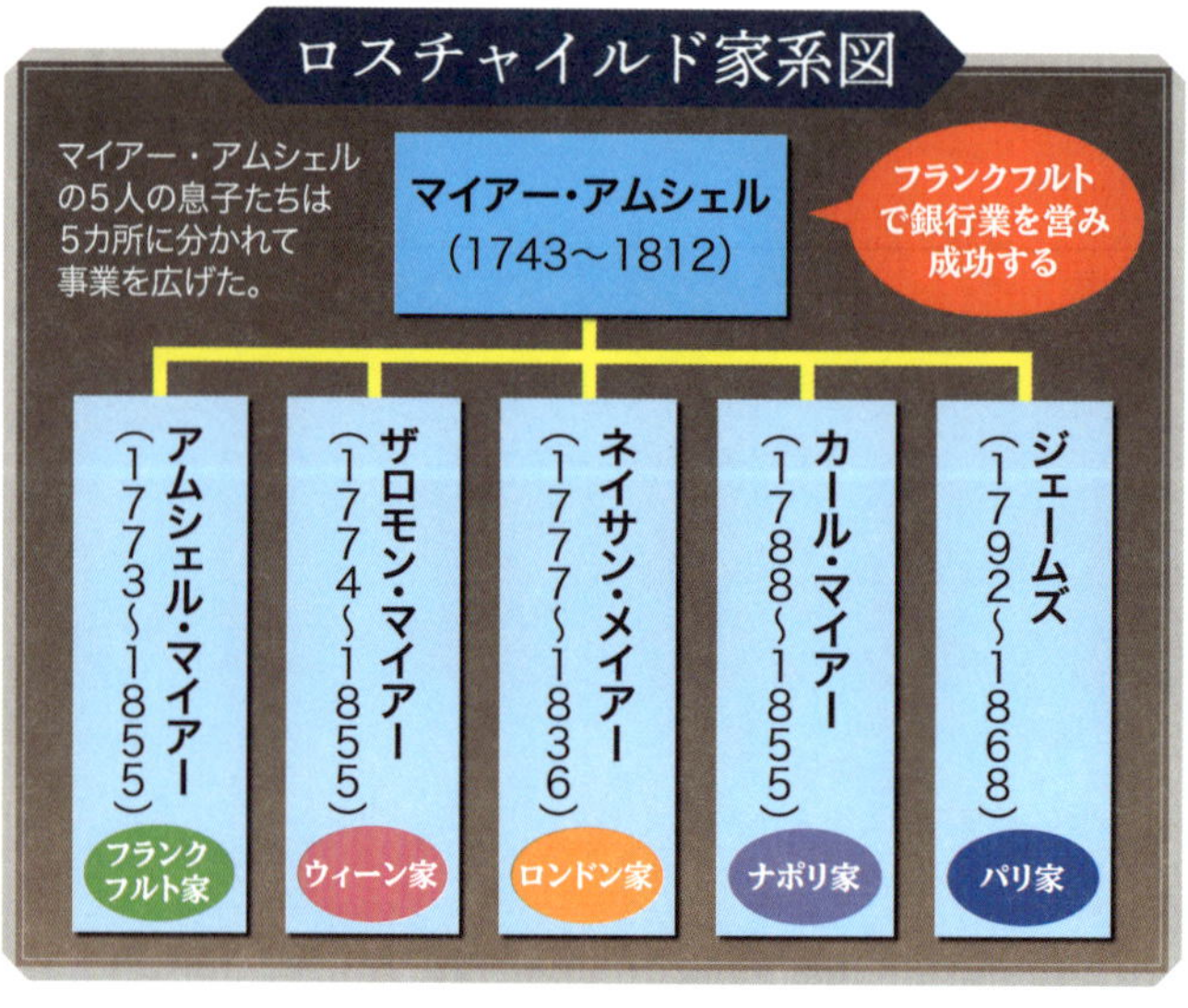

関連ページ
戦 P198 フランスの徴兵制
戦 P200 トラファルガーの海戦
経 P202 ワーテルローの戦い

「**ワーテルローの戦い**」では、イギリス勝利の情報をいち早くつかんだネイサンは、わざとイギリスのコルソン債（半永久的に利息が払われる公債）を売って「イギリスが敗北した」と他の投資家たちに思わせた。そして投資家たちがコルソン債を投げ売りして価格が暴落したところで、大量に買い戻し、巨利を得たという**（ネイサンの逆売り）**。この伝説は創作ともいわれるが、ナポレオン戦争中にロスチャイルド家の資産は10倍以上に膨れ上がり、その資産で各国の国債を引き受けた。

1875年、エジプト政府が**スエズ運河株**の売却を計画していることを知ったイギリスの首相**ディズレーリ**は、フランスが動かないうちに、議会の承認を得ずに独断でスエズ運河株を取得。このとき必要な400万ポンドの大金を用意したのがロスチャイルド家だった。

◆ネイサン・メイアー・ロスチャイルド（1777〜1836）
マイアー・アムシェルの三男で、1804年にロンドンに移住して金融業を開始した。ナポレオンによる大陸封鎖中に密輸によって巨万の富を得た。

ロスチャイルド家の商法

経済ネットワーク
家族が分かれてヨーロッパの中心都市に拠点を置き、経済情報を共有

密輸
大陸封鎖令が出ると、大陸でコーヒーや砂糖などを高値で売りさばく

国債
莫大な資金を元手に各国の国債を引き受けて、さらに巨利を得る

◆ディズレーリ（1804〜1881）
イギリスの政治家。保守党の領袖として二度首相を務めた。ヴィクトリア女王から信任を受け、スエズ運河買収やインド帝国樹立など、帝国主義政策を実行した。

◆19世紀のスエズ運河
地中海と紅海を結ぶスエズ運河の買収によって、イギリス帝国主義の道が開かれた。

1816年

金本位制復活

ナポレオン戦争後のイギリスは金本位制を復活させて紙幣を大量発行する

金を大量に保有するイギリスが紙幣を発行

1694年、戦費調達のための「**国債**」を引き受けるため、イギリスで設立された**イングランド銀行**は、資本金の枠内で金貨や銀貨と兌換（交換）できる**銀行券（紙幣）**を発行する**通貨発行権**を与えられた。

大航海時代以降、アメリカ大陸から**銀**がヨーロッパに大量に流入したため、銀価格の下落が続いた。当時、イギリスは**金銀複本位制**であったが、18世紀初頭、**ニュートン**が金貨と銀貨の交換比率を定めたことで、金の価値が安定し、イギリスは実質的に金本位制が確立された。こうして金の価値に裏打ちされた「**ポンド紙幣**」が広く流通した。

しかしイギリス政府は**ナポレオン戦争**がはじまると、金が国外に流出するのを防ぐため、紙幣と金の兌換（交換）を停止。紙幣の価値は下がり、インフレが発生したため、ナポレオン戦争終結後の1816年、イギリス政府は、金本位制度を「**貨幣法**」で定め、翌年、ポンド紙幣と兌換できるソブリン金貨を鋳造し、4年後に紙幣と金貨の兌換を再開した。

当時、イギリスの民間銀行は、**イングランド銀行券**と交換できる独自の紙幣を発行することができた。し

historical note

イギリスの金本位制の基礎は王立造幣局長官ニュートンが築いた

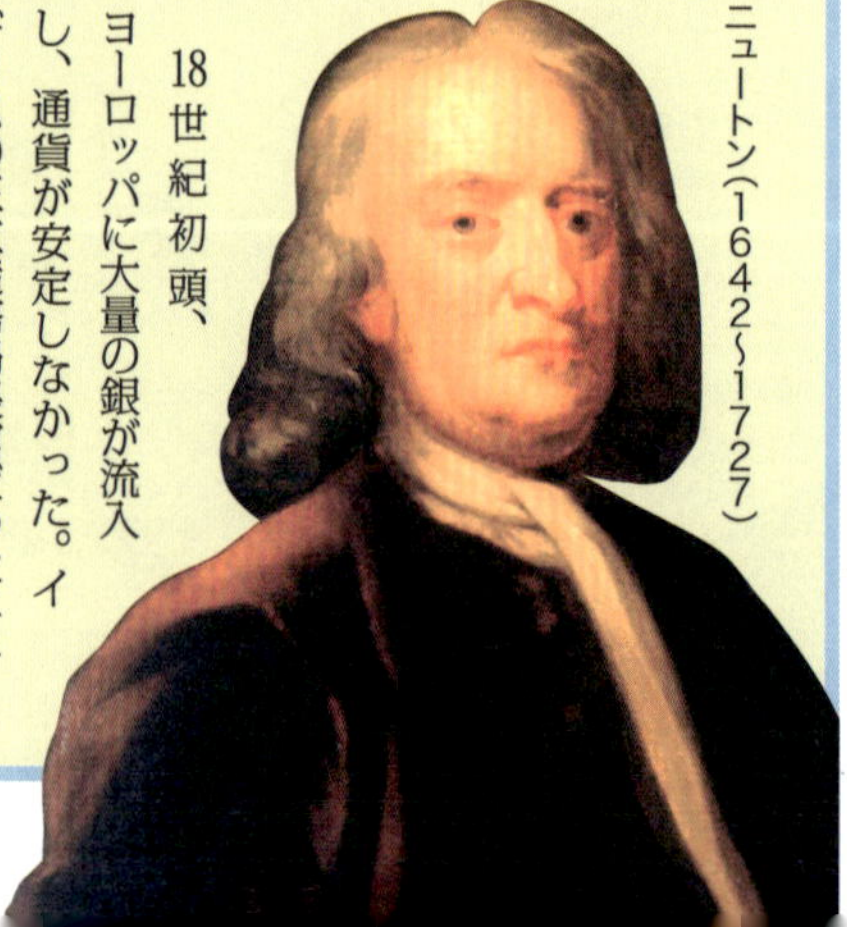

ニュートン（1642〜1727）

18世紀初頭、ヨーロッパに大量の銀が流入し、通貨が安定しなかった。イギリスの王立造幣局長官だったニュートンは、1717年、金（金貨）と銀（銀貨）の交換比率を1対15・21に定めた。これにより金の価格が安定し、以後、約200年以上にわたって、この金銀比価（ニュートン比価）が使われ、金本位制の基礎が築かれた。

関連ページ
経 P178 イングランド銀行の設立
経 P208 鉄道の開通
経 P216 アヘン戦争

かし海外からの輸入が増加するにつれ、支払いに必要な金貨の流出も増えたため、金不足によるインフレが懸念される状況になった。このため、1844年、**「イングランド銀行特許法」**を制定し、紙幣の発行権をイングランド銀行に独占させた。これにより、金の裏打ちのない貨幣は発行できなくなり、イングランド銀行は**中央銀行**としての地位を確立した。

18世紀後半以降、**産業革命**で「世界の工場」となっていたイギリスは、工業製品を輸出した代金として金を受け取ったり、植民地で金山から金を採掘したりして、大量の金を保有し、それを準備金として大量のポンド紙幣を発行し、貿易などで使った。

また、イギリス以外のヨーロッパ各国も金本位制を採用したことで、19世紀末には国際的に金本位制が確立。ポンド紙幣は**「世界通貨」**となり、イギリスは世界経済を主導した。

イギリスの金本位制年表

1717年 ニュートンが金と銀の交換比率を定め、**実質的に金本位制が確立**

1797年 ナポレオン戦争による金の流出を防ぐため、**紙幣と金の兌換を停止**

1816年 ナポレオン戦争終結後、**金本位制を復活**

1817年 紙幣との兌換が可能な**ソブリン金貨を発行**

1821年 **紙幣と金貨の兌換を再開**

1844年 **イングランド銀行特許法**が制定され、紙幣発行権をイングランド銀行が独占する

19世紀末 **国際的に金本位制が確立し**、ポンド紙幣が**世界通貨**となる

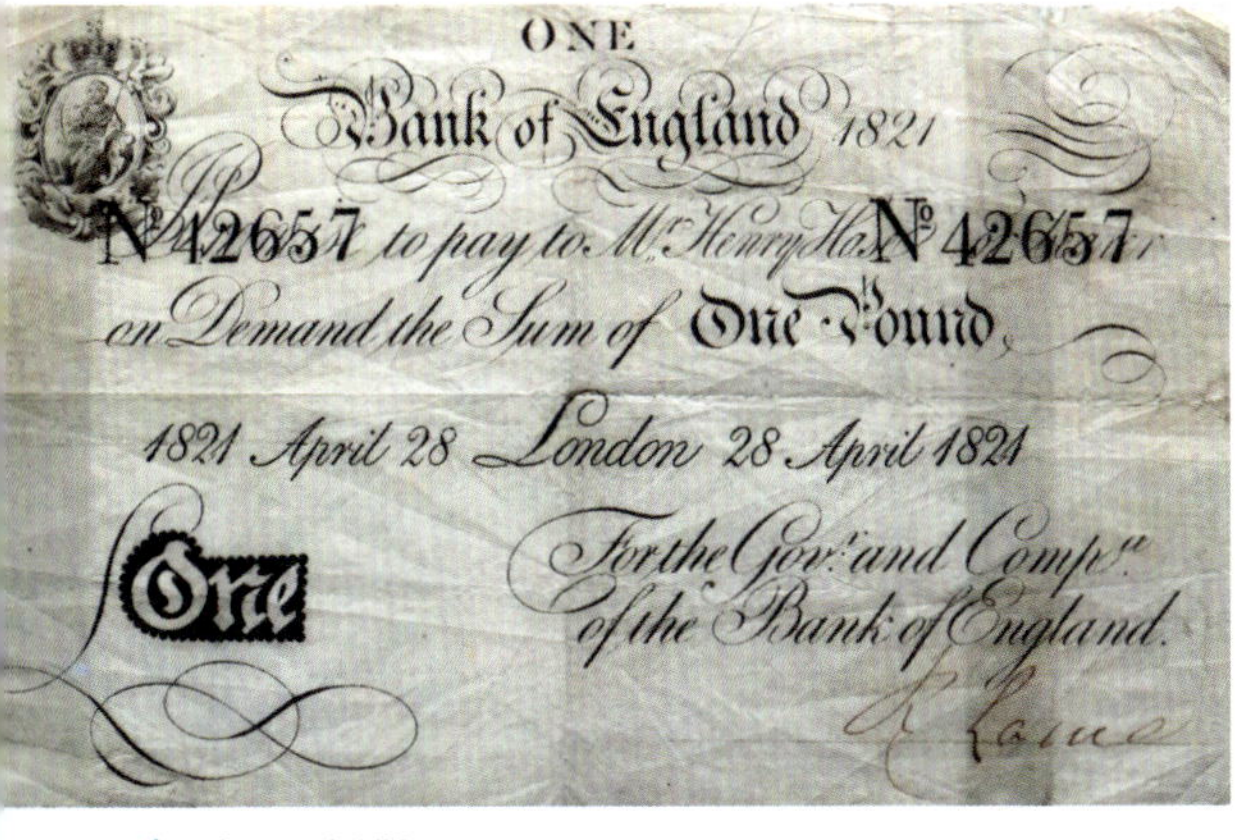

◆**ポンド紙幣**
1821年、イングランド銀行が発行したポンド紙幣。

◆**ソブリン金貨**
イギリスで金本位制が復活した翌年に発行された金貨。ポンド紙幣との兌換が可能だった。

1830年

鉄道の開通

蒸気機関が発明されて鉄道が普及したことで産業革命が世界化する

大量輸送を可能にする鉄道が工業化を推進した

18世紀後半、イギリスは**東インド会社**を通じて、インドから高品質の綿布**「キャラコ」**（→P175）を大量に輸入した。これにより国内の伝統的な毛織物産業が大打撃を受けたため、イギリス議会はキャラコの輸入を禁止し、**大西洋三角貿易**で安価で入手できる綿を原料に、国内で綿産業を育成する方針を定めた。

1733年、**ジョン・ケイ**が発明した手織り織機**「飛《と》び杼《ひ》」**により、短時間で織物を生産できるようになると、たちまち綿糸が不足し、糸を紡ぐ**紡績機**が開発された。やがて紡績機は**ジェームズ・ワット**が改良した蒸気機関を動力に用いるようになり、自動で織物を織る**「力織機《りきしょっき》」**も登場した。こうして綿産業から**「産業革命」**と呼ばれる産業・経済・社会の大変革がはじまった。

historical note

ロンドン万国博覧会をきっかけにデパートが出現する

1851年、ロンドンで第一回万国博覧会が開かれた。博覧会場となったのは鉄とガラスで建造された水晶宮で、イギリスの工業力が世界に示され、世界中の工業製品が一堂に展示された。これがきっかけで、翌年、パリに世界最初のデパート「ボン・マルシェ」が設立され、以後、世界の大都市にデパートが次々と設立された。

総ガラス張りの水晶宮。

関連ページ
経 P174 三角貿易
経 P212 産業革命
経 P216 アヘン戦争

◆**開通当時の鉄道**

料金の安い客車は屋根や座席がなかった。線路には枕木がなく、速度を上げると線路が曲がって危険だったので、速度は時速27kmに制限されていた。

スチーブンソンは蒸気機関を応用して実用的な**蒸気機関車**を開発し、1825年、おもに石炭を運ぶ公共鉄道として開通させ、その5年後、リバプールとマンチェスターの間の約50kmの区間に、**旅客鉄道**を開通させた。この鉄道は大評判となり、株主に対して年9・5％の配当金を支払うほど成功した。これにより鉄道会社への投資が過熱し、**鉄道建設ブーム**が起き、1840年代には、国内の主要な都市が鉄道で結ばれた。

鉄道はすぐさまヨーロッパ大陸に普及し、19世紀後半には、ヨーロッパとアメリカを中心に、全世界的な規模で広まった。鉄道による**交通網**の発達は、大量の物資を短時間で輸送することを可能にして**工業化**を推進し、世界中で産業革命の原動力となった。

◆**線路の製造**　産業革命により製鉄技術が向上し、高品質の鉄が線路などに使用された。

◆**スチーブンソン（1781〜1848）**

蒸気機関車の開発者。1825年にロコモーション号を製造し、世界で最初に実用的な鉄道を開通させ、1829年には最高時速46.6kmのロケット号を開発した。

江戸〜明治時代の日本の貨幣制度

江戸時代から明治時代初期にかけて、日本の貨幣制度は外国の影響もあり、大きく変化した。

江戸時代の貨幣制度

江戸時代は「金貨」「銀貨」「銭貨」の３種類の貨幣が流通していた。それぞれの交換レートは幕府が公式に決めていたが、貨幣改悪などが行われると、商売の現場では交換レートが変動した。

銀貨

当初は、重さで計る「秤量貨幣」の丁銀、豆板銀などだったが、後に一分銀、一朱銀などの「計数貨幣」も鋳造された。

160gなら約８万円

丁銀

それぞれ大きさに違いがあり、取引のたびに重さを計って価値を決めた。単位は「匁《もんめ》」。

金貨

小判の他に一分金や一朱金などがあった。

約10万円

小判

金の含有率は時代を経るに従って下がる傾向にあった。単位は「両」。

一分金

４枚（四分）で１両の価値だった。

銭貨

庶民が日常で使用した銅貨。一文銭のほか、後に四文銭が鋳造された。

約20円

一文銭

「寛永通宝」は江戸時代を代表する銭貨。

貨幣の交換比率

小判１枚（１両）

＝

丁銀 50〜60 匁
（一分銀なら４枚）

＝

一文銭 4000〜１万枚
（4000〜１万枚）

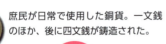

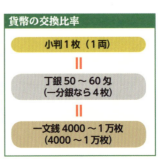

幕末の貨幣流出

ペリー来航により江戸幕府が鎖国政策をやめて開国すると、日本には西洋人が大量の銀貨を持ち込み、金貨（小判）と交換した。これは、金と銀の交換比率が日本と海外とでは違っており、洋銀（メキシコ・ドル）を日本で交換するだけで、３倍になったためである。日本の金貨は流出を続け、物価は高騰した。

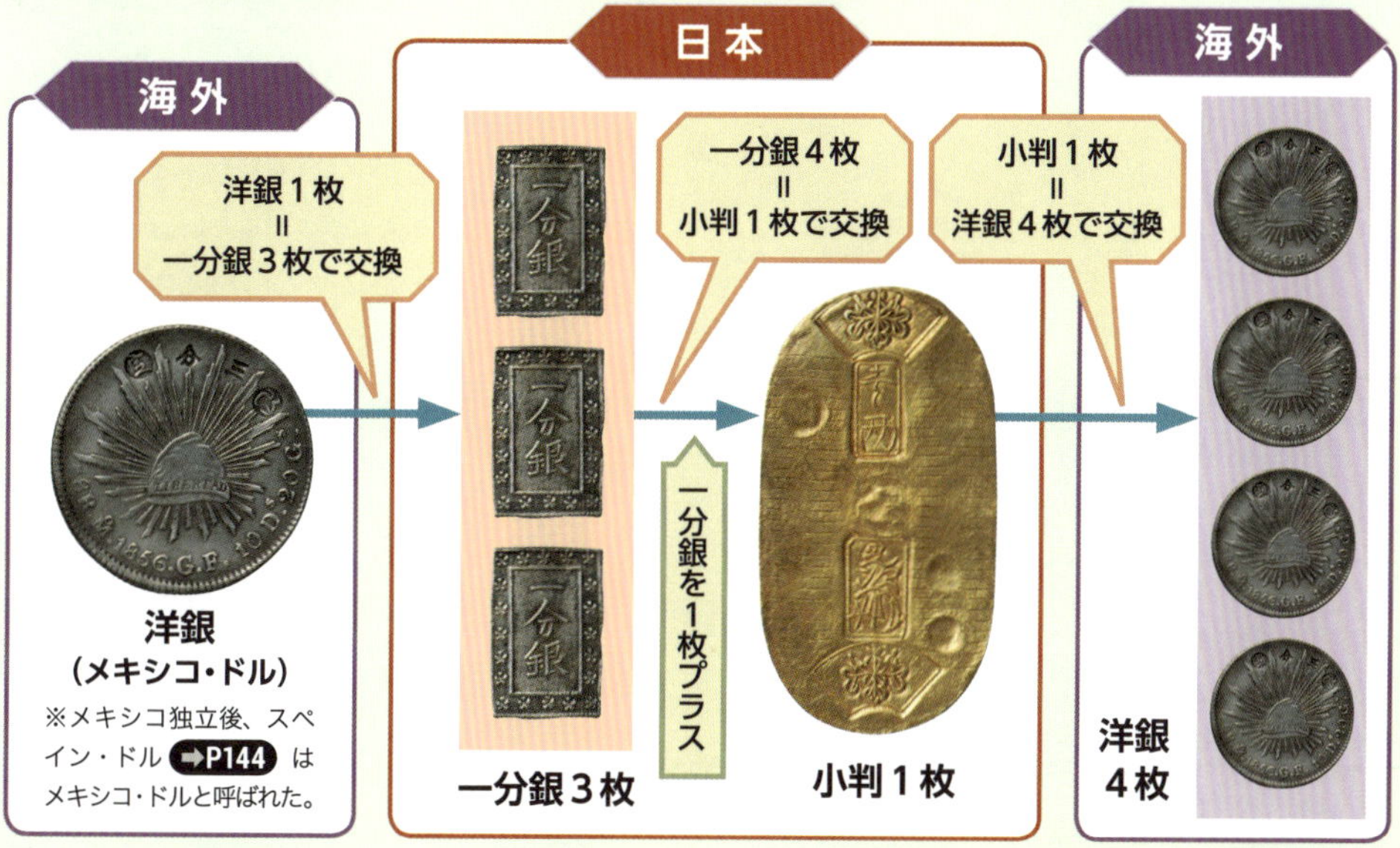

明治時代の金本位制

明治政府は、江戸時代の貨幣制度を受け継いだが、諸外国から「複雑でわかりにくい」との苦情が多く、また諸外国が金本位制を取り入れていることから、1871（明治４）年、「新貨条例」を発布し、金本位制を採用した。しかし当時の日本には準備金が圧倒的に不足し、金貨の流出が続いた。このため、1878（明治 11）年に金本位制を事実上停止した。

1871（明治４）年

金本位制の採用

江戸時代の複雑な貨幣制度を整理し、金本位制を採用して金貨を発行。十進法の貨幣単位「円・銭・厘」を採用した。

二十円金貨

1878（明治 11）年

金本位制の停止

金準備の不足や金貨の流出のため、1878年、銀貨の国内流通を許可し、実質的に金銀複本位制になった。

1897（明治30）年

金本位制に復帰

日清戦争で得た多額の賠償金を準備金にして、念願だった金本位制を確立した。

➡P231

19世紀

産業革命

長時間・低賃金業による過酷な児童労働が深刻な社会問題となる

資本家と労働者が対立し労働組合が誕生する

産業革命によって機械化が進行すると、それまでの**手工業者**は没落し、**資本家**（産業資本家）が経営する大工場などで、**労働者**として働くようになった。こうして、産業革命をきっかけに、生産手段をもつ資本家が、労働者を雇用して製品を生産する**「資本主義経済」**が進展した。

資本家は利潤追求を優先したため、労働者は**低賃金**で、**長時間労働**（1日に18〜19時間）を強制され、労働環境も**不衛生**で、雇用は不安定だった。労働者は仕事中に事故で怪我をしても保障は何もなかった。また、機械化によって**分業**が進んだため、**女性**や**子ども**が工場や炭鉱などで働くようになった。

1847年の統計によると、イギリスの綿工場の労働者の7割以上を女性・子どもが占めていた。炭鉱では、子どもたちは通常8〜9歳から働きはじめたが、早ければ4〜5歳から就業したという。

労働問題が深刻化すると、資本家と対立した労働者は団結し、労働時間の短縮や、賃金の引き上げなどを求めて**「労働組合」**をつくるようになった。さらに、労働者の権利を守る法律の制定などを求めて運動を開

関連ページ
経 P206 金本位制復活
経 P208 鉄道の開通
経 P218 『共産党宣言』の出版

マップ

historical note

産業革命時に低所得者の労働者の間に広まった「ジン中毒」

産業革命により労働者は大都市に集まったが、その多くは低所得による単純労働者だったため、スラム街が形成された。そこでは安価でアルコール度数の高いジンが広まり、ジン中毒の人々が増えていった。ウィリアム・ホガースの「ビール通りとジン横丁」には、酔った母親の手から転げ落ちる幼児の姿が描かれている。

「ビール通りとジン横丁」

◆炭鉱で働く子どもたち

1850年頃のイギリスの炭鉱を描いた絵で、子どもたちが狭く危険な坑道で働いているのがわかる。子どもたちは1日に12時間ほど働かされ、石炭を積んだ荷車は200kg以上にもなった。

始した。こうして1833年、**「工場法」**が制定され、9歳未満の児童労働が禁止され、工場監督官の設置などが義務づけられた。その後も工場法は何度も改正され、1874年には平日10時間、土曜6時間までの週56時間労働制が導入された。

労働条件の改善は進んだが、労働者の過酷な状況は続き、こうした状況から**「社会主義思想」**(→P218)が誕生した。

◆紡績工場で働く少女

機械の下にもぐりこめるため、多くの子供が紡績工場で働かされた。機械に挟まれて指を失う子も多かった。写真は1909年のアメリカで撮影されたもの。

戦争

1830年

七月革命

革命をくり返しながら フランスは共和政に 政治体制を確立する

反動的な国王に対し 民衆は革命で対抗する

ナポレオンの没落後、ヨーロッパ諸国は絶対王政を維持するため、**ウィーン会議**を開き、勢力の均衡を保持する方向で国境を定めた。この**「ウィーン体制」**を守るため、ヨーロッパ諸国のほとんどが同盟を結んで、協力して革命勢力を弾圧することを約束したが、ウィーン会議直後からヨーロッパ各地で自由や権利を求める**「自由主義運動」**が起きた。

フランスでは**ルイ18世**が王位に就き**「ブルボン朝」**を復活させたが、ナポレオンの**「百日天下」**（➡P203）で亡命。ナポレオンの追放後、帰国したルイ18世は聖職者や貴族を優遇する政策をとり、後を継いだ弟の**シャルル10世**は、言論の弾圧など反動的な専制政治で国民の不満を高めた。不満をそらすため、シャルル10世はアルジェリアを侵略したが効果はなく、選挙で**自由主義派**が圧勝すると議会を解散した。

不満を爆発させたパリ市民は、1830年7月、**三色旗**を手に蜂起。ギロチンを恐れたシャルル10世は亡命し、**ルイ・フィリップ**が新国王に迎えられ**「七月王政」**が成立した**（七月革命）**。

しかしルイ・フィリップは**富裕層**

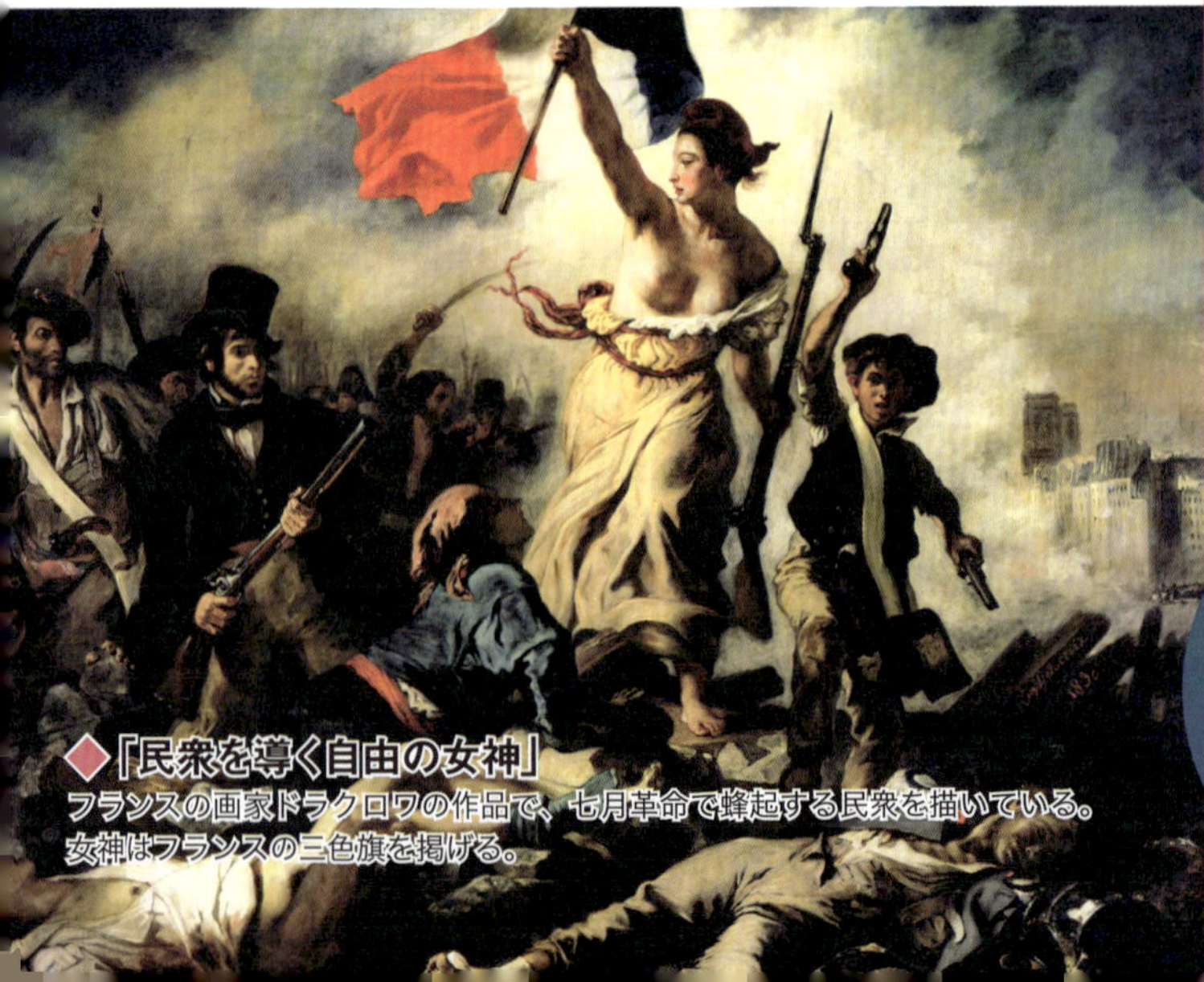

◆「民衆を導く自由の女神」
フランスの画家ドラクロワの作品で、七月革命で蜂起する民衆を描いている。女神はフランスの三色旗を掲げる。

関連ページ
経 P194 フランス革命
経 P202 ワーテルローの戦い
戦 P228 普仏戦争

を優遇し、選挙権も富裕層にしか与えなかった。普通選挙を求める民衆は再び蜂起、1848年2月、パリで革命を起こした（**二月革命**）。ルイ・フィリップは亡命し、共和政の政府が樹立された（**第二共和政**）。この年、大統領選挙で当選したルイ・ナポレオン（ナポレオンの甥）は、クーデターを起こして権力を握ると、国民投票で皇帝になり「**ナポレオン3世**」と名乗った（**第二帝政**）。

ナポレオン3世は、対外戦争をくり返して国民の人気を維持したが、**メキシコ遠征**に失敗した後、**普仏戦争**でプロイセンに敗れて捕虜にされると、第二帝政は崩壊し、臨時政府が成立した（**第三共和政**）。講和に反対する労働者たちが自治政府「**パリ・コミューン**」を打ち立てたが、すぐに武力鎮圧された。これにより、フランスの政治体制は「共和政」に固まり、以後、安定した。

ナポレオン後のフランス年表

1814年	**ルイ18世**が王位に就く

ブルボン復古王政の開始

1814年	**ワーテルローの戦い** 百日天下を実現したナポレオンが敗れて、セントヘレナ島へ
1830年	**七月革命** 民衆を弾圧したシャルル10世は革命によりイギリスへ逃亡し、ルイ・フィリップが新国王に迎えられる

七月王政の開始

1848年	**二月革命** ルイ・フィリップがイギリスに亡命し、共和政が成立

王室の馬車を襲う民衆。

第二共和政の開始

1848年	**ルイ・ナポレオン**が大統領に就任
1852年	ルイ・ナポレオンが皇帝に即位し、**ナポレオン3世**と名乗る

第二帝政の開始

1870年	**普仏戦争**（→P228） ナポレオン3世は敗北してプロイセン軍の捕虜となり、第二帝政が崩壊。臨時政府が組織される

第三共和政の開始

1871年	**パリ・コミューンの結成** 労働者階級を主体とする自治政府が成立するが約2カ月で弾圧される

historical note
亡命中に執筆された『レ・ミゼラブル』

フランスの小説家ビクトル・ユーゴーは、第二共和政時代の政治家で、共和派の議員として活動していた。しかしルイ・ナポレオンの独裁化に反対したことで弾圧され、19年に及ぶ亡命生活を送った。この亡命生活中にユーゴーは、主人公ジャン・バルジャンの苦難に満ちた生涯を、ナポレオン没落直後から、七月王政までを時代背景にして描いた『レ・ミゼラブル』を執筆し、発表した。

経済

1840年

アヘン戦争

茶の輸入で銀が不足したイギリスは清にアヘンを流入させて経済を破壊した

強引な手法によってインド・中国を植民地化

東南アジアでの貿易競争で、オランダに敗れた**イギリス東インド会社**は、インドとの交易を開始。やがてインド産の高品質の綿布**「キャラコ」**（➡P175）を独占的に輸入し、巨利を得た。

18世紀初頭、インドでは**ムガル帝国**が衰退すると、各地で地方勢力が台頭し、抗争をはじめた。インド兵士「シパーヒー」を雇うなどして**武装**したイギリス東インド会社は、各地の抗争に介入して勢力を拡大し、インドを**植民地化**した。産業革命で綿製品の大量生産が可能になると、イギリスはインドに**綿花**を栽培させて輸入し、それを原料にした安価な**綿製品**をインドに売りつけた。

また同じ時期、イギリスでは**紅茶**を飲む習慣が定着し、茶の需要が高まった。イギリスの茶のほとんどは、イギリス東インド会社を通じて、**清**（中国）から輸入されていた。しかしイギリスの綿製品は清では売れず、他に輸出する製品もなかった。

茶の購入のため、大量の**銀**が清に流出したイギリスは、貿易赤字を解消するため、インド産の麻薬**「アヘン」**を清へ密輸する**「アジア三角貿易」**を開始した。

◆アジア三角貿易
イギリスはインドを通じて清に大量のアヘンを密輸し、清は深刻な銀不足に陥った。

関連ページ
経 P160 東インド会社設立
経 P186 地丁銀制
戦 P238 義和団事件

◆**アヘン戦争**
イギリス海軍は最新鋭の軍艦で清の海軍を撃破。この絵は珠江の河口付近での戦いを描いたもの。

◆**パーマストン（1784〜1865）**
イギリスの政治家。35年にわたり、イギリスの帝国主義政策を推進。アヘン戦争では不平等条約を強制し、インドのシパーヒーの反乱を鎮圧した。

アヘンが急速に広まった清では大量の銀が流出し、深刻な銀不足に陥った。土地税を銀で納めさせる**「地《ち》丁銀制《ていぎんせい》」**を採用していた清では、経済が大混乱し、またアヘン中毒者が激増して社会問題となった。

1839年、清の政治家・**林則徐《りんそくじょ》**がアヘンの取り締まりをはじめると、イギリスは海軍を派遣して、**「アヘン戦争」**を起こし、圧倒的な軍事力で清軍を撃破した。イギリスは清と**「南京条約」**を結び、**香港島**の割譲や、**上海**・**広州**などの開港、賠償金の支払いなどを認めさせ、中国の植民地化を進めた。

historical note

「シパーヒーの反乱」に敗れたインドはイギリスの直轄領にされる

シパーヒー（セポイ）とは、イギリス東インド会社が雇ったインド人兵士。1857年、弾薬の包み紙に宗教的に禁止されている牛や豚の脂が使われているという噂を耳にしたシパーヒーたちがイギリスに対する不満を爆発させ、大反乱を起こした。これを鎮圧したイギリスは、ヴィクトリア女王を皇帝とするインド帝国を成立させ、インドの直接支配を開始した。

反乱を起こすシパーヒーたち。

1848年

『共産党宣言』の出版

資本主義を批判するマルクスが『共産党宣言』を出版し社会主義を普及させる

関連ページ
経 P208 鉄道の開通
経 P212 産業革命
経 P248 ロシア革命

国際的に団結をはじめた各国の社会主義者たち

産業革命により、生産手段をもつ**資本家**が、**労働者**を雇用して製品を生産する**「資本主義経済」**が進展した。イギリスでは**「工場法」**が制定されて、労働者の待遇は多少なりとも改善されたが、基本的には厳しい生活を送る者がほとんどで、資本家と労働者の対立は激しくなり、また**貧富の差**も拡大していった。

こうした状況のなか、資本主義を否定し、工場や土地などの**生産手段**を社会で共有し、平等な社会の建設を目指す**「社会主義」**が誕生した。

ドイツ出身のマルクスは、友人のエンゲルスと協力し、1848年、**『共産党宣言』**を出版。その内容は、労働者階級が国際的に団結することを呼びかけたもので、人間社会の歴史はすべて**階級闘争**であり、資本主義社会は、**労働者階級（プロレタリアート）**に打倒され、無階級社会が実現されるというものであった。このマルクスの思想は**「マルクス主義」**と呼ばれ、後の**ロシア革命**（↓P248）に多大な影響を与えた。

1864年、ロンドンで世界最初の国際的な労働者組織**「第1インターナショナル」**が結成され、マルクスはその指導者となったが、**無政府**

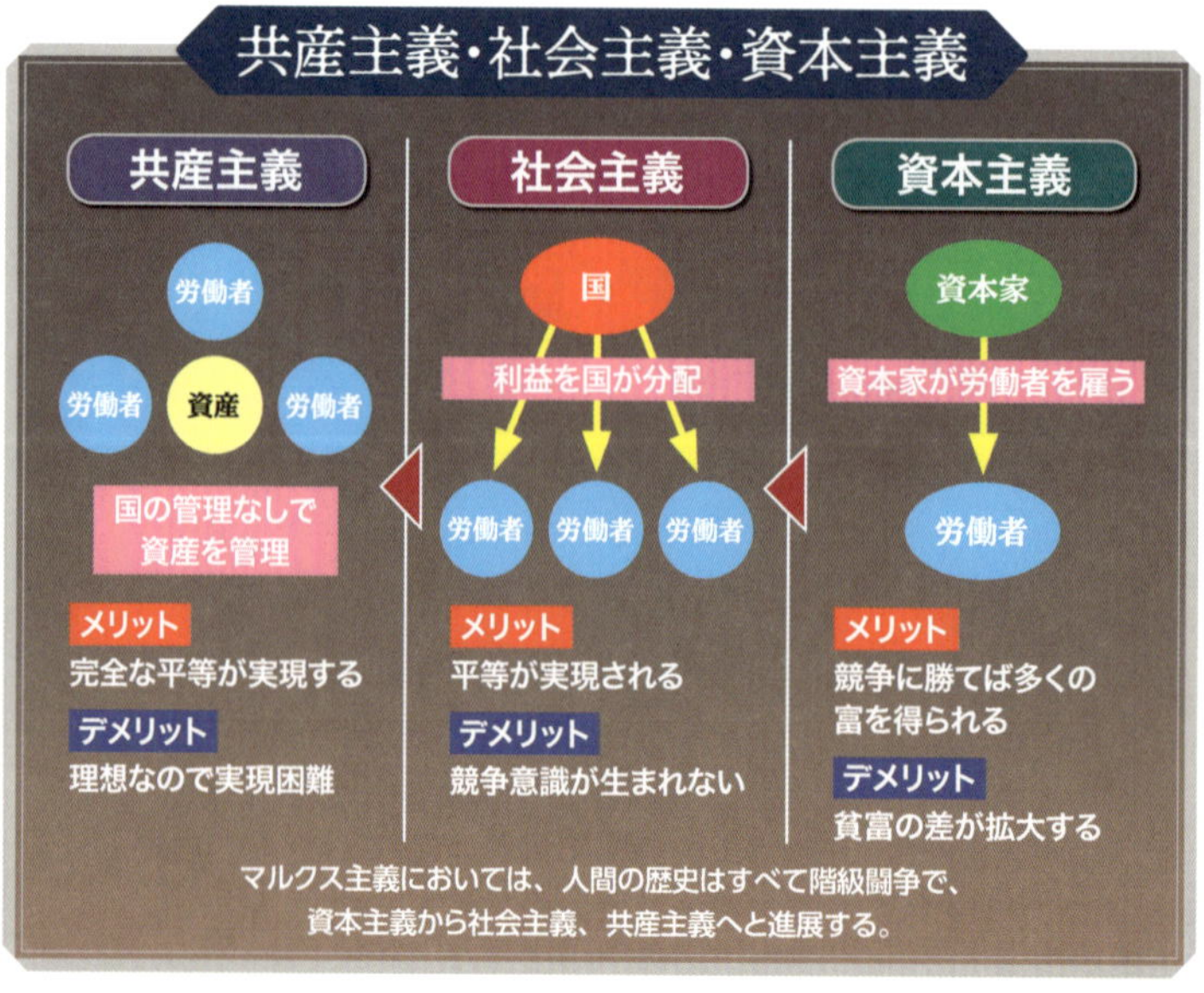

マルクス
エンゲルス

◆『共産党宣言』の出版

1848年、マルクスは盟友エンゲルスとともに、『共産党宣言』をロンドンで出版した。23ページの小冊子で、ドイツ語で書かれた。

主義を唱える**バクーニン**との対立や、**パリ・コミューン**（➡P215）を支持したことで各国の政府から弾圧を受けたため、解散に追い込まれた。

1889年には、パリで各国の社会主義政党や労働組合が集まって**「第2インターナショナル」**が成立し、戦争反対や労働条件の改善などを主張したが、第一次世界大戦が起きると、各国の政党が自国を優先したため、事実上、崩壊した。

マルクス主義において、社会主義は「生産手段は共有されているが、階級などの不平等が残り、利益の分配を行う国家が存在する」段階で、「国家の管理なしですべての資産が、労働者階級に管理される」共産主義の前段階とされている。しかし現実には、共産主義社会は現在に至るまで、世界で一度も実現されたことがなく、社会主義を掲げた**ソビエト連邦**は崩壊し、**中国**や**北朝鮮**なども資本主義を取り入れているため、純粋な社会主義国家は現在、存在していないともいえる。

国際的な労働者組織の結成

第1インターナショナル

- 結成：1864年（ロンドン）
- 参加者：マルクス、バクーニンなどの社会主義者
- 目的：労働者の団結、パリ・コミューンの支持

➡各国政府の弾圧により1876年に解散

第2インターナショナル

- 結成：1889年（パリ）
- 参加者：各国の社会主義政党、労働組合
- 目的：戦争反対、労働条件の改善

➡第一次世界大戦で事実上崩壊

万国の労働者よ
団結せよ

◆マルクス（1818〜1883）

ドイツ出身の社会主義者。労働者階級による社会変革によって、無階級社会を実現していくべきという「マルクス主義」を主張。『資本論』1巻を刊行した。

1848年

メキシコ割譲

西部開拓を進めるアメリカは買収と割譲によって領土を西海岸まで広げる

侵略を正当化しながら強引な手法で領土を拡張

独立戦争に勝利し、1783年に成立した**アメリカ合衆国**は、独立当初、ミシシッピ川以東の地域に領土が限られていた。当時の北アメリカには、ヨーロッパ列強諸国の植民地が割拠していたが、植民地の維持管理には多額の費用がかかるため、経営に行き詰まる植民地も多かった。

そうした植民地に目をつけたアメリカは、1803年、戦費調達の必要に駆られたナポレオンから**ルイジアナ**を格安で買収し、領土を倍増させた。さらに1819年、**フロリダ**をスペインから買収した。

1823年、アメリカ第5代大統領**モンロー**は、ヨーロッパ諸国がアメリカ大陸に植民地をもつことに反対し、一方でアメリカもヨーロッパに干渉しないことを宣言した。この**「モンロー主義」**は、アメリカの外交政策の基本となった。

列強の干渉を排除したアメリカは西部開拓に突き進み、先住民を僻地に**強制移住**させ、反抗する先住民は武力で押さえ込んだ。1840年代には、西部開拓は神の使命という**「明白な天命」**という考え方が広まり、侵略は正当化された。

迫害を受け続けた先住民は、白人

関連ページ
経 P192 アメリカ独立戦争
経 P202 ワーテルローの戦い
経 P234 米西戦争

◆「明白な天命」
西部開拓を正当化するための絵で、「文明の書」と電線を持った女神に導かれた白人たちが先住民を追い払っている。

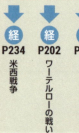

の入植前に１００万人以上いた人口が、１８９０年には約25万人にまで減少した。

また、**テキサス**は、もともと**メキシコ**の領土だったが、アメリカ人は入植を進めて独立を宣言し、１８４５年にはテキサスを併合してしまった。これによりメキシコとアメリカは対立が深まり、翌年、**「アメリカ・メキシコ戦争」**が勃発した。

これに勝利したアメリカは、１８４８年、**カリフォルニア**や**アリゾナ**などをメキシコより割譲させ、アメリカの領土は北アメリカ大陸の**西海岸**を領有。

さらにアメリカは、１８６７年、**クリミア戦争**（➡P２２２）などで財政難に陥っていたロシアから、**アラスカ**をわずか７２０万ドル（現在の価値で１００億円程度）で買収した。こうして北太平洋沿岸に領土を広げたアメリカは、アジア市場を目指し、太平洋へ進出していった。

◆ジェロニモ
(1829〜1909)
アメリカ先住民アパッチ族の族長。ニューメキシコに進出する白人に激しく抵抗したが、1886年に降伏した。

◆アメリカ・メキシコ戦争
1846年、アメリカは、テキサス併合で関係が悪化したメキシコと戦争を起こして勝利。講和によりカリフォルニアなどを領有した。

・アメリカの領土拡大・

アメリカは植民地経営ではなく、国土を増やすことで国力を充実させていった。

1853年

クリミア戦争

ロシアの南下政策によりクリミア戦争がはじまりウィーン体制が崩壊する

関連ページ
戦 P180 北方戦争
戦 P190 露土戦争
経 P202 ワーテルローの戦い

地中海への出入口を求め戦争を起こすが失敗

不凍港を求めて黒海の**クリミア半島**を併合し、**南下政策**（↓P190）を続けるロシアだったが、地中海への出入口にある**ボスポラス海峡**と**ダーダネルス海峡**は**オスマン帝国**が支配していた。この両海峡を奪うことが、ロシアの悲願となった。

モスクワ遠征を敢行したナポレオンを撃退したロシアは、ウィーン会議（↓P203）で発言権を強め、革命の弾圧を目的とする**「神聖同盟」**を提唱して、ヨーロッパ諸国を参加させた。1825年に即位したロシア皇帝**ニコライ1世**は、反革命の立場を貫き、保守反動体制の**「ウィーン体制」**を守ることに尽力。自由主義を求める青年将校による**「デカブリストの反乱」**や**ハンガリーの民族運動**を鎮圧し、**「ヨーロッパの憲兵」**と呼ばれた。

南下政策を推進するニコライ1世は、オスマン帝国の支配下にある**バルカン半島**の諸民族の独立を支援し、味方につけようとしたが、その動きを警戒したイギリスと対立した。そこでニコライ1世は、オスマン帝国内の**東方正教会**信者の保護を口実に、1853年、オスマン帝国との戦争に踏み切り、**「クリミア戦争」**をは

historical note

「クリミアの天使」と呼ばれたイギリスの看護師ナイチンゲール

イギリスの看護師だったナイチンゲールはクリミア戦争の戦場に向かい、野戦病院で看護を開始した。当時の野戦病院は衛生状態が悪く、伝染病などにより死亡率は40%にも達した。ナイチンゲールは衛生状態を徹底的に改善し、半年後には死亡率を2%にまで下げた。夜中もランプを掲げて回診を続けたナイチンゲールは「クリミアの天使」と呼ばれた。

ナイチンゲール（1820〜1910）

じめた。

イギリスとフランスは敵対関係が続いていたが、「ロシアの南下を阻止する」という利害が一致し、両国でオスマン帝国を支援した。これにより、約40年続いた「ウィーン体制」は完全に崩壊した。

戦争は長期化し、クリミア半島南端の**セヴァストーポリ要塞**をめぐって、激しい戦いがくり広げられたが、ロシアは敗北し、1856年、「パリ条約」が結ばれた。ロシアは、ボスポラス・ダーダネルス両海峡の**軍艦通過禁止**（黒海の中立化）などを認めさせられ、南下政策は大きく頓挫することになった。

◆ニコライ1世（1796～1855）
ロシア皇帝。革命を防ぐ目的で、秘密警察を設けた。南下政策を推進し、露土戦争やクリミア戦争を引き起こしたが失敗した。

◆セヴァストーポリの戦い
要塞に守られたクリミア半島南端の軍港セヴァストーポリは、イギリス・フランス艦隊の激しい砲撃で陥落したが、両軍で20万人以上の死者が出た。

1861年

南北戦争

移民国家だったアメリカは南北戦争によって最悪の死者数を出す

貿易と奴隷制をめぐり北部と南部が激しく対立

アメリカ合衆国が**買収**と**割譲**によって領土を西海岸にまで広げると、**北部**と**南部**の対立が激化した。北部諸州は、産業革命の進展によって商工業が発達し、安価なイギリス製品に高い保護関税をかける**「保護貿易」**を要求していたのに対し、南部諸州は、奴隷の労働力で安価な綿花を大量生産し、イギリスに積極的に輸出する**「自由貿易」**を望んでいた。また、**人道主義**が発達した北部では、南部の奴隷制に反対する人が多かった。

１８６０年、北部で奴隷制に反対する**共和党**から**リンカーン**が第16代アメリカ大統領に当選すると、南部はジェファソン・デイビスを大統領に選び、**「アメリカ連合国」**を建国。こうして**「南北戦争」**がはじまったが、緒戦はリー将軍など優秀な軍人が多かった南部が優勢だった。

そこでリンカーンは、１８６２年、「ホームステッド法」を制定した。この法律は21歳以上のアメリカ市民に約65ヘクタールの公有地を5年間の居住・開墾の後に無償で提供するものだった。リンカーンの狙いどおり、戦争に参加していなかった**西部諸州**の農民は、この法律により、北部を支持するようになった。

さらに翌年、リンカーンは**「奴隷解放宣言」**を出し、国内外の世論の

historical note

南北戦争後に余った銃が幕末の日本に輸出された

南北戦争では、大量のマスケット銃（前装式の歩兵銃）が使用された。命中率は低く、銃弾を装填するのにも時間がかかったという。南北戦争が終わると、不要になった大量のマスケット銃が武器商人の手によって幕末の日本に輸入され、戊《ぼ》辰《しん》戦争（１８６８〜１８６９）などで使用された。ちなみに戊辰戦争での戦死者数は、両軍合わせて約1万人だった。

南北戦争で使用されたマスケット銃。

関連ページ
経 P192 アメリカ独立戦争
戦 P220 メキシコ割譲
経 P234 米西戦争

支持を集めて戦いを有利に進め、最大の激戦となった**「ゲティスバーグの戦い」**で勝利を収めた。北部の勝利を決定づけたこの戦いの後、リンカーンが演説で、**「人民の、人民による、人民のための政治」**と語ったことは有名である。南北戦争は北部の勝利に終わったが、その直後、リンカーンは暗殺された。

南北戦争はアメリカの戦史上、最も**戦死者**が多かったことで知られる。その数は約62万人で、**ベトナム戦争**におけるアメリカ人戦死者の10倍以上にも及ぶ。戦死者が増えた理由は、兵士の動員数が多かったことや、銃や大砲に対して密集隊形で戦ったこと、医療技術が未発達だったことなどが挙げられるが、敵軍の兵士に対して「同じアメリカ人」という意識が希薄だったことも大きい。アメリカは**移民国家**だったので、南北戦争は**「内戦」**でありながら、凄惨な殺し合いに発展したのである。

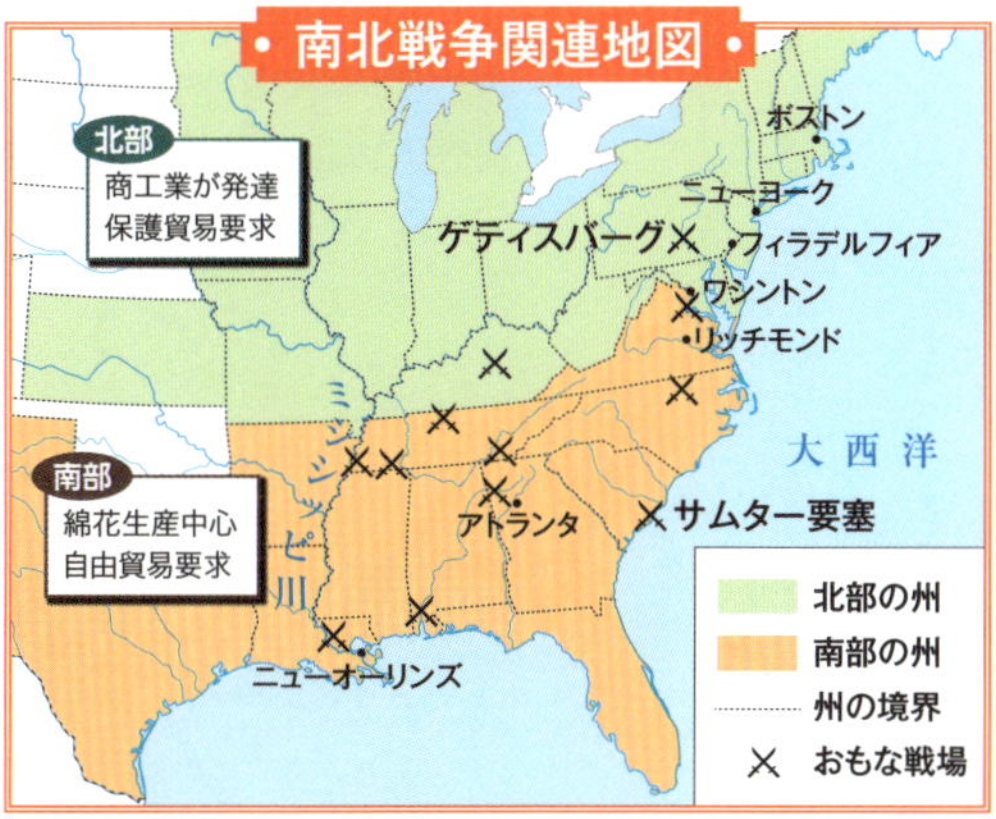

◆ゲティスバーグの戦い

1863年に起きた南北戦争における最大の戦い。北軍の勝利に終わったが、戦死者は両軍で5万人に及んだ。

◆リンカーン（1809〜1865）

アメリカ合衆国16代大統領。南北戦争に勝利したが、奴隷制支持者に暗殺された。

アメリカ兵士の戦死者数

アメリカ独立戦争	約2万5000人
南北戦争	約62万人
第一次世界大戦	約11万6000人
第二次世界大戦	約41万1000人
朝鮮戦争	約5万4000人
ベトナム戦争	約5万8000人

アメリカ戦史上、最悪の結果を出した南北戦争は、アメリカではthe Civil War（内戦）といわれる。

戦争

1866年

普墺戦争

オーストリアを撃破したプロイセン王国がドイツ統一へ邁進する

オーストリアをめぐりドイツ統一に失敗する

1815年の**ウィーン会議**（→P203）において、ドイツでは、ナポレオンが神聖ローマ帝国を消滅させて成立させた**「ライン同盟」**に代わって**「ドイツ連邦」**が成立した。

ドイツ連邦は、**プロイセン王国**や、**オーストリア**を含む35の君主国と4つの自由都市で構成されていたため、フランスやイギリスのような統一国家が形成されなかった。また、ドイツ連邦内の各国がお互いに**関税**をかけあっていたため、商工業が育たず、経済的に遅れていた。

そこでプロイセンの提案により、連邦内の関税を廃止する**「ドイツ関税同盟」**が結成された。しかし、プロイセンと主導権争いをするオーストリアは、これに加わらなかった。

1848年、フランスの**二月革命**の影響から、プロイセンとオーストリアで**ドイツ統一**や**自由主義**を求める革命運動が起きた。これらの運動は鎮圧されたが、統一を目指す機運が高まり、統一問題を話し合う**「フランクフルト国民議会」**が開かれた。

しかしドイツにオーストリアを入れる**「大ドイツ主義」**と、オーストリアを除く**「小ドイツ主義」**が対立し、統一は実現しなかった。

historical note

オーストリア・ハンガリー帝国の成立を陰で支援した皇后エリーザベト

フランツ・ヨーゼフ1世の皇后エリーザベトは、ヨーロッパ宮廷一の美女といわれ、身長172㎝でウエストは51㎝だったという。エリーザベトはオーストリア領内のハンガリーを愛し、マジャール人が独立を要求したとき陰で支援し、オーストリア・ハンガリー帝国の成立に貢献したといわれる。エリーザベトの生涯は、ミュージカルとして描かれ、世界中で人気を博している。

エリーザベト（1837〜1898）

関連ページ
経 P202 ワーテルローの戦い
戦 P228 普仏戦争
経 P232 ドイツの「世界政策」

マップ

勝利したプロイセンがドイツ帝国の基礎を築く

1862年、プロイセンの首相に任命された**ビスマルク**は、「ドイツ統一問題は、鉄（兵器）と血（兵士）によってのみ解決される」という**「鉄血政策」**を主張し、議会の反対を押し切って軍備を増強した。そしてオーストリア皇帝**フランツ・ヨーゼフ1世**を挑発し、1866年、**「普墺《ふおう》戦争（プロイセン・オーストリア戦争）」**を開始した。

最新式の兵器を装備したプロイセン軍は、オーストリア軍を圧倒し、わずか2カ月で勝利。講和条約である**「プラハ条約」**で、ドイツ連邦は解体され、翌年、オーストリアを除外し、プロイセンを中心とする**「北ドイツ連邦」**が成立した。バイエルンなどの**南ドイツ諸国**もプロイセンと同盟を結び、**「ドイツ帝国」**（→P228）の基礎が築かれた。

敗れたオーストリアでは、帝国内の諸民族の独立運動が活発化した。フランツ・ヨーゼフ1世は、マジャール人の**「ハンガリー」**独立を形式的に認める**妥協（アウスグライヒ）**を行い、自らがハンガリー王位を兼ねることで**「オーストリア・ハンガリー帝国」**を成立させた。

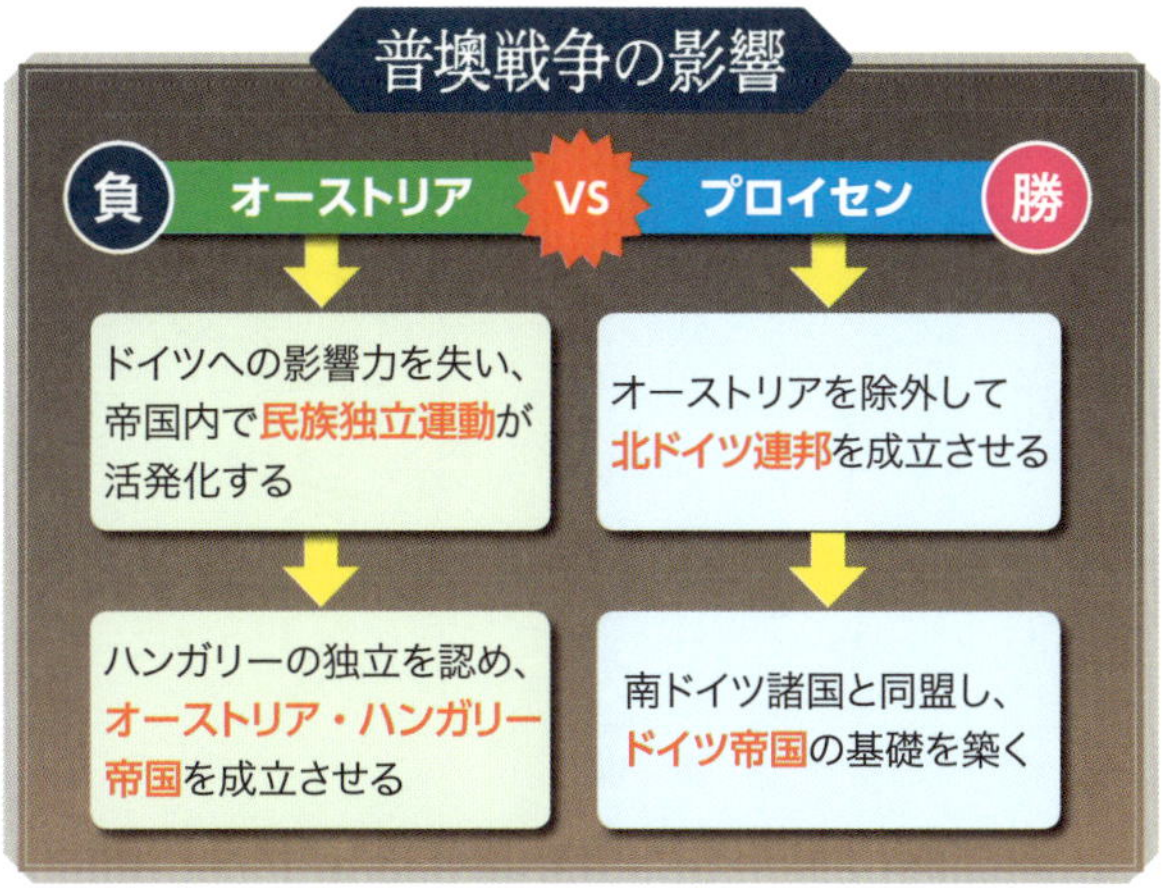

普墺戦争の影響
負
オーストリア
VS
プロイセン
勝
ドイツへの影響力を失い、帝国内で民族独立運動が活発化する
オーストリアを除外して北ドイツ連邦を成立させる
ハンガリーの独立を認め、オーストリア・ハンガリー帝国を成立させる
南ドイツ諸国と同盟し、ドイツ帝国の基礎を築く

◆ケーニヒグレーツの戦い
最新式の後装式ライフル銃を装備したプロイセン軍が、オーストリア軍を圧倒した戦いで、普墺戦争での勝利を決定づけた。

戦争

1870年

普仏戦争

フランスを破ったプロイセン王国はベルサイユ宮殿でドイツ帝国を成立させる

皇帝が捕虜になり第二帝政が崩壊する

普墺《ふおう》戦争に勝利し、**北ドイツ連邦**を成立させた**プロイセン王国**は、南ドイツ諸国と同盟して、勢力を拡大した。フランスで**第二帝政**を開始した**ナポレオン3世**（ナポレオンの甥）は、プロイセンの影響力が強まることを阻止しようとしたが、1870年、プロイセンの首相**ビスマルク**の挑発に乗り、軍事的な準備のないまま、プロイセンに宣戦布告し、**「普仏戦争（プロイセン・フランス戦争）」**をはじめた。

北ドイツ連邦と南ドイツ諸国を味方につけたプロイセンは**最新の兵器**を装備し、近代的な訓練を施した軍隊でフランス軍を圧倒。序盤から優位に戦いを進め、フランス北部で行われた**「セダンの戦い」**でフランス軍に大勝し、ナポレオン3世を捕虜とした。皇帝が捕虜になったことを知ったフランス国民は激怒し、ナポレオン3世の廃位が宣言された。第二帝政は崩壊し、**臨時政府**が樹立され、共和国が成立した**（第三共和政）**。

戦争中のドイツでは交渉が進められ、諸国の君主たちが連邦制による**ドイツ帝国**の成立に同意した。こうして1871年1月、プロイセン軍によるパリ包囲中に、占領していた

関連ページ
戦 P222 クリミア戦争
戦 P226 普墺戦争
経 P232 ドイツの「世界政策」

historical note

ナポレオン3世の指示により パリは近代都市へと生まれ変わった

凱旋門から放射状にのびる大通り。

ナポレオン3世は、狭い街路と古い建物が密集するパリ中心部を改造するよう、セーヌ県知事オスマンに命令した。オスマンは広場を中心として放射状の大通りや鉄道、公園、上下水道などを整備し、パリを近代的な都市にした。

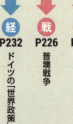

◆**降伏するナポレオン3世**

セダンの戦いに敗れたナポレオン3世は、約10万人のフランス兵とともに降伏し、捕虜になった。

ベルサイユ宮殿の「鏡の間」で、プロイセン国王**ビルヘルム1世**がドイツ皇帝に即位し**「ドイツ帝国」**が誕生した。この直後パリは陥落した。

プロイセンは、50億フランの莫大な賠償金と、**アルザス・ロレーヌ地方**の割譲を条件に、フランスの臨時政府と講和条約を結んだ。屈辱的な内容の講和に反対したパリの民衆は、労働者による自治政権**「パリ・コミューン」**（➡P215）を樹立したが、約2カ月で鎮圧された。

ロシアの野望を砕いたビスマルク

クリミア戦争での敗北後、勢力を回復させた**ロシア**は、1877年、再び**オスマン帝国**に戦争をしかけて勝利した。地中海に面した**ブルガリア**の不凍港の獲得を狙うロシアは、講和条約**「サン・ステファノ条約」**によって、ブルガリアを保護下に置いた。

ロシアの地中海進出を危険視したビスマルクは、オーストリアやイギリスなどを味方につけて**「ベルリン会議」**を開き、ブルガリアの地中海沿岸の領土をオスマン帝国に返還させた。ロシアはブルガリアの不凍港獲得に失敗し、ドイツはロシア勢力の拡大を抑えることに成功した。

普仏戦争後のヨーロッパ

ブルガリア南部は地中海に面していたが、ビスマルクはその地域の返還をロシアに求めた。

1894年

日清戦争

アジアでいち早く近代化した日本は「眠れる獅子」清国に戦いを挑んで勝利する

関連ページ
経 P216 アヘン戦争
戦 P238 義和団事件
戦 P240 日露戦争

日本に敗れた清は植民地化が加速する

アヘン戦争で清に勝利したイギリスは、1856年、海賊船アロー号が掲げていたイギリス国旗を、清の役人が引きずり下ろしたことを口実に、**フランス**を味方に引き入れて清に戦争をしかけた**（アロー戦争）**。清は降伏して**「天津条約」**が結ばれたが、条約内容に不満をもつ清の勢力が、批准書交換のために上陸したイギリス軍に対して攻撃を加えた。

激怒したイギリス・フランス両軍は北京を占領し、**「北京条約」**を結ばせた。清は、**天津**など11港の開港や、アヘン貿易の公認、イギリスへの**九竜半島南部**の割譲などを認めさせられ、植民地化が一層進んだ。

その頃、日本は**明治維新**によって社会変革が進められ、**富国強兵**をスローガンに工業や軍事を近代化した。日本は**朝鮮半島**への進出を狙ったが、当時の朝鮮は清の属国だったので、日本と清の対立が深まり、1894年、**「日清戦争」**に発展した。

これに勝利した日本は清と**「下関条約」**を結び、朝鮮の独立や、**台湾・遼東半島**の割譲、**賠償金**の支払いなどを認めさせた。このうち遼東半島はロシア・ドイツ・フランスによる**「三国干渉」**で清に返還させら

historical note

明治時代の日本は翻訳によって西洋の知識を短期間で習得した

明治時代の特徴は、西洋の知識を西洋語で直接学ぶのではなく、西周や福沢諭吉など、蘭学の素養のある学者が中心となって、西洋語をわざわざ漢語に翻訳して学んだ。これにより、多くの人が西洋の知識を学ぶことが可能になり、短期間で日本を近代化することができたといわれる。

明治翻訳語の例

西周
哲学、芸術、科学、技術、意識、知識、理性、権利など

福沢諭吉
自由、演説、西洋など

森鷗外
情報、交響曲、空想、詩情など

中江兆民
美学、象徴、民権など

・日清戦争関連地図・
1894年11月
❺旅順占領《りょじゅん》
旅順を占領した日本軍が住民を虐殺し、そのことが海外に報道されて国際問題となる。
1894年11月
❹大連占領《だいれん》
大山巌《おおやまいわお》が指揮する第2軍は、遼東半島に上陸して大連を占領した。
平壌を占領した日本軍は、黄海海戦で清の北洋艦隊を撃破し、その後も旅順や威海衛で勝利した。
奉天
清
牛荘
営口
九連城
朝鮮
遼東半島
大連
旅順
平壌
元山
1894年9月
❷平壌の戦い《へいじょう》
日清戦争における最初の本格的な陸戦。平壌に集結した清軍を日本軍が攻めて、平壌を占領した。
黄海
1894年7月
❶豊島沖の海戦《ほうとうおき》
日本艦隊が清国艦隊を宣戦布告前に急襲。軍艦2隻を沈めた。
漢城
威海衛
仁川
山東半島
牙山
成歓
1894年9月
❸黄海海戦《こうかい》
日本艦隊が清国艦隊を攻撃。清国は軍艦5隻を失い、日本は黄海の制海権を掌握。
群山
山県第1軍
大山第2軍
日本海隊
1895年2月
❻威海衛占領《いかいえい》
威海衛に残存していた清国艦隊を日本艦隊が攻撃し、ほぼ全滅させる。丁汝昌《ていじょしょう》提督は自決した。
釜山
広島
下関
佐世保
日本

れたが、日本は清に対し、賠償金約3・6億円を、イギリスの**ポンド金貨**で支払わせた。日本はこれを準備金にして、長年の念願だった**金本位制**（➡P211）を確立した。

清は大国だったので、列強諸国は清のことを潜在能力の高い**「眠れる獅子」**だと認識していたが、近代化して間もない日本に敗れたことで、清の弱体化を確認すると、清の国内で**鉄道**を敷設して**鉱山**を開発するなど、植民地化をさらに進めていった。

◆賠償金の使途

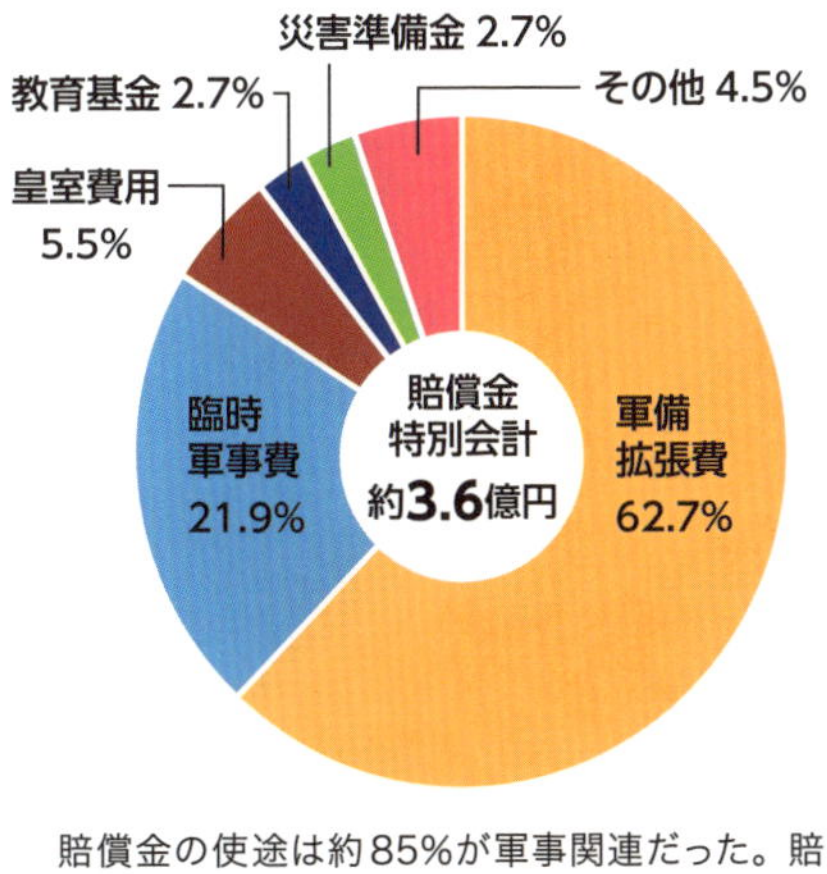

災害準備金 2.7%
教育基金 2.7%
その他 4.5%
皇室費用 5.5%
臨時軍事費 21.9%
賠償金特別会計 約3.6億円
軍備拡張費 62.7%

賠償金の使途は約85%が軍事関連だった。賠償金の総額3.6億円は、当時の国家予算の約4倍であった。

経済

19世紀末

ドイツの「世界政策」

ドイツ帝国のビルヘルム2世が 植民地獲得のため 英仏露と対立を深める

関連ページ

戦 P228 普仏戦争

戦 P236 南アフリカ戦争

戦 P246 第一次世界大戦勃発

3B政策を推進したが国際的に孤立する

ビスマルクによって成立したドイツ帝国では、1888年、第3代皇帝**ビルヘルム2世**が29歳で即位した。自分に権力を集中させたいビルヘルム2世は、ビスマルクを辞任させて親政を開始した。そして、「イギリス・ロシアと協調してフランスを抑え込む」というビスマルクの基本外交路線を改め、1896年頃より、**「世界政策」**と呼ばれる帝国主義政策を推進し、植民地獲得を目指した。

この時期、ドイツは**工業力**を飛躍的に発展させ、ヨーロッパの強国としての地位を確立していた。

ビルヘルム2世は、アジアにおいて、**日清戦争**（→P230）に勝利した日本に対して、ロシアとフランスと協力して**三国干渉**を行い、**遼東半島**を返還させた後、山東半島南部の**膠州湾**の租借を認めさせるなど、清へ進出した。アフリカにおいては、植民地の獲得を狙い、**フランス**の勢力下にある**モロッコ**に進出したが、失敗に終わった（**モロッコ事件**）。

アジアへの物資・兵員の進出路を確保するため、オスマン帝国から鉄道敷設権を獲得し、ベルリン・ビザンチウム（イスタンブール）・バグダードを結ぶ**「バグダード鉄道」**の

ドイツ帝国は今や世界帝国になった

◆**ビルヘルム２世（1859〜1941）**
ヴィルヘルム1世の孫。ドイツ皇帝に即位すると、宰相ビスマルクと対立し、辞任に追い込む。積極的な対外進出を図ったが、イギリスやロシアなどと対立し、ドイツを孤立させた。

建設を開始した。この「3B政策」によって、カイロ・ケープタウン・カルカッタを結ぶ三角地帯の支配を目指す「3C政策」を進めていたイギリスと対立することになった。バグダード鉄道のルートは、ロシアの南下政策を妨害するものだったため、ドイツはロシアとも対立を深めた。

強大化するドイツを挟み撃ちにできることから、ロシアとフランスは接近し、1894年、「露仏同盟」を結び、ドイツに対抗するためイギリスとフランスは、1904年、「英仏協商」を結び、3B政策を警戒するイギリスとロシアは、1907年、「英露協商」を結んだ。これらを総称して「三国協商」といい、この協力関係は、第一次世界大戦に引き継がれた。

3B政策と3C政策

ドイツの「3B政策」は、インド航路の確保を目指すイギリスの「3C政策」や、ロシアの南下政策と利害が対立した。「3B」「3C」とも、都市名の頭文字に由来する。

◆バグダード鉄道

コンヤ(トルコ南部)からバグダードを経てペルシア湾に至る鉄道。3B政策の中心としてドイツ資本の鉄道会社により建設が進められたが、列強諸国の反対により工事が遅れ、第一次世界大戦のため未完成に終わった。

1898年

米西戦争

西海岸に到達したアメリカは 太平洋に進出して 中国の巨大市場を目指す

太平洋進出を果たすが 中国分割に出遅れる

西海岸まで領土が広がり**西部開拓**が進んだ**アメリカ合衆国**では、1869年に最初の**大陸横断鉄道**が開通した。これにより大量の物資の運搬が可能になり、資源開発や工業化が促進され、国内市場は拡大。**石炭・石油・鉄鋼**などの**重工業**が発展し、アメリカは19世紀末には**世界一の工業国**に成長した。

さらなる経済発展を目論むアメリカは、太平洋への関心を高めた。アメリカの対外基本戦略は、**カリブ海**を支配下に置き、**パナマ運河**を通って**太平洋**へ乗り出し、巨大な**中国市場**を目指すというものだった。

1898年、スペイン領の**キューバ**で独立運動が起きたとき、ハバナ港に停泊していたアメリカの軍艦**メイン号**が爆沈した。原因は不明だが(アメリカの謀略説もある)、アメリカはスペインの陰謀と決めつけて宣戦を布告し、**「米西戦争(アメリカ・スペイン戦争)」**を開始した。

4カ月で勝利したアメリカは、講和条約「パリ条約」で、**プエルトリコ**、**グアム**、**フィリピン**を獲得し、キューバの独立を認めさせ、翌年、アメリカはキューバを軍事占領した。また、アメリカ移民を策動して

関連ページ
経 P192 アメリカ独立戦争
戦 P220 メキシコ割譲
戦 P238 義和団事件

◆米西戦争
キューバの独立戦争に介入したアメリカとスペインの戦争で、アメリカが勝利し、スペイン領だったプエルトリコ、グアム、フィリピンを得た。この絵は、セオドア・ルーズベルト(後の26代大統領)の率いたラフ・ライダーズと呼ばれる騎兵隊で、米西戦争で活躍した。

◆**横浜に上陸するペリー**

1853年、幕末の日本に4隻の黒船で現れたペリーは、翌年、再び日本に来航し、横浜で日米和親条約を幕府に結ばせ、鎖国政策を終わらせた。

ハワイを強引に併合した。こうして太平洋に足場を築いたアメリカは、中国市場を目指したが、**清**はすでにヨーロッパ列強諸国に分割されていた（➡P239）。中国分割に参加したいアメリカは、**「門戸《もんこ》開放宣言」**を発表し、中国における**通商上の機会均等**や清の**領土保全**を訴えた。

1853年には鎖国政策を続ける日本に**ペリー**率いる軍艦を派遣、翌年、**「日米和親条約」**を結ばせ、**下田**（静岡県）と**箱館**（現在の北海道函館市）の2港を開港させた。

1903年、工事が中断していたパナマ運河の建設権をフランスから買い取り、工事を再開し、1914年に完成させた。これによりアメリカは太平洋への進出ルートを確保した。

◆**リリウオカラニ（1838〜1917）**

ハワイ王国の最後の女王。アメリカのハワイ併合に反対したが、親米派のクーデターにより退位。その後も王位奪還を目指したが失敗し、ハワイはアメリカ領にされた。

•アメリカの太平洋進出•

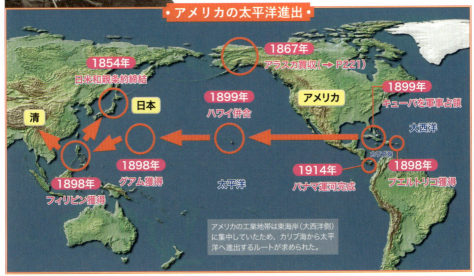

戦争

1899年

南アフリカ戦争

エチオピアとリベリアを除く アフリカ大陸全土が列強の植民地にされる

アフリカ分割をめぐり列強諸国が対立する

アフリカ大陸は、**大西洋三角貿易**における奴隷の供給地とされたが、北部や沿岸部以外、ヨーロッパ人に知られていない**「未知の大陸」**だった。しかし19世紀半ばに**リビングストン**などの探検により、内陸部で**金**や**銅**、**ダイヤモンド**などが採掘できることが明らかになると、列強諸国はアフリカを狙うようになった。

まず、**ベルギー**がコンゴ地域を領有して**「コンゴ自由国」**と名付けたが、列強諸国は反発。そこでドイツの**ビスマルク**は1884年、列強14カ国を集めて**「ベルリン会議（ベルリン・コンゴ会議）」**を開き、「ある地域を最初に占領した国が領有権**（先占権）**をもてるが、ヨーロッパ人の安全を保証する**実効支配**が必要」というルールを定めた。列強諸国は**「早い物勝ち」**となったアフリカに殺到し、20世紀初頭には、**エチオピア**と**リベリア**を除くアフリカ大陸全土を分割し、植民地にした。

アフリカの植民地獲得を狙うイギリスとフランスがスーダンの**ファショダ**で衝突したが、ドイツの勢力拡大を警戒していた両国は戦争を回避して歩み寄り、これをきっかけに**「英仏協商」**（➡P233）につなげた。

関連ページ
経 P174 三角貿易
経 P232 ドイツの「世界政策」
戦 P238 義和団事件

できることなら私は惑星をも併合したい

◆セシル・ローズ
(1853〜1902)
イギリスの政治家。イギリス南アフリカ会社を設立し、ロスチャイルド家の援助を受けて鉱山の開発を進めた。1890年、ケープ植民地の首相となり、トランスバール共和国とオレンジ自由国の併合を画策したが失敗し、首相を辞任した。その後、ローズの政策を引き継いだイギリスは、南アフリカ戦争を開始した。

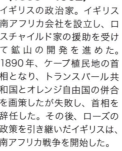

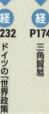

◆南アフリカ戦争
ボーア戦争とも呼ばれる。南アフリカのケープ植民地を領有するイギリスが、ブール人(オランダ系入植者とその子孫)の建てたトランスバール共和国・オレンジ自由国に侵入して占領し、植民地にした。

南アフリカ戦争の対立関係

負	勝
トランスバール共和国 オレンジ自由国	**イギリス (拠点:ケープ植民地)**
19世紀中頃、ブール人がケープ植民地の北に移動して建国した	ケープ植民地は1652年、イギリス東インド会社がアジア貿易の中継地として築いた

また、イギリスは17世紀に南アフリカに**「ケープ植民地」**を築いていたが、**セシル・ローズ**は**ブール人**(南アフリカに移民したオランダ人の子孫)が建国した**「トランスバール共和国」**と**「オレンジ自由国」**の併合を画策した。1899年、**「南アフリカ戦争(ブール戦争)」**を起こして勝利したイギリスは、両国を併合し、アフリカの**ケープタウン**と**カイロ**、インドの**カルカッタ**を結ぶ三角地帯の支配を目指す**「3C政策」**を進めたが、南アフリカ戦争における莫大な**戦費**は財政を圧迫した。

・アフリカの分割・

イギリスはカイロからケープタウンまでの縦断ルートを狙い、フランスはサハラ砂漠から大陸を横断するルートを狙った。

1900年

義和団事件

半植民地化が進んだ清は義和団の反乱を利用し欧米列強に宣戦布告する

義和団事件で衰退した清で辛亥革命が起こる

日清戦争後、列強諸国に分割され、半植民地化が進んだ中国の**「清」**では、**康有為**《こうゆうい》らの官僚グループが、日本の明治維新のような**改革（変法）**を実行して、清を回復させようとした。彼らは**憲法の制定**、**国会の開設**などにより、皇帝による独裁を改めることを目指し、1898年、**光緒**《こうしょ》**帝**《てい》のもとで**「戊戌**《ぼじゅつ》**の変法**《へんぽう》**」**と呼ばれる近代化政策を進めた。

しかし改革に反対する保守派は、**西太后**《せいたいこう》（光緒帝の伯母）の支持を得てクーデターを起こし、改革派を弾圧。光緒帝は幽閉され、康有為は日本に亡命した。

この**「戊戌の政変」**の後、中国分割を進める列強諸国への反感から誕生した宗教結社**「義和団」**は、**「扶**《ふ》**清滅洋**《しんめつよう》**（清を扶**《たす》**けて西洋を滅ぼす）」**をスローガンに掲げ、各地で鉄道や教会を破壊した。

1900年、勢力を拡大した義和団が北京に入ると、西太后は義和団の力を借りて列強に対抗しようと考え、各国に宣戦布告した。これに対し列強諸国は、公使館員の救出を名目に共同出兵を決定し、**8カ国**（日本・ロシア・イギリス・アメリカ・ドイツ・フランス・オーストリア・

中国の積弱《せきじゃく》はすでに極まり。恃《たの》むところはただ人心のみ

◆**西太后**《せいたいこう》
（1835〜1908）
清の咸豊帝《かんぽうてい》の妃。咸豊帝の死後、息子の同治帝《どうちてい》が5歳で即位すると、摂政となった。同治帝の死後、甥・光《こう》緒帝《しょてい》を4歳で即位させて実権を握った。義和団が反乱を起こすと、その力を借りて西欧諸国に宣戦布告したが失敗した。

関連ページ
経 P216 アヘン戦争
戦 P236 南アフリカ戦争
戦 P240 日露戦争

マップ

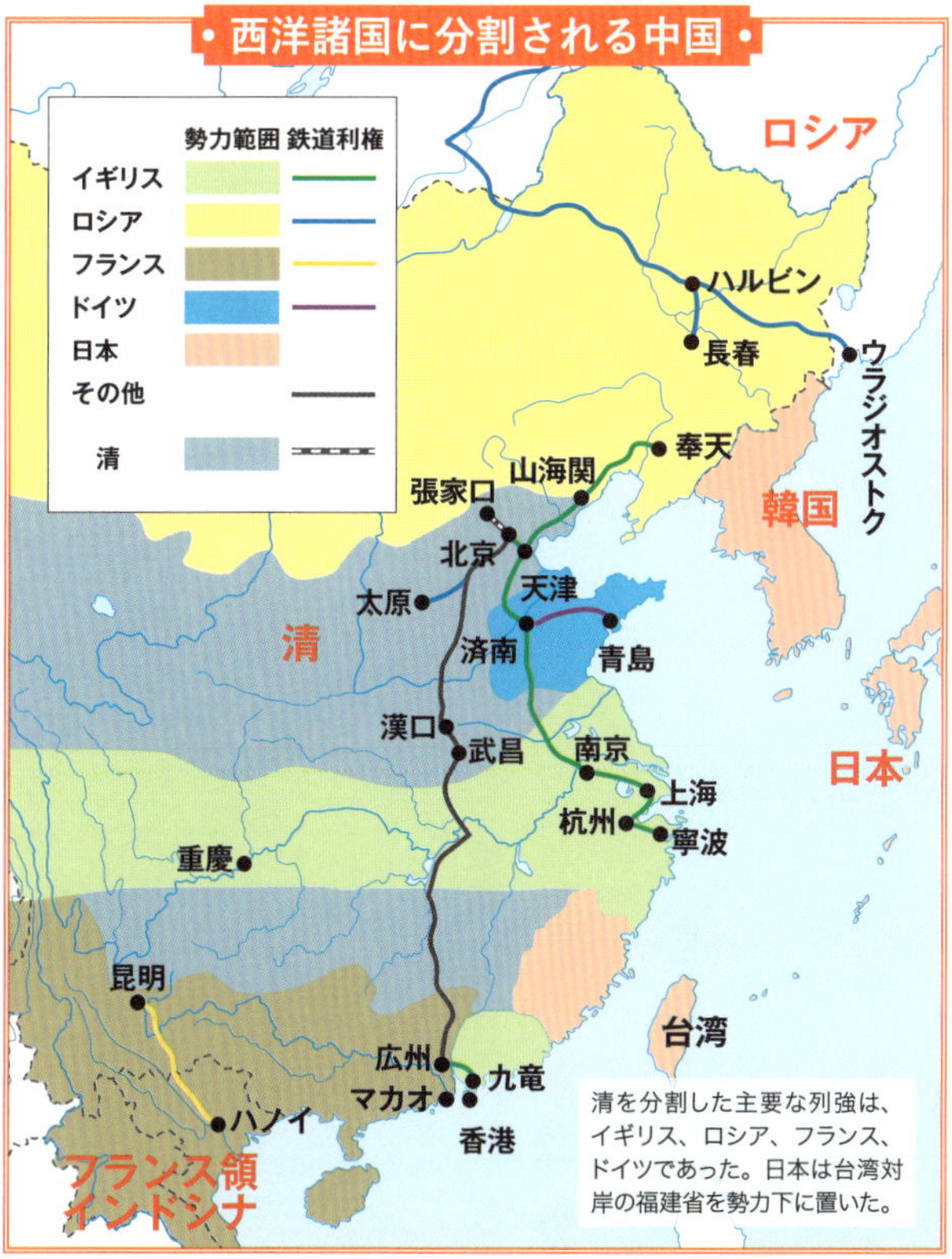

イタリア）の**連合軍**を派遣した。イギリスは**南アフリカ戦争**のため、アメリカは**フィリピン・アメリカ戦争**のため兵力を割くことができず、連合軍の主力は日本とロシアになった。連合軍が北京に入って義和団を撃破すると、西太后は西安に逃走した（**義和団事件**）。

列強諸国は清に**「北京議定書」**を結ばせ、北京への外国軍隊の**駐留権**や、莫大な**賠償金**の支払いなどを認めさせた。

これにより中国分割はさらに進み、清の衰退は決定的となった。清を見限った革命家・**孫文**は、「民族の独立、民権の伸張、民生の安定」の**「三民主義」**を掲げて清朝打倒と新国家建設を目指した。

1911年、湖北省の武昌で軍隊が反乱を起こすと、他の省の軍隊にも一気に広がり、15省が清からの独立を宣言した。翌年、**臨時大総統**に選ばれた孫文は、南京で**中華民国**の建国を宣言した（**辛亥革命**《しんがいかくめい》）。

◆北京侵攻

義和団の反乱が起こると、日本やイギリス、アメリカなど8カ国の連合軍が北京へ進撃し、占領した。義和団の兵士は数万人が戦死したといわれる。

1904年

日露戦争

朝鮮半島を狙うロシアとの戦争で国力の限界に達した日本は革命に救われる

関連ページ
戦 P230 日清戦争
戦 P238 義和団事件
経 P248 ロシア革命

不凍港の獲得を目指し極東へ進出したロシア

南下政策を推進する**ロシア**は、**ブルガリア**を支配下に置こうとしたが、**ベルリン会議**（➡P229）で挫折した。地中海進出に失敗したロシアは、極東での**不凍港**獲得を目指し、モスクワからウラジオストクまでを結ぶ**「シベリア鉄道」**の建設を開始し、**満州**（中国東北部）・**朝鮮半島**を狙って動きはじめた。

日清戦争に勝利した日本が**遼東半島**を獲得すると、ロシアはフランスとドイツを誘って**「三国干渉」**を行い、遼東半島を返還させた後、遼東半島の**旅順**・**大連**を租借地にし、支配下に置いた。また、**義和団事件**の後、連合軍が解散しても、ロシア軍は満州から撤退せず、**韓国**（大韓帝国）へ進出する機会をうかがっていた。韓国支配を目指していた日本は、ロシアとの対立を深めた。

イギリスはロシアの南下政策を警戒していたが、**南アフリカ戦争**（➡P236）で消耗していたため、日本の軍事力を利用しようとして**「日英同盟」**を結び、経済的に援助した。後ろ盾を得た日本はロシアとの戦争を決意し、**「日露戦争」**を開始した。

日本は、**奉天《ほうてん》会戦**や**日本海海戦**などで勝利したが、国力は限界に達し、

historical note

日露戦争の戦費調達のために外債募集を成功させた高橋是清

日露戦争の頃の高橋是清（1854～1936）

日露戦争のとき、高橋是清は日銀副総裁として戦費調達のため同盟国のイギリスに向かった。戦時外債を公募するためだった。しかしイギリスの投資家からは、「日本は敗北し、日本政府に支払い能力はない」と思われていた。是清は、「外債は関税収入で支払う」と約束することで外債募集を成功させた。その金額は13億円にも達した。

戦争の継続は困難な状況だった。一方のロシアでも、**第1次ロシア革命**（➡P248）が起こり、戦争どころではなくなっていた。

このため、アメリカの**セオドア・ルーズベルト大統領**の仲介によって**「ポーツマス条約」**が結ばれ、講和が成立した。この条約により、日本は**韓国の指導・監督権**や**遼東半島南部の租借権**、**樺太の南半分**などを獲得したが、**賠償金**を得ることはできなかった。

◆**日本海海戦**
1905年、東郷平八郎の率いる日本艦隊は、ロシアのバルチック艦隊を日本海で撃破した。

◆**ポーツマス会議**
日露戦争の講和会議がポーツマス(アメリカ)で開かれ、ポーツマス条約が結ばれた。日本の首席全権は小村寿太郎。

日露戦争の戦力比較

日本		ロシア
約8万4000人	戦死者	約5万人
約14万人	負傷者	約20万人
約17億円	戦費	約20億円
106隻	軍艦数	63隻（太平洋艦隊のみ）

日本は戦費の約8割を国内外からの借金で調達し、残りは増税などで補充した。戦死者数は、日清戦争の6倍に及んだ。

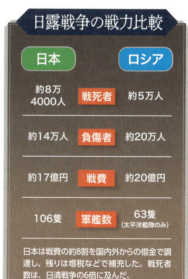

経済

1908年

T型フォード発売

第2次産業革命を成功させたアメリカで自動車が大量生産され空前の繁栄を迎える

関連ページ
経 P208 鉄道の開通
経 P234 米西戦争
戦 P246 第一次世界大戦勃発

第2次産業革命に成功したアメリカとドイツ

アメリカ合衆国は南北戦争後、勝利した北部が主張した**「保護貿易」**政策をとり、**関税率**を引き上げて国内産業を保護し、育成した。

19世紀後半になると、工業の動力源は、石炭や蒸気力から、**石油**や**電力**に変わり、**重化学工業**や**電気工業**などが発展した。この変革は**「第2次産業革命」**と呼ばれる。

こうした新しい工業には、**巨額の設備投資**が必要だったため、アメリカでは、政府と巨大資本が結びついた少数の**巨大企業**が、市場を独占するようになった。その代表が、鉄鋼業の**「USスチール」**や、石油業の**「スタンダード石油」**、電気業の**「ゼネラル・エレクトリック」**、金融業の**「モルガン」**などであった。

石油などの天然資源に恵まれたアメリカは、19世紀末には**「世界一の工業国」**に発展した。ヨーロッパでは**ドイツ**が**シーメンス**（電気業）や**クルップ**（鉄鋼・兵器業）、**バイエル**（化学業）などの巨大企業を保護・育成して重化学工業を発展させ、ヨーロッパ随一の工業国家に成長した。

巨大企業は国内市場を独占した後、工業製品の販路を海外に求めるようになった。アメリカは**太平洋**に進出

世界の工業生産高に占める各国の割合

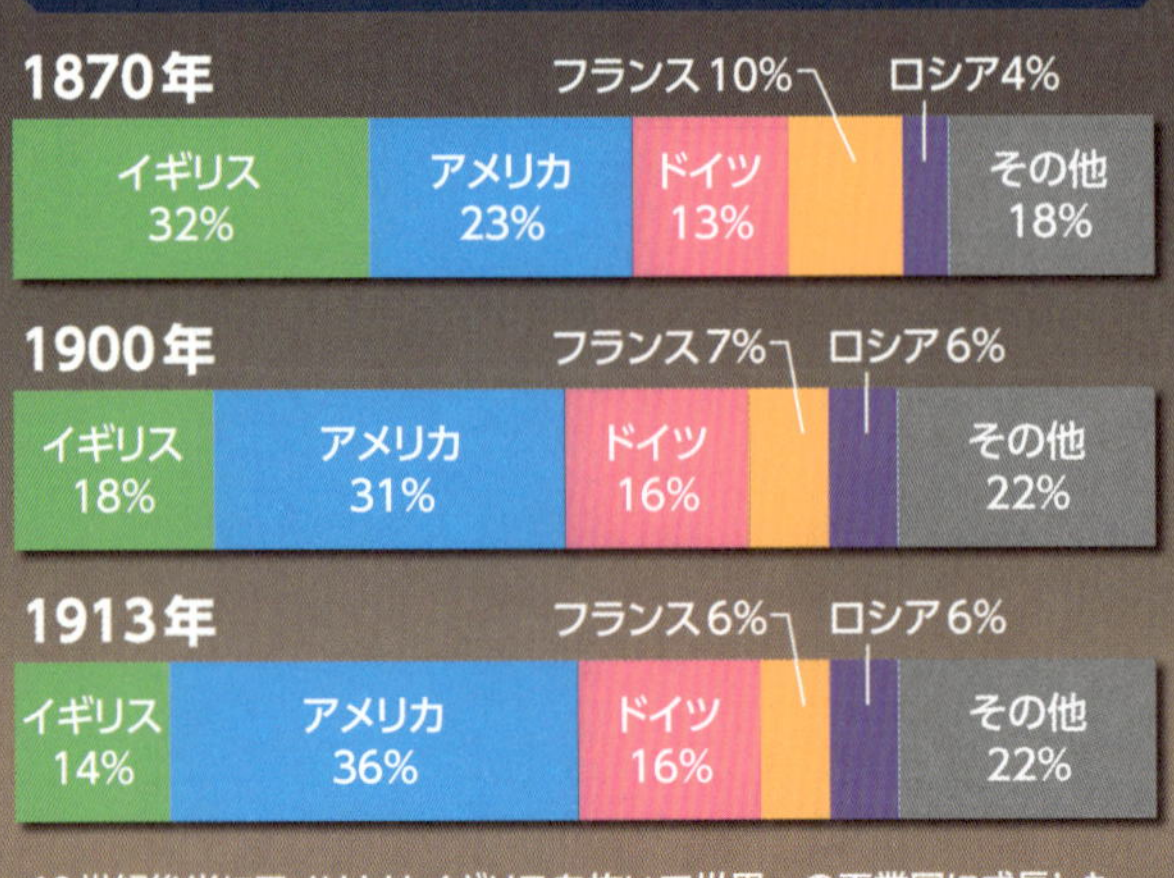

19世紀後半にアメリカはイギリスを抜いて世界一の工業国に成長した。ドイツは20世紀初頭、ヨーロッパで一番の工業国になった。

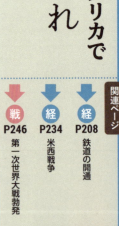

して中国市場を目指し、ドイツは、積極的に**植民地獲得**に乗り出し、**「3B政策」**（➡P232）を推進した。

これに対しイギリスは、政府と巨大資本が結合することに反対する意見が多かったため、工業設備が旧式化し、設備投資も進まず、工業国家としての地位をアメリカやドイツに奪われることになった。また、急速な工業化によって仕事を奪われたヨーロッパの人々は**移民**となり、豊かなアメリカを目指した。

大量生産・大量消費の時代がはじまる

アメリカのデトロイトに設立された自動車会社フォードは、1908年、大衆車**「フォードT型車」**を発売した。T型車は生産工程を細分化し、**ベルトコンベア**による流れ作業によって大量生産された。それまで高額だった自動車の価格は10分の1程度にまで下がり、発売以降約20年間で、1500万台が販売された。冷蔵庫などの家電製品も普及したアメリカでは、**「大量生産」「大量消費」**の時代がはじまった。

第一次世界大戦（➡P246）に最後の段階で参戦したアメリカは、ヨーロッパに**軍事物資**や**農産物**を輸出して巨額の利益を得た。1920年代、アメリカは空前の繁栄を迎えることになった。

第2次産業革命の影響

19世紀後半、**石油**や**電力**を動力源にする**重化学工業**や**電気工業**が発達する

↓

巨額な**設備投資**が必要なため、政府と巨大資本が結びついて**巨大企業**が誕生する

↓

巨大企業が**国内市場**を独占する

↓

海外に販路を求めて、**植民地獲得**に乗り出す

◆フォード（1863～1947）
自動車製造会社フォード社の設立者。開発したT型車を大量生産し、1924年には市場占有率が50%に達した。

◆自動車であふれるニューヨーク
1900年には馬車が行き交ったニューヨーク5番街は、1913年にはT型車であふれた。

経済

1913年

FRBの設立

アメリカ・ドルは民間銀行が政府国債を買い取って発行した「連邦準備券」

関連ページ
- 戦 P224 南北戦争
- 経 P242 T型フォード発売
- 経 P260 世界恐慌

民間の連邦準備銀行がアメリカ・ドルを発行

アメリカ合衆国が独立を果たした後、13州でばらばらに発行されていた**通貨を統一**するため、連邦政府やニューヨーク・イギリスの金融資本などの出資で**「合衆国銀行」**が設立。

しかし、北部を敵視する南部の反対により、合衆国銀行は廃止され、その後、各州が認めた銀行ごとに**紙幣**の発行が認められることになった。このため、南北戦争の頃には、推定７０００種の銀行券（紙幣）が流通していたといわれる。

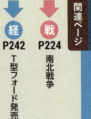

その後、北部と南部の対立が激しくなり、**南北戦争**が起こると、**リンカーン**大統領は、**ナショナル・バンク（国法銀行）**に国債を引き受けさせる代わりに、**政府紙幣**の発行権を与えた。このとき発行された政府紙幣は、裏面が緑色のインクで印刷されていたため**「グリーンバック」**と呼ばれた。戦費調達のため、グリーンバックは増刷されたが、**不換紙幣**（金や銀と交換できない紙幣）だったため、インフレが進行し、物価は急上昇したため、後に回収された。

南北戦争後、西海岸まで領土が広がった**アメリカ**では、１８６９年に最初の**大陸横断鉄道**が建設され、その後、次々と鉄道が敷設されていった。鉄道建設の資金を提供したのが、**ロスチャイルド**（→Ｐ２０４）一族のアメリカ代理人**ジョン・ピアポント・モルガン**だった。モルガンは鉄鋼会社**「USスチール」**や電気会社**「ゼネラル・エレクトリック」**を設立し、「世界一の工業国」に成長したアメリカで最大の財閥となった。

当時のアメリカの銀行は、基本的には自由で、**金融システム**を管理する**中央銀行**は存在しなかった。銀行の数は増え続け、リスクの高い投資に手を出す銀行も多かった。このため１９０７年、銀行への取り付け騒ぎを発端に金融不安が広がり、株価は前年の最高値の半分にまで下落し

◆FRB（1917年）
設立されて間もない頃のFRBの理事たち。

た。この**金融危機**を莫大な資金力で収束させたのがモルガンだった。

恐慌の再発を防ぐため、モルガンやロックフェラーなどの金融資本家やニューヨークの大銀行などが協議し、1913年、**「FRB（連邦準備制度理事会）」**と、全米12カ所に置かれた**「連邦準備銀行」**で構成された**「FRS（連邦準備制度）」**が成立。

これはアメリカ版の中央銀行といえるものだが、最大の特徴は、連邦準備銀行は**銀行券（紙幣）**を発行できず、政府国債を利子付きで引き受ける代わりに**「連邦準備券（アメリカ・ドル）」**を発行するというもの。連邦準備券は銀行券ではないので、金との兌換《だかん》（交換）はできなかった。

連邦準備銀行の出資者の大半は、**ロスチャイルド系投資銀行**で占められ、アメリカ政府は出資できず、このため発言権をもてなかった。アメリカ・ドルは、金融資本が出資する民間銀行によって発行され、現在に至っているのである。

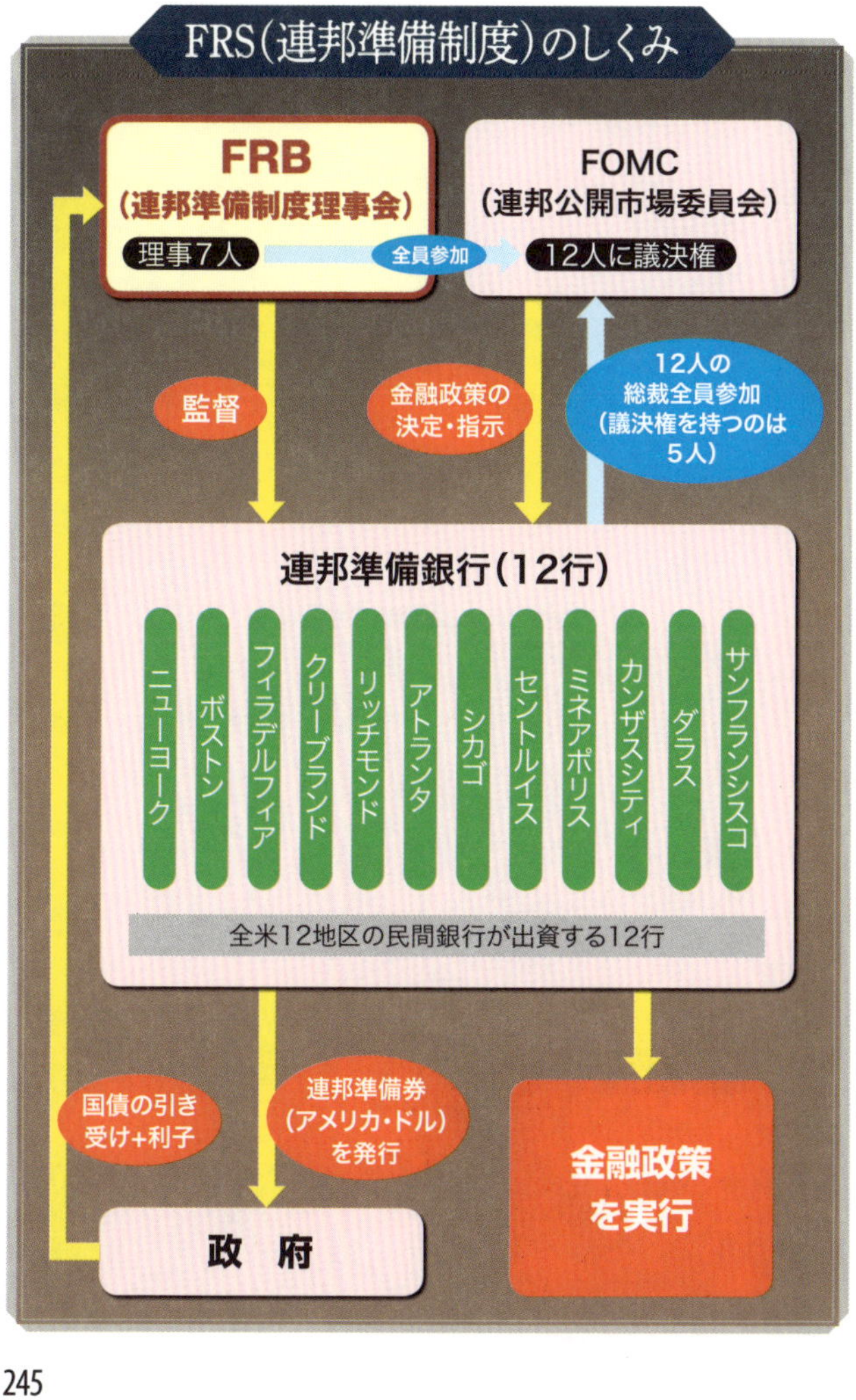

FRBの7人の理事は大統領が任命する。理事の任期は14年で、理事の中から議長が選ばれる。

1914年

第一次世界大戦勃発

サラエボ事件をきっかけに「ヨーロッパの火薬庫」で未曾有の大戦がはじまる

関連ページ
経 P232 ドイツの「世界政策」
戦 P250 第一次世界大戦終結
経 P252 ドイツのインフレ

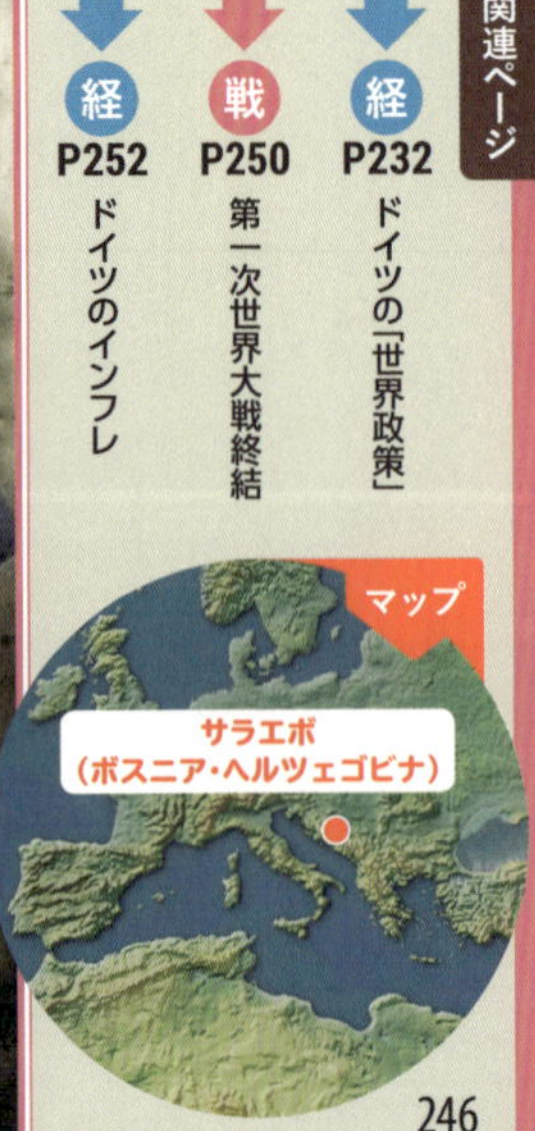

一発の銃弾で発火した「ヨーロッパの火薬庫」

敵対国**フランス**の孤立化を目指す**ドイツ**の**ビスマルク**は、1882年、**オーストリア・ハンガリー帝国**、**イタリア**と軍事同盟**「三国同盟」**を結んだ。ビスマルクの引退後、ドイツは植民地獲得を目指し、**「3B政策」**を推進し、**「3C政策」**を進める**イギリス**や**南下政策**を図る**ロシア**と対立した。イギリス、ロシア、フランスは**「三国協商」**を結んで、三国同盟に対抗した。

19世紀後半、オスマン帝国領の**バルカン半島**では、**スラブ民族**が独立を目指して活動をはじめた。同じスラブ民族による国家の**ロシア**は、バルカン半島への進出を狙って独立運動を支援した。さらに、オスマン帝国との戦争に勝利して地中海に面する**ブルガリア**を獲得したが、ドイツの圧力で返還させられた。

バルカン半島には、**セルビア**や**ルーマニア**などの小国が混在し、小国内でも民族対立が起きるなど、いつ紛争に発展してもおかしくない状況であったが、オーストリアは、1908年、バルカン半島北部の**ボスニア・ヘルツェゴビナ**を強引に併合した。この地域に多く住むスラブ民族は併合に強く反発した。

◆暗殺直前のフェルディナント夫妻
サラエボ市庁舎を出て車に乗り込んだフェルディナント夫妻。この直後、暗殺事件が起きた。

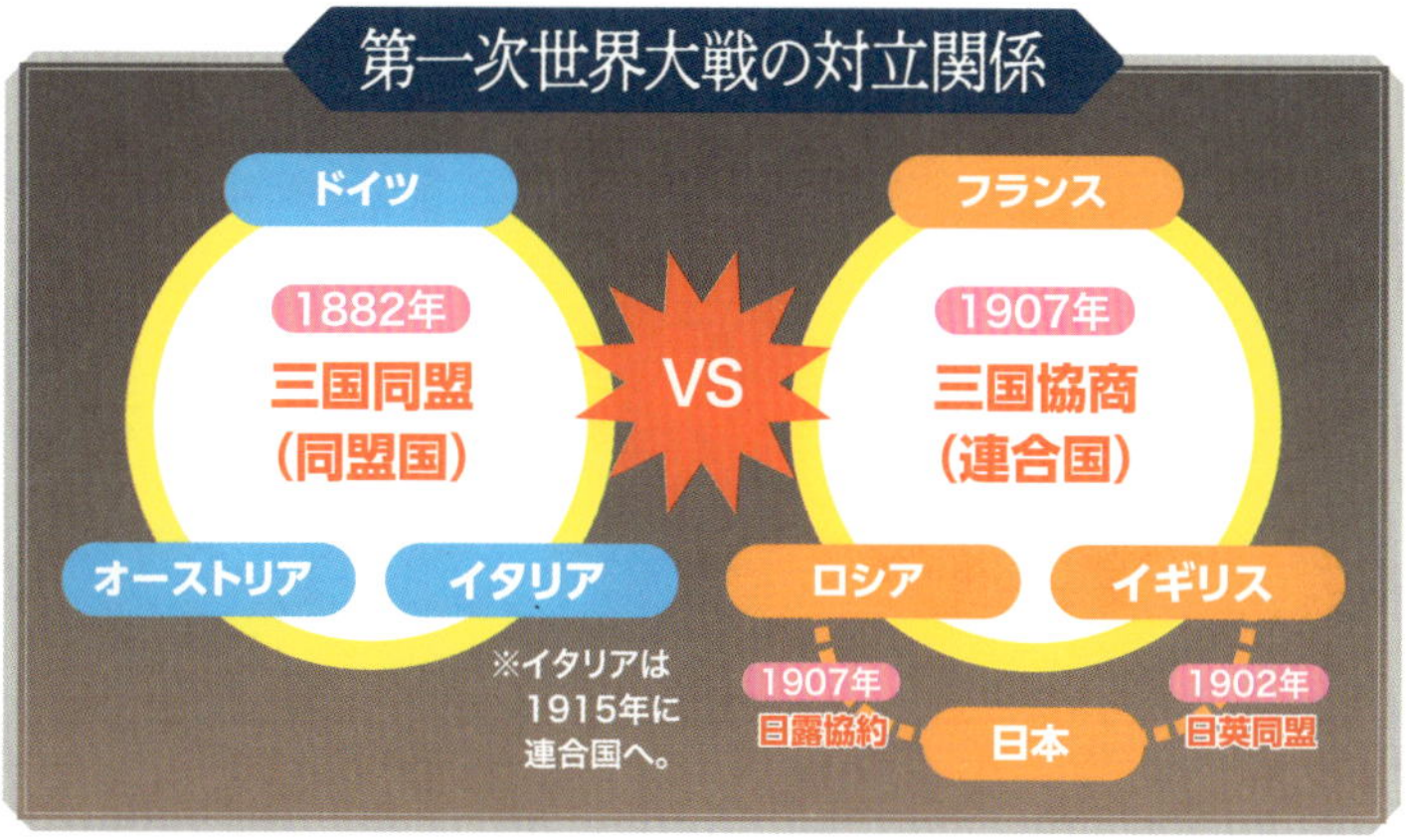

これに対抗して、**セルビア**や**ブルガリア**などのスラブ系諸国家は、ロシアの支援を得て**「バルカン同盟」**を組み、オスマン帝国に戦いをしかけて勝利した。この後、ブルガリアは領土配分をめぐって同盟諸国と対立し、戦争に発展したが敗れた。このためブルガリアは、ドイツ・オーストリアに接近した。複雑な対立関係が生じたバルカン半島は、**「ヨーロッパの火薬庫」**と呼ばれた。

こうした一触即発の状況のなか、1914年6月、オーストリアの皇太子**フランツ・フェルディナント**が、ボスニアの首都**サラエボ**で、スラブ民族のセルビア人に暗殺された（**サラエボ事件**）。翌月、オーストリアがセルビアに宣戦布告すると、ロシアはセルビアを支援してオーストリアに宣戦布告した。

その後、ドイツが**同盟国**側、イギリス・フランスが**連合国**側で参戦し、また他のヨーロッパ諸国やオスマン帝国、日本なども巻き込んで**「第一次世界大戦」**が開戦した。

◆女性に出征を告げる兵士

1914年7月末にはじまった大戦は、年内に終結すると思われたが、4年3ヶ月続き、兵士は次々と招集された。

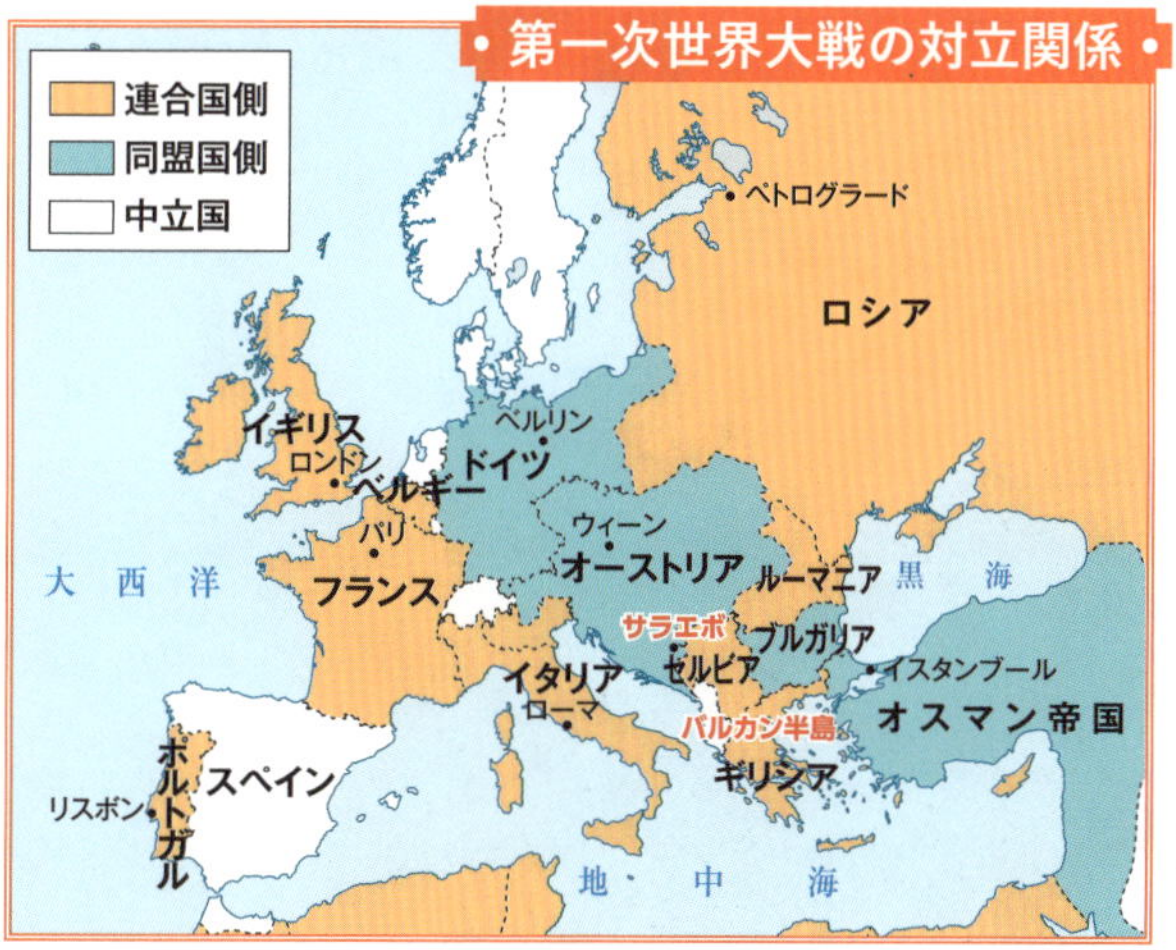

バルカン半島の諸国家は、ほとんどが連合国側についた。イタリアは参戦せず、秘密裏に連合国へ移った。

経済

1917年

ロシア革命

二度のロシア革命によって世界初の社会主義国「ソビエト政権」が誕生

レーニンは戦争継続に反対して革命を起こす

19世紀末、**ロシア**では工業化が進んだが労働者は酷使され、農村では農民たちが地主から厳しく搾取されていた。これに抗議する運動が各地で起こり、1898年、**マルクス主義**を掲げる**「ロシア社会民主労働党」**が結成された。こうした状況のなか、**日露戦争**が起こり、戦況の悪化とともに国内物資が不足した。

1905年、困窮した民衆が皇帝**ニコライ2世**に救済を求めてデモを行うと、皇帝の警備隊はデモ隊に発砲し、1000人以上の死者が出た**（血の日曜日事件）**。この事件で皇帝への信頼が大きく揺らぐと、労働者や農民たちは各地で自治組織**「ソビエト（評議会）」**を結成し、反乱を起こした。ニコライ2世は、**国会**の開設などを約束して革命勢力を抑えた**（第1次ロシア革命）**。

第一次世界大戦がはじまると、ロシア軍はドイツ軍に敗北を重ね、国内物資が不足した。戦争を継続する皇帝に対して国民の不満は爆発し、1917年、首都の**ペトログラード**（ペテルブルク）で、食料配給と平和を求める大規模なデモが起きた。

これをきっかけに反乱が広がり、軍隊もソビエトに加わって蜂起した

◆演説するレーニン

レーニンは第一次世界大戦への参戦を中止し、食糧不足を解決するべきと主張。臨時政府打倒を訴え、十月革命を成功へと導いた。

関連ページ

経 P218 『共産党宣言』の出版

戦 P250 第一次世界大戦終結

戦 P270 独ソ戦

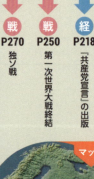

ため、ニコライ2世は退位し、ロマノフ朝は消滅。**臨時政府**が成立した**（二月革命）**。

ところが臨時政府が戦争継続を決定したため、革命家**レーニン**は、「即時停戦」「ソビエトへの権力集中」を主張し、臨時政府との対決姿勢を強めると、急進的な**ボリシェビキ**（ロシア社会民主労働党が分裂したときの多数派）を率いて、臨時政府を倒した。

新政権を成立させたレーニンは、すべての交戦国に対して講和を呼びかけ、またロシアで土地を公有化することを宣言した。こうして、労働者階級が権力を握る「**社会主義政権**」が世界ではじめて誕生した**（十月革命）**。ソビエトを最高機関とする政権を樹立したレーニンは、ボリシェビキ以外の党派を追放し、**一党独裁体制**を築いた。

また、ドイツやオーストリアと講和条約を結び、第一次世界大戦から離脱。ボリシェビキを**「ロシア共産党」**と改称し、首都を**モスクワ**に移した。

ロシア革命に脅威を感じた連合国は、大戦の最中であったが、シベリアなどに出兵し、**「対ソ干渉戦争」**を開始した。ソビエト政権は、苦難の末にこれを乗り切り、1922年、**「ソビエト社会主義共和国連邦（ソ連）」**を成立させた。

ロシア革命の流れ

1905年　第1次ロシア革命
血の日曜日事件をきっかけに、各地のソビエト（評議会）が反乱を起こし、ニコライ2世は国会開設を約束

↓

1917年　二月革命
第一次世界大戦の継続に反対する民衆や軍隊がソビエトに加わって反乱を起こし、皇帝が退位し、臨時政府が成立

↓

1917年　十月革命
臨時政府が戦争を継続したため、レーニンがボリシェビキを率いて臨時政府を倒し、ソビエト政権を樹立

↓

1918年　対ソ干渉戦争
革命を潰そうとする連合国に攻撃を受けるが、苦難の末に乗り切る

↓

1922年　ソビエト社会主義共和国連邦成立

historical note

「あまりにも粗暴」と評されたスターリンが権力闘争に勝利する

レーニンはスターリンの凶暴な性格を見抜いており、遺言書に「スターリンはあまりにも粗暴。書記長の職務にあっては我慢できないものになる」と記した。しかしスターリンはこの遺書を握りつぶし、政敵トロツキーとの権力争いに勝利。反対派を次々と粛清する恐怖政治を開始した。

スターリン
(1879〜1953)

戦争

1918年

第一次世界大戦終結

戦争が予想外に長期化して「総力戦」に力尽きたドイツが敗北する

債券を回収するためアメリカが参戦する

第一次世界大戦の戦闘は、1914年8月に、**ドイツ軍**のベルギー侵攻によってはじまった。この大戦における主要な戦場は、ドイツ・フランスの国境の戦線**「西部戦線」**と、ドイツ・ロシアの国境の戦線**「東部戦線」**であった。

ドイツ軍は短期間でパリを陥落させるつもりだったが、**「マルヌの戦い」**でフランス軍に食い止められた。こうして両軍は国境線に沿って**塹壕**を掘り、身を隠しながら機関銃などで戦うことになった。西部戦線が膠着化・長期化すると、塹壕を突破するため、**戦車**や**毒ガス**、**航空機**などの新兵器が登場し、これまでの戦争とは比較にならないほど戦死者が増加していった。

東部戦線では、緒戦の**「タンネンベルクの戦い」**でドイツ軍がロシア軍を撃破し、ロシア領内に侵攻したが、冬の厳しい寒さによりドイツ軍の進軍は止まり、膠着状態に入った。このため、第一次世界大戦は、国力のすべてを使い切る**「総力戦」**となっていった。

モンロー主義（→P220）によって、中立の姿勢を貫いていた**アメリカ**は、勝利すると予想した連合国

◆イギリス軍の戦車
第一次世界大戦で登場した新兵器「戦車」は塹壕を突破するために開発された。

関連ページ
経 P232 ドイツの「世界政策」
戦 P246 第一次世界大戦勃発
経 P252 ドイツのインフレ

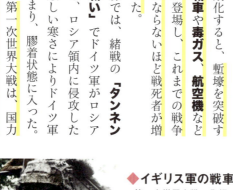

◆塹壕戦（再現）
機関銃の発達により、兵士たちは塹壕に身を隠しながら戦った。塹壕を攻撃するために毒ガスが使われ、兵士はガスマスクをして身を守った。

側に大量の武器や食料を**輸出**することで莫大な利益を得て、巨額の**戦費**をイギリスやフランスなどに貸し付けていた。ところが1917年、**ロシア革命**（→P248）が勃発し、ロシアが戦線を離脱すると、連合国側が敗北して債務の回収が困難になることを恐れたアメリカは参戦を決意し、大量の兵士を西部戦線に派遣した。これによって連合国側の勝利は決定的になった。

1918年、ブルガリア・オスマン帝国が降伏し、オーストリアも休戦協定を結ぶと、ドイツ国内では**革命**が起こって皇帝が亡命し、共和国が成立した（**ドイツ革命**）。共和国政府は連合国と休戦協定を結び、4年3カ月続いた第一次世界大戦は終結したが、ヨーロッパは瓦礫の山と化した。

◆アメリカ軍の入隊募集ポスター
中立を保っていたアメリカは、1917年からドイツに宣戦布告し、兵士を募集した。これ以降、連合国は有利になった。

◆兵器工場で働く女性たち
「総力戦」となった第一次世界大戦では女性や子どもまで動員された。

戦死者数の比較

クリミア戦争（1853～56）	約49万人
南北戦争（1861～65）	約62万人
普仏戦争（1870～71）	約29万人
日清戦争（1894～95）	約5万人
第一次世界大戦（1914～18）	約802万人

第一次世界大戦の戦死者数は、19世紀の戦争と比較して桁違いに多く、民間人の死者も約664万人に及んだ。

経済

1923年

ドイツのインフレ

賠償金で経済が破綻したドイツはハイパーインフレで紙幣は紙屑になる

賠償金問題の解決策をアメリカが提案する

1919年1月、**第一次世界大戦**の戦後処理のために**「パリ講和会議」**が開かれた。ドイツは講和条約**「ベルサイユ条約」**によって、すべての**植民地**を失い、アルザス・ロレーヌ地方など**領土**の約13%を失い、徴兵制の廃止など**軍備**を制限され、1320億マルクという巨額の**賠償金**の支払いが課せられた。これは、当時のドイツ国家予算20年分（GDPの2・5倍）という天文学的な金額で、この賠償金を完済したのは、2010年のことであった。

敗戦国ドイツは革命によって、**「ワイマール共和国」**が成立したが、国土は荒廃、賠償金の支払いが滞った。それを口実に**フランス**はベルギーを誘って、1923年、ドイツ最大の工業地帯**「ルール地方」**を軍事占領した。これに対し、ドイツ政府は労働者にストライキを呼びかけて工場や鉱山を停止させたが、労働者に賃金を払うため**紙幣**を増刷した。

これによりインフレが発生し、わずか半年でマルクの価値は1兆分の1にまで低下した。3年間で物価が2倍を超えて上昇することを**「ハイパーインフレーション」**というが、ドイツはハイパーインフレに陥り、

◆レンテンマルク

1923年、銀行家シャハトが、国有財産を担保にして発行した臨時通貨。

◆シャハト（1877〜1970）

1923年、通貨委員としてレンテンマルクを発行し、インフレを収束させた。その後、ナチスに協力したが、ヒトラーの軍備拡張に反対して辞任した。

関連ページ
経 P196 アッシニアの暴落
経 P260 世界恐慌
経 P266 フォルクスワーゲンの設立

マップ

紙幣は紙屑同然となった。

ドイツ政府から事態の収束を命じられた銀行家**シャハト**は、国有地などの国有財産を担保にして、臨時通貨**「レンテンマルク」**を発行した。そして1兆マルクを1レンテンマルクのレートで交換して回収し、焼却処分にした。これにより、奇跡的にハイパーインフレは収束した。翌年、レンテンマルクは、金本位制による**「ライヒスマルク」**に1対1のレートで置き換えられていった。

アメリカは第一次世界大戦前、累積の債務が37億ドルに達していたが、大戦中に軍事物資を輸出したり、戦費を貸し付けたりして巨額の利益を上げた。戦後、132億ドルの債券を保有する**「世界最大の債権国」**になったアメリカは、ヨーロッパの賠償金問題を解決するため、**「ドーズ案」**を提案。これは、ドイツの賠償金の支払いを緩和し、アメリカがドイツに資金を貸与して経済を回復させ、それによって賠償金の支払いを可能にするというものだった。

ドイツがドーズ案を受け入れると、フランスはルール地方から撤退した。アメリカの資金により、ヨーロッパは安定を取り戻したが、**世界恐慌**によって、一気に崩壊した。

◆札束で遊ぶ子どもたち

ハイパーインフレによって、マルクの価値は大戦中の1兆分の1にまで下落し、紙幣は紙屑同然になった。

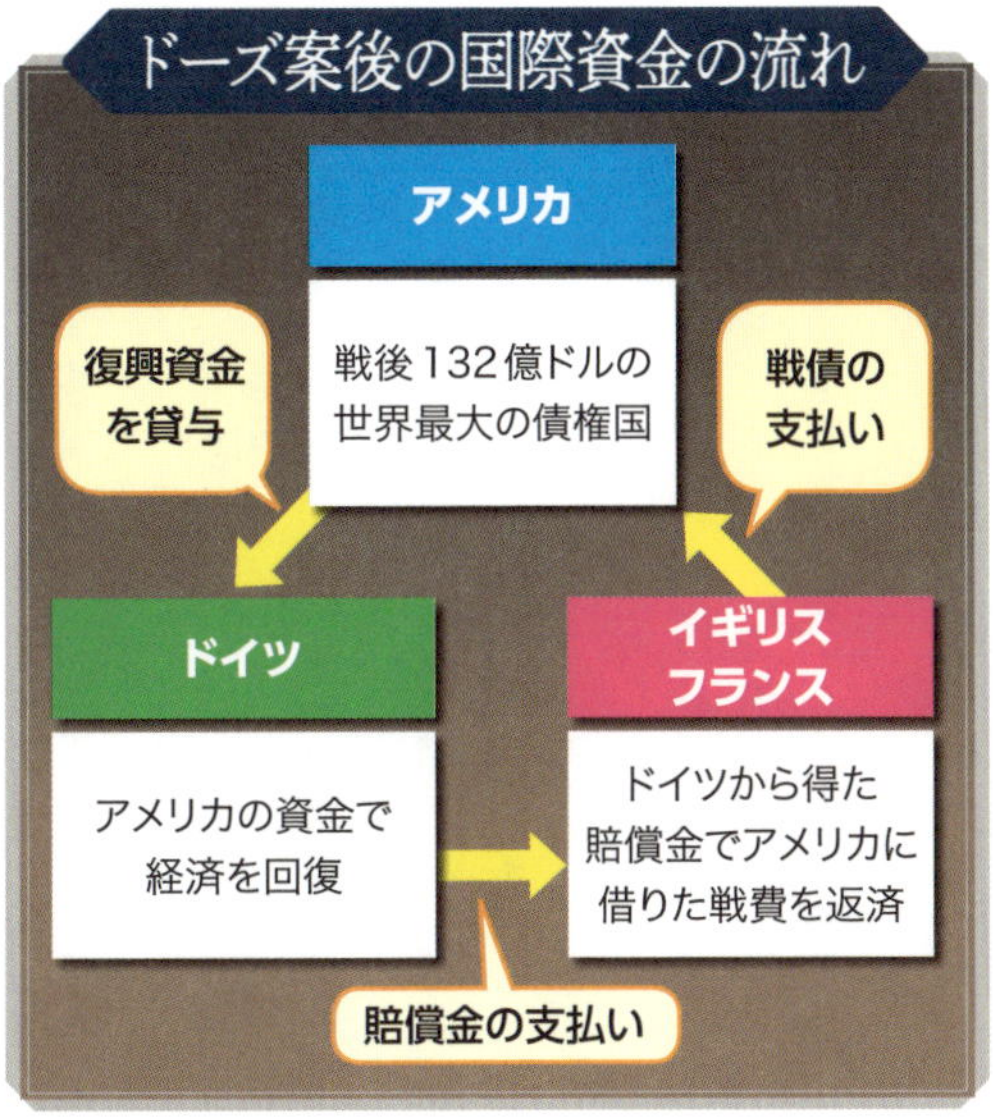

1923年

パレスチナの委任統治

イギリスの三枚舌外交が起こした パレスチナ問題は 中東戦争へと発展する

アラブ人とユダヤ人がパレスチナで主権を争う

ユダヤ人にとって、地中海東岸の**パレスチナ地方**は、唯一神ヤハウェから与えられた**「約束の地」**であったが、135年、ローマ帝国に滅ぼされ、ユダヤ人は世界中に離散した。

19世紀、ヨーロッパで諸民族の独立運動が盛んになると、ユダヤ人たちは、パレスチナに**ユダヤ人国家**を建設することを目指す運動**「シオニズム」**を開始し、ユダヤ系財閥**ロスチャイルド家**による資金援助のもと、パレスチナへの集団移住が行われた。

しかし当時、パレスチナは**オスマン帝国**の支配下にあった。

第一次世界大戦がはじまると、イギリスはオスマン帝国を倒すため、1915年、独立を目指していたアラブ人に対し、オスマン帝国への反乱を呼びかけ、戦後にアラブ人の独立を約束した**（フセイン・マクマホン協定）**。翌年、アラブ民族は約束どおり、**「アラブ反乱」**を起こした。

しかし、同年、イギリスはフランス・ロシアと協議し、大戦後にオスマン帝国領を3国で分割し、パレスチナを国際管理地域とする**「サイクス・ピコ協定」**を結んだ。翌年、イギリス外相バルフォアは、ロスチャイルド家から資金援助を受けるため、

関連ページ
経 P46 ユダヤ人の離散
戦 P246 第一次世界大戦勃発
経 P294 プラザ合意

historical note

アラブ反乱を支援した「アラビアのロレンス」

イギリス人将校トーマス・エドワード・ロレンスは、第一次世界大戦で、オスマン帝国に対する「アラブ反乱」を支援するように密命を受けた。イギリスが「アラブ独立」の約束を守る意思がないこと知りながら、ロレンスはオスマン軍の拠点都市アカバを奇襲で陥落させるなど活躍を続けた。ロレンスの生涯は、映画『アラビアのロレンス』に描かれている。

アラブの衣装を着たロレンス。

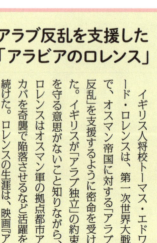

大戦後のパレスチナにユダヤ人国家を建設することを**「バルフォア宣言」**で認めた。これらの協定や宣言は、どれも矛盾しており、結局イギリスはアラブ人やユダヤ人との約束を守らなかった。この外交政策は、**「三枚舌外交」**と呼ばれる。

1923年、パレスチナは正式にイギリスの**委任統治領**となり、ユダヤ人は続々と入植するようになったが、すでに居住していたアラブ人**（パレスチナ人）**はユダヤ人とイギリスへの反感を強め、武力衝突が起きた。緊張が高まる中、ドイツの**ヒトラー**によるユダヤ人迫害がはじまると、ユダヤ人入植者は急増し、第二次世界大戦後も入植者は増加した。ユダヤ人とアラブ人の対立は悪化の一途をたどったが、イギリスは混乱の収拾を放棄し、パレスチナ統治を**国際連合**に丸投げした。

1947年、国連はパレスチナをユダヤ人とアラブ人の居住区に従って分割し、**エルサレム**を国際管理下に置く案を決議した。翌年、ユダヤ人は**「イスラエル」**を建国したが、分割案はユダヤ人に有利だったため、アラブ人や周辺のアラブ諸国は強く反発し、イスラエルとアラブ諸国の間で**「第1次中東戦争」**が起きた。アメリカの支援を受けたイスラエルが勝利し、国連の分割案よりも広い地域を占領したまま独立を確保したが、故郷を追われたアラブ人は大量の難民となった**（パレスチナ難民）**。

その後もイスラエルとアラブの対立は続き、**「第4次中東戦争」**まで起きた。またイスラエルでは、今もなお、ユダヤ人とパレスチナ人の抗争が続いている**（パレスチナ問題）**。

イギリスの三枚舌外交

フセイン・マクマホン協定

アラブ人に対し、オスマン帝国に反乱を起こせば独立を支援すると約束する

サイクス・ピコ協定

フランス・ロシアと、オスマン帝国領を分割し、パレスチナを国際管理地域とする秘密協定を結ぶ

バルフォア宣言

ユダヤ人国家の建設を約束する

↓

大戦後、アラブ人、ユダヤ人との約束を反故にする

国連のパレスチナ分割案

アラブ人はユダヤ人の2倍以上いたが、面積の50%以上がユダヤ人居住地とされた。

5章 現代

Contemporary period

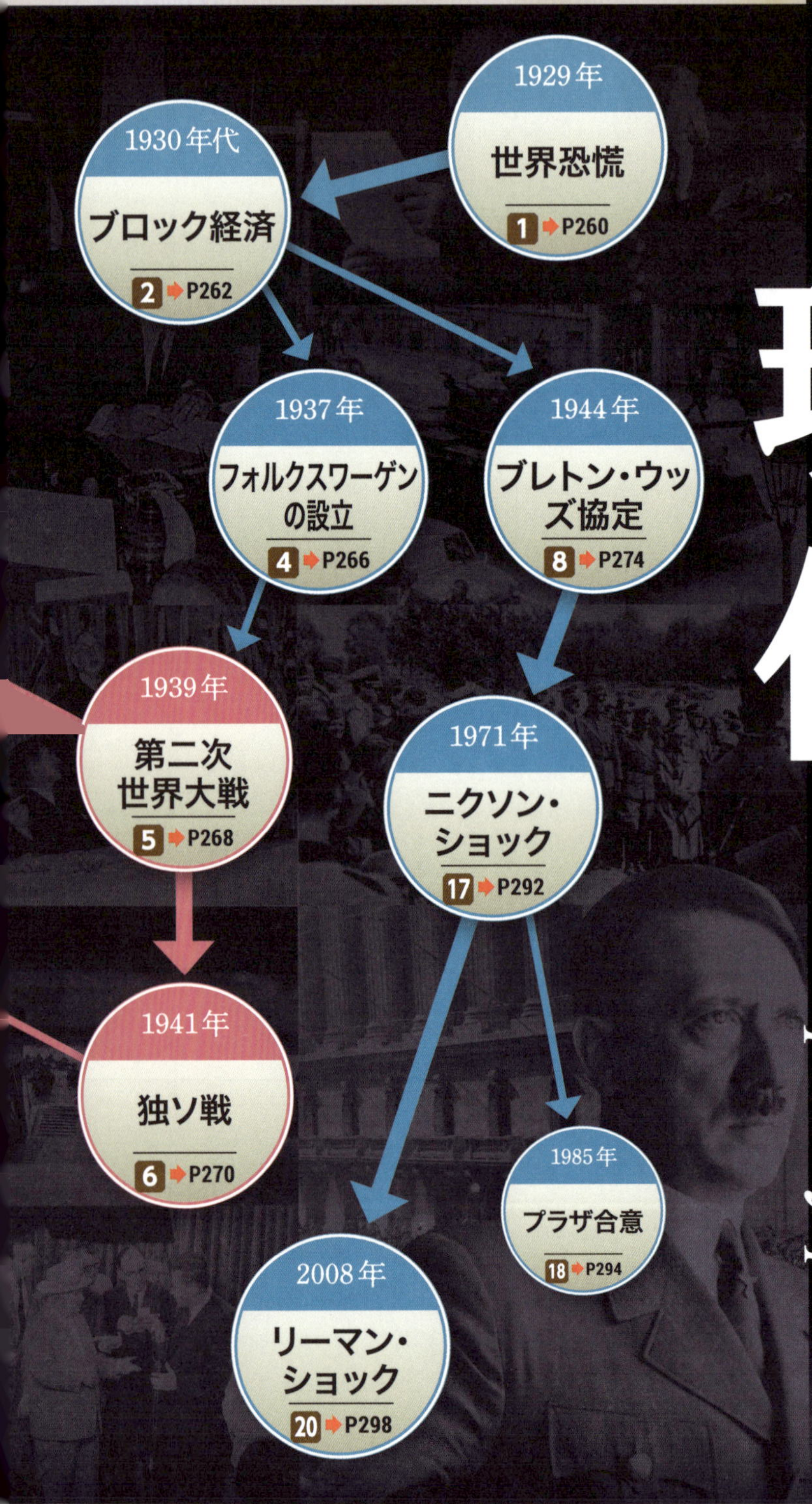

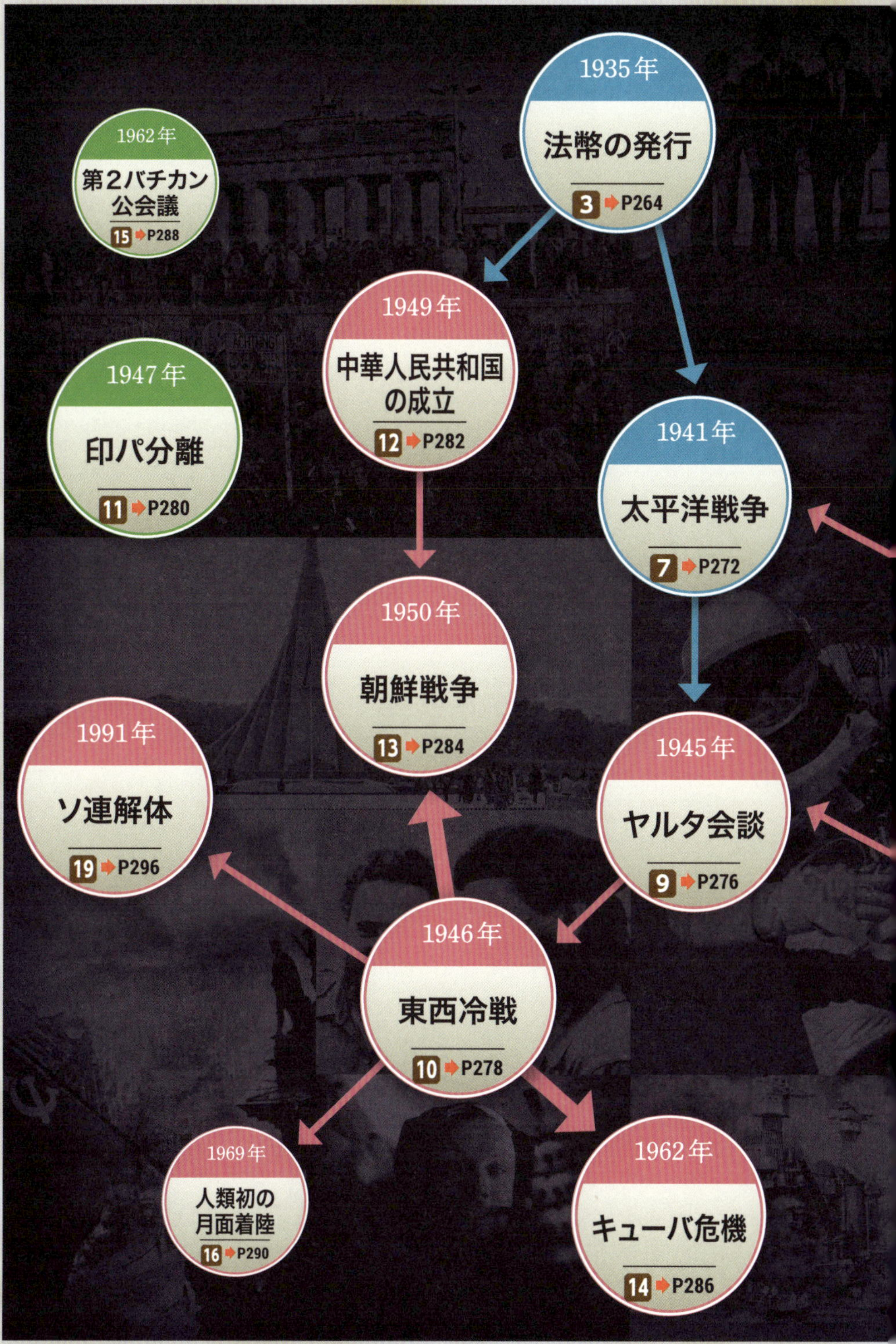
1935年
法幣の発行
3 P264
1962年
第2バチカン公会議
15 P288
1949年
中華人民共和国の成立
12 P282
1947年
印パ分離
11 P280
1941年
太平洋戦争
7 P272
1950年
朝鮮戦争
13 P284
1991年
ソ連解体
19 P296
1945年
ヤルタ会談
9 P276
1946年
東西冷戦
10 P278
1969年
人類初の月面着陸
16 P290
1962年
キューバ危機
14 P286

現代のさくいんMAP

※この勢力図は20世紀前半のもの。

20世紀前半、ヨーロッパ諸国や日本などが「帝国主義」による勢力拡張を続け、また世界恐慌などの経済問題が絡み合い、二度の世界大戦が巻き起こった。大戦後には、アメリカとソ連の二大勢力による冷戦の時代となり、朝鮮戦争やキューバ危機などが引き起こされたが、20世紀末にソ連は解体された。

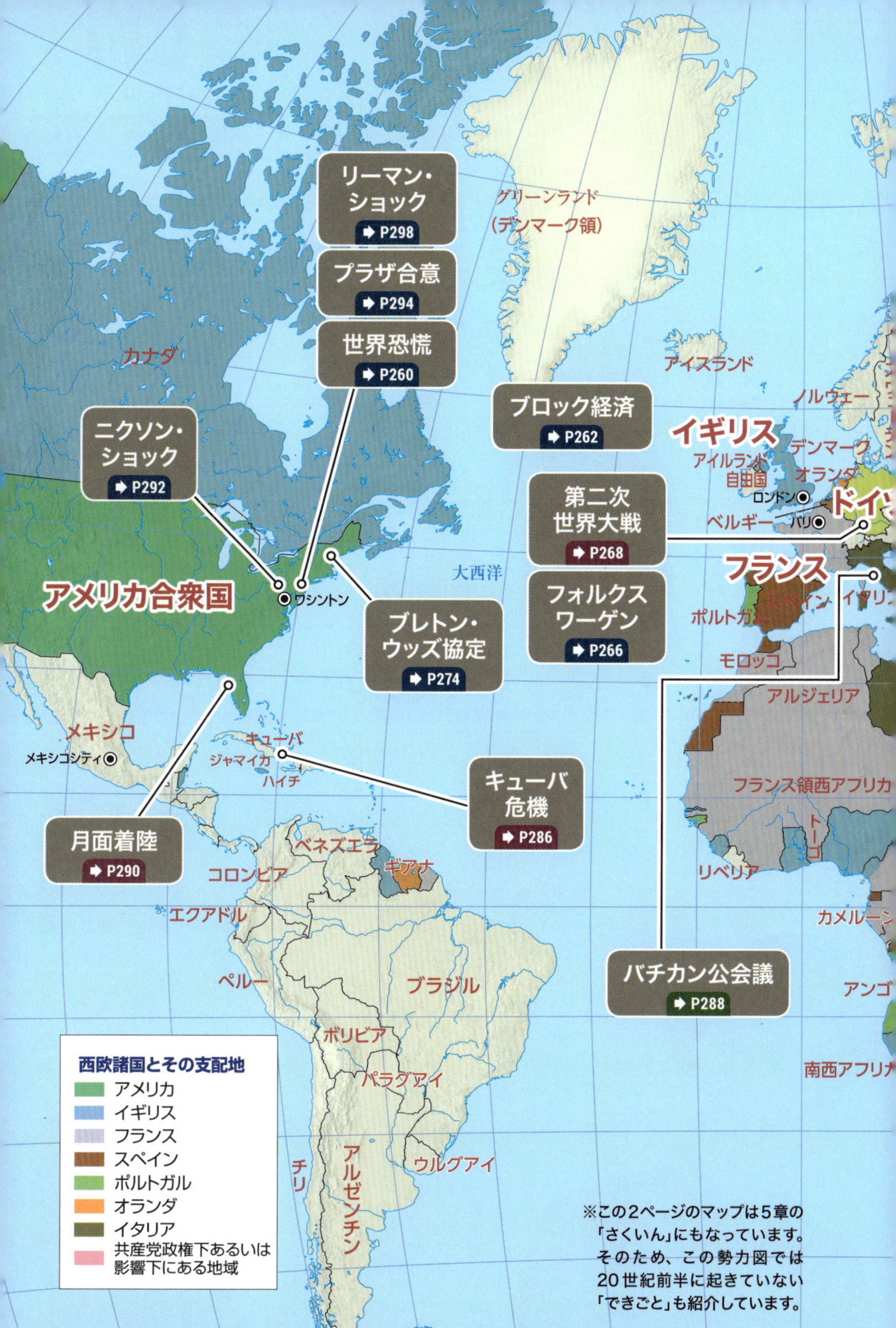

※この2ページのマップは5章の「さくいん」にもなっています。そのため、この勢力図では20世紀前半に起きていない「できごと」も紹介しています。

1929年

世界恐慌

アメリカの株価大暴落をきっかけに 世界恐慌が起こり各国は経済危機に陥る

好景気に沸くアメリカが世界を不況に陥れる

第一次世界大戦後、**世界最大の債権国**となった**アメリカ**は、イギリスやフランスから**戦債**を回収し、**大量生産**による自動車や家電製品などをヨーロッパに輸出した。こうして1920年代、アメリカは空前の好景気を迎えた。**株式市場**では**投機**ブームが過熱し、1924年から5年間で、ニューヨーク・ダウ平均株価は5倍に上昇。1929年9月に、最高値の381ドルを記録した。

しかし過剰な投機によって、国民の需要を上回る製品が製造され、在庫は積み上がっていた。ヨーロッパも第一次世界大戦の痛手から復興し、アメリカからの輸入も減少した。

また、好景気のアメリカには世界から大量の金が集まり、世界の金の約45%を保有していた。当時は世界的に**金本位制**が確立しており、金の保有量が増えれば、貨幣の発行量を増やすことがルールだったが、インフレを恐れるアメリカは貨幣の発行量を抑えた。このため、アメリカ以外では金が不足し、貨幣の流通量が減って経済が停滞。アメリカからの輸入量が減る結果となった。

こうした要因が重なって、1929年10月24日、ニューヨークのウォー

関連ページ
経 P252 ドイツのインフレ
経 P262 ブロック経済
戦 P268 第二次世界大戦

historical note

靴磨きの少年の話から株価大暴落を予期したケネディ

実業家であったジョセフ・P・ケネディ（35代大統領ジョン・F・ケネディの父）は、1928年の冬、靴磨きの少年から、株の購入をすすめられた。「靴磨きの少年までが株を購入するなら、今後、株を購入する人はいないはず。株価は暴落する」と考え、すべての株を売り払って難を逃れたといわれている。

ジョセフ・P・ケネディ（1888～1969）

ル街にある証券取引所で、株価が大暴落した**（暗黒の木曜日）**。その後も株価は下がり続け、3年後には、最低値41ドルを記録。企業や銀行は連鎖的に**倒産**し、**GDP**や**工業生産**は半減し、1933年、**失業率**は25%（1283万人）に達した。アメリカの不況は、ヨーロッパに波及した。特に、アメリカ資本に依存していたドイツは深刻な打撃を受け、ドイツからの賠償金がストップしたイギリスやフランスの景気も大幅に後退した。経済不況は、社会主義体制による計画経済を実行していた**ソ連**以外、世界中に広がり、深刻な**「世界恐慌」**となった。

世界恐慌の主要な原因

投機ブーム
好景気が続くアメリカで、投資家は資金を注ぎ込んで**株式**を購入。ヨーロッパからも資金が流入した。

過剰生産
過剰な投機により、国民の購買力を上回る製品が生産された。

ヨーロッパ諸国の復興
ヨーロッパ諸国は第一次世界大戦の痛手から**復興**し、アメリカからの輸入が減少した。

農業不況
農業に大型機械が導入され、生産量は高まったが、**農作物価格が下落**し農民の収入が低滞した。

金の集中
アメリカに世界の金の約45%が集中したが、**貨幣発行量**を抑えたため、世界の貨幣流通量が減り、アメリカ製品を購入できなくなった。

◆**混乱するウォール街**
1929年10月、株価大暴落を知った人々は、ニューヨークのウォール街にある証券取引所に詰めかけた。

世界恐慌後に「持てる国」は排他的なブロック経済で保護貿易を進める

関連ページ
経 P260 世界恐慌
経 P266 フォルクスワーゲンの設立
戦 P268 第二次世界大戦

高関税でほかの経済圏からの輸入をブロック

金本位制では、各国は保有する**金**の量に応じた**貨幣**しか発行できなかった。このため、自国の**通貨価値**が下がると、安い価格でその通貨が外国に買われることになり、金が国外に流出することを意味した。**世界恐慌**で経済危機に陥り、**ポンド**の価値が下落した**イギリス**は、1931年、金本位制を停止した。

そのため、19世紀末以降、ポンドを**「世界通貨」**として確立した国際的な金本位制が崩壊し、アメリカをはじめとする世界各国は、金の流出を防ぐため金本位制から離脱し、金の保有量とは無関係に貨幣を発行できる**管理通貨制度**に移行していった。

またイギリスは、1932年、連邦を構成する自治領や植民地の代表をカナダの**オタワ**に集めて、連邦内では**関税**を低くして優遇する一方、連邦外からの製品には高関税をかける**保護貿易体制**を築き、イギリスと密接な経済関係にあった国や地域も参加させ、ポンドで貿易の決済する**「スターリング（ポンド）・ブロック」**を築いた。

広大な植民地を保有する**「持てる国」**であったイギリスは、植民地から安く原材料を輸入し、本国で製造

ブロック経済のしくみ

した工業製品を、低価格で植民地に輸出することができた。植民地の多かったフランスも、イギリスにならって**「フラン・ブロック」**を築き、広大な国土をもつアメリカもアメリカ大陸で**「ドル・ブロック」**を築いた。こうしてイギリス、フランス、アメリカは**「ブロック経済」**を固め、自国優先の経済政策を進めた。

ケインズが公共事業の必要性を提唱する

世界的な不況が続くなか、イギリスの経済学者**ケインズ**は、失業と不況の原因を理論で示し、世界恐慌から抜け出すためには、政府による積極的な**公共投資**が必要であると主張した。ケインズと同じ考え方をもつ第32代アメリカ大統領**フランクリン・ルーズベルト**は、まず**銀行**の救済に乗り出した後、**農作物**の価格を引き上げて農民の生活を援助し、企業間の競争を抑えるため、工業製品の生産と価格を調整することを認め、**テネシー川**流域の開発によって、失業者を減らそうとした。ルーズベルトが主導した一連の経済改革は**「ニューディール政策（新規まき直し政策）」**と呼ばれ、一定の成功を収めた。

排他的なブロック経済圏で自国の経済を回復させた「持てる国」に対し、植民地の少なかった**「持たざる国」**のドイツや日本、イタリアなどは、小規模の経済圏を築くか、他の経済圏に属するしかなく、国内資源も少なかったため経済は行き詰まり、「持てる国」との対立は深まった。

特にドイツは、経済依存していた**アメリカ資本**の引き上げによって、工場の倒産が続き、**失業率**は40%（約560万人）以上に達した。絶望的な状況のなか、ドイツ国民は、ベルサイユ条約の破棄などを訴える**ヒトラー**の**「ナチ党」**に救済を期待するようになっていった。

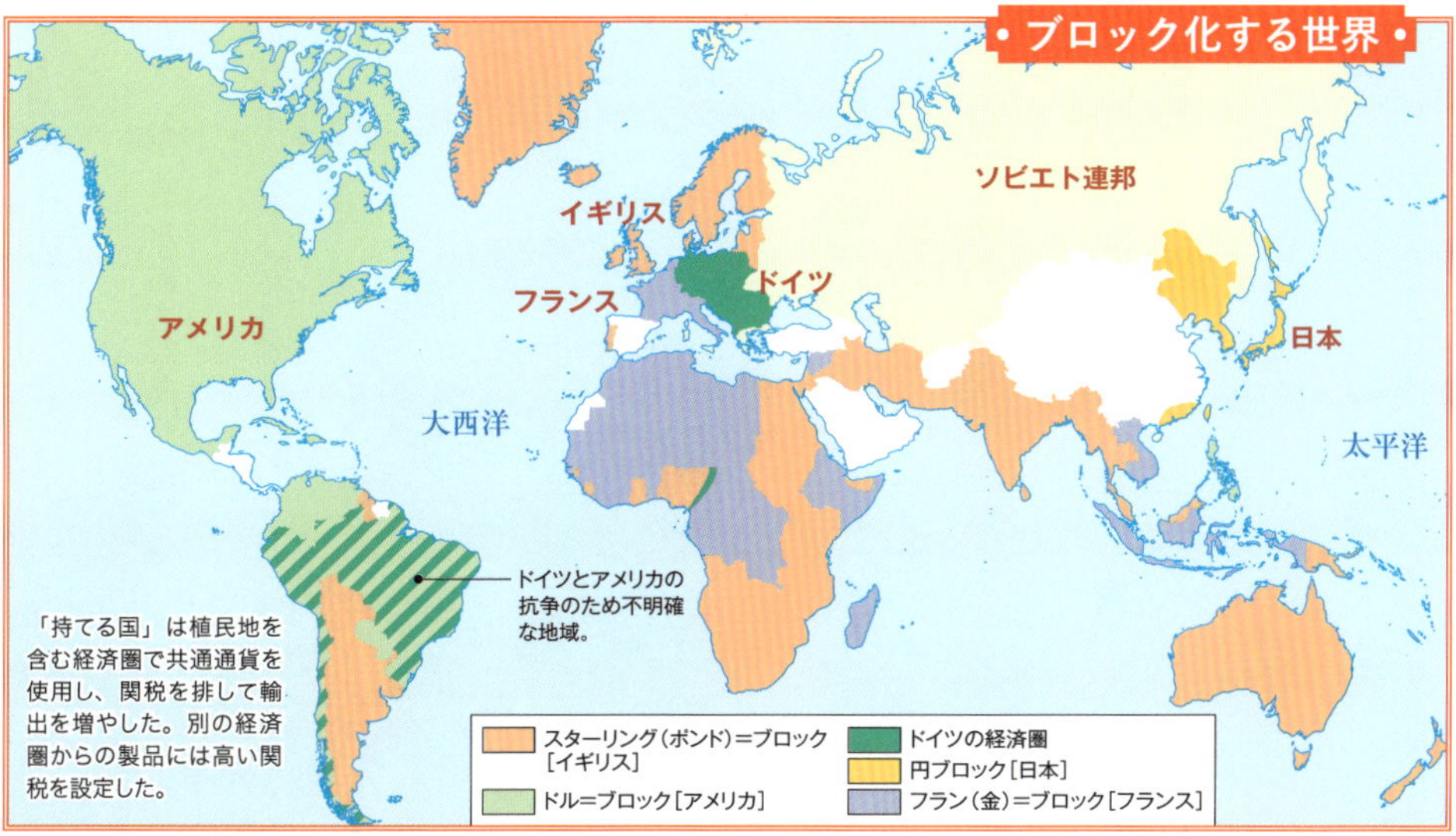

「持てる国」は植民地を含む経済圏で共通通貨を使用し、関税を排して輸出を増やした。別の経済圏からの製品には高い関税を設定した。

経済

1935年

法幣の発行

蔣介石の率いる国民党は不換紙幣「法幣」を発行して戦費を調達する

外貨とリンクした紙幣で中国統一が進められる

中国では**辛亥革命**《しんがい》によって、１９１２年、**孫文**を臨時大総統とする**「中華民国」**が南京で成立したが、北京では**清**が存続していた。孫文は、清を滅亡させ、共和政を維持することを条件に、清の実力者・**袁世凱**《えんせいがい》に臨時大総統の地位を譲った。

袁は清朝最後の皇帝・**宣統帝**《せんとうてい》を退位させたが、共和政実現の約束は果たさなかった。孫文と対立した袁は、孫文の勢力を弾圧し帝政を復活させようとしたが失敗し、病死した。袁の死後、中国各地で**軍閥**《ぐんばつ》（地方の軍事組織）が割拠し、抗争をくり返すようになり、混乱は十数年続いた。

第一次世界大戦のとき、ドイツに宣戦布告した日本は、ドイツの租借地だった**山東省の青島**《チンタオ》を占領した後、**「二十一か条の要求」**を示してドイツ権益を日本が引き継ぐことを要求。これに対し中国では反発が強まり、１９１９年、日本帝国主義に反対する**「五・四運動」**が中国全土に広がった。これをきっかけに孫文は**「中国国民党（国民党）」**を結成し、**「中国共産党」**（１９２１年に結成）と協力して、中国の独立を目指した。

１９２５年、孫文の死後、国民党は広州で**「国民政府」**を樹立。孫文の後継者・**蔣介石**《しょうかいせき》は、中国北部の軍閥打倒を目指して**「北伐」**を開始したが、国民政府内部では国民党と共産党の対立が深まった。このため蔣介石は、共産党勢力を排除して、**「南京国民政府」**を樹立。北伐を再開して中国を統一すると、共産党を弾圧し、内戦を開始した（➡Ｐ２８２）。

こうした状況の中、**世界恐慌**で大不況に陥った日本は、１９３１年、

◆**蔣介石**《しょうかいせき》（1887〜1975）
1928年、南京に国民政府を樹立し、共産党を弾圧したが、1937年、日本との抗戦のため国共合作に同意。

関連ページ

戦 P238 義和団事件

戦 P246 第一次世界大戦勃発

戦 P282 中華人民共和国の成立

柳条湖《りゅうじょうこ》事件をきっかけに満州を占領し**（満州事変）**、翌年、溥儀《ふぎ》（清朝最後の皇帝・宣統帝）を元首とする傀儡《かいらい》国家**「満州国」**を建国。その後、中国北部に侵攻した。

当時、中国は、世界の大国で唯一、**銀本位制**をとっていたが、世界恐慌の影響で金と銀の価格が上昇すると、割安な中国の銀は大量に国外に流出し、金融危機に陥った。このため蒋介石は、1935年、イギリス・アメリカの指導のもと、銀貨の流通を禁止し、銀をすべて買い上げ、政府系の銀行が発行する**「法幣《ほうへい》（紙幣）」**に通貨を統一した。法幣は**不換紙幣**（金・銀と交換不可能）だったが、金を担保とするイギリスの**ポンド**との交換が可能だった。

その後、中国の銀はアメリカに売り渡され、法幣は**アメリカ・ドル**を準備金とすることになった。中国の民衆は法幣を信用しなかったが、外貨の裏付けがある法幣は次第に安定していった。

中国がアメリカ経済圏に組み込まれることを恐れた日本は、1937年、**盧溝橋《ろこうきょう》事件**をきっかけに**「日中戦争」**を引き起こした。これに対し国民党は、共産党と協力体制を築いて日本軍と戦った（➡P282）。日中戦争は泥沼化し、蒋介石は法幣をひたすら増刷して**戦費**を調達したため、**ハイパーインフレ**が起きた。中国経済は大混乱に陥り、民心は国民党から離れていった。

日中戦争において日本軍は中国の重要都市を占領したが、広大な農村地帯は支配できず、戦争は長期化した。

経済

1937年

フォルクスワーゲンの設立

自動車産業の育成により ナチ党のヒトラーが ドイツ経済を回復させる

アウトバーン建設などの公共事業で失業者が激減

第一次世界大戦後、莫大な**賠償金**の支払いで苦しんでいたドイツは、**アメリカ資本**の流入によって立ち直りかけていた。しかし**世界恐慌**によりアメリカ資本が急激に引きあげたため、深刻な不況に陥った。

ドイツの失業率は40％に達し、暴動は頻発。打開策を打ち出せない政府が支持を失っていくなか、支持を広げたのが**アドルフ・ヒトラー**の率いる**「ナチ党」**だった。

ナチ党は、公共事業による失業者救済のほか、**ベルサイユ条約**の破棄や、**再軍備**など、過激なスローガンを掲げて敬遠されていたが、ドイツの財界は、国内の**共産党**の台頭を防ぐため、ナチ党を支持するようになり、資金援助を受けたナチ党は勢力を拡大した。１９３３年、首相に就任したヒトラーは、**「全権委任法」**によって、議会の決議なしに法律を布告できる権限を獲得し、ナチ党以外の政党を解散させ、**一党独裁体制**を実現した。

また、ヒトラーは**レンテンマルク**（➡Ｐ２５２）によってハイパーインフレを収束させた**シャハト**をドイツ中央銀行の総裁に任命。シャハトは、**公共事業**によって失業者を減ら

historical note

偽装国債「メフォ手形」で再軍備の資金を調達したシャハト

ドイツ中央銀行（ライヒスバンク）総裁シャハトは、再軍備に必要な財源を確保するため、ダミー会社「メフォ」を設立した。メフォは兵器の発注をすると、手形で支払い、その手形はライヒスバンクが保証した。

手形の償還期限は最大で5年まで延長可能で、つまり数年先の国家財政をもとに、現在の支出を増やす方法だった。シャハトはメフォ手形を制限すべきと主張したが、ナチ党は軍事費を増大し、手形は濫発された。

累積するメフォ手形の残高

1934年	21.5億
1935年	48.6億
1936年	93.1億
1937年	120億

単位：ライヒスマルク

関連ページ

経 P252 ドイツのインフレ

経 P262 ブロック経済

戦 P268 第二次世界大戦

すことを狙い、失業保険の積立金を建設費として利用し、自動車専用道路**「アウトバーン」**の建設を開始した。さらにヒトラーは、「すべてのドイツ国民に車を」というスローガンのもと、自動車産業の育成に努め、**「フォルクスワーゲン（国民車）」**の大量生産を開始した。

こうした公共事業による経済政策が功を奏し、ドイツ経済は奇跡的に回復し、ヒトラーが政権の座についてから3年間で、失業者数は約320万人も減った。労働者の生活を保護する政策を進めるヒトラーとナチ党は、国民から熱狂的に支持されるようになった。

・ドイツ失業者数の推移・

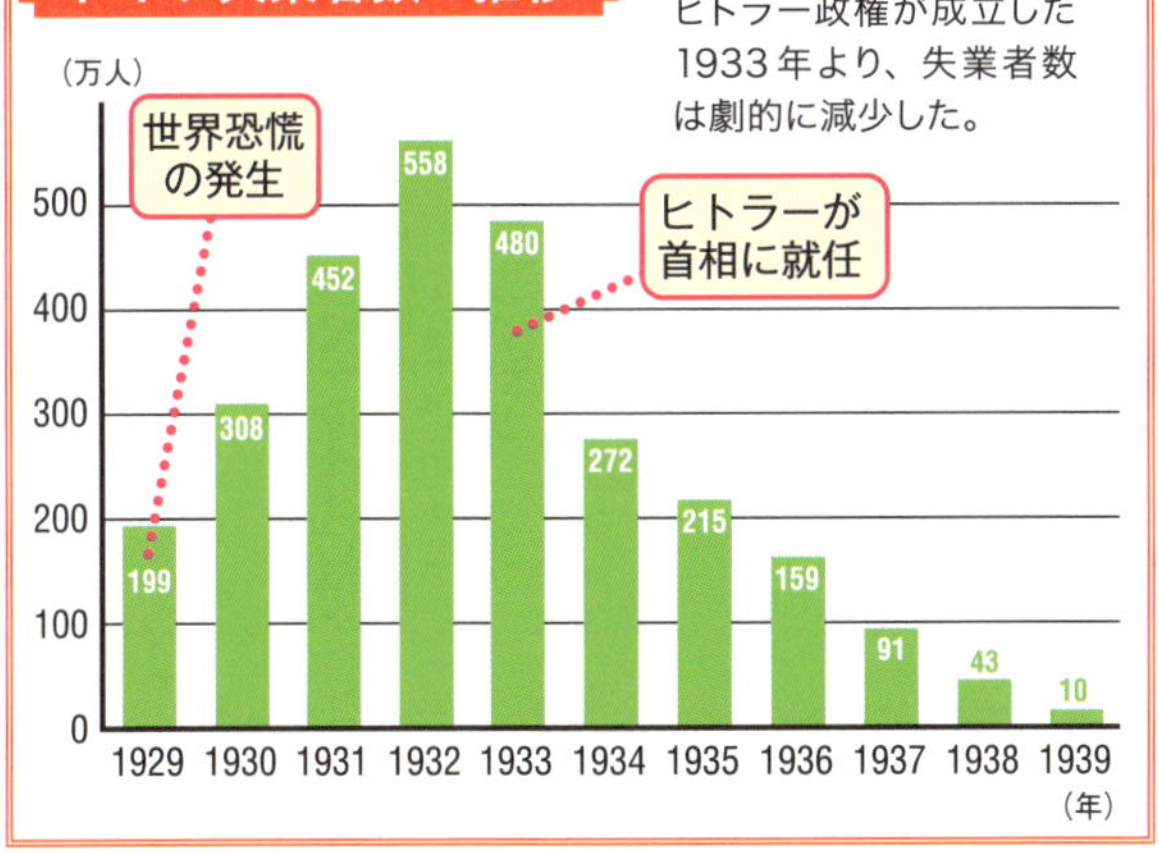

ヒトラー政権が成立した1933年より、失業者数は劇的に減少した。

ナチ党のスローガン

- ベルサイユ条約の破棄
- ユダヤ人の排斥
- 公共事業と軍需産業による失業者の救済
- 再軍備と領土の拡大

◆フォルクスワーゲンの完成

ヒトラーはフォルクスワーゲン（国民車）の設計を著名な自動車設計者であったポルシェに依頼。1938年、タイプ1（通称ビートル）が完成した。

ドイツ経済の流れ

世界恐慌によりアメリカ資本がドイツから引きあげる
▼
ドイツ経済が危機に陥る
▼
独裁権力を握ったヒトラーがシャハトに経済対策を指示
▼
アウトバーン建設や自動車産業育成により失業者が激減
▼
劇的な経済回復

1939年

第二次世界大戦

ポーランド回廊の回復を求めて ヒトラーが侵攻を開始し 第二次世界大戦が勃発する

関連ページ
経 P252 ドイツのインフレ
経 P266 フォルクスワーゲンの設立
戦 P270 独ソ戦

分断状態の解消を目指して侵攻を開始

ドイツ経済を復興させ、国民の圧倒的な支持を集めた**ヒトラー**は、1935年、**ベルサイユ条約**で禁止されていた**徴兵制**を復活させ、再軍備を宣言した。翌年には非武装地帯に指定されていたドイツ西部の**ラインラント**に陸軍を進駐させ、1938年には**オーストリア**を併合。さらに**チェコスロバキア**に対し、ドイツ人居住者が多いことを口実に、**ズデーテン地方**の割譲を要求した。

ズデーテン割譲問題を話し合うため、ヒトラーと、イギリス首相**チェンバレン**、フランス首相**ダラディエ**、イタリア首相**ムッソリーニ**がドイツのミュンヘンに集まって会議を開いた（**ミュンヘン会談**）。戦争に発展する事態を避けたかったチェンバレンは、「ズデーテン割譲は最後の要求」というヒトラーの声明を信じて割譲を認め、ダラディエもこれを追認した。

しかしヒトラーはミュンヘン会議の翌年、約束を反故にしてチェコスロバキアを軍事占領し、さらに**ポーランド**に対して「ポーランド回廊」の返還を要求した。ポーランド回廊は、ポーランドに海への出口を与えるためにベルサイユ条約でドイツが

第二次世界大戦の敵対関係

割譲させられた地域で、このためドイツ北東部は飛び地になっていた。イギリスやフランスから安全保障を約束されたポーランドは、ヒトラーの割譲要求を拒否した。

ミュンヘン会談に呼ばれず、イギリスなどに不信感を抱いていたソ連の**スターリン**は、ヒトラーと接近し、1939年8月、**「独ソ不可侵条約」**を結んだ。このときドイツとソ連によるポーランド分割が密約によって決められた。その直後、ヒトラーはポーランドに侵攻を開始し、ポーランドと安全保障条約を結んでいたイギリスとフランスはドイツに宣戦布告した。こうして**「第二次世界大戦」**がはじまった。

破竹の勢いで進撃したドイツ軍は、わずか1カ月でポーランドを占領した。ソ連も密約にもとづき、東側からポーランドに攻め込み、ポーランドは両国に分割された。

◆**ミュンヘン会談**

1938年9月、チェコスロバキアのズデーテン地方の帰属をめぐって、ドイツ、イタリア、フランス、イタリアの首脳会談がミュンヘン（ドイツ）で開かれた。ヒトラーが「これ以上領土を求めない」と約束したため、ズデーテン地方はドイツ領として認められた。

◆**ポーランド侵攻**

1939年9月、ドイツ軍はポーランドへの侵攻を開始。続いてソ連軍にも占領されたポーランドは、約1カ月後に降伏した。

◆**ヒトラー**
（1889〜1945）

オーストリア出身で、1919年にドイツ労働者党（後のナチ党）に入党し、党の指導権を握る。1933年にドイツ首相となり独裁政治を開始。ドイツ経済を回復させ、再軍備に着手し、第二次世界大戦を引き起こした。

1941年

独ソ戦

快進撃を続けるドイツは独ソ戦が長期化して敗北を重ねていく

ソ連を不意打ちするが短期決戦に失敗する

1939年9月、**ワルシャワ**を占領した**ドイツ軍**は、翌年4月にデンマークとノルウェーに侵攻した。翌月、オランダ、ベルギーに攻め込んだ。さらにドイツ軍は、戦車と航空機を駆使した**「電撃戦」**によって、歩兵中心のフランス軍を撃破し、6月には**パリ**を占領した。フランスは降伏し、このためフランスの北半分がドイツに占領され、南半分はドイツの傀儡国家**「ビシー政権」**が支配した。ドイツの快進撃を見た**イタリア**はドイツ側で参戦した。

ヒトラーはヨーロッパで孤立無援となった**イギリス**が降伏することを期待したが、チェンバレンに代わってイギリス首相に就任した**チャーチル**は徹底抗戦を主張。長距離飛行に耐えうる航空機の準備がなかったドイツ空軍は、イギリス空軍に敗れ、**イギリス本土上陸**を果たせなかった。

1941年4月、ドイツ軍は**バルカン半島**に侵攻し、ユーゴスラビアとギリシアを占領した。しかし、バルカン半島は、ソ連が支配を目指してきた地域だった。ドイツを警戒したソ連は、紛争が続いていた日本と**「日ソ中立条約」**を結び、戦力をヨーロッパ方面に集中させた。

関連ページ
経 P266 フォルクスワーゲンの設立
戦 P268 第二次世界大戦
戦 P276 ヤルタ会談

historical note

空襲で破壊されたロンドンを視察し国民を勇気づけたチャーチル

大陸を支配下に置いたヒトラーは、イギリス本土上陸を目指し、1940年9月から、ロンドンに激しい空襲をしかけた。イギリス首相チャーチルは、葉巻をくわえながら破壊された街を視察し、Vサインを見せて国民を勇気づけたという。イギリス空軍の奮戦により制空権を握ることができなかったヒトラーは、翌年5月、イギリス本土上陸を断念した。

チャーチル（1874〜1965）

6月、ヒトラーは**独ソ不可侵条約**を破り、イタリアなどとともに、300万以上の大軍でソ連に侵攻し、**「独ソ戦」**を開始した。ドイツ軍は、旧式の兵器が中心のソ連軍を撃破しながら10月に**モスクワ**に迫ったが、冬用の装備で固めたソ連軍に反撃され、進撃が止まった。

独ソ戦が開始されると、イギリスはソ連と同盟を結び、さらにアメリカと共同で、戦後の世界のあり方を**「大西洋憲章」**（→P276）として発表した。これにより、侵略戦争を正当化するドイツなどのファシズム国家**「枢軸国《すうじくこく》」**と、反ファシズムの**「連合国」**が戦うという構図ができあがった。

独ソ戦が長期化したドイツは、**総力戦体制**をしき、不足する資源や食料は占領地から奪い、軍需工場や炭鉱などで外国人を強制労働させたが、次第に行き詰まっていった。独ソ戦の最大の激戦となった**「スターリングラードの戦い」**に敗れたドイツ軍は、ソ連軍の攻勢の前に退却を重ね、ソ連領から撤退した。

独ソ戦関連年表

年	月	出来事
1939年	8月	独ソ不可侵条約
	9月	ポーランド侵攻
1940年	6月	ドイツがパリを占領
	9月	ドイツがイギリス本土上陸作戦を開始
1941年	6月	独ソ戦開始
1942年	8月	スターリングラードの戦いがはじまる
1943年	2月	スターリングラードのドイツ軍が降伏
1944年	6月	ノルマンディー上陸作戦
	8月	連合軍がパリを解放
1945年	5月	ソ連軍がドイツへ侵攻し、ベルリンが陥落 ドイツが無条件降伏

◆**スターリングラードの戦い**
1942年8月から翌年2月まで、ソ連のスターリングラード（現在のボルゴグラード）で行われた独ソ戦最大の戦闘。凄惨な市街戦となり、戦死者は民間人を含めて200万人に及んだ。

1941年

太平洋戦争

日本は石油を求めた結果 真珠湾攻撃を決行し 太平洋戦争に突入する

経済封鎖された日本が追い詰められて暴発

日中戦争が泥沼化するなか、資源を消耗した日本は、国力が衰えていった。日本では、戦争遂行に必要な**石油**や**鉄鉱石**などの資源をほとんど産出せず、石油の約8割をアメリカから、約1割をオランダ領東インドから輸入していた。

一方、ヨーロッパでは快進撃を続ける**ドイツ**が1940年6月、フランスを降伏に追い込んだ。これを受けて日本軍は、イギリス・アメリカなどが中国を支援するルートを遮断し、石油や鉄鉱石などを確保することを目的に、**フランス領インドシナ**へ進駐した。さらにドイツ、イタリアと**「日独伊三国同盟」**を結んだ。

ドイツと敵対するイギリスを支援するアメリカは、日本への石油や鉄の輸出を禁止した。イギリスやオランダもこれに同調したため日本は経済的に封鎖され、追い詰められた。日本は関係改善を求めてアメリカと交渉をしたが、アメリカは「中国とインドシナからの完全撤退」を要求したため、交渉は決裂。

当時、アメリカの国力は日本の10倍以上あったが、「**短期決戦**に勝利し、**早期講和**に持ち込む」という独善的な戦略のもと、日本は開戦を決

太平洋戦争開戦時のアメリカの国力

●日本と比較した場合の数値

石油生産高	約528倍	GDP	10〜20倍
鉄鋼石生産高	約74倍	発電量	約5倍
石炭生産高	約9倍	自動車保有台数	約214倍
銅生産高	約11倍	航空機数	約4倍
鉛生産高	約27倍	主要艦艇数	1.3倍
亜鉛生産高	約12倍	軍人数	0.8倍

アメリカとの間に圧倒的な国力差があることは、政府内部でも認識されていたが、現実を軽視して、開戦に踏み切った。

関連ページ
経 P264 法幣の発行
戦 P268 第二次世界大戦
戦 P276 ヤルタ会談

マップ

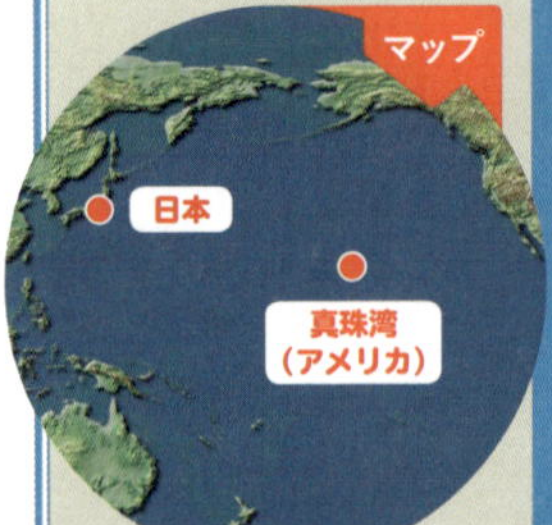

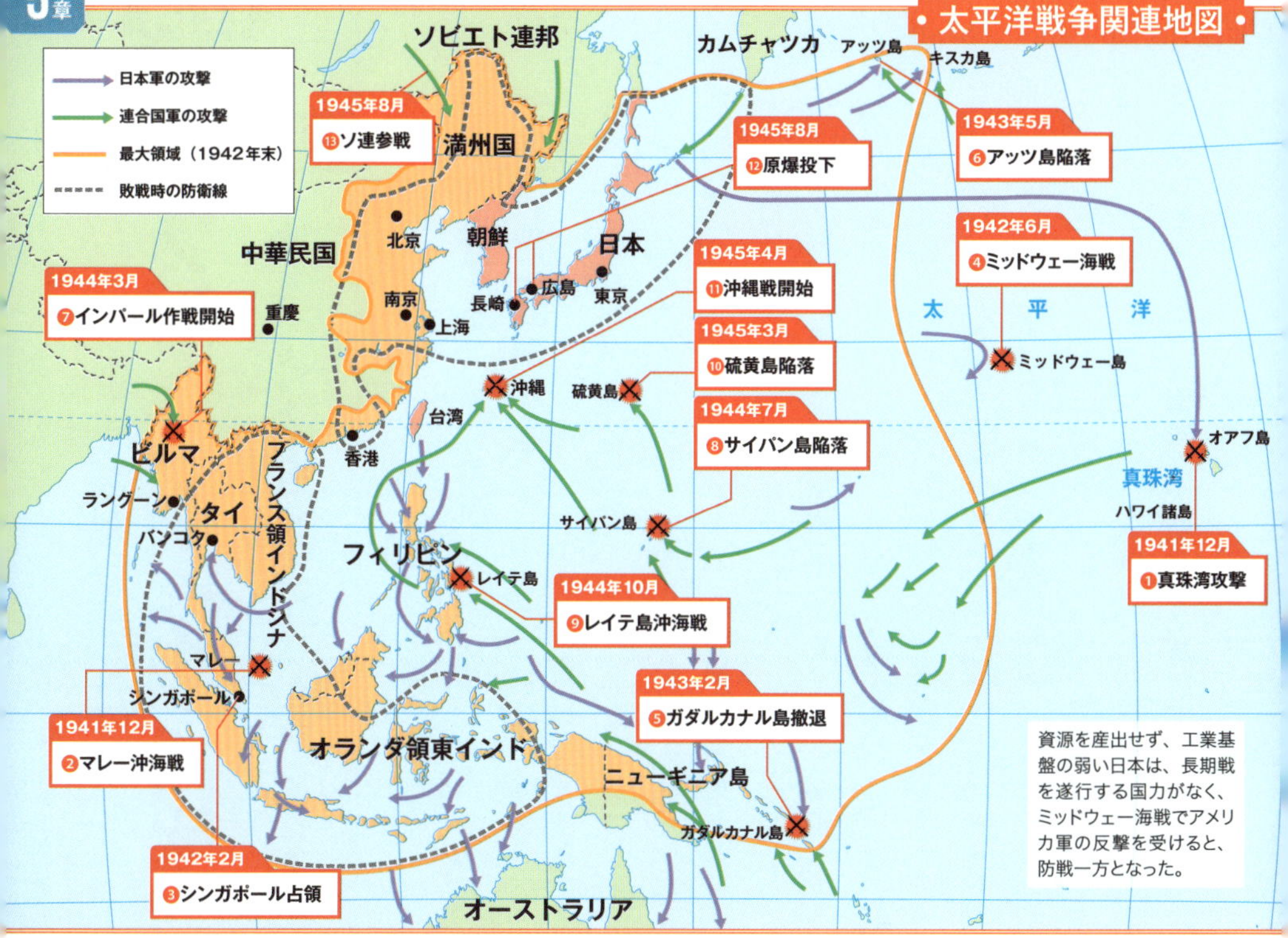

意し、1941年12月、ハワイの**真珠湾**を奇襲攻撃した。こうして**「太平洋戦争」**がはじまった。

アメリカやイギリスは、ドイツとの戦いのため、主力部隊を東南アジアに配備できず、このため、緒戦では日本軍は快進撃を続け、マレー半島やフィリピン、シンガポール、オランダ領東インドなどを次々と占領した。しかし開戦から半年後の**「ミッドウェー海戦」**で主力空母を失う大敗を喫すると、以降、アメリカの反撃により主導権を失い、敗北を重ねていった。

◆真珠湾攻撃

1941年12月、日本軍はアメリカのハワイのオアフ島真珠湾にあったアメリカ海軍基地を奇襲攻撃した。写真は炎上する戦艦ウェスト・バージニア。

1944年

ブレトン・ウッズ協定

金本位制を維持するブレトン・ウッズ体制でドルが基軸通貨になる

金を独占するアメリカが金本位制に固執する

第二次世界大戦で、自国が戦場にならなかった**アメリカ**は、兵器の増産などによって経済を回復させた。この結果、第二次世界大戦終結までに、アメリカは世界の金の**約7割**を保有するまでになった。

1944年、連合国が優位な情勢になると、戦後の国際経済の枠組みをつくるため、アメリカのブレトン・ウッズに連合国45カ国が集まり、通貨金融会議が開かれた。この会議で**「ブレトン・ウッズ協定」**が結ばれ、**金1オンス**（約31グラム）が**35ドル**とされ、**ドル**だけが金を交換できる通貨と定められた。

また、イギリスの「ポンド」や、フランスの「フラン」など、各国の通貨は、価値が固定される**「固定相場制」**が採用された（戦後、日本は1ドル360円に固定された）。こうしてドルを世界の基軸通貨にする**「ブレトン・ウッズ体制（金ドル本位制）」**が決められた。

それまでの金本位制だと、金の保有量が少ない国は通貨発行量が制限され、貿易が進まなかった。金の保有量に関係なく通貨を発行できる**「管理通貨制度」**は、紙幣の増刷によって貨幣価値が暴落するなど、不

ブレトン・ウッズ協定で誕生した機関

IBRD（国際復興開発銀行）

役割

「世界銀行」ともいわれ、大戦後の**復興**を経済面で援助する。日本の東海道新幹線や名神高速道路の建設資金も融資した。

IMF（国際通貨基金）

役割

固定相場を維持し、為替切り下げ競争を回避する。またアメリカが諸外国に、ドルと金を交換することを**保証**する。

※両機関とも本部はアメリカのワシントンD.C.で、役割はブレトン・ウッズ体制下のもの。

関連ページ
経 P244 FRBの設立
経 P262 ブロック経済
経 P292 ニクソン・ショック

マップ

安定だった。世界恐慌後、各国は金の流出を防ぐために金本位制から離脱し、**ブロック経済圏**を形成し、それが第二次世界大戦の要因となった。

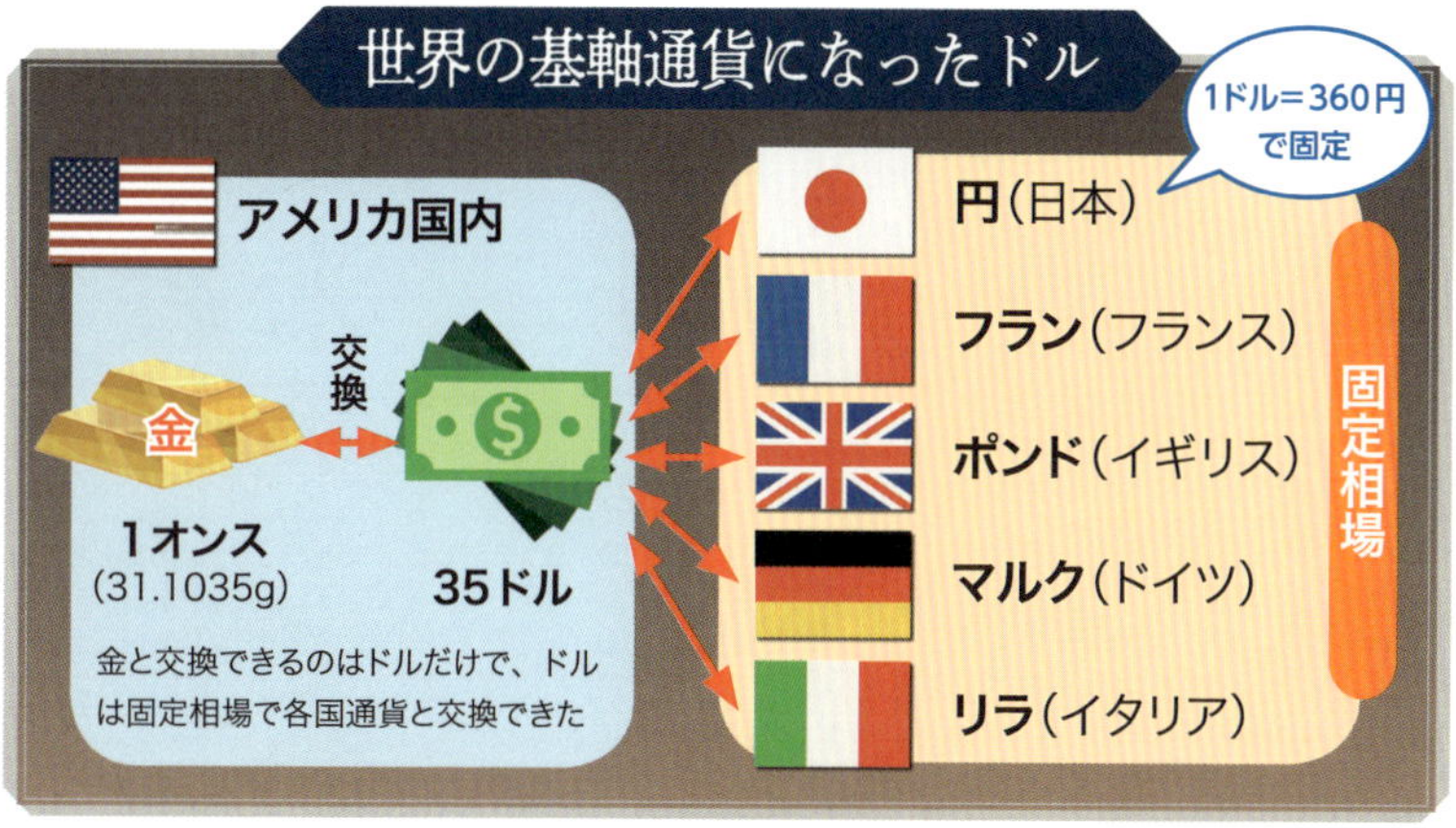

この反省から、ブレトン・ウッズ体制では、為替相場を安定させ、自由貿易を推進するため、**「ドルを間に挟んだ金本位制」**が取り入れられた。貿易量が増加したとき、金を大量に保有するアメリカがドルの発行量を増やせるようにしたのだ。

しかしアメリカの金の保有量が減少したり、金の保有量が増えないのにドルの発行量が増え続けたりすれば、ドルの価値が下がっていくことは明白だった。そこで、イギリスの経済学者**ケインズ**は、ドルを国際基軸通貨にすることに反対し、超国家的な通貨**「バンコール」**の導入を提案した。

バンコールは、国家間の貿易の決済のみに使われる通貨で、貿易の不均衡を改善するために貿易黒字国は、バンコールに対して通貨を引き上げ、貿易赤字国からの輸入を増やす必要があった。しかし、大量の金を保有し、巨額の**貿易黒字**によって世界経済の主導権を握っていたアメリカは、金本位制に固執し、バンコールに強く反対した。

ブレトン・ウッズ協定によって、通貨の安定を目指す**「国際通貨基金（IMF）」**と、大戦後の復興を支援する**「国際復興開発銀行（IBRD）」**の設立が決められた。両機関とも、自由貿易によって国際経済の支配を目指すアメリカを支えた。

◆演説するケインズ
ケインズはドルを世界の基軸通貨にすることに反対し、国際決済のための超国家的な通貨「バンコール」の導入を提案したが、実現できなかった。

戦争

1945年

ヤルタ会談

ドイツ敗北が濃厚になると 戦後処理方針が 米英ソで話し合われる

戦後のビジョンを示して ファシズム陣営に対抗

独ソ戦開始直後の1941年8月イギリス首相**チャーチル**と、アメリカ大統領**フランクリン・ルーズベルト**は、大西洋上の軍艦で会談し、「領土不拡大」「自由貿易」「国際安全保障の確立」など、戦後の世界秩序についての構想を**「大西洋憲章」**として発表した。

これにより第二次世界大戦は、平和を希求する**連合国**が、民主主義を抑圧し、他国を侵略する**枢軸国**《すうじくこく》**（ファシズム陣営）**を打倒するための戦いとなった。翌年1月には、アメリカやイギリスのほか、ソ連や中国などを加えた26カ国が、大西洋憲章に基づく**「連合国共同宣言」**に署名し、連合国として枢軸国に完全に勝利するまで戦うことを誓った。

1943年9月、枢軸国の**イタリア**が降伏すると、11月には、ルーズベルト、チャーチル、蔣介石による**「カイロ会談」**が開かれ、対日戦争方針が定められた。翌年6月に連合軍が**ノルマンディー上陸作戦**に成功し、ドイツの敗北が決定的になると、アメリカ・イギリス・ソ連の首脳はクリミア半島の**ヤルタ**で会談を開き、ドイツの戦後処理問題や、ソ連の対日参戦などを決めた。

関連ページ
戦 P268 第二次世界大戦
戦 P278 東西冷戦
戦 P284 朝鮮戦争

◆ノルマンディー上陸作戦
1944年6月、連合軍がドイツの占領するフランス北部のノルマンディー海岸に上陸した作戦。この作戦の成功により、ドイツは降伏へ追いこまれた。映画『史上最大の作戦』は、ノルマンディー上陸作戦を忠実に再現している。

1945年5月、ドイツが無条件降伏すると、7月、アメリカ・イギリス・ソ連の首脳は、**ポツダム**（ドイツ）で会談し、日本に無条件降伏を求める**「ポツダム宣言」**を発表。8月、アメリカは広島と長崎に**原子爆弾**を投下し、ソ連は日本に宣戦布告した。これにより日本はポツダム宣言を受諾し、膨大な犠牲者を出した第二次世界大戦は終結した。

◆ベルリン陥落
アメリカ・イギリスを中心とする連合軍がパリを解放した翌年の1945年、ソ連軍がドイツ領へ進撃した。4月末にヒトラーが自殺し、5月2日、ベルリンが陥落。国会議事堂にはソ連の国旗が掲げられた。

大戦終結までの主要な会談

時期	会談名	出席者	主要な内容
1941年8月	大西洋上会談	ルーズベルト（米） チャーチル（英）	戦後の平和構想を示した「大西洋憲章」の発表
1943年11月	カイロ会談	ルーズベルト（米） チャーチル（英） 蔣介石（中）	「日本の無条件降伏」など、対日戦争方針
1945年2月	ヤルタ会談	ルーズベルト（米） チャーチル（英） スターリン（ソ）	対独戦後処理問題、ソ連の対日参戦の了承
1945年7〜8月	ポツダム会談	トルーマン（米） アトリー（英）※ スターリン（ソ）	欧州の戦後処理、日本への無条件降伏の勧告

※イギリスの参加者はチャーチルだったが期間中に選挙で敗れ（1945年7月）、アトリーが途中参加した。

第二次世界大戦の戦死者数（推計を含む）		
枢軸国	ドイツ	約553万人（約267万人）
枢軸国	イタリア	約30万人（約13万人）
枢軸国	日本	約230万人（約80万人）
連合国	ソ連	約975万人（約700万人）
連合国	アメリカ	約41万人（約1700人）
連合国	イギリス	約38万人（約24万人）
連合国	フランス	約22万人（約40万人）
連合国	中国	約350万人（約971万人）
ホロコースト		約600万人
総数（兵士＋市民）		**5000〜8000万人**

※（　）は市民の死者数

◆ヤルタ会談
1945年2月、チャーチル（英）、ルーズベルト（米）、スターリン（ソ）がヤルタ（現在のウクライナ）で会談を開き、戦後の国際秩序の大枠が決められた。

戦争

1946年

東西冷戦

アメリカとソ連の二大大国がイデオロギーで対立し世界を冷戦に巻き込む

冷戦によりドイツは東西に分断される

第二次世界大戦終結後、紛争を解決する国際機関として**「国際連合」**が設立された。ちなみに、英語では国際連合も連合国も**「ユナイテッド・ネイションズ」**である。国際連合は、全加盟国が平等に参加する**「総会」**のほか、アメリカ・イギリス・フランス・ソ連・中国の五大国を**「常任理事国」**とする**「安全保障理事会」**が設置された。

資本主義のアメリカと社会主義のソ連は、大戦後に**イデオロギー**の違いから対立が表面化。東ヨーロッパやバルカン半島で**親ソ政権**が次々と樹立されると、1946年、イギリスの元首相チャーチルは「シュチェチンからトリエステまで**鉄のカーテン**が下ろされている」と述べ、**「冷戦」**を予告。翌年、アメリカ大統領**トルーマン**は、ソ連圏を封じ込める政策を表明した。

続いてヨーロッパ復興のために資金援助を行う**「マーシャル・プラン」**を発表し、ヨーロッパ諸国をアメリカ陣営（西側陣営）に取り込もうとした。しかしソ連・東欧諸国（東側陣営）はこれを拒否し、**「コミンフォルム（共産党情報局）」**を結成して対抗。「冷戦」は本格化した。

第二次世界大戦後、ドイツの国土は、アメリカ・イギリス・フランス・ソ連に4分割された。ソ連の占領地域にあった首都**ベルリン**も4分割された。冷戦によりベルリンは西側の**「西ベルリン」**と東側の**「東ベルリン」**に分断され、ソ連は西ベルリンへの道路や鉄道を遮断する**「ベルリン封鎖」**を強行したが、西側陣営は生活物資を空輸して援助した。国際的な非難により、封鎖は解かれたが、ドイツは**西ドイツ**と**東ドイツ**に分断された。その後、1961年、東ドイツは東西ベルリ

関連ページ
戦 P276 ヤルタ会談
戦 P284 朝鮮戦争
戦 P286 キューバ危機

◆**トルーマン（1884～1972）**
33代アメリカ大統領。広島、長崎への原爆投下を許可した。1947年、ソ連圏に対する封じ込め政策「トルーマン・ドクトリン」を示した。

ン間の交通をすべて遮断するため、コンクリート製の壁を築いた（**ベルリンの壁**）。

ベルリン封鎖により東西の緊張関係が激化すると、１９４９年、東側は経済的な結束を固めるために**「COMECON（経済相互援助会議）」**を創設した。また、西側が軍事同盟**「北大西洋条約機構（NATO）」**を結成すると、東側は**「ワルシャワ条約機構（WTO）」**を結成して、防衛体制を構築していった。

第二次世界大戦後のヨーロッパ

経済の東西分断

西　1947年 マーシャル・プラン

アメリカ国務長官マーシャルが、アメリカの大規模な援助により、**ヨーロッパ全域の経済**を復興させる計画。

↓

ソ連・東欧諸国が拒否

↓

東　1949年 COMECON《コメコン》

東欧諸国とソ連が結成した「経済相互援助会議」で、**加盟国間の経済協力**を目指したが、実態はソ連中心主義だった。

◆冷戦中のベルリン

ベルリンの西側は米英仏が、東側はソ連が管理していたが、冷戦の激化により、東西の分断が決定的になった。写真は西ベルリンを走行するアメリカの戦車。

1947年

印パ分離

イスラム教のパキスタンとヒンドゥー教のインドが二国に分かれて独立する

根深い宗教対立によって分離・独立に発展した

インドでは**ヒンドゥー教**が広く信仰されていたが、8世紀頃より**イスラム勢力**がインドに侵入し、**デリー・スルタン朝**や、**ムガル帝国**などのイスラム王朝が成立した。このため、ヒンドゥー教徒とイスラム教徒の対立が、根深い問題となっていた。

17世紀、**イギリス東インド会社**は、インドに進出し、植民地化を進めた。東インド会社への不満から**「シパーヒーの反乱」**（→P217）が起きると、イギリスは東インド会社を解散し、**「インド帝国」**を成立させ、直接支配を開始した。このためイギリスの植民地支配に対する反感が強まり、特にインド東部の**ベンガル州**で独立運動が激化した。

イギリスはインド人同士の団結を防ぐため、ベンガル地方を東西に分割し、イスラム教徒が多い**「東ベンガル（現在のバングラデシュ）」**だけに大幅な自治を認めて優遇し、ヒンドゥー教徒との対立をあおった。

第一次世界大戦がはじまると、イギリスは「戦後にインドの自治を認める」と約束して、多くのインド人兵士をヨーロッパに送り込んだが、戦後、約束を守らず、民族運動への弾圧を強めた。このため反英運動は

関連ページ

宗 P52 ヒンドゥー教の定着

宗 P64 イスラム教の誕生

経 P216 アヘン戦争

historical note

東パキスタンは独立戦争を起こしてバングラデシュを建国

バングラデシュの首都ダッカ郊外に立つ独立記念碑。

東西パキスタンは、国民の大部分がイスラム教徒だったが、言語や文化が違い、経済では西パキスタンが優位に立ち、格差が広がった。このため東パキスタンは独立を宣言し、インドもこれを支援したため、第3次印パ戦争が起きた。西パキスタン軍が敗れたため、東パキスタンはバングラデシュとして独立した。

インドの近現代史

1857年 **シパーヒーの反乱**

↓

翌年、イギリス東インド会社解散

1877年 **インド帝国の成立**

↓

インドがイギリスに直接支配され、
独立運動が激化

1905年 **ベンガル分割令の公布**

↓

イギリスはイスラム教徒だけを優遇
してヒンドゥー教徒との対立をあおる

1914年 **第一次世界大戦の勃発**

↓

イギリスは大戦後に自治を約束するが、
約束を守らず独立運動を弾圧

1935年 **新インド統治法**

↓

ヒンドゥー教徒が選挙で圧勝し、
イスラム教徒は独立を要求

1947年 **インド・パキスタンの分離・独立**

↓

両教徒の対立が激化し、
領土問題をめぐって「印パ戦争」に発展

過激化し、多数のインド人死者が出る事件が起きた。こうした事態を避けるため、独立運動の指導者**ガンジー**は、**「非暴力・不服従運動」**を展開し、多くの民衆を巻き込んでイギリスの植民地支配に抵抗した。

　国際世論の圧力などにより、イギリスは妥協の姿勢を見せ、1935年、**「新インド統治法」**を公布し、地方の州政治をインド人に任せることを認めた。州選挙が実施されると、多くの州でヒンドゥー教徒による政権が誕生したため、少数派となったイスラム教徒は危機感を強め、イスラム国家**「パキスタン」**の建設を目指すようになった。

　第二次世界大戦後、独立運動の高まりによって、インド独立は決定的となったが、インド統一国家を目指すヒンドゥー勢力と、パキスタンの分離・独立を求めるイスラム勢力が対立した。イギリスの調停により、1947年、インドは独立を果たし、その東西にパキスタンが独立することになった。しかし両派の争いは続き、統一インドを主張していたガンジーは、急進的なヒンドゥー教徒に殺害された。

　その後も、インドとパキスタンは、インド北西部からパキスタン北部にまたがる**カシミール地方**の領有をめぐり、**「印パ戦争」**が行われたが、現在も係争地となっており、インドとパキスタンの対立は、今なお続いている。

◆ガンジーの墓

ガンジーは、ヒンドゥー教徒とイスラム教徒の融和を説いたが、印パ分離後、狂信的なヒンドゥー教徒に暗殺された。墓には「ヘー ラーム（おお、神よ）」の言葉が刻まれている。

1949年

中華人民共和国の成立

国民党との国共内戦を制した 共産党の毛沢東が 中華人民共和国を建国する

関連ページ
経 P264 法幣の発行
経 P272 太平洋戦争
戦 P276 ヤルタ会談

民衆の支持を失った 国民党が共産党に敗北

　1919年、中国で日本帝国主義に反対する**「五・四運動」**が起きると、これをきっかけに民主主義政党**「中国国民党」**と、社会主義政党**「中国共産党」**が誕生した。両党は、イデオロギーだけでなく**支持層**（国民党は知識人・地主で、共産党は労働者・農民）も違ったが、中国を日本や列強から守るため、協力関係を築いた**（第1次国共合作）**。

　しかし両党はすぐに対立し、国民党を率いる**蒋介石**は共産党勢力を弾圧。これにより内戦が勃発した**（第1次国共内戦）**。

　このとき、中国東北部の「満州」では、日本軍が**満州事変**を起こし、傀儡国家**「満州国」**を建国したが、蒋介石は日本の軍事行動への対応よりも、共産党との戦いを優先し、共産党の本拠地・**瑞金**《ずいきん》（→P265）への攻撃を開始した。**毛沢東**や**周恩来**などが率いる共産党は瑞金を放棄し、国民党と交戦しながら、徒歩で全行程1万2500㎞にも及ぶ**「長征」**を実行した。1936年10月、共産党が中国西部奥地の陝西省《せんせいしょう》・**延**《えん》**安**《あん》にたどり着いたとき、10万人いた兵士は3万人にまで減っていた。

　満州の**軍閥**《ぐんばつ》（地方の軍事組織）を率いていた**張学良**は、「日本が侵略行動を進めている最中に、内戦を続けている場合ではない」と考え、**西安**で蒋介石を捕らえて監禁し、内戦の停止し、共産党と協力して日本と戦うように説得した。蒋介石がこれを受け入れ、**「抗日民族統一戦線」**が結成された**（第2次国共合作）**。

　1937年、盧溝橋事件をきっかけに**「日中戦争」**がはじまり、日本軍は主要都市を次々と占領していったが、国民党は**重慶**、共産党は**延安**と、本拠地を中国奥地に移して、粘り強く抵抗を続けた。このため、日中戦争は**長期化**し、資源不足に陥った日本軍は、石油を求めてフランス

国民党と共産党の勢力図

領インドシナ進駐を強行。その結果アメリカと対立し、**太平洋戦争**を引き起こした。

共通の敵であった日本軍が中国から撤退すると、国民党と共産党は再び対立し、内戦を再開した（**第2次国共内戦**）。兵力に勝り、最新兵器を装備した国民党軍は各地で勝利し、敗れた共産党軍は本拠地をソ連が支配する中国東北部に移した。しかし、国民党が幹部の**汚職**や、法幣の増刷によるインフレなどにより、民衆の支持を失っていくなか、共産党は、支配地域で地主から土地を没収して農民に分配する**「土地改革」**により支持を集めていった。

勢力を回復した共産党軍は、**「人民解放軍」**と改称し、**ゲリラ戦**で国民党軍を苦しめ続け、1948年の**遼瀋・淮海・平津戦役**の三大戦役で勝利。翌年、北京を占領した後、国民党の本拠地・**南京**を制圧し、**「中華人民共和国」**を建国した。敗れた蒋介石は国民党を率いて**台湾**に逃れ、**「中華民国」**を存続させた。中国と台湾の対立は現在も続いている。

第2次国共内戦の勝因・敗因

共産党の勝因	国民党の敗因
●地主から土地を取り上げて農民に解放し、支持を広げた	●法幣を増刷して戦費を調達し、インフレを引き起こした
●共産党支持の広がりとともに、兵力が増員された	●国民党の独裁体制により、賄賂・汚職が横行した
●ゲリラ戦に持ち込んで、国民党軍を苦しめた	●内戦を嫌ったアメリカが国民党の援助を停止した

◆**中華人民共和国の成立を宣言する毛沢東**
国民党を破った共産党の毛沢東は、北京を首都に定め、1949年10月1日、天安門壇上から中華人民共和国の建国を宣言した。

1950年

朝鮮戦争

東西冷戦の激化により 朝鮮半島を舞台に凄惨な代理戦争が起こる

関連ページ
戦 P278 東西冷戦
戦 P282 中華人民共和国の成立
戦 P286 キューバ危機

ソ連が支援した北朝鮮とアメリカが支援した韓国

1910年、**韓国**は日本に併合されたが、日本が太平洋戦争に敗れると、植民地支配から解放された。しかしその直後、**米ソ対立**の影響で、**北緯38度線**を境界に、北部を**ソ連**が、南部を**アメリカ**が占領した。

その後、統一政府をつくる努力も続けられたが挫折し、**冷戦**による米ソ対立が激化した1948年、アメリカの支援を受けた南部に、**李承晩**《イスンマン》を大統領とする**「大韓民国（韓国）」**が建国された。すると**金日成**を首相とする**「朝鮮民主主義人民共和国（北朝鮮）」**が北部に建国され、朝鮮は南北に分断された。

武力で朝鮮を統一することを決意した金日成の命令により、1950年6月、北朝鮮軍は突如として、38度線を越えて南に侵攻。不意をつかれた韓国軍は後退を続け、半島南端の**釜山**《プサン》周辺まで迫られた。7月、国連の**安全保障理事会**は、ソ連欠席のまま多国籍軍の派遣を決定した。多国籍軍とはいえ、その9割がアメリカ軍で構成されているのが実情だった。

9月、多国籍軍は**仁川**《インチョン》に上陸してソウルを奪回し、北朝鮮軍を背後から攻撃した。形勢を一気に逆転した多国籍軍は、38度線を越えて北上し、

historical note

深刻な不況に陥っていた日本は朝鮮特需によって経済が回復する

第二次世界大戦後、日本経済は深刻な不況に陥っていたが、朝鮮戦争がはじまると、戦争に必要な物資をアメリカ軍に提供することで、「朝鮮特需」がもたらされ、日本経済は回復した。特需収入は拡大を続け、累計で36億ドルにも達した。ピーク時には輸出総額の3分の2を占めており、その金額の大きさがわかる。

朝鮮特需収入

1950年	1億8200万ドル
1951年	5億9200万ドル
1952年	8億2400万ドル
1955年までの累計	約30億ドル

1950年は7～12月の数値。

◆**アメリカ軍による攻撃**

戦場となった朝鮮半島では、200万人以上の住民が戦闘に巻き込まれて死亡した。

中華人民共和国（中国）の国境付近にまで迫った。

建国されたばかりの中国は、アメリカの侵攻に強い危機感をもち、北朝鮮支援を決断した。しかしアメリカとの全面戦争を避けるため、名目上、志願兵からなる**「義勇軍」**として派遣した。中国軍の兵力は公表されていないが数百万といわれ、武器を装備していない兵士も多かったが、人命を度外視する**人海戦術**によって多国籍軍の侵攻を食い止め、押し戻していった。

その後は、38度線を挟んで一進一退の激しい攻防が続けられたが、戦線は膠着し、１９５３年に**休戦協定**が結ばれた。しかしあくまで休戦であり、国際法的には朝鮮戦争は現在も終結しておらず、北朝鮮が軍事力を誇示する背景となっている。

朝鮮戦争では、朝鮮半島全域が戦場となり、軍人の死傷者は合わせて約１００万人、南北の民間人の犠牲者は２００万人以上といわれ、中国軍兵士の戦死者も90万人以上とされる。また、**一家離散**の悲劇も多数生まれ、深い傷跡を残した。

朝鮮戦争関連地図

◆**板門店**

1953年、両軍は北緯38度線付近の板門店で休戦協定を結んだ。現在、韓国と北朝鮮が共同で管理している。

アメリカとソ連の緊張関係はキューバに配置されたミサイルで極限に達する

全面核戦争がはじまる危機が現実に訪れる

朝鮮戦争の最中に、ソ連の**スターリン**が死ぬと、米ソの対立は急速に緩和された。スターリンの後継者となった**フルシチョフ**第一書記長は、資本主義国との**「平和共存」**を提唱し、アメリカに歩み寄った。この緊張緩和は**「雪解け」**と呼ばれた。

しかし1957年、ソ連が人工衛星**「スプートニク1号」**（➡P290）の打ち上げに成功し、核ミサイルの脅威が現実のものとなると、アメリカはソ連を警戒し、両国は再び緊張状態に入った。

こうした状況のなか、カリブ海の島国**キューバ**では親米的な独裁政権が続いていたが、1959年、**カストロ**や**ゲバラ**が指導する革命勢力によって倒された**（キューバ革命）**。アメリカは革命政府の打倒を企てたが失敗した。これによりアメリカと激しく対立したキューバは、**社会主義**を基本政策に定め、ソ連寄りの姿勢を強めた。

革命が広がることを恐れたアメリカの**ケネディ**大統領は、資金援助によって中南米諸国に**「進歩のための同盟」**を結成させ、孤立したキューバに経済封鎖を実行した。

1962年、アメリカの圧力に対

historical note

資本主義と共産主義の優越性を議論したニクソンとフルシチョフ

1956年、モスクワでアメリカ博覧会の「キッチン展示場」で、アメリカのニクソン副大統領と、ソ連共産党第一書記のフルシチョフが議論を交わした。ニクソンは日用品の充実をアピールしたが、フルシチョフは宇宙・軍事分野の成功を誇示した。この討論は、「キッチン討論」として知られる。

討論中のフルシチョフ（左）とニクソン（右）。

関連ページ
戦 P278 東西冷戦
戦 P284 朝鮮戦争
戦 P296 ソ連解体

抗するため、キューバはソ連の援助によって**ミサイル基地**の建設を開始した。これを察知したケネディは、キューバ周辺を**海上封鎖**して、ミサイルの搬入を阻止した。両国の海軍がにらみ合う緊張状態が続き、全面核戦争の危険は一気に高まった（**キューバ危機**）。

ケネディとフルシチョフは、無線電話**「ホットライン」**で直接交渉を続け、アメリカがキューバに対して攻撃を行わず、内政に干渉しないことを条件に、ソ連はミサイル基地撤去に合意した。危機を回避した両国は、再び平和共存路線へ舵を切った。

翌年、米英ソの3カ国は、地下を除くすべての核実験の禁止する**「部分的核実験禁止条約」**に調印した。

◆**カストロとゲバラ**

革命を目指すカストロ（左）に共鳴したアルゼンチン出身のゲバラ（右）は、南米の貧困問題の解決を目指し、ゲリラ戦によってキューバ革命を実現した。

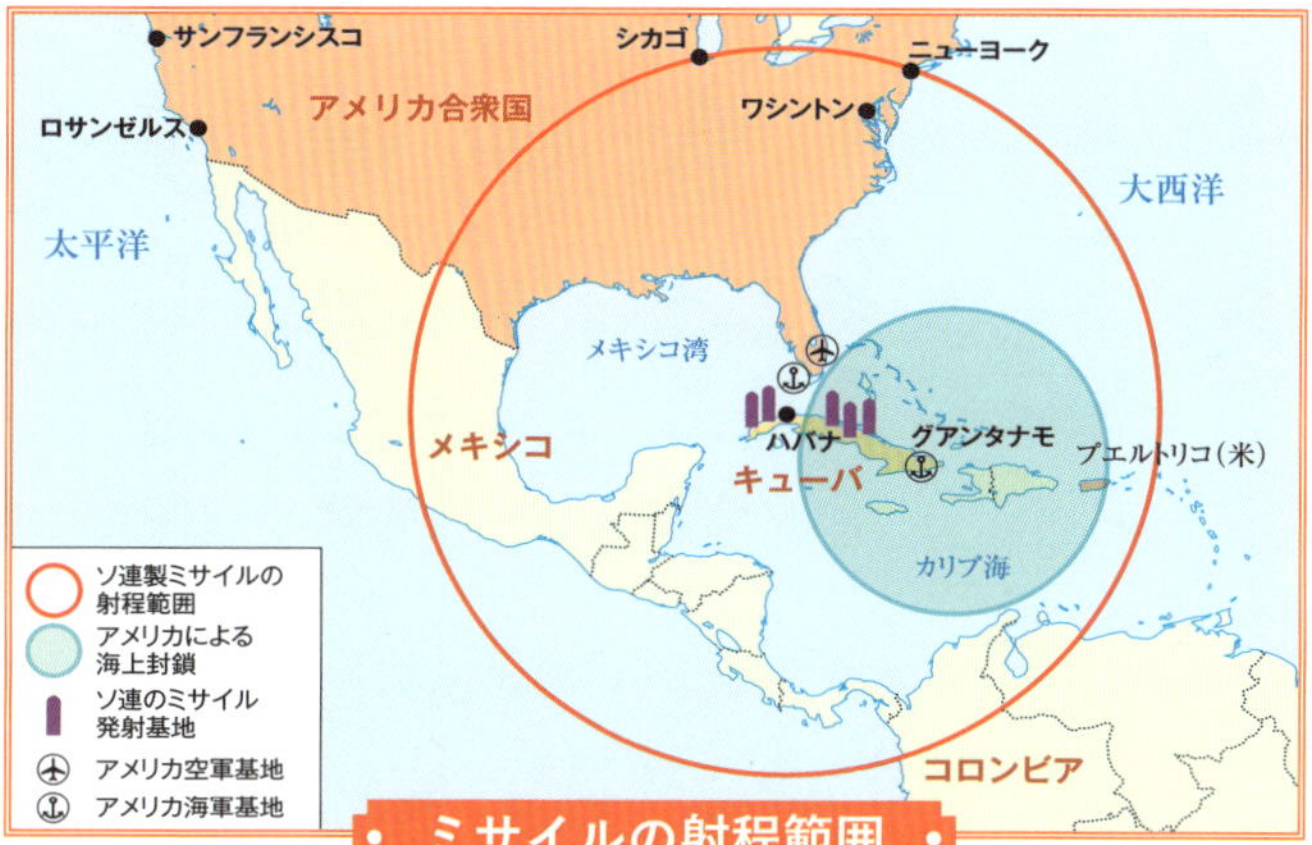

ミサイルの射程範囲

キューバのミサイル基地は、ワシントンやニューヨークを射程圏内に捉えるもので、アメリカにとって絶対に許容できなかった。

◆**海上封鎖宣言に署名するケネディ**

1962年10月23日夜、ケネディは海上封鎖の発効を命じる宣言に署名した。その後、フルシチョフはケネディの「キューバへの不侵略」を信頼し、ミサイルを撤去した。

1962年

第2バチカン公会議

全世界のカトリック聖職者が バチカンに集まり 教会の現代化を目指す

現代のカトリックの方向性を決定づける

キリスト教の**カトリック教会**において、ローマ皇帝・教皇が主催し、教義や教会の規律に関する事項を審議決定する宗教会議を**「公会議」**という。325年にローマ皇帝**コンスタンティヌス帝**が開いた**「ニケーア公会議」**が最初で、このとき、神と子（イエス）と聖霊は一体という**「三位一体説《さんみいったいせつ》」**が正統な教義となった。

その後も公会議は定期的に開かれ、1545年、**宗教改革**による混乱を収拾し、カトリックの教義を再確認するために、19回目の**「トリエント公会議」**が開かれたが、以後、約300年間、公会議は開かれなかった。この期間、世界の覇権を握ったのは、**プロテスタント**が中心のイギリスやアメリカであった。1868年には20回目の公会議として、**「第1バチカン公会議」**が招集されたが、**普仏戦争**（→P228）の勃発により成果のないまま終了した。

これに対し、プロテスタントは、1910年、各地の教会の代表者をイギリスに招いて**「エジンバラ世界宣教会議」**を開き、今後の世界宣教について協議した。この結果、他の宗派との一致・協力を目指す**「エキュメニズム（教会一致運動）」**が推

historical note

近代社会でカトリック教会を孤立化へ導いた第1バチカン公会議

第1バチカン公会議の様子。

第1バチカン公会議は、1868年、教皇ピウス9世が招集した。教皇不謬性（教皇は神の加護によって誤りを犯さない）を宣言し、フランス革命によって芽生えた近代合理主義を否定。カトリック教会は近代社会と決別し、孤立化への道を歩んだ。

関連ページ
宗 P50 ミラノ勅令
宗 P84 教会の東西分裂
宗 P126 宗教改革

進されることになった。

こうした流れを受けて、第二次世界大戦後、カトリック内部でも教会改革の声が上がり、1962年、21回目の公会議として、バチカン宮殿に世界中のカトリック聖職者が招集され、**「第2バチカン公会議」**が開催された。この公会議において、カトリックは**東方正教会**と和解し、カトリックの教えを現代社会に適応させる**「アジョルナメント」**や**エキュメニズム**を推進させるなど、大胆な改革を行い、現在のカトリックに大きな影響を与えている。

◆第2バチカン公会議
サン・ピエトロ大聖堂に、世界各国の司教が2500人以上集まり、第4会期まで4年間続いた。

第2バチカン公会議の主要な議題

●アジョルナメント（教会の現代化）
世界各地の教会で行われている典礼（礼拝様式）をラテン語以外で行うことが許可されるなど、カトリックの教えを現代社会に適したものに変革させること

●東方正教会との和解
教会が東西に分裂（→P84）した1054年以降、900年以上、お互いに破門し合っていたカトリックと東方正教会が、破門を解き合って和解した

●エキュメニズム（教会一致運動）
「カトリックだけが唯一の正しい宗教」という立場を変更し、東方正教会やプロテスタントなどのキリスト教諸派や、諸宗教間の対話と協力を目指す運動

1969年

人類初の月面着陸

ソ連と宇宙開発競争を戦うアメリカは人類初の月面着陸を成功させて優位に立つ

宇宙開発の真の目的は軍事転用と国威発揚

１９５０年代半ば、**冷戦**が激化する中で、米ソを中心に原子爆弾や水素爆弾などの**核兵器**の開発競争が進んだ。当時の核兵器は爆撃機で落下させるタイプのものだったが、ソ連は**長距離爆撃機**の性能や数でアメリカに劣っていた。このため、ソ連から直接アメリカを狙い撃ちできるよう、密かに**大陸間弾道ミサイル**の開発を進めていた。

その成果が、１９５７年に世界ではじめて打ち上げに成功した人工衛星**「スプートニク1号」**。この打ち上げに使用されたのが、大陸間弾道ミサイル**「R-7」**であった。

さらに1カ月後、ソ連はライカ犬を乗せた**「スプートニク2号」**の打ち上げに成功。ソ連の技術力の高さが世界中にアピールされ、その成功は**国威発揚**に利用された。

ソ連に先を越されて危機感を抱いたアメリカは、ロケット開発を急いだが、失敗が続き、大きく動揺した。そこで１９５８年、**「アメリカ航空宇宙局（NASA）」**を設置し、総力をあげて**「宇宙開発競争」**に乗り出した。アメリカの核ミサイルに対する恐怖は、**「キューバ危機」**において、頂点に達した。

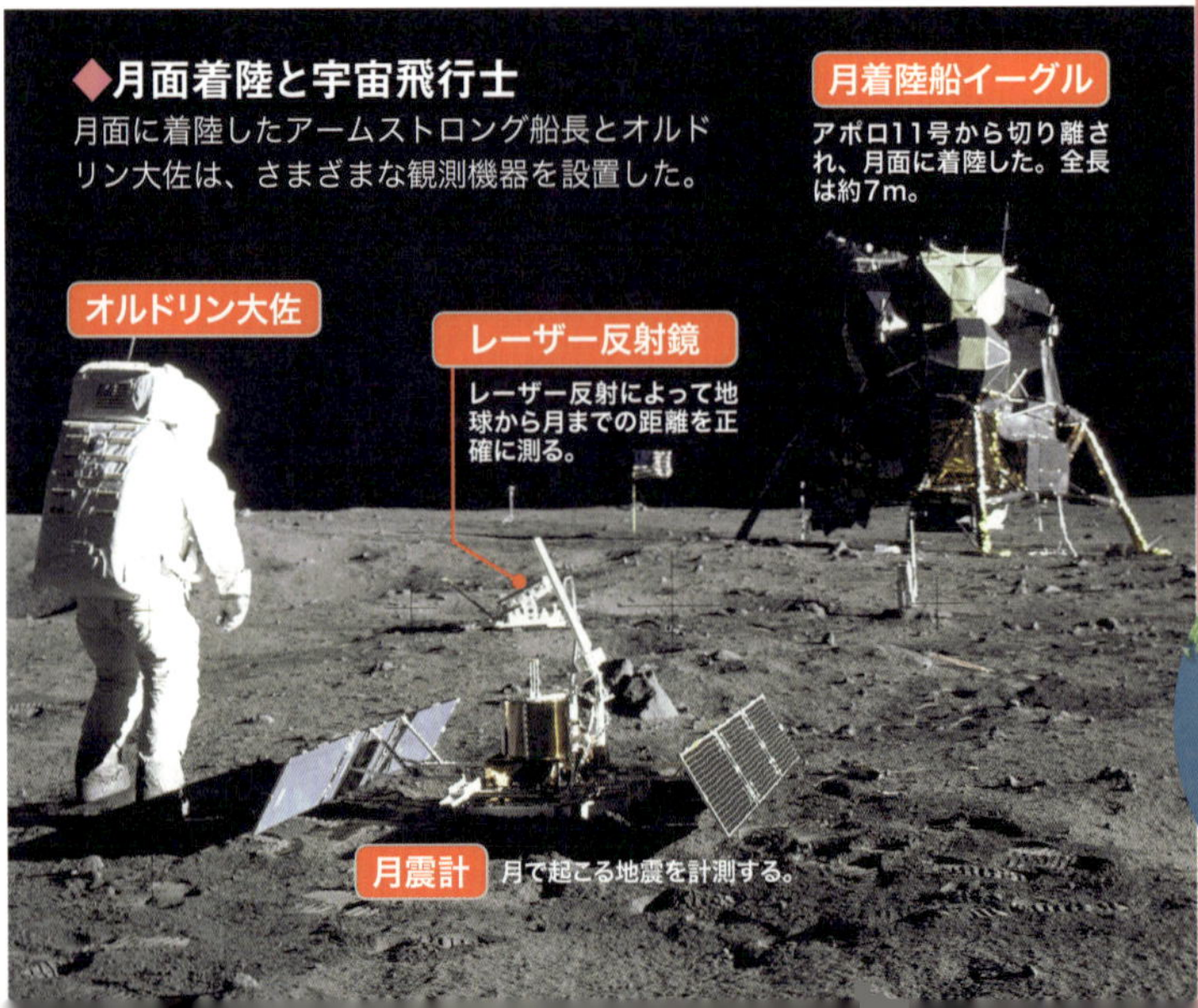

月着陸船イーグル
アポロ11号から切り離され、月面に着陸した。全長は約7m。
オルドリン大佐
レーザー反射鏡
レーザー反射によって地球から月までの距離を正確に測る。
月震計
月で起こる地震を計測する。

◆月面着陸と宇宙飛行士
月面に着陸したアームストロング船長とオルドリン大佐は、さまざまな観測機器を設置した。

関連ページ
戦 P278 東西冷戦
戦 P286 キューバ危機
戦 P296 ソ連解体

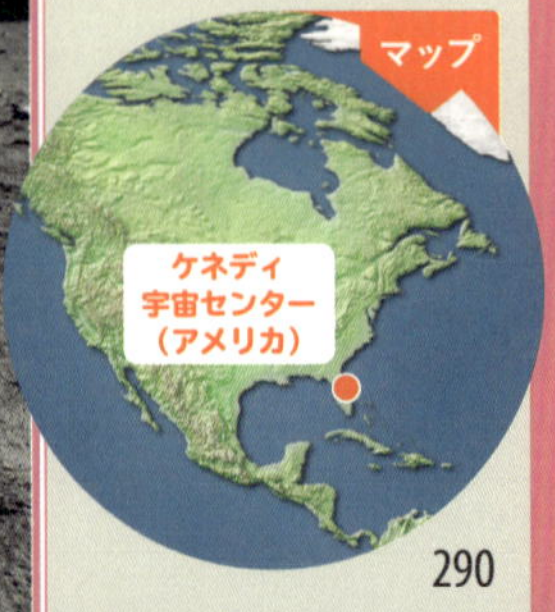

マップ
ケネディ宇宙センター（アメリカ）

一方のソ連は1961年に人類初の有人宇宙船**「ボストーク1号」**の打ち上げに成功。宇宙飛行士**ガガーリン**大佐の**「地球は青かった」**という言葉は世界中に報道された。**宇宙遊泳**においても、ソ連はアメリカの先を越したが、さらなる宇宙開発は経済的な限界を迎えていた。アメリカは船外活動や発射・着陸技術などを着実に高めていき、1969年、**アポロ11号**により、人類初の**月面着陸**に成功した。アメリカはソ連を追い越し、はじめて優位に立ったが、両国とも多額の開発費が財政に大きな負担をもたらし、宇宙開発競争はひと段落した。

宇宙開発競争の歴史

1957年 ソ連 世界初の人工衛星

ソ連が人工衛星スプートニク1号の打ち上げに成功。同年、ライカ犬を乗せたスプートニク2号の打ち上げにも成功

スプートニク1号

↓

大陸間弾道ミサイルの完成

1958年 アメリカ NASAの設立

アメリカは「アメリカ航空宇宙局(NASA)」を設立し、宇宙開発競争へ本格的に乗り出す

1961年 ソ連 人類初の有人宇宙船

ソ連のボストーク1号がガガーリン大佐を乗せて地球を1周した。ガガーリンは「地球は青かった」と語った

ボストーク1号

1965年 ソ連 人類初の宇宙遊泳

ソ連のボスホート2号が約12分間の宇宙遊泳に成功

1965年 アメリカ アメリカ初の宇宙遊泳

アメリカのジェミニ4号で約22分間の宇宙遊泳に成功

ジェミニ4号での船外活動

1969年 アメリカ 人類初の月面着陸

宇宙開発でソ連に遅れをとっていたアメリカがはじめて優位に立つ

↓

多額の開発費が財政負担となり、宇宙開発競争はひと段落する

これはひとりの
人間にとって小さな一歩だが、
人類にとっては偉大な躍進だ

◆アームストロング
(1930〜2012)
アメリカの宇宙飛行士。アポロ11号の船長として、人類で初めて月面に降り立った。

経済

1971年

ニクソン・ショック

ベトナム戦争の軍事支出による ニクソン・ショックで ブレトン・ウッズ体制が崩壊

戦費拡大や競争力低下で ドルの価値が下落する

１９４４年に**ブレトン・ウッズ体制**が成立し、**アメリカ・ドル**が世界の**基軸通貨**となった。第二次世界大戦中、大国で唯一戦場にならなかったアメリカは「独り勝ち」状態となり、戦後の世界経済を主導した。

冷戦が本格化すると、アメリカは西側諸国の経済を復興させるため、多額の**資金援助**を行った。そのおかげで経済復興を果たした**日本**や**西ドイツ**などの敗戦国は、本来なら貨幣価値が上がるところを、固定相場制のもと、**「円安」「マルク安」**の状態が維持された。このため、ドル換算では安値になる製品をアメリカに大量に輸出できた。

１９６０年代、アメリカは、南北に分断されていた**ベトナム**に軍事介入し、ソ連や中国が支援する北ベトナムへの攻撃を開始した。この**「ベトナム戦争」**は泥沼化し、戦費は拡大。アメリカは財政赤字を解消するためドルを増刷したため**インフレ**が進行し、物価は上がり、安い日本・西ドイツ製品の輸入が加速された。貿易の決済で支払われるドルは、次々と**金**に交換され、アメリカから金の流出が続いた。

こうした状況のなか、１９７１年、

◆ベトナム戦争

インドシナ戦争（1946～1954）以降、南北に分断されたベトナムで起きた戦争。南ベトナムを支援するアメリカは、敵対する村落を焼き払い、世界から非難された。

関連ページ
経 P244 FRBの設立
経 P274 ブレトン・ウッズ協定
経 P294 プラザ合意

ドルと金の交換を一時停止する
輸入品に一律10％の輸入課徴金を課す

◆ニクソン
（1913〜1994）
ベトナム戦争の最中、37代アメリカ大統領に就任。アメリカ経済を回復させられず、ドルと金兌換の停止を発表。ベトナム戦争を終結させた。

ニクソン大統領は「**ドルと金の交換の一時停止**」「**輸入品に一律10％の輸入課徴金を課す**」と発表した。この「**ニクソン・ショック**」により、わずか25年で、ブレトン・ウッズ体制は崩壊することになった。

ニクソン・ショックの結果、ドル売りが進行したため、アメリカは固定相場制を維持するため、**ドルの切り下げ**と、為替変動幅の拡大が決められ、1ドルは308円となった（**スミソニアン体制**）。

しかしドル売りの流れは止まらず、各国で通貨危機が相次ぎ、日本などの主要国は、通貨の価値を為替市場で決める「**変動相場制**」に移行した。これによりアメリカの威信は低下し、世界経済のアメリカ一極支配は終わった。貿易赤字が拡大するアメリカは自由貿易から**保護貿易**へと姿勢を変換し、日本などと**貿易摩擦**を引き起こすことになった。

変動相場制への移行

1960年代
- 日本、西ドイツなどの経済発展
- インフレによるアメリカの競争力低下
- ベトナム戦争の戦費拡大
- ドルとの交換による金の国外流出

↓

1971年
- ニクソン・ショック
- ドル切り下げと為替変動幅の拡大が決められ、1ドルは308円となる（スミソニアン体制）

↓

1973年
- 通貨危機が相次いだため日本などの主要国が変動相場制に移行

↓

ドルの価値が下がり国際的な競争力を失ったアメリカは自国の産業の保護へと舵を切る

経済

1985年

プラザ合意

アメリカは輸出を促進するため 各国の協調介入による ドル高是正を求める

関連ページ

経 P274 ブレトン・ウッズ協定

戦 P278 東西冷戦

経 P292 ニクソン・ショック

オイルショックにより世界経済が悪化する

第二次世界大戦後、西側諸国が高度経済成長を続けられたのは、**石油価格**の安定が大きな要因だった。

しかし**ニクソン・ショック**直後の1973年、**「第4次中東戦争」**が起こり、アメリカと敵対する**サウジアラビア**などが構成する**「OPEC(石油輸出国機構)」**は、原油の価格を4倍に引き上げた。

この**「第1次オイルショック（石油危機）」**で、先進諸国の経済は大混乱し、石油関連の製品は軒並み値上がりし、不況でありながら物価が上昇していく**「スタグフレーション」**が発生。さらに1979年、イラン革命の混乱でイランの原油産出量が激減したため**「第2次オイルショック」**が起き、原油価格はさらに上昇。先進諸国の経済は冷え込んだ。

「貿易赤字」が拡大するアメリカは、**インフレ**を抑制するために金利を引き上げたが、その結果、国内の企業活動は沈滞し、不況が進行した。またドル金利の上昇で、世界的にドルを買う動きが加速し、**「ドル高」**状態が続いた。割高になったアメリカの輸出製品は海外で売れず、アメリカの自動車産業は大打撃を受け、失業率は上昇した。

第二次世界大戦中、**軍需産業**で経済を回復させたアメリカは、戦後も軍需産業を維持した。また冷戦の影響もあり、拡大する**軍事費**は財政を圧迫した。軍需産業が経済構造に組

原油価格の推移

1972年	2.5ドル
1973年	第１次オイルショック
1974年	11.7ドル
1979年	第2次オイルショック
1981年	41.0ドル
1983年	34.0ドル

1972年、1974年の数値はサウジアラビア産の軽質原油の公式販売価格で、1981年、1983年の数値はスポット価格(市場価格)。

み込まれているアメリカは、軍事費を削減できず、**財政赤字**は増大した。

貿易赤字と財政赤字の**「双子の赤字」**に苦しむアメリカは、**「ドル安」**による輸出の拡大を狙い、1985年、米・日・西独・仏・英5カ国の蔵相をニューヨークのプラザホテルに集め、**「協調介入によるドル高是正」**が決められた。この**「プラザ合意」**から6週間で、各国の中央銀行は共同で外貨準備から総額102億ドルを売却し、ドイツマルクや日本円を購入した。

◆**プラザ合意**

対米関係悪化を危惧した日本や西ドイツは、ドル高是正のための協調介入に合意した。右端は竹下登蔵相。

1ドル235円だった円相場は、わずか1年で150円台に下がった。しかし、ドル安の流れは止まらず、1987年10月、ニューヨーク株式市場で**「ブラック・マンデー」**と呼ばれる株価暴落が起きた。これにより世界は同時株安になった。

日銀の金利引き下げでバブル経済がはじまる

急激な円高により、日本の**輸出産業**は大打撃を受け、日本経済は**「円高不況」**に陥った。この状況を打開するため、**内需拡大**を狙った日本銀行は金利を引き下げたが、低金利で儲けが見込めなくなった銀行預金は大量に引き出され、**株式市場**に流れ込んだ。この結果、1989年12月、日経平均株価は3万8915円の史上最高値を記録。さらに余った資金は**不動産**に投資され、**「バブル経済」**がはじまった。

「地価は下がらない」という土地神話のもと、金融機関は不動産融資を過熱させたが、1990年、当時の**大蔵省**が不動産融資を規制すると、バブルは崩壊。不良債権を抱えた銀行は、融資に慎重になり、経済活動は失速。以後、**「失われた20年」**と呼ばれる長期不況に突入した。

日本のバブル発生の流れ

プラザ合意で**円高**が進行し
輸出不振で不況になる

▼

内需拡大を狙い
日本銀行は**金利**を引き下げる

▼

銀行預金が引き出され
株式・不動産投資に流れる

▼

バブル経済の発生

1991年

ソ連解体

東西冷戦の終結により ソ連は解体されて ロシア連邦が成立する

ゴルバチョフの登場で冷戦終結が一気に加速

キューバ危機後、米ソは**核軍縮**を進め、東西冷戦は緩和したが、1979年、親ソ政権を支援するためにソ連が**アフガニスタン**に侵攻すると、アメリカの**レーガン大統領**はソ連を**「悪の帝国」**と敵視し、核兵器による軍備拡張を進めた。このため米ソの対立は再び激化し、**「第2次冷戦」**と呼ばれる緊張状態に入った。

1985年、ソ連共産党書記長に就任した**ゴルバチョフ**は、**グラスノスチ**（情報公開）や、**ペレストロイカ**（改革）を推進して、社会主義体制の修正を開始したが、その直後に起きた**チェルノブイリ原発事故**は、ソ連の体制行き詰まりを露呈し、改革を急がせることになった。一方、アメリカの**レーガン**は、財政赤字削減のため核軍縮を必要としていた。

このため1987年、両国は**中距離核戦力（INF）全廃条約**に調印し、2年後、ソ連がアフガニスタンから撤退すると、レーガンの後任・**ブッシュ大統領**とゴルバチョフは地中海のマルタ島で**「マルタ会談」**を開き、**「冷戦終結」**を宣言した。

同年、ソ連の影響力の低下によって、**ベルリンの壁**が崩壊し、翌年、**東西ドイツ**は統一された。続いて**東**

◆**ベルリンの壁の崩壊**
ベルリンを東西に分断するため、1961年に建設された「ベルリンの壁」は、1989年、解放された。翌年には東西ドイツが統一した。

関連ページ
戦 P278 東西冷戦
戦 P286 キューバ危機
戦 P290 人類初の月面着陸

欧社会主義圏も消滅。ソ連は大統領制に移行し、ゴルバチョフが大統領に選出された。これに対し、**ソ連共産党**はクーデターを起こしたが、失敗。共産党の解散後、**エリツィン**を大統領とする**「ロシア連邦」**を中心に、11の共和国が**「独立国家共同体（CIS）」**を結成し、ソ連は解体した。

ソ連崩壊により、唯一の超大国となったアメリカは、1991年、クウェートに侵攻したイラクを攻撃した**（湾岸戦争）**。一方、ヨーロッパでは統合が進み、1993年、**EU（ヨーロッパ連合）**が発足した。

ソ連解体までの流れ

1979年
- ソ連軍が**アフガニスタン**に侵攻

1985年
- **ゴルバチョフ**がソ連共産党書記長に就任

グラスノスチ（情報公開）
ペレストロイカ（改革）

1986年
- **チェルノブイリ原子力発電所事故**

1987年
- **中距離核戦力（INF）全廃条約**に調印

1989年
- ソ連軍がアフガニスタンから撤退
- **マルタ会談**で**冷戦終結**が宣言される

1991年
- クーデターに失敗した**共産党が解散**
- **ソ連が解体**し、**エリツィン**がロシア連邦の大統領に就任

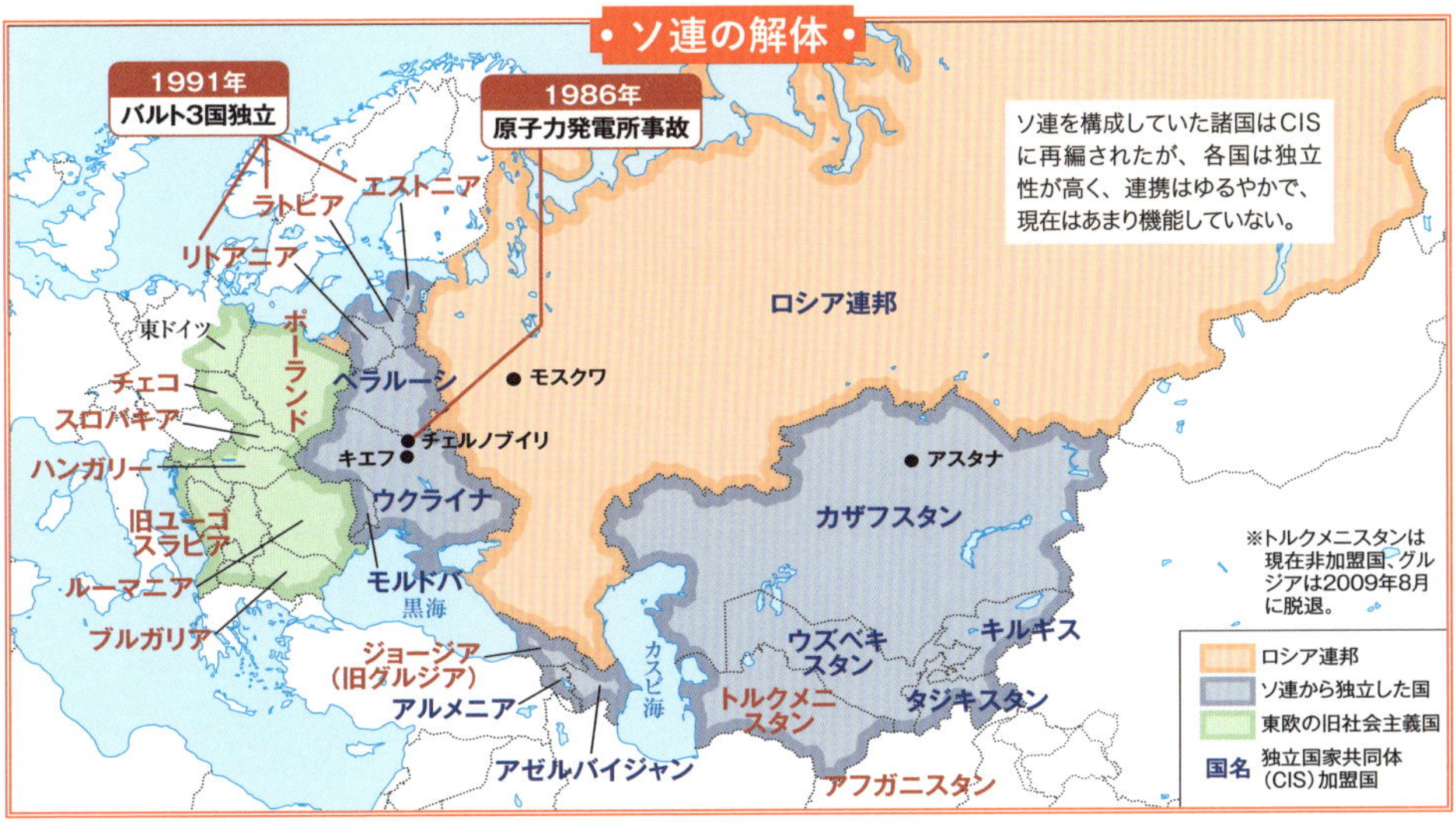

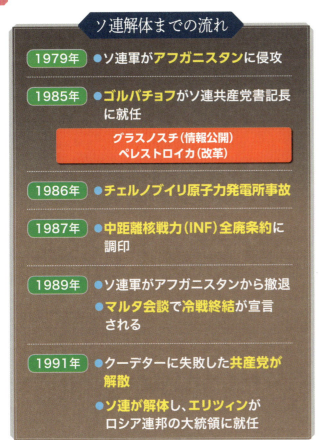

経済

2008年

リーマン・ショック

マネーゲーム化した金融市場で サブプライム・ローンの 債券が証券化される

リスクの高い債券を投資家に売った投資銀行

変動相場制に移行した**アメリカ**は、景気が低迷すると、金利を引き下げてドルを大量に供給し、インフレを起こして景気を回復させ、バブルが発生しそうになると、金利を引き上げて沈静化した。しかし**金利操作**を一歩間違えると、経済が大混乱する危険性があった。

世界恐慌のとき、アメリカの商業銀行の多くは証券業務を行っていたため、損害額が膨らみ、倒産が相次いだ。この教訓から、1933年、**「グラス・スティーガル法」**が制定され、商業銀行は、証券業務（投資銀行業務）をできなくなった。このため、金融資本**「モルガン」**は、商業銀行**「JPモルガン」**と、投資銀行**「モルガン・スタンレー」**に分割された。

しかし1980年代後半から、アメリカは**金融規制緩和**を進め、1999年、銀行・証券の分離規定は撤廃された。これにより、金融市場は完全に自由化し、銀行による投機的な資金の流れ**（マネーゲーム）**が生み出されるようになった。

投資銀行は、国や企業などが資金を調達するために発行する債券や株式を引き受けて販売したり、企業合併を仲介したりする金融機関で、資金は投資家や他の金融機関などから調達する。常に高い収益を上げ続けなければ、資金を引き上げられる可能性があった投資銀行は、収益確保のため、**債券**を**証券化**して投資家に販売するようになった。

こうした状況のなか、投資銀行は、住宅ローン会社から、信用度の低い（貸し倒れリスクが高い）人向けの高金利住宅ローン**「サブプライム・ローン」**の債券を買い取り、**「モーゲージ債（MBS）」**として証券化するようになった。リスクの高いモーゲージ債は売りにくかったが、投資銀行は、モーゲージ債を他のロ

関連ページ
経 P244 FRBの設立
経 P260 世界恐慌
経 P292 ニクソン・ショック

マップ

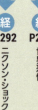

ーンや、国債などの安定した債券と組み合わせて**「債務担保証券（CDO）」**を組成し、投資家に販売した。不動産価格の上昇が続き、格付け会社から高い評価を与えられたCDOは、世界中の投資家から購入された。

しかし2007年、**不動産バブル**を警戒するFRBが金利を引き上げると、不動産価格は急落。サブプライム・ローンの返済遅延が急増したことで、不動産は不良債権化し、問題が一気に表面化した。投資家は自分が購入したCDOにサブプライム関連の債券が混ざっているかどうかわからず、損失を恐れて投げ売りし、証券価格は大暴落した。

2008年、サブプライム関連のCDOを積極的に販売していたアメリカ国内第4位の投資銀行**「リーマン・ブラザーズ」**は、約6000億ドル（約64兆円）の負債を抱えて倒産し、さらに企業の倒産保険を扱うアメリカ最大の保険会社**AIG**が経営危機に陥った。

AIGの倒産は影響があまりにも大きいと判断され、国有化されたが、このニュースにより世界中に深刻な金融危機が引き起こされた。この**「リーマン・ショック」**は世界経済の金融化を象徴する事件であった。

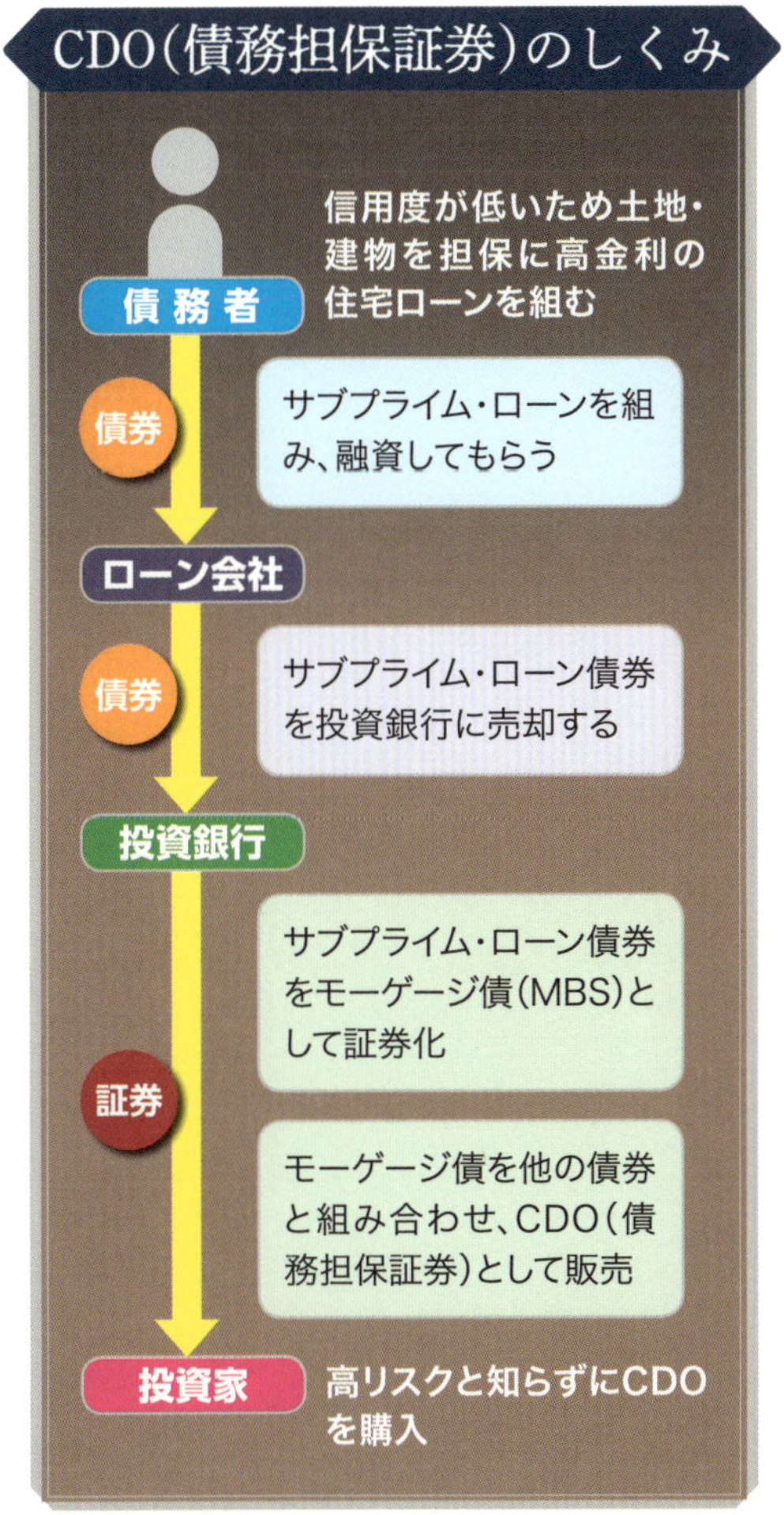
CDO(債務担保証券)のしくみ
債務者
信用度が低いため土地・建物を担保に高金利の住宅ローンを組む
債券
サブプライム・ローンを組み、融資してもらう
ローン会社
債券
サブプライム・ローン債券を投資銀行に売却する
投資銀行
サブプライム・ローン債券をモーゲージ債(MBS)として証券化
証券
モーゲージ債を他の債券と組み合わせ、CDO(債務担保証券)として販売
投資家
高リスクと知らずにCDOを購入

◆**株価の大暴落**
リーマン・ショックの影響で、世界中の株価が大暴落した。写真はメキシコの取引所で途方に暮れるトレーダー。

※世界地図は2019年10月現在のものです。

現在の世界

首都
グリーンランド
(デンマーク)
アラスカ
(アメリカ合衆国)
カナダ
アメリカ合衆国
太平洋
大西洋
メキシコ
バハマ
キューバ
ジャマイカ
ハイチ
ドミニカ共和国
ベリーズ
ホンジュラス
グアテマラ
エルサルバドル
ニカラグア
コスタリカ
パナマ
セントクリストファー・ネーヴィス
アンティグア・バーブーダ
ドミニカ
セントルシア
セントビンセント及びグレナディーン諸島
カーボヴェルデ
グレナダ
バルバドス
トリニダード・トバゴ
ベネズエラ
ガイアナ
スリナム
ギアナ
(フランス)
コロンビア
エクアドル
ペルー
ブラジル
ボリビア
パラグアイ
チリ
ウルグアイ
アルゼンチン
ヨーロッパ拡大図
ノルウェー
スウェーデン
バルト海
ラトビア
リトアニア
ロシア連邦
デンマーク
北海
イギリス
アイルランド
オランダ
ポーランド
ドイツ
ベルギー
ルクセンブルク
チェコ
スロバキア
リヒテンシュタイン
オーストリア
スロベニア
ハンガリー
ルーマニア
フランス
スイス
大西洋
クロアチア
セルビア
ボスニア・
ヘルツェゴビナ
コソボ
ブルガリア
モナコ
サンマリノ
モンテネグロ
北マケドニア
アンドラ
スペイン
バチカン
イタリア
アルバニア
ポルトガル
ギリシャ
地中海
アルジェリア
チュニジア
マルタ

地域別 世界史年表

※**赤字**はこの本で大きく取り上げている項目です。
※年表の内容には諸説あるものがあります。

西暦：前2000 ← 前1000 ← 前500 ← 前100

ヨーロッパ・南北アメリカ

- 前3000頃…エーゲ文明が誕生
- 前1200頃…トロイア戦争
- 前753頃…ローマが建国される
- 前500…ペルシア戦争がはじまる
- 前480…サラミスの海戦
- 前431…**ペロポネソス戦争**（↓P28）
- 前264…**第1次ポエニ戦争**（↓P36）
- 前218…**第2次ポエニ戦争**（↓P36）
- 前149…**第3次ポエニ戦争**（↓P36）

アフリカ〜西・南アジア

- 前26世紀…**クフ王のピラミッド建設**（↓P12）
- 前1750頃…**ハンムラビ法典**（↓P14）
- 前1286頃…**カデシュの戦い**（↓P16）
- 前1000頃…**イスラエル王国の誕生**（↓P18）
- 前7世紀…**貨幣の誕生**（↓P22）
- 前6世紀頃…**仏教の誕生**（↓P24）
- 前333…**イッソスの戦い**（↓P32）
- 前268…アショーカ王が即位

東アジア

- 前6000頃…黄河・長江文明が発生
- 前2000頃…殷王朝が成立
- 前11世紀…周王朝が成立
- 前770…春秋時代がはじまる
- 前5世紀…**儒教の誕生**（↓P26）
- 前403…戦国時代がはじまる
- 前247…秦王・政が即位
- 前221…**秦の中国統一**（↓P34）
- 前202…前漢の成立

紀元後1　100　200　300　400

- 前60……第1回三頭政治
- 前49……**ローマ内戦**（→P38）
- 前27……ローマ帝国の誕生
- 67頃……ペテロ、パウロが殉教
- 116頃……ローマ帝国領域が最大になる
- 200頃……『新約聖書』がほぼ完成する
- 215……アントニニアヌス銀貨の発行
- 307……ソリドゥス金貨の発行
- 313……**ミラノ勅令**（→P50）
- 392……キリスト教がローマ帝国の国教となる
- 395……ローマ帝国が東西に分裂
- 476……**西ローマ帝国の滅亡**（→P54）

- 前51……クレオパトラがエジプト女王に即位
- 30頃……**キリスト教の誕生**（→P40）
- 1世紀後半……**仏像の誕生**（→P44）
- 130頃……カニシカ王が即位
- 135……**ユダヤ人の離散**（→P46）
- 4世紀……**ヒンドゥー教の定着**（→P52）
- 320頃……グプタ朝の成立

- 前97……司馬遷が『史記』を完成させる
- 8……新が成立
- 25……後漢が成立
- 105……製紙法が改良される
- 184……黄巾の乱
- 208……**赤壁の戦い**（→P48）
- 239……卑弥呼が魏に遣使
- 280……晋が中国を統一
- 304……五胡十六国時代がはじまる
- 317……東晋の成立
- 439……北魏が華北を統一
- 485……北魏の孝文帝が均田制を施行

西暦

500 ← 600 ← 700 ← 800 ← 900 ← 1000 ← 1100 ← 1200

ヨーロッパ・南北アメリカ

555……**東ゴート王国の滅亡**（↓P60）
726……聖像禁止令
800……**カールの戴冠**（↓P74）
843……フランク王国の分裂
9世紀……**ノルマン人の移動**（↓P78）
962……神聖ローマ帝国の成立
1054……**教会の東西分裂**（↓P84）
1077……**カノッサの屈辱**（↓P86）
1096……**第1回十字軍**（↓P88）
1147……**第2回十字軍**（↓P88）
1189……**第3回十字軍**（↓P88）
1202……**第4回十字軍**（↓P88）

アフリカ～西・南アジア

610頃……**イスラム教の誕生**（↓P64）
661……**ウマイヤ朝の成立**（↓P70）
750……アッバース朝の成立
762……バグダードの建設
8世紀……イスラム勢力がインドに侵入
9世紀……**アラビア数字の普及**（↓P76）
932……ブワイフ朝の成立
1038……セルジューク朝の成立
1169……アイユーブ朝の成立
1206……デリー・スルタン朝の成立

東アジア

589……**隋の中国統一**（↓P62）
645……**玄奘の帰国**（↓P68）
663……白村江の戦い
755……**安史の乱**（↓P72）
794……平安京に遷都
894……遣唐使の派遣を停止
907……唐が滅亡する
979……宋が中国を統一
10世紀後半……**開封の発展**（↓P80）
1023……**紙幣の誕生**（↓P82）
1127……宋（北宋）の滅亡
1185……鎌倉幕府の成立
1206……モンゴル帝国の成立

1300
1400
1500

1215…**『マグナ・カルタ』**（↓P92）
1241…**ワールシュタットの戦い**（↓P94）
13世紀……**ハンザ同盟**（↓P98）
1309…教皇庁がアビニョンに移転
1339…**百年戦争**（↓P100）
1346…クレシーの戦い
1356…ポワティエの戦い
1429…**オルレアンの解放**（↓P108）
1453…**ビザンツ帝国の滅亡**（↓P110）
1488…**喜望峰到達**（↓P118）
1492…**グラナダ陥落**（↓P120）
1493…**新大陸の発見**（↓P122）
1494…**イタリア戦争**（↓P124）
1517…**宗教改革**（↓P126）
1518…**ターラー銀貨の発行**（↓P128）
1521…**アステカ王国の滅亡**（↓P130）
1533…**インカ帝国の滅亡**（↓P136）
1534…**イギリス国教会の成立**（↓P138）
1541…**「最後の審判」の完成**（↓P140）

1258…アッバース朝が滅亡
1299…オスマン帝国の成立
1370…**ティムール帝国の建国**（↓P102）
1402…アンカラの戦い
1501…サファヴィー朝の成立
1520…スレイマン1世が即位
1526…ムガル帝国の成立
1526…モハーチの戦い
1529…**第1次ウィーン包囲**（↓P134）
1538…プレヴェザの海戦

1260…**交鈔の発行**（↓P96）
1274…文永の役
1336…室町幕府の成立
1368…明の成立
1402…**靖難の役**（↓P104）
1404…**日明貿易の開始**（↓P106）
1467…応仁の乱
1543…日本に鉄砲が伝来

西暦

1600 ← 1700

ヨーロッパ・南北アメリカ

- 1545…**ポトシ銀山の発見**（⬇P144）
- 1562…**ユグノー戦争**（⬇P148）
- 1568…**オランダ独立戦争**（⬇P150）
- 1570…**ドレークの海賊活動**（⬇P152）
- 1588…アルマダの海戦
- 1602…**オランダ東インド会社設立**（⬇P160）
- 1618…**三十年戦争**（⬇P162）
- 1633…**ガリレイの宗教裁判**（⬇P164）
- 1642…**ピューリタン革命**（⬇P168）
- 1685…**ナントの王令の廃止**（⬇P172）
- 1688…名誉革命
- 17世紀…**保険の誕生**（⬇P176）
- 1694…**イングランド銀行の設立**（⬇P178）
- 1700…**北方戦争**（⬇P180）
- 1754…フレンチ・インディアン戦争
- 1756…**七年戦争**（⬇P188）
- 18~19世紀…**露土戦争**（⬇P190）
- 1775…**アメリカ独立戦争**（⬇P192）

アフリカ~西・南アジア

- 1564…アクバルが人頭税を廃止
- 1571…**レパントの海戦**（⬇P154）
- 1628…シャー・ジャハーンが即位
- 1653…**タージ・マハルの完成**（⬇P170）
- 1679…アウラングゼーブが人頭税を復活
- 1683…第2次ウィーン包囲
- 1718…オスマン帝国でチューリップ時代開始
- 1757…プラッシーの戦い

東アジア

- 1549…**キリスト教の伝来**（⬇P146）
- 1582…マテオ・リッチがマカオに到着
- 1582…天正遣欧使節の派遣
- 1592…**朝鮮出兵**（⬇P158）
- 1600…関ケ原の戦い
- 1603…江戸幕府の成立
- 1637…**島原の乱**（⬇P166）
- 1644…清が北京入城
- 1661…康熙帝が中国を統一
- 1689…ネルチンスク条約
- 1711…**地丁銀制**（⬇P186）
- 1716…徳川吉宗の享保の改革
- 1724…清がキリスト教を全面禁止

1800
1850

1789…**フランス革命** P194
1795…**アッシニアの暴落** P196
1798…**フランスの徴兵制** P198
1805…**トラファルガーの海戦** P200
1812…ナポレオンのモスクワ遠征
1815…**ワーテルローの戦い** P202
1816…**金本位制復活** P206
1830…**鉄道の開通** P208
1830…**七月革命** P214
1848…**『共産党宣言』の出版** P218
1848…**メキシコ割譲** P220
1853…**クリミア戦争** P222
1861…**南北戦争** P224
1866…**普墺戦争** P226
1870…**普仏戦争** P228
1871…ドイツ帝国の成立
19世紀末…**ドイツの「世界政策」** P232
1898…**米西戦争** P234

1798…ピラミッドの戦い
1805…ムハンマド・アリーがエジプトの実権を握る
1811…エジプトがオスマン帝国から事実上独立
1830…フランスがアルジェリアに侵攻
1831…エジプト・トルコ戦争
1852…トランスバール共和国の成立
1854…オレンジ自由国の成立
1857…シパーヒーの反乱
1858…イギリス東インド会社の解散
1869…スエズ運河開通
1877…インド帝国の成立
1899…**南アフリカ戦争** P236

1787…寛政の改革
1800…伊能忠敬が測量を開始
1837…大塩平八郎の乱
1840…**アヘン戦争** P216
1841…天保の改革
1851…太平天国の乱
1853…ペリーが浦賀に来航
1856…アロー戦争
1858…天津条約
1860…北京条約
1867…江戸幕府の滅亡
1894…**日清戦争** P230
1898…戊戌の政変

西暦

1900 → 1950

ヨーロッパ・南北アメリカ

- 1908…**T型フォード発売** (→P242)
- 1913…**FRBの設立** (→P244)
- 1914…**第一次世界大戦勃発** (→P246)
- 1917…**ロシア革命** (→P248)
- 1918…**第一次世界大戦終結** (→P250)
- 1919…ベルサイユ条約の調印
- 1923…**ドイツのインフレ** (→P252)
- 1929…**世界恐慌** (→P260)
- 1930年代…**ブロック経済** (→P262)
- 1933…ヒトラーがドイツ首相に就任
- 1937…**フォルクスワーゲンの設立** (→P266)
- 1939…**第二次世界大戦** (→P268)
- 1941…**独ソ戦** (→P270)
- 1944…**ブレトン・ウッズ協定** (→P274)
- 1945…**ヤルタ会談** (→P276)
- 1946…**東西冷戦** (→P278)
- 1957…世界初の人工衛星

アフリカ〜西・南アジア

- 1905…第1次モロッコ事件
- 1905…ベンガル分割令の公布
- 1911…第2次モロッコ事件
- 1915…フセイン・マクマホン協定
- 1916…サイクス・ピコ協定
- 1917…バルフォア宣言
- 1922…オスマン帝国の滅亡
- 1923…**パレスチナの委任統治** (→P254)
- 1935…イタリアがエチオピアに侵攻
- 1935…新インド統治法
- 1947…**印パ分離** (→P280)
- 1948…イスラエルが建国宣言
- 1948…第1次中東戦争
- 1956…第2次中東戦争

東アジア

- 1900…**義和団事件** (→P238)
- 1904…**日露戦争** (→P240)
- 1911…辛亥革命
- 1912…中華民国の成立
- 1915…二十一か条の要求
- 1919…五・四運動
- 1921…中国共産党の結成
- 1927…南京国民政府の成立
- 1931…満州事変
- 1935…**法幣の発行** (→P264)
- 1936…西安事件
- 1937…日中戦争勃発
- 1941…**太平洋戦争** (→P272)
- 1946…第2次国共内戦
- 1949…**中華人民共和国の成立** (→P282)
- 1950…**朝鮮戦争** (→P284)

2000

1959…キューバ革命
1962…**キューバ危機**（↓P286）
1962…**第2バチカン公会議**（↓P288）
1965…ベトナム戦争が本格化
1969…**人類初の月面着陸**（↓P290）
1971…**ニクソン・ショック**（↓P292）
1985…ゴルバチョフがソ連書記長に就任
1985…**プラザ合意**（↓P294）
1989…マルタ会談で冷戦終結が宣言
1991…湾岸戦争
1991…**ソ連解体**（↓P296）
1993…EU（ヨーロッパ連合）発足
1999…EUが単一通貨ユーロを導入
2001…アメリカで同時多発テロ
2008…**リーマン・ショック**（↓P298）

1964…パレスチナ解放機構の設立
1967…第3次中東戦争
1973…第4次中東戦争
1973…第1次オイルショック
1979…ソ連のアフガニスタン侵攻
1979…第2次オイルショック
1980…イラン・イラク戦争
1990…ルワンダ内戦
1991…アパルトヘイトの終結宣言
1998…インド・パキスタンが核実験
2003…イラク戦争
2011…シリア内戦が本格化
2014…IS（イスラム国）が国家樹立を宣言

1951…サンフランシスコ平和条約の調印
1966…文化大革命がはじまる
1969…中ソ国境紛争
1972…日中国交正常化
1978…中国が市場経済に移行
1986…日本でバブル経済が発生
1989…日本で消費税3％導入
1991…日本でバブル経済が崩壊
1995…地下鉄サリン事件
1997…香港が中国に返還される
2003…イラクに自衛隊を派遣
2011…東日本大震災の発生

さくいん

※青字は人名

◆◆◆◆◆ た ◆◆◆◆◆

234 米西戦争（Library of Congress所蔵）
235 横浜に上陸するペリー
（Library of Congress所蔵）／リリウオカラニ
（Getty images提供）
236 セシル・ローズ（Getty images提供）
237 南アフリカ戦争（Library of Congress所蔵）
238 西太后（ユニフォトプレス提供）
239 北京侵攻（Library of Congress所蔵）
240 高橋是清（国立国会図書館所蔵）
241 日本海海戦・ポーツマス会議
（Library of Congress所蔵）
243 フォード・自動車であふれるニューヨーク
（Library of Congress所蔵）
245 FRB（Library of Congress所蔵）
246 暗殺直前のフェルディナント夫妻
（ユニフォトプレス提供）
247 女性に出征を告げる兵士
（Library of Congress所蔵）
248 演説するレーニン（Getty images提供）
249 スターリン（Library of Congress所蔵）
250 イギリス軍の戦車（ユニフォトプレス提供）
251 塹壕戦（Getty images提供）／アメリカ軍の入隊募集ポスター（Library of Congress所蔵）／兵器工場で働く女性たち
（ユニフォトプレス提供）
252 レンテンマルク（Getty images提供）／
シャハト（Library of Congress所蔵）
253 札束で遊ぶ子どもたち（ユニフォトプレス提供）
254 トーマス・エドワード・ロレンス
（ユニフォトプレス提供）
260 ジョセフ・P・ケネディ
（Library of Congress所蔵）
261 混乱するウォール街
（Library of Congress所蔵）
264 蔣介石（Library of Congress所蔵）
267 フォルクスワーゲンの完成
（ユニフォトプレス提供）
269 ミュンヘン会談・ポーランド侵攻・ヒトラー
（Getty images提供）
270 チャーチル（Library of Congress所蔵）
271 スターリングラードの戦い
（ユニフォトプレス提供）
273 真珠湾攻撃（Library of Congress所蔵）
275 金・ドル・各国国旗（Getty images提供）／
演説するケインズ（ユニフォトプレス提供）
276 ノルマンディー上陸作戦
（Library of Congress所蔵）
277 ベルリン陥落（ユニフォトプレス提供）／
ヤルタ会談（Library of Congress所蔵）
278 トルーマン（Library of Congress所蔵）
279 冷戦中のベルリン（Getty images提供）
280 バングラデシュ独立記念碑（Getty images提供）
281 ガンジーの墓（Getty images提供）
283 中華人民共和国の成立を宣言する毛沢東
（ユニフォトプレス提供）
285 アメリカ軍による攻撃（ユニフォトプレス提供）
／板門店（Getty images提供）
286 キッチン討論（Library of Congress所蔵）
287 カストロとゲバラ・海上封鎖宣言の署名するケネディ（ユニフォトプレス提供）
288 第１バチカン公会議
（Library of Congress所蔵）
289 第２バチカン公会議（ユニフォトプレス提供）
290 月面着陸と宇宙飛行士（NASA提供）
291 スプートニク１号・ボストーク号
（Getty images提供）／アームストロング・ジェミニ４号での船外活動（NASA提供）
292 ベトナム戦争（ユニフォトプレス提供）
293 ニクソン（ユニフォトプレス提供）
295 プラザ合意（ユニフォトプレス提供）
296 ベルリンの壁の崩壊（ユニフォトプレス提供）
299 株価の大暴落（ユニフォトプレス提供）

主要参考文献

『詳説世界史』木村靖二・佐藤次高・岸本美緒ほか著（山川出版社）／『詳説 世界史研究』木村靖二・岸本美緒・小松久男編（山川出版社）／『詳説 世界史図録』木村靖二・小松久男・岸本美緒監修（山川出版社）／『最新世界史図説タペストリー』川北稔・桃木至朗監修／『明解世界史図説エスカリエ』（帝国書院）／『世界〈経済〉全史「51の転換点」で現在と未来が読み解ける』宮崎正勝著（日本実業出版社）／『お金の流れでわかる世界の歴史』大村大次郎著（KADOKAWA）／『世界史は99%、経済でつくられる』宇山卓栄著（育鵬社）／『経済は世界史から学べ！』茂木誠著（ダイヤモンド社）／『「お金」で読み解く世界史』関眞興著（SBクリエイティブ）／『一度読んだら絶対に忘れない世界史の教科書』山﨑圭一著（SBクリエイティブ）／『洋泉社MOOK 経済と金融の世界史』（洋泉社）／『詳説 日本史図録』（山川出版社）／『新編 新しい歴史社会』坂上康俊・戸波江二・矢ケ﨑典隆ほか著（東京書籍）／『社会科 中学生の歴史』黒田日出男監修（帝国書院）／『世界史用語集』全国歴史教育研究協議会編（山川出版社）／『ビジュアルワイド 図説日本史』（東京書籍）／『世界史のための人名辞典』水村光男編著（山川出版社）／『写真とイラストで見る西洋甲冑入門 三浦權利作品集』奥主博之著（アッシュ・クリエイティブ）／『ビジュアル版 世界の歴史』増田ユリヤ監修（ポプラ社）／『エリア別だから流れがつながる 世界史』祝田秀全監修（朝日新聞出版）／『ビジュアル図解 聖書と名画』中村明子著（西東社）

158 豊臣秀吉画像(東京大学史料編纂所所蔵[模写])
159 朝鮮軍陣図屏風(公益財団法人鍋島報效会所蔵)／初期伊万里(ユニフォトプレス提供)
161 東インド会社の帆船・チューリップを愛好するオランダ人(Getty images提供)
163 傭兵の処刑・フェルディナント2世(Getty images提供)
164 スペインで火刑に処される異端者(Getty images提供)
165 コペルニクス・ガリレイ(Getty images提供)／ガリレイの宗教裁判(ユニフォトプレス提供)
166 マテオ・リッチと徐光啓(ユニフォトプレス提供)
167 天草四郎(フォトライブラリー提供)
168 チャールズ1世の処刑(ユニフォトプレス提供)
169 クロムウェル・王政復古・名誉革命(Getty images提供)
170 象に乗って戦うアクバル(ユニフォトプレス提供)
171 タージ・マハル(Getty images提供)／シャー・ジャハーン(ユニフォトプレス提供)
172 ルイ14世(Getty images提供)／ベルサイユ宮殿(Adobe Stock提供)
174 大西洋三角貿易(Getty images提供)
175 奴隷船の内部・奴隷船で運ばれる奴隷たち(Everett Historical/Shutterstock.com)
176 紅茶を楽しむイギリス人女性たち(Getty images提供)
177 コーヒーハウス(ユニフォトプレス提供)／ロイズ保険組合(Getty images提供)
179 18世紀のイングランド銀行(Getty images提供)／南海泡沫事件(Library of Congress所蔵)
180 ひげ税(Getty images提供)
181 ペトロハブロフスク要塞・ピョートル1世(Getty images提供)
187 康熙帝(ユニフォトプレス提供)／大清宝鈔(Getty images提供)
188 ポンパドール夫人(Getty images提供)
189 マリア・テレジア(ユニフォトプレス提供)／フリードリヒ2世・クーネルスドルフの戦い(Getty images提供)
190 処刑されるプガチョフ(Library of Congress所蔵)
191 エカテリーナ2世(ユニフォトプレス提供)／ポーランド分割(Library of Congress所蔵)
192 ボストン茶会事件(Library of Congress所蔵)
193 ワシントン・大陸紙幣(Getty images提供)／「アメリカ独立宣言」の採択(Library of Congress所蔵)
194 アンシャン・レジームの風刺画(Library of Congress所蔵)
195 バスティーユ襲撃・マリーアントワネット(Getty images提供)／ネッケル(Library of Congress所蔵)
196 アッシニア(Getty images提供)
197 球戯場の誓い・ルイ16世の処刑・アッシニア焼却(Getty images提供)
198 ナポレオン(ユニフォトプレス提供)
199 ピラミッドの戦い(Getty images提供)
200 ネルソン・タッチ(ユニフォトプレス提供)
201 トラファルガー広場・ネルソン(Getty images提供)
203 ワーテルローの戦い(Getty images提供)
205 ネイサン・メイアー・ロスチャイルド(ユニフォトプレス提供)／19世紀のスエズ運河・ディズレーリ(Getty images提供)
206 ニュートン(Getty images提供)
207 ソブリン金貨(Getty images提供)／ポンド紙幣(ユニフォトプレス提供)
208 総ガラス張りの水晶宮・開通当時の鉄道(Getty images提供)
209 線路の製造・スチーブンソン(Getty images提供)
210 慶長小判・慶長丁銀・慶長一分金・寛永通宝(日本銀行貨幣博物館所蔵)
211 洋銀・天保一分銀・天保小判・二十円金貨(日本銀行貨幣博物館所蔵)
212 ビール通りとジン横丁(Getty images提供)
213 炭鉱で働く子どもたち(ユニフォトプレス提供)／紡績工場で働く少女(Library of Congress所蔵)
214 民衆を導く自由の女神(ユニフォトプレス提供)
215 二月革命(Library of Congress所蔵)
216 アジア三角貿易(Getty images提供)
217 アヘン戦争(ユニフォトプレス提供)／パーマストン・シパーヒーの反乱(Getty images提供)
219 『共産党宣言』の出版(ユニフォトプレス提供)／マルクス(Getty images提供)
220 明白な運命(Library of Congress所蔵)
221 ジェロニモ・アメリカメキシコ戦争(Library of Congress所蔵)
222 ナイチンゲール(Getty images提供)
223 クリミア戦争関連地図・ニコライ1世(Getty images提供)／セヴァストーポリの戦い(ユニフォトプレス提供)
224 マスケット銃(Getty images提供)
225 ゲティスバーグの戦い・リンカーン(Library of Congress所蔵)
226 エリーザベト(Library of Congress所蔵)
227 ケーニヒグレーツの戦い(ユニフォトプレス提供)
228 凱旋門から放射状にのびる大通り(Getty images提供)
229 降伏するナポレオン3世(Library of Congress所蔵)
232 ビルヘルム2世(Getty images提供)
233 バグダード鉄道(Library of Congress所蔵)

86 インノケンティウス３世(Getty images提供)
87 カノッサの屈辱(ユニフォトプレス提供)
88 テンプル騎士団(Getty images提供)
89 アビニョン教皇庁(Getty images提供)
90 バシリカ様式・ビザンツ様式
(Getty images提供)
91 ロマネスク様式・ゴシック様式・ルネサンス様式・プロテスタントの教会(Getty images提供)
92 フィリップ４世(Getty images提供)
93 『マグナ・カルタ』に署名するジョン王
(Getty images提供)／マグナ・カルタ
(ユニフォトプレス提供)
94 蒙古襲来合戦絵巻(国立国会図書館所蔵)
95 チンギス・ハン(ユニフォトプレス提供)／
ワールシュタットの戦い(Getty images提供)
96 フビライに謁見するマルコたち
(Getty images提供)
97 フビライハン・交鈔(ユニフォトプレス提供)
98 中世都市ネルトリンゲン(Getty images提供)
99 リューベックのホルステン門・コグ船・ベネチアの繁栄(Getty images提供)
101 クレシーの戦い(ユニフォトプレス提供)
102 ティムール(ユニフォトプレス提供)
103 サマルカンド・ティムール軍の進撃
(Getty images提供)
104 鄭和(ピクスタ提供)
105 万里の長城・紫禁城(Getty images提供)
106 宝鈔(ユニフォトプレス提供)
107 倭寇図巻(東京大学史料編纂所所蔵)／永楽通宝(日本銀行貨幣博物館所蔵)／足利義満画像[法体](東京大学史料編纂所所蔵[模写])
108 火刑に処されるジャンヌ(Getty images提供)
109 オルレアンに入城するジャンヌ・ジャンヌダルク像(Getty images提供)
110 ウルバン砲(Getty images提供)
111 コンスタンチノープル包囲戦・テオドシウスの城壁・メフメト２世(Getty images提供)
112 テンプル騎士団・ドイツ騎士団・ヨハネ騎士団
(Getty images提供)
113 樽型兜鎖鎧・ミラノ式甲冑(Getty images提供)
／マクシミリアン式甲冑(ユニフォトプレス提供)
119 発見のモニュメント(Getty images提供)
120 アルカサル (Getty images提供)
121 アルハンブラ宮殿(Getty images提供)／
グラナダ陥落(ユニフォトプレス提供)
122 アレクサンデル６世(Getty images提供)
123 コロンブスの船団・コロンブス
(Getty images提供)
125 パヴィアの戦いで捕虜になるフランソワ１世
(ユニフォトプレス提供)／カール５世
(Getty images提供)
126 グーテンベルク印刷機による聖書
(Getty images提供)
127 贖宥状の販売・マルチンルター
(Getty images提供)
128 ヤーコプフッガー (Getty images提供)
129 フローリン金貨・ターラー銀貨
(Getty images提供)／金貸しとその妻
(ユニフォトプレス提供)
130 アステカの生贄の儀式
(Library of Congress所蔵)
131 コルテス・コルテス軍の反撃
(Getty images提供)
132 スペイン国旗・ドイツ国旗・マルチンルター
(Getty images提供)／カノッサの屈辱
(ユニフォトプレス提供)
133 フェリペ２世・カール５世(Getty images提供)
135 第１次ウィーン包囲(ユニフォトプレス提供)・
スレイマン１世(Getty images提供)
136 テオティワカン遺跡(Getty images提供)
137 進撃するピサロの軍勢・ピサロ・マチュピチュ
(Getty images提供)
139 カンタベリー大聖堂・ヘンリ８世
(Getty images提供)
140 栄光のキリスト・ユリウス２世
(Getty images提供)
141 最後の審判(ユニフォトプレス提供)／
システィーナ礼拝堂・ミケランジェロ
(Getty images提供)
142 イギリス国旗・フランス国旗・ジャンヌダルク・
教皇庁(Getty images提供)／クレシーの戦い
(ユニフォトプレス提供)
143 エリザベス１世(Getty images提供)／
ナポレオン・トラファルガーの海戦
(ユニフォトプレス提供)
144 石州判銀(島根県観光写真ギャラリー提供)
145 ポトシ銀山・スペインドル(Getty images提供)
146 天正遣欧使節肖像画
(京都大学附属図書館所蔵)
147 ロヨラ・ザビエル(Getty images提供)／
南蛮人来朝之図(長崎歴史文化博物館所蔵)
148 カルバン(Getty images提供)
149 サンバルテルミの虐殺・ナントの王令
(ユニフォトプレス提供)
150 迫害されるゴイセン(Getty images提供)
151 フェリペ２世(Getty images提供)／
ライデンの戦い(ユニフォトプレス提供)
152 エリザベス１世(Getty images提供)
153 ナイトの称号を与えられるドレーク
(ユニフォトプレス提供)／ドレーク
(Getty images提供)
154 スレイマン１世とイェニチェリ
(ユニフォトプレス提供)
155 レパントの海戦・ガレー船・セルバンテス像
(Getty images提供)
157 アルマダの海戦(Getty images提供)

写真資料所蔵・提供一覧

12　ツタンカーメンの黄金マスク（Getty images提供）
13　クフ王像（ユニフォトプレス提供）
14　銀の支払記録（ユニフォトプレス提供）
15　ウルのジッグラト・くさび形文字（Getty images提供）／ハンムラビ法典（ユニフォトプレス提供）
16　ルクソール神殿（Getty images提供）
17　戦車に乗って戦うラムセス２世・平和条約を記した粘土板（ユニフォトプレス提供）／ヒッタイトの戦車（Getty images提供）
19　栄華を誇るソロモン・エルサレムの滅亡を嘆く預言者エレミヤ（Getty images提供）
20　タナハ（ユニフォトプレス提供）
21　天地創造・楽園追放・ノアの箱舟・出エジプト・十戒・ダビデ像（Getty images提供）
23　エレクトロン貨・サラミスの海戦（ユニフォトプレス提供）
24　釈迦苦行像（Getty images提供）
25　菩提樹（Getty images提供）
26　林道春［羅山］画像（東京大学史料編纂所所蔵［模写］）
27　孔子・孔子廟（Getty images提供）
28　スパルタ軍兵士再現模型（Getty images提供）
29　アテネとスパルタの位置・ペリクレス像・スパルタ軍に敗れるアテネ軍（Getty images提供）
30　エレクトロン貨・交子（ユニフォトプレス提供）
31　スペイン・ドル（Getty images提供）
32　ファランクス戦法（ユニフォトプレス提供）
33　イッソスの戦い・アレクサンドロス大王像（Getty images提供）
34　貝貨（Getty images提供）
35　始皇帝（ユニフォトプレス提供）／半両銭（Getty images提供）
36　ハンニバル（Getty images提供）
37　ハンニバルの侵攻路・アルプスを象で越えるハンニバル（Getty images提供）
38　ルビコン川を渡るカエサルの軍団（Getty images提供）
39　カエサル像・カエサルの暗殺（Getty images提供）
40　十字架のイエス（Getty images提供）
41　復活するイエス・聖墳墓教会（Getty images提供）
42　シナイ写本（ユニフォトプレス提供）
43　受胎告知・イエスの降誕・奇跡・最後の晩餐・死刑宣告・ピエタ像（Getty images提供）
44　蓮華手菩薩像（Getty images提供）
45　菩提樹・ガンダーラ仏（Getty images提供）／マトゥラー仏（ユニフォトプレス提供）
46　ベニスの商人（Getty images提供）
47　古代イスラエル硬貨・貴族に金を貸すユダヤ人（ユニフォトプレス提供）／エルサレムの陥落（Getty images提供）
48　卑弥呼復元像（大阪府立弥生文化博物館所蔵）
49　赤壁の戦い再現模型・曹操（ユニフォトプレス提供）
50　パウロ（Getty images提供）
51　迫害されるキリスト教徒（ユニフォトプレス提供）／コンスタンティヌス帝の洗礼（Getty images提供）
53　ガンジス川・ブラフマー・ヴィシュヌ・シヴァ（Getty images提供）
55　アントニニアヌス銀貨・ソリドゥス金貨・西ローマ帝国の滅亡（Getty images提供）
60　テイドラ（Getty images提供）
61　ユスティニアヌス（Getty images提供）
62　阿佐太子筆聖徳太子御影（東京大学史料編纂所所蔵［模写］）
63　大運河と煬帝の船（ユニフォトプレス提供）
64　神の言葉を授かるムハンマド（ユニフォトプレス提供）
65　カーバ神殿（Getty images提供）
66　エルサレム旧市街・エルサレムの位置（Getty images提供）
67　嘆きの壁での祈り・ヴィアドロローサ（Getty images提供）
68　般若心経（Getty images提供）
69　玄奘（ユニフォトプレス提供）／ナーランダ僧院跡（Getty images提供）
70　ディルハム銀貨（ユニフォトプレス提供）／ディナール金貨（Getty images提供）
71　ウマイヤモスク（Getty images提供）
72　鑑真像（鹿児島県南さつま市提供）
73　安禄山・長安を逃れる玄宗と楊貴妃（ユニフォトプレス提供）
74　カールの戴冠（ユニフォトプレス提供）
75　アーヘン大聖堂・カール大帝（Getty images提供）
77　天文台での研究（ユニフォトプレス提供）／アストロラーベ（Getty images提供）
78　ヴァイキングの戦士（Getty images提供）
79　ヴァイキング銀貨・ヴァイキング船（Getty images提供）
81　にぎわう宋の都・開封（ユニフォトプレス提供）／皇宋通宝（日本銀行貨幣博物館所蔵）
82　徽宗（ユニフォトプレス提供）
83　交子・会子（ユニフォトプレス提供）
84　イコン（Getty images提供）
85　十字の切り方・ハギアソフィア大聖堂・サン・ピエトロ大聖堂（Getty images提供）

著者 **飯田育浩**（いいだ やすひろ）

1972年、広島県生まれ。歴史関係の書籍を編集・制作する編集プロダクション浩然社代表。早稲田大学教育学部地理歴史専修卒業後、歴史、地理、文化、自然科学、絵本などの幅広い分野の書籍の編集・執筆に携わり、2014年に浩然社を設立。おもな編集制作物に『超ビジュアル歴史シリーズ』『大判ビジュアル図解 大迫力！写真と絵でわかる三国志』『大判ビジュアル図解 大迫力！写真と絵でわかる 古事記・日本書紀』『写真・図解 日本の仏像 この一冊ですべてがわかる!』『ビジュアル図解 聖書と名画』（すべて西東社）などがある。

ブックデザイン	佐々木容子（カラノキデザイン制作室）、村口敬太（Linon）
地図制作	ジェオ
DTP・本文デザイン	センターメディア
校正	エディット

ビジュアル版《ばん》
経済《けいざい》・戦争《せんそう》・宗教《しゅうきょう》から見《み》る教養《きょうよう》の世界史《せかいし》

2019年12月10日発行　第1版

著　者	飯田育浩
発行者	若松和紀
発行所	株式会社 西東社

〒113-0034　東京都文京区湯島2-3-13
http://www.seitosha.co.jp/
営業　03-5800-3120
編集　03-5800-3121〔お問い合わせ用〕
※本書に記載のない内容のご質問や著者等の連絡先につきましては、お答えできかねます。

ISBN 978-4-7916-2817-9